I0883115

Frédéric Deprun
Yann Jouault

# VILLERS-BOCAGE

## Autopsie d'une bataille 13 juin 1944

HEIMDAL

Michael Wittmann et son pourvoyeur Günther Boldt à la tourelle du Tiger 231 vers le 10 juillet 1944, quelque part au sud de Caen, seulement quelques heures avant la nomination de Wittmann à la tête du bataillon en remplacement du *Sturmbannführer* Heinz von Westernhagen. (Collection auteurs.)

***« Oui, je dois dire qu'il m'a vraiment été très difficile de prendre la décision. Et jamais encore auparavant je n'avais été autant impressionné par des blindés en marche. Mais je savais qu'il ne pouvait en être autrement et je me suis décidé à foncer sur l'adversaire ».***

**Michael Wittmann, 13 juin 1944.**

## Avant-propos :

La Seconde Guerre mondiale s'est installée presque cinq années sur notre monde entre 1939 et 1945 avec autant de jours de feu, de destruction et de mort. Le focus de cet ouvrage isole la journée du 13 juin 1944, au cours de la Bataille de Normandie à Villers-Bocage. Nous sommes une semaine après le début de l'Opération *Overlord* et les combats font rage en s'éloignant progressivement de la côte. Les renforts allemands arrivent heure après heure pour étayer une ligne de front en pointillés alors que les divisions alliées avancent inexorablement depuis les plages de la côte normande. Les deux adversaires vont venir se télescoper aux abords de ce petit bourg du Calvados dans une bataille qui est devenue mythique au cours de la deuxième moitié du XXe siècle. C'est la proposition d'un déroulement précis et minuté des événements qui a intéressé Frédéric Deprun et Yann Jouault. Les deux auteurs avaient depuis longtemps le désir de pouvoir travailler ensemble sur la bataille de Villers-Bocage et depuis plus de dix ans, chacun a apporté à l'autre ses compétences et ses études pour réaliser ce projet. Il n'était absolument pas question pour les auteurs de se lancer dans les pas d'Henri Marie en développant un travail historique sur la localité en 1944, ni de Wolfgang Schneider ou de Patrick Agte en republiant l'ensemble de l'iconographie déjà bien connue du public. Nous pouvons cependant rapprocher ce livre de l'étude publiée par Daniel Taylor, *Villers-Bocage through the lens, After the battle*, 1999 de son travail de séquençage des combats. La relecture de ces ouvrages qui ont traité ou abordé le sujet de manière sérieuse et parfois lumineuse n'a pas réussi à leur faire abandonner cette étude. Il manquait, à leurs yeux, un éclairage encore plus précis et étayé de la chronologie des événements, avec le rôle de chaque combattant dans la bataille. Frédéric Deprun est un historien de la bataille de

Le *Hauptsturmführer* Michael Wittmann le 18 juillet 1944 en conversation tactique avec le *Sturmbannführer* Herbert Kulhmann, Kommandeur de la *I./SS-Pz.Rgt. 1*, entre Solliers et Hubert-Folie. (Collection auteurs.)

Vignette à la plume des années 60 montrant un échange de tir simultané entre un Tiger et un Cromwell dans une histoire de bande dessinée à destination populaire. Cette iconographie de série B contribuera à forger une mythologie des combats à Villers-Bocage aux yeux du public, à l'image des dessins de propagande de la presse anglaise à l'été 1944. (Coll. auteurs.)

Normandie et a déjà publié un ouvrage sur la *116. Panzer-Division* à l'été 1944. Yann Jouault, quant à lui, a particulièrement étudié l'action de la *s.SS-Pz.Abt. 101* en 1944. Il a réussi depuis plus de quinze ans à accumuler une somme conséquente de documents et de photographies sur les Tiger et sur la bataille de Villers-Bocage en collaboration avec d'autres passionnés à travers le monde. L'analyse de toutes les pièces et documents réunis, ainsi que leur connaissance du champ de bataille, leur ont permis d'affiner leur regard sur la bataille et de présenter une étude différente. Ainsi, beaucoup de zones d'ombres sont éclairées par la juxtaposition des multiples sources et documents. De nombreuses photographies inédites ont été précieuses pour localiser précisément l'ensemble de l'iconographie existante. Les schémas et les cartes de ce livre rythment le déroulement de la bataille et offrent un panoramique plus détaillé de la confrontation des deux machines de guerre britannique et allemande dans cette petite bourgade normande.

La réalité de la bataille et de la journée du 13 juin 1944 impose une partition des événements en deux actes bien distincts. Le premier mouvement qui se déroule dans la matinée peut se résumer de la façon suivante :

Une colonne blindée anglaise étirée a effectué une profonde percée à l'intérieur de la ligne de front allemande et s'apprêtait à rejoindre l'un de ses objectifs du jour, la Cote 213 sur la route de Caen à trois kilomètres de Villers-Bocage. Une petite unité de six chars lourds allemands, les fameux Tiger, commandée par l'*Obersturmführer Michael Wittmann,* qui stationnait au bord de l'axe de progression britannique, a réussi à stopper, contenir puis à anéantir la colonne depuis le bas de la cote 213 jusqu'à la sortie ouest de Villers-Bocage en mois d'une heure.

Le deuxième mouvement se joue à partir de 13 heures l'après-midi :

A la suite des combats du matin, le reste de la colonne anglaise s'est retranché dans le bas de Villers-Bocage avec quelques renforts alors qu'une tentative allemande de reprendre la ville va se mettre en place. Un deuxième groupe de six à huit Tiger, associé à quelques Panzer IV, va effectuer un violent assaut pour reprendre la localité aux Anglais, lequel va se solder par un échec avec de lourdes pertes. Malgré tout, une menace d'encerclement a contraint l'unité anglaise à se replier en fin d'après-midi, abandonnant ainsi le terrain gagné dans la journée.

Une analyse et un bilan précis de la journée complétera et étoffera la chronologie de la bataille.

Baptiste Flotté,
Photographe et collaborateur
des recherches sur le terrain.

Panneau détruit à l'entrée de Villers-Bocage par les tirs d'artillerie et les combats de juin 1944. Cette photographie symbolise le tragique des destructions qu'a subi la localité durant le conflit mais aussi la dimension historique de la bataille du 13 juin 1944. (Coll. H. Marie.)

# 1 Prélude à la bataille

## Objectif Caen

Au soir du 6 juin 1944, ce sont environ 156 000 soldats alliés qui ont été débarqués sur les côtes normandes et une solide tête de pont a été établie. En dépit des lourdes pertes subies dans le secteur américain à « *Omaha La Sanglante* », et par les Canadiens à *Juno*, la première phase de l'opération *Overlord* s'est dans l'ensemble avérée être un spectaculaire succès. Néanmoins, tous les objectifs initiaux n'ont pas été atteints pour les Alliés et il leur reste encore à faire la jonction entre les diverses plages de débarquement et à élargir la tête de pont pour permettre un accroissement des forces en hommes et en matériel à opposer aux Allemands.

Dans le secteur anglo-canadien, celui de la *2nd British Army* composée des *I* et *XXX Corps*, les unités de tête ont pu en moyenne progresser de quelque 8 kilomètres à l'intérieur des terres. Cependant, la ville de Caen – l'un des principaux objectifs alliés – n'a pas été prise et les risques d'enlisement de l'opération d'invasion aux portes de la ville sont bien réels. De surcroît, l'inévitable arrivée de renforts allemands - notamment ceux de divisions puissamment blindées – fait peser une lourde menace sur la tête de pont alliée. Garder le contrôle de Caen revêt un caractère tout aussi stratégique pour les Allemands car cela interdirait toute percée au sud vers la « Plaine de Caen », terrain nettement plus favorable aux assauts de chars et au lancement de grandes offensives par l'envahisseur. Tout au long du mois de juin 1944, la ligne de front qui va de Caumont jusqu'à l'est de Caen va ainsi voir s'y répartir l'essentiel des forces blindées allemandes. (cf. carte page en annexe)

Selon les dires du *Lieutenant-General* Omar Bradley, chef de la *US 1st Army* cette situation avait été anticipée. La fixation sur cette ligne du gros des forces allemandes par les troupes anglo-canadiennes devait faciliter ultérieurement la percée des forces américaines à l'ouest (Opération *Cobra*). Il n'en demeure pas moins que, dans cette zone du front, toute perte d'initiative au mois de juin aurait pu à terme s'avérer tragique pour les Alliés.

## La progression des I et XXX Corps

Pour démesurément ambitieux qu'il ait pu paraître, la prise de Caen pour le soir du *D-Day* s'est avé-

Tiger I Ausf. E de la *2.Kompanie* de la *s.SS-Pz.Abt. 101* photographié lors de manœuvres dans le nord de la France début mai 1944. Bien que le numéro tactique ne soit pas visible sur cet angle de vue, le schéma de camouflage nous permet de conclure qu'il s'agit bien du Tiger 231. (Der Freiwillige.)

rée être un des objectifs assignés par le *Field Marshall* Bernard Montgomery à la *3rd British Infantry Division* (I Corps). L'unité britannique débarque à *Sword Beach* et, soutenue par la *27th Armoured Brigade*, progresse avec succès face à la *716. Infanterie-Division* du *Generalmajor* Wilhelm Richter, une unité il est vrai diminuée et plutôt mal équipée. Afin de sécuriser son aile gauche, la *6th British Airborne Division* a été larguée derrière *Sword Beach* dans la nuit du 5 au 6 juin et est parvenue à s'emparer du pont du Canal de Caen *(« Pegasus Bridge »)*, du pont sur l'Orne *(« Horsa Bridge »)* et a pu neutraliser la batterie de Merville. Les premiers objectifs de l'Opération *Tonga* sont ainsi atteints.

Mais les choses se compliquent par la suite : deux points de défense allemands, que les Britanniques baptisent « Morris » et « Hillmann », ainsi que de sérieux problèmes d'embouteillages de chars sur les plages bloquent l'avance de la *3rd Infantry Division* pendant la majeure partie de la journée, avant que l'arrivée de renforts blindés de la *21. Panzer-Division* ne vienne dans ce secteur briser net son élan en fin de journée.

Sur le flanc droit de la *British 3rd Infantry Division* se trouve la *Canadian 3rd Infantry Division* du *Major-General* Rodney Keller. Les troupes pénètrent de plusieurs kilomètres en vue de s'emparer des ponts sur la rivière Seulles et vers 18 heures ce 6 juin, Saint-Aubin-sur-Mer est effectivement investie. Les chars d'un *Troop* du *1st Hussars,* suivis d'éléments du *Queens Own Rifles of Canada,* parviennent même à parcourir une quinzaine de kilomètres à l'intérieur des terres et atteignent la route Caen-Bayeux – ce qui constitue la percée la plus profonde de toutes les unités alliées alors engagées. Mais les chars ont distancé l'infanterie et doivent finalement se replier faute de pouvoir compter sur le soutien de celle-ci. Les contre-attaques allemandes bloqueront ensuite toute velléité de progression pendant plusieurs semaines.

L'axe principal qui traverse Villers-Bocage dans les années trente, vu ici depuis l'entrée au nord-est de la ville. (Collection auteur.)

Pendant ce temps-là, plus à l'ouest, la *50th Northumbrian Infantry Division* s'extrait de *Gold Beach* promptement et sans problème majeur, bien aidée en cela par les bombardements alliés les plus efficaces de la journée. Bayeux est abandonnée par les Allemands et la ville n'est investie par la division que vers midi le lendemain, date à laquelle elle peut compter sur le soutien de la *7th Armoured Division* fraîchement débarquée à *Gold* également. Ensemble, ces unités du *XXX Corps* vont progresser péniblement vers le sud et se retrouver engagées dans des combats acharnés pour la prise de Tilly-sur-Seulles pendant plusieurs jours.

## La situation allemande

Côté allemand, la tournure des événements n'incite pas à l'optimisme. A J+2, aucune contre-attaque allemande de grande ampleur n'a pu encore se matérialiser car la *Panzergruppe West* commandée par le *General der Panzertruppe* Leo Freiherr Geyr von Schweppenburg n'est toujours pas en mesure de rassembler et coordonner en ce sens ses principales composantes blindées.

En effet, à l'exception de la *21.Panzer-Division* qui est déjà largement engagée dans des combats

**A gauche :** le *General* Bernard L. Montgomery, commandant du *21st Army Group*. Personnage controversé, il ne sera pas épargné après la guerre par les critiques au sujet de ses conceptions tactiques et stratégiques.(DR.)

**Ci-dessous :** l'*Obergruppenführer* Sepp Dietrich, commandant du *I.SS-Panzerkorps* en juin 1944 en Normandie. Il est vu ici en Grèce en 1940. (NA.)

Carte d'état-major de l'*OB-West* en date du 3 juin 1944 indiquant les positions des unités allemandes sur le front de Normandie. (NARA.)

Colonne de chars du *A Squadron*, *4th County of London Yeomanry* (les « *Sharpshooters* »), *22nd Armoured Brigade*, *7th Armoured Division,* qui viennent de débarquer le 7 juin 1944 à *Gold Beach*. Au premier plan, le Cromwell immatriculé T121766 W surnommé « Chez Célibataire » sera abandonné avec quelques autres dans un champ au pied de la Cote 213 au nord-est de Villers-Bocage lors de la reddition du *A Squadron* le 13 juin 1944. (IWM.)

Emblème de la *7th Armoured Division*, les « *Desert Rats* ».

**Ci-contre :** le *Lieutenant-General* Sir Miles Dempsey, commandant de la *British Second Army*, est entouré sur sa gauche du *Lieutenant-General* Gerry Bucknall (*XXX Corps*) et sur sa droite du *Lieutenant-General* Sir John T. Crocker *(I Corps).* Photographie prise à Ranville le 11 juin 1944. (IWM.)

défensifs depuis le 6 juin, notamment face à la *British 3rd Infantry Division*, les autres unités blindées ne sont pas encore déployées face à la tête de pont alliée. La puissante *Panzer-Lehr-Division* est en cours d'acheminement sur le front (qu'elle n'atteindra finalement que dans la nuit du 8 au 9 juin pour se positionner en face du *XXX Corps*), et seuls les éléments de pointe de la *12. SS-Panzer-Division* composés du *SS-Panzer-Regiment 25* et du *SS-Panzer-Regiment 12*, respectivement commandés par le *Standartenführer* Kurt Meyer et l'*Obersturmbannführer* Max Wünsche, ont pu se déployer au nord-ouest de Caen dès le matin du 7 juin. La *Hitlerjugend* - dont le reste des éléments n'arrivera que par petits paquets - restera ultérieurement bloquée en position globalement défensive au nord-ouest de Caen.

Dans les jours qui suivent, et bien que le *I.SS-Panzerkorps* dispose désormais de trois divisions blindées, la contre-attaque massive en direction de la côte ne peut plus être lancée face aux menaces de débordement dans plusieurs secteurs clés du front. En raison de l'évolution des opérations sur le terrain et du renforcement constant des têtes de pont alliées, il n'est plus question pour le commandement allemand de contre-attaquer. Chaque officier d'état-major sait, peu ou prou, qu'il serait de l'ordre du miracle si les forces du *Heer* présentes sur le sol normand réussissaient durablement à contenir les forces ennemies, même si plusieurs contre-attaques localisées retardent l'inévitable en remportant des succès éphémères et limités.

Emblème de la *s.SS.Pz. Abt. 101*.

Emblème du *I.SS-Panzerkorps* (version avec une seule clé). (Coll. privée.)

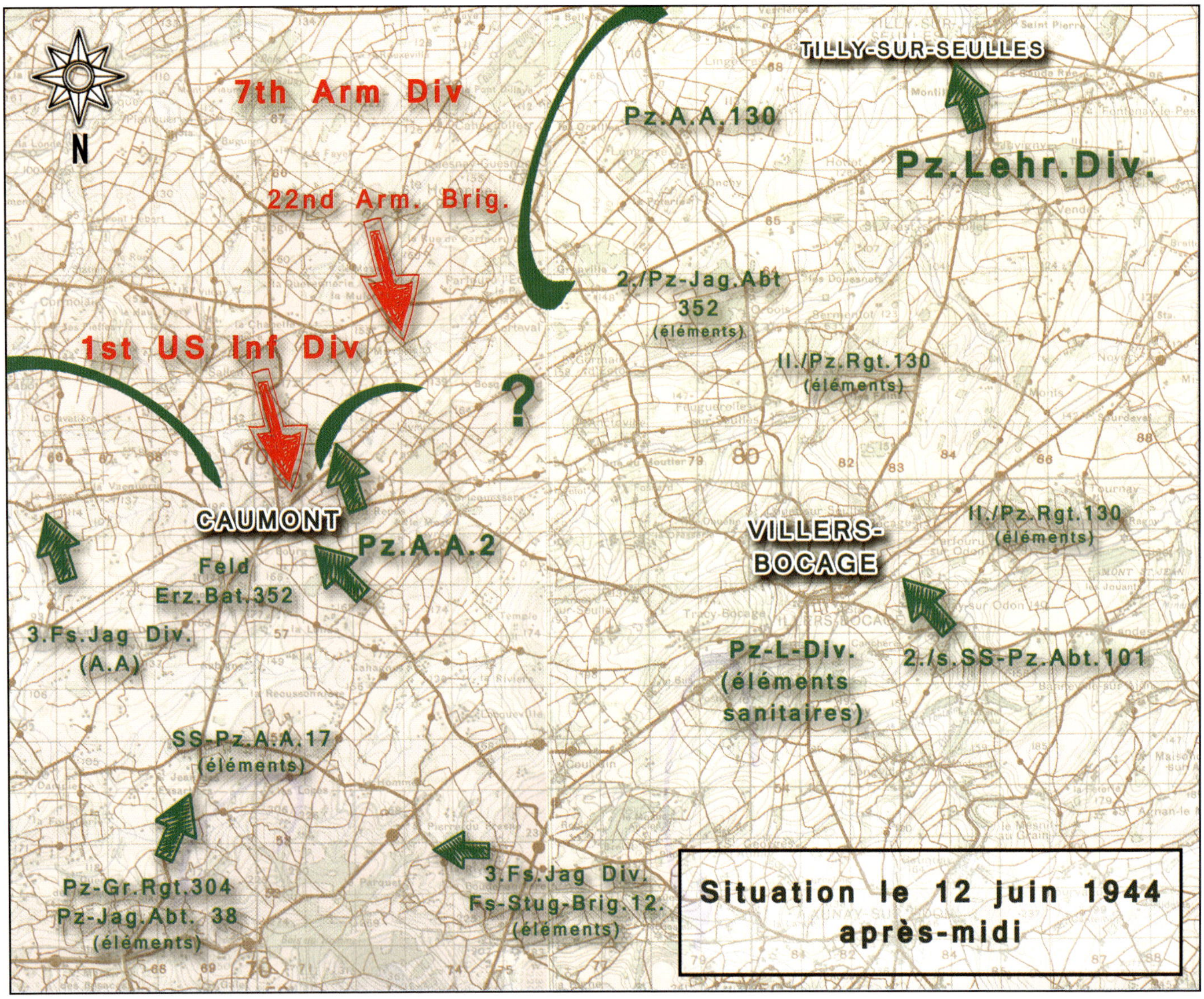


Carte synthétique des positions allemandes sur la ligne de front Caumont-l'Eventé/Villers-Bocage le 12 juin 1944 au début de l'opération *Perch*. (Carte F. Deprun.)

## L'Operation Perch

Telle qu'elle avait été initialement conçue en amont du Jour J, l'opération « *Perch* » prévoyait la progression du *XXX Corps* au sud-ouest de Caen. Dès le 7 juin devait débuter une manœuvre d'encerclement menée par la *22nd Armoured Brigade* (soutenue par la *8th Armoured Brigade*) suivant un axe Bayeux – Tilly-sur-Seulles - Villers-Bocage – le Mont Pinçon. Puis, toujours suivant cette option, ce mouvement devait se poursuivre vers l'est via Evrecy, la prise de la ville de Caen devant être effective au plus tard à J+3. La mise en œuvre de cette opération reposait sur un certain nombre de prérequis, à commencer par l'acheminement de troupes en quantités suffisantes et la prise de Bayeux dès le 6 juin. Non seulement aucun de ces objectifs ne put être satisfait selon le calendrier prévu, mais la résistance farouche et la concentration toujours plus dense des troupes allemandes autour de la ville – qui sous la pression de la *British 2nd Army* devint le véritable centre de gravité de leur dispositif défensif - achevèrent d'en bloquer son exécution pendant près d'une semaine.

A l'état-major du *XXX Corps* du *Lieutenant-General* Gerry Bucknall, le plan de contournement des positions ennemies par l'ouest est toujours sur la table, mais n'a pu de fait se matérialiser faute de pouvoir libérer la *7th Armoured* Division au combat dans le secteur de Tilly-sur-Seulles. En effet, l'utilisation de cette division pour une telle manœuvre restait suspendue à l'éventuel déclenchement de l'opération « *Wild Oats* » autour de Caen chère au *Lieutenant-General* Sir Miles Dempsey, le commandant de la *British 2nd Army*. Le temps perdu en divers amendements, ajournements et autres gesticulations devait s'avérer lourd de conséquences...

Cependant, la chance allait entre-temps sourire enfin aux stratèges britanniques lorsque la *352.ID* allemande – engagée depuis le 6 juin à l'extrémité ouest du dispositif allemand sans aucun soutien blindé – commença à céder et à reculer sous la pression du *V Corps* américain maintenant débarqué quasiment au complet. L'unité de pointe américaine dans le secteur, la *US 1st Infantry Division*, avait réussi une percée en direction de Caumont-l'Eventé, atteignant la lisière nord de la localité le 12 juin. Le trou béant large de quelque 12 kilomètres qui en résulta sur le flanc gauche de la *Panzer-Lehr-Division* allait fournir une occasion en or à l'état-major britannique de réactiver l'opération « *Perch* ». En effet, les deux unités censées pouvoir combler ce vide – la *2. Panzer-Division* et la *17. SS-Panzergrenadier-Division « Götz*

**A gauche :** le *Generalleutnant* Fritz Bayerlein, *Kommandeur* de la *Panzer-Lehr-Division.* Son unité occupe la ligne de front au nord et nord-ouest de Villers-Bocage et doit s'articuler avec la *2.Panzer-Division* à partir du 12 juin 1944 pour consolider son aile gauche. C'est au niveau de cette charnière que va percer la *7th Armoured Division*. (BA.)

Le *Major-General* George J. Erskine, commandant de la *7th Armoured Division.* (Tank Museum.)

*von Berlichingen »* – retardées sur les voies d'acheminement, en sont encore à opposer leurs unités de reconnaissance. Lors de ses discussions avec le *Lieutenant General* Gerry Bucknall (commandant du *XXX Corps*) et le *General* George « Bobby » Erskine (à la tête de la *7th Armoured Division*), et à la vue des plans qui lui sont présentés le 11 juin, le *Lieutenant-General* Dempsey y voit tout de suite l'opportunité de reprendre l'offensive, ayant définitivement tiré un trait sur son opération « *Wild Oats* » dont il juge le déclenchement inopportun désormais. Un rapport de la *22nd Armoured Division* indique alors : « *En raison du terrain difficile qui ne permettait qu'une progression lente, (il fut décidé que) la 7th Armoured Division contournerait les positions ennemies sur la gauche du secteur américain. Les Américains se trouvaient déjà au nord de Caumont et il y avait une possibilité d'en tirer profit pour avancer avec succès sur Villers-Bocage et, si possible, occuper la Cote 213* ».

Bien que la décision finale de lancer les « *Desert Rats* » de la *7th Armoured Division* dans une opération de contournement de la *Panzer-Lehr-Division* revienne incontestablement à Montgomery, en haut lieu chacun en revendique l'idée. C'est le cas des *Lieutenant-Generals* Miles Dempsey et Gerry Bucknall, du *General* George Erskine. Dans une lettre écrite après-guerre, l'amertume et la frustration de ce dernier y sont encore palpables : « *Après plusieurs tentatives infructueuses à Tilly, j'ai proposé qu'on exploite la mobilité de la division sur le côté droit de la 50th ID. J'étais persuadé qu'il y avait là un point faible et d'ailleurs, j'avais fait reconnaître les itinéraires et j'avais un plan clair et net pour foncer sur Villers-Bocage d'une seule traite. Le plan fut accepté finalement, mais après bien du retard. Il aurait pu être mis à exécution 24 heures plus tôt, et ces 24 heures étaient vitales.* »

Le *Lieutenant-General* GC Gerard Bucknall, commandant du *XXX Corps*, à gauche sur l'image. (IWM.)

Le temps presse pour les Britanniques car, selon l'expression même de Dempsey, la ligne de front est alors en train de se figer. Certains détails de *Perch* sont alors modifiés : l'axe de progression est déplacé un peu plus à l'ouest avec comme point de départ la localité de Saint-Paul-du-Vernay. L'itinéraire prévu passe d'abord au sud par Cahagnolles, Sainte-Honorine-de-Ducy, Livry, oblique ensuite vers l'est par Briquessard, Amayé-sur-Seulles puis Villers-Bocage avec, pour objectif de la journée, la prise de la Cote 213 (l'actuelle Cote 217) située un peu à l'est de cette localité. Une fois cette hauteur atteinte et sécurisée, et si la situation le permet, la percée doit se poursuivre ensuite en direction d'Evrecy et de Caen.

## La percée britannique

Le 12 juin à midi, le *Brigadier* (général de brigade) Robert « Loony » Hinde se voit confirmer que sa *22nd Armoured Brigade* sera le fer de lance de la manœuvre, avec à sa pointe les chars du *4th County of london Yeomanry (4th CLY, « The Sharp-*

Emblème de la *22nd Armoured Brigade*. (DR.)

Le *Brigadier* (general de brigade) Robert Hinde, commandant de la *22nd Armoured Brigade*. Sa réputation d'officier excentrique lui avait valu le surnom de « Loony » (« le dingue »). (IWM.)

*shooters »)* commandés par le *Colonel*, the Viscount Arthur Cranley. Jusqu'ici essentiellement engagés en soutien de la *56th Infantry Brigade* au nord de Tilly-sur-Seulles, ses blindés n'ont guère eu l'occasion d'être décisifs. Les équipages ont découvert les conditions particulières du bocage, terrain entrecoupé de haies et de talus qui favorisent la défense de l'ennemi s'y postant en embuscade. L'unité a enregistré ses premières pertes dès le 10 juin près de Bucéels quand le *A Squadron* (Escadron A) se voit privé de deux Cromwells lors de tirs fratricides tandis que, de son côté, le *B Squadron* est diminué d'un char par les tirs ennemis (1). Le 11 juin, c'est au tour d'un *Troop* complet (3 Cromwells et 1 Firefly) du *C Squadron* d'être anéanti lors d'une tentative de contournement de Tilly.

Le *4th CLY* pourra cependant compter sur un soutien immédiat fourni par l'infanterie motorisée de la *A Company* du *1st Battalion, the Rifle Brigade* sous l'autorité du *Major* James Wright. L'unité est augmentée d'une section de la compagnie de soutien (*B Company*) équipée de deux canons antichars de 6 livres, mais privée de sa précieuse section de reconnaissance restée bloquée à l'arrière en raison de problèmes de transport maritime (2).

Enfin, tout à l'arrière de la colonne vont venir s'agréger plusieurs autres unités : tout d'abord, l'un des trois bataillons de la *131st Infantry Brigade, le 1/7th Battalion, The Queen's Royal Regiment (West Surrey) (1/7 Queens*), à la grande joie et fierté de son commandant, le *Lieutenant-Colonel* Desmond Gordon. Puis le *5th Regiment, Royal Horse Artillery (5th RHA)* et ses obusiers automoteurs Sexton (moins une *Battery*), la *I Company du 1st Battalion, the Rifle Brigade*, les chars du *5th Royal Tank Regiment (5th RTR)* et les M10 Achilles IIc armés de canons de 17 livres du *260th Anti-tank Battery, Royal Artillery* (du *65th anti-tank Regiment Norfolk Yeomanry*).

Par ailleurs, la *22nd Armoured Brigade* se verra ouvrir la voie par deux unités de reconnaissance, à savoir le *8th Hussars* du *Lieutenant-Colonel* Cuthbert Goulburn - qui est le *« recce regiment »* de la *7th Armoured Division* équipé de chars Cromwells - moins son *C Squadron*. Ce régiment de reconnaissance accompagnera la percée mais seulement jusqu'au point de premier contact. Puis ce sera le *11th Hussars* du *Lieutenant-Colonel* William Wainman du *XXX Corps* et qui, a contrario, dispose principalement de véhicules blindés légers Daimler Armoured Cars MkII. L'unité n'est pas non plus au complet puisque seul les *HQ* et *C Squadrons* sont disponibles. Ces deux régiments seront chargés d'assurer la protection des flancs de la Brigade lors de l'avancée.

Naturellement, l'exécution de la manœuvre passe par un redéploiement conséquent des forces sur la ligne de front. Ayant achevé son regroupement dans le secteur de Bayeux le 11 juin, la *131st Infantry Brigade* du *Brigadier* (général de brigade) Michael Ekins est désormais entièrement opérationnelle. Dans un premier temps, elle a reçu l'ordre d'avancer sur Tilly et son unité est toute surprise d'avoir à occuper désormais les positions précédemment tenues par la *22nd Armoured Brigade*. Le mouvement s'opère avec le soutien du *1st Royal Tank Regiment* déjà présent dans ce secteur du front et qui lui est désormais attaché. A cette occasion, les *1/5th* et *1/6th Queens* viennent temporairement prendre la place du *1/7th Queens*. L'objectif de cette redistribution de formations provenant de la même division est double : tenter de ne pas éveiller les soupçons de l'ennemi tout en conservant toute la fluidité possible lors des mouvements et substitutions d'unités.

Dans l'après-midi du **12 juin** 1944, les dés sont donc jetés : la colonne anglaise va s'élancer et rouler vers son destin. Elle ne peut le soupçonner, mais le rendez-vous de Villers-Bocage va marquer l'Histoire...

D'après *« The Rifle Brigade in the Second World War 1939-1945 »* du *Major* R.H.W.S Hastings, *« C'est avec un certain retard que la colonne s'est mise en marche car il fallait d'abord que les éléments de reconnaissance - qui devaient être envoyés de part et d'autre de la route - franchissent l'axe de progression principal »*. Vers **14h00**, l'avant-garde est en action et les chars Cromwell du *8th Hussars* débutent leur reconnaissance sur l'axe prévu. Un rapport de l'unité fait état d'une *« route étroite mais praticable par tout véhicule à roues ou à chenilles »*. Ainsi, à **16h00**, le gros de la colonne se met en route à son tour et quitte Trungy avec à sa tête les tanks du *4th CLY*. Il ne rencontre aucune opposition pendant environ vingt kilomètres jusqu'à Livry. Là, à la sortie de la localité, un Cromwell du *2 Troop/A Squadron* du *8th Hussars* est touché par un tir de *Raketenpanzerbüchse 43* (plus connu sous le nom de « Panzerschreck ») (3) et s'enflamme selon le journal de marche de l'unité. Deux membres d'équipage sont tués : le *Trooper* Rainbow et le *Lance-Corporal* Calvert ; le reste de l'équipage est blessé, dont le commandant du char le *Lieutenant* Douglas Rampf.

Une section *(2 Troop)* de la *A Company* de la *1st Rifle Brigade* est appelée à l'avant afin de réduire la position ennemie, ce qu'elle achève de faire aux alentours de **20h00**. Il reste alors moins de deux heures avant le coucher du soleil et Villers-Bocage ne saurait être atteinte dans un délai aussi court. En conséquence, et à contrecœur, le *Brigadier* Hinde se résout à stopper la progression par crainte de révéler son objectif final aux Allemands. Une décision qui s'avérera lourde de conséquences quelques heures plus tard. Pour le moment, il met à profit ces quelques heures de pause forcée pour finaliser ses plans relatifs à

La grand-rue de Villers-Bocage que remontera la colonne britannique pour traverser le bourg le 13 juin 1944. La place de la mairie se trouve sur la droite. (Coll. auteurs.)

l'occupation de Villers-Bocage : les chars du *A Squadron* du *4th County of London Yeomanry* devront s'emparer de la Cote 213 au nord-est de la ville. Ils seront immédiatement suivis de la *A Company* du *1st Battalion, The Rifle Brigade* qui devra rester en attente sur le bord de la route le temps que le contingent d'infanterie principal, le *1/7th Queens*, puisse arriver et se déployer en soutien sur l'éminence. Un peu plus en arrière, les *B* et *C Squadrons* du *4th CLY* auront pour tâche d'investir la ville pendant que le *5th RTR*, accompagné d'une autre compagnie de la *1st Rifle Brigade*, devra s'établir sur la hauteur de Maisoncelles-Pelvey au sud de Villers. La *260th Anti-tank Battery* du *Norfolk Yeomanry* viendra se positionner entre le *5th RTR* et le *4th CLY*, alors que le *5th RHA* et le *Tactical HQ* (Quartier général tactique) de la *Brigade* s'installeront dans et autour d'Amayé-sur-Seulles. Enfin, le reste de la *Division*, à savoir les *1/5th* et *1/6th Battalions* de la *131st Infantry Brigade*, soutenus par le *1st RTR*, auront pour mission de constituer une base solide à Livry et de protéger les lignes de communication de la *Brigade*.

Simultanément, un *Troop* du *A Sqn* du *8th Hussars* est envoyé par Hinde en reconnaissance vers l'est sur l'axe Caumont-Caen, en direction du hameau de la Croix des Landes, et perd deux chars une fois au contact d'éléments de la *Panzer-Lehr-Division* qu'il trouve à environ trois kilomètres au nord-est de Livry (4). Le chef du *3 Troop*, le *Lieutenant* Talbot-Harvey, et six hommes du rang sont alors portés disparus.

En exploration sur le flanc droit de la colonne, une partie du *11th Hussars* ne trouve aucun obstacle et fait la jonction avec des éléments avancés de la *US 1st Infantry Division* juste devant Caumont.

Un peu en retrait de Livry, l'imposante armada anglaise est maintenant étirée sur quelques kilomètres et plusieurs heures sont nécessaires pour que les hommes et les matériels de toutes les composantes ne s'installent dans les champs bordant la route pour y passer la nuit. Jusque-là, la percée s'est effectuée parallèlement aux forces américaines à l'ouest. Le *Sergeant* Stan Lockwood du *2 Troop / B Sqn* du *4th CLY* se souvient *« d'avoir parqué son Sherman Firefly dans un clos situé sur la crête d'une petite colline. De là, lui et son équipage ont une vue dégagée sur les nombreux feux qui embrasent Caumont dans la nuit »*. Maintenant, avant le repos pour les équipages, il faut encore refaire le plein de carburant et effectuer les vérifications techniques des véhicules, se ravitailler, manger un morceau et répartir les tours de garde. Il s'agit de tâches à ne pas oublier lorsque l'on est si profondément introduit en territoire ennemi et la plupart des hommes du convoi ne peuvent dormir que quelques heures avant de repartir.

Carte de la progression britannique lors de l'Operation *Perch* le 12 juin 1944 et des mouvements allemands jusqu'au 14 juin 1944 (Carte F. Deprun.)

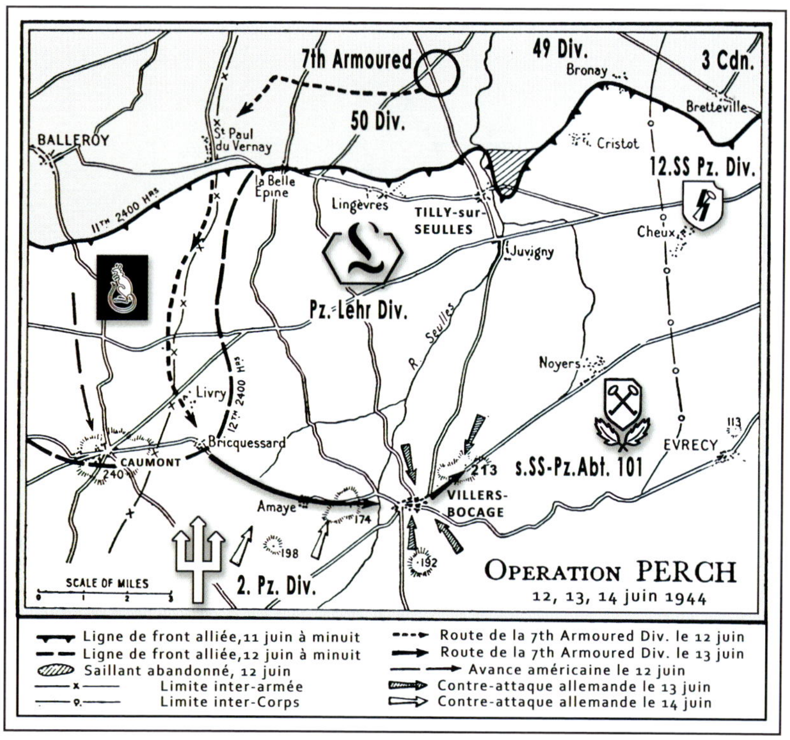

Vue de Livry avant-guerre, situé sur l'axe d'attaque britannique vers Villers-Bocage. C'est peu avant ce village que la colonne anglaise va devoir stopper sa progression au soir du 12 juin. (Collection auteurs.)

Pour le *Lieutenant* Bruce Campbell et les hommes de son *Platoon*, la nuit a été particulièrement courte. La veille, peu avant le coucher, les ordres de Hinde ont été très clairs : lui et son groupe devront partir tôt vers l'avant avec mission de reconnaître la route sur presque un kilomètre. Debouts à **3h30**, Campbell, son opérateur radio le *Rifleman* MacKenzie et ses autres *Riflemen* partent s'acquitter de leur tâche sans sourciller et traversent prudemment Livry au cas où les Allemands s'y seraient réinstallés à la faveur de l'obscurité. Le commandant d'un des chars du *4th CLY* positionnés au croisement est interrogé, mais en dehors de tirs entendus un peu plus tôt dans la nuit, il répond que tout est redevenu calme et paisible. Parvenu au carrefour suivant et constatant que la route est parfaitement dégagée, Campbell maudit sa radio qui refuse de fonctionner et envoie un de ses hommes en arrière pour signaler au reste du convoi que la voie est libre.

Le *Lieutenant-Colonel* Desmond Gordon, commandant le *7th Queen's* de la *131st Infantry Brigade* combattra dans Villers-Bocage l'après-midi du 13 juin 1944. (IWM.)

Le *Lieutenant-Colonel* Lord A. Cranley, commandant du *4th County of London Yeomanry (4CLY)*, « *the Sharpshooters* », participe à l'attaque et sera capturé à la Cote 213 avec une partie du *A Squadron* (Escadron A) du régiment. (IWM.)

Il est désormais **5h00/5h30**. Dans la quiétude matinale, la marche reprend le long de la route qui serpente entre les haies touffues et les épais bosquets du bocage normand sous un soleil pour l'instant radieux (5). **Briquessard** est bientôt en vue et, selon les plans, le *8th Hussars* cède sa place à la pointe de la colonne au *A Squadron* du *4th CLY* (6) ; c'est le char Cromwell du *Lieutenant* Bill Garnett qui ouvre la voie. Pendant ce temps, les éléments de tête de la *131st Infantry Brigade* se sont aussi remis en mouvement et ils atteignent **La Paumerie**, à l'ouest de Livry, vers **6h15**, là où se situe alors le quartier général de la *22nd Armoured Brigade*.

A ce stade de l'avancée, les deux régiments de reconnaissance de la *7th AD* se consacrent désormais exclusivement à la protection des flancs. Tandis que, sous le commandement de la *131st Brigade,* le *A Sqn* du *8th Hussars* se repositionne sur la gauche face à la *Panzer-Lehr-Division* ses *B* et *RHQ Squadrons* qui obliquent vers la droite en direction de Cahagnes. En chemin, les équipages croisent une patrouille du *11th Hussars (D Squadron)* qui leur indique que la localité est occupée par l'ennemi. Le *RHQ Squadron* (état-major régimentaire) du *8th Hussars* remonte alors vers l'axe de progression de la *22nd AB* pendant que le *B Squadron* – ayant malgré tout passé Cahagnes sous le feu de l'ennemi – atteint Tracy-Bocage sans perte et reçoit l'ordre de s'y établir en observation. Le *11th Hussars*, quant à lui, est dispersé de chaque côté de la colonne pour lancer des reconnaissances tous azimuts. Les rapports de ces deux unités ne font alors état que d'une faible opposition se dissipant peu à peu. Pour les Anglais, l'impression est celle donnée dans le livre du *Major* Hastings déjà cité : « *Il semblait que l'ennemi avait été déstabilisé et que tout ce qu'il restait à faire, c'était d'aller occuper le terrain qui était d'une importance capitale, à deux kilomètres au nord du village* (Cote 213 au nord-est de Villers-Bocage, nda). »

Au même moment, la colonne blindée britannique poursuit sa percée et traverse **Amayé-sur-Seulles** sans encombre. Un char allemand s'y trouve en observation mais, à la vue du long cortège de blindés anglais, il préfère se replier discrètement. Jusqu'à présent, la progression est jugée très satisfaisante, à tel point qu'il est envisagé d'atteindre Villers-Bocage peu avant 8h30, soit une prévision de 10 kilomètres parcourus en trois heures pour les Anglais. L'on peut s'étonner que ce rythme soit considéré favorablement mais il faut garder à l'esprit que la vitesse du convoi est conditionnée par la rapidité de progression de l'unité de tête, en l'occurrence les chars du *A Squadron* du *4th CLY*. En dépit des reconnaissances effectuées vers l'avant, une marche en territoire hostile reste largement un voyage vers l'inconnu, et la prudence élémentaire impose d'avancer par bonds. Ainsi le char de tête (7) chemine avec précaution d'un point à un autre et doit s'arrêter à chaque endroit présentant un risque d'embuscade. Les abords d'un hameau ou d'une habitation isolée, chaque carrefour ou intersection, le haut d'une côte, la sortie d'un virage par exemple sont autant de lieux où la reconnaissance doit être attentive à tout signe suspect. La poussière soulevée par un véhicule en mouvement, ou bien le reflet du soleil sur la montre d'un soldat ou la vitre d'un véhicule ennemi, ou encore des traces de passage fraîches sur la voie ou dans les cultures des champs alentour trahissent bien souvent une présence ennemie. Si aucune menace n'est détectée, le chef du char de tête le signale au reste de la section et reste en position fixe pour laisser le char suivant avancer à son tour, le dépasser et reconnaître la route plus avant, et ainsi de suite. La théorie veut que, de la sorte, les engins puissent en permanence se couvrir mutuellement. Dans la pratique, les choses ne se passent pas toujours ainsi ; il arrive que, plus en arrière, l'officier commandant l'unité s'impatiente et ordonne aux chars de tête de presser le mouvement, en prenant le risque que les choses tournent mal. Et c'est très précisément ce qui va survenir quelques heures plus tard après Villers-Bocage...

Des rumeurs circulent déjà dans la colonne : ainsi, à environ cinq kilomètres de Villers-Bocage, le *Lieutenant* Bruce Campbell de la *1st Rifle Brigade* écoute son commandant en second, le *Captain* Milner lui rapporter que « *des Français ont déclaré que des chars et de l'infanterie allemands ont été vus au Château situés aux abords de la ville, mais que ces chars étaient inutilisables car en panne d'essence ».* Des chars du *8th Hussars* sont envoyés dans cette direction pour faire le ménage sans qu'en définitive rien de tout cela ne soit établi.

Le long cortège de tanks et de véhicules blindés se rapproche maintenant de Villers. En raison de l'avance par bonds successifs décrite plus haut, les officiers des unités engagées ne ménagent pas leur peine pour maintenir la discipline et éviter tout regroupement de véhicules qui ne manquerait pas de créer des embouteillages ou de multiplier les pertes en cas d'attaque soudaine. La tâche est compliquée mais, malgré quelques encombrements mineurs, une bonne fluidité peut être maintenue dans l'ensemble du convoi. Lors du passage dans les hameaux et les fermes bordant la chaussée, les soldats anglais se voient offrir des fruits et des produits fermiers par la population en liesse, ce qu'ils acceptent avec joie, en particulier quand il s'agit de cidre ou de vin ! En échange, des rations militaires sont aussi distribuées.

Profil du Stuart M3A3 – surnommé « *Calamity Jane II* » – appartenant au *Reconnaissance (Recce) Troop* du *4CLY* qui en compte 11 au total. Ce char léger sera détruit par le Tiger de l'*Obersturmführer* (lieutenant) Michael Wittmann à la sortie est de Villers-Bocage, au croisement de la N175 et de la route de Tilly-sur-Seulles. (Profil F. Deprun.)

Représentation d'un Sturmgeschütz III de la *352. ID (2./Panzer-Jäger-Abteilung 352)*, en rapport à celui détruit par les Britanniques sur la route d'Anctoville à Caumont le 12 ou le 13 juin au matin. Un blindé isolé que la *7th Armoured Division* a trouvé sur son chemin avant d'aborder Villers-Bocage. (Profil F. Deprun.)

Plaque de signalisation en fonte accrochée sur une façade de bâtiment à Villers-Bocage. L'objet a subi les dégradations du temps tout en ayant survécu aux lourds bombardements qui ont rasé la localité en juin 1944. (Photo auteurs.)

Malgré tout, le danger demeure permanent, comme le rappelle l'un des témoins principaux des événements, Charles Pearce qui était à l'origine *Lieutenant* dans la section de reconnaissance : « *Depuis le débarquement, j'étais détaché auprès du RHQ (Etat-major Régimentaire) du 4th CLY (8). (...) La percée ne rencontra aucune opposition. Les chars du Squadron de tête qui tentaient de rouler sur les bas-côtés de la route devaient constamment revenir sur celle-ci en raison de nombreux fossés et autres obstacles naturels. Cela revenait à faire avancer une division complète sur une largeur de 5 mètres. Cela semble ridicule mais c'était la réalité ! Il devenait de plus en plus évident que nous étions en train de perdre le soutien du reste de la division mais le Brigadier Hinde ne cessait pas d'exhorter notre commandant* (Col. Arthur Cranley) *d'accélérer le mouvement de la colonne, ce que ce dernier s'efforça de faire. L'avancée se poursuivit jusqu'à Villers-Bocage et le A Sqn remonta la voie étroite au centre de la localité ; là, certains habitants lui indiquèrent que des Allemands se trouvaient dans la ville. Le Major Peter Scott commandant le A Sqn, et qui était un officier très expérimenté, fit alors part de ses réticences quant à investir la localité mais il reçut l'ordre de ne pas s'arrêter et de continuer vers l'objectif* (la Cote 213) ». A ce moment, Pearce se trouve dans son scout car Humber aux côtés des quatre Cromwells du *RHQ* du *4th CLY*, qui sont tous à l'arrêt dans une côte juste avant l'entrée ouest de Villers. Tout à coup, alors qu'il est en train de scruter les alentours avec ses jumelles, il aperçoit un blindé de reconnaissance ennemi à huit roues (9) qui observe la colonne anglaise depuis un verger situé à environ 600 mètres de la route. Pearce poursuit : « *En criant, j'ai demandé au Major Arthur Carr, qui se trouvait dans son Cromwell devant moi, de le détruire mais la tourelle ne pouvait être pivotée en raison de l'équipement qui se trouvait sur le char, et ma requête resta donc sans effet* ». Face à l'urgence de la situation, le *Lieutenant* se décide alors à rompre le silence radio qui avait été imposé depuis le départ et signale le véhicule ennemi au *RHQ Troop leader* en la personne du *Lieutenant* John Thompson (10) dans le char stationné juste derrière lui. Thompson a pu lui aussi décrire cette action : « *Alors que les premiers engins du RHQ, dont le mien, faisaient une halte dans la côte juste avant la ville, Charlie Pearce repéra le véhicule ennemi dans un chemin agricole sur notre gauche. J'avais stoppé mon char à environ soixante-dix mètres derrière celui du Major Carr (2/ic - Commandant en second du 4th CLY). Je ne pouvais rien voir sur les côtés en raison de la hauteur des haies, pas plus que je ne pouvais distinguer ce qui se passait devant moi car mon champ de vision était obstrué par le tank d'Arthur Carr et, à cet instant, je n'avais pas encore atteint le haut de la pente. Quand Charlie a utilisé la radio pour me dire où se trouvait l'ennemi, j'ai aussitôt ordonné à mon pointeur de faire tourner la tourelle à 45 degrés vers la gauche - car je savais que l'ennemi n'aurait pas attendu que je le fasse pour déguerpir -, et dit au pilote d'avancer. Notre canon de 75 mm était déjà chargé avec un obus perforant afin de ne pas perdre de temps. Mais quand nous avons atteint le sommet de la crête, le véhicule avait disparu !* »

Entre-temps, Pearce a sauté de son Humber et est grimpé sur la plage moteur du Cromwell du *Major* Carr pour tenter de dégager la tourelle, mais sans succès. Il ajoute : « *J'ai pu alors observer à nouveau le blindé allemand à travers mes jumelles et j'ai eu alors le sentiment étrange que son commandant me surveillait aussi. Le blindé a fait demi-tour lentement pour remonter la colline avant de disparaître derrière les arbres du verger. J'étais absolument sidéré de constater que cet engin n'avait pas été repéré plus tôt, et encore davantage par le fait que personne ne l'avait engagé, quand bien même il représentait une cible facile. Ce manque de réaction me fit prendre vraiment conscience de notre situation et que personne autour de moi ne semblait mesurer les risques que nous avions d'être attaqués. Comme les nôtres, ces véhicules blindés de reconnaissance ennemis sont servis par des équipages excellents, et j'étais certain que son chef avait rendu compte de tous nos mouvements car ils sont toujours en contact avec leur QG. Les choses auraient pu être tout autres si ce blindé avait été détruit. Cela m'a rendu très nerveux après ça* ».

(1) Ce même jour, le *4th CLY* élimine un Panzer IV de la *Panzer-Lehr-Division* dans le hameau de Jérusalem, ce qui représente très probablement là son premier char ennemi détruit sur le sol normand.

(2) Elle était commandée par le *Lieutenant* Alan Norman Mather. Cet officier trouvera la mort au combat le 5 août pendant « l'Opération *Bluecoat* ».

(3) Il s'agit probablement d'éléments de la *Begleit-Kompanie* de la *Panzer Lehr-Division*. Bien que certaines sources parlent d'un tir de « Panzerfaust », la description précise de l'arme dans le journal de marche du *8th Hussars* suggère qu'elle a pu être récupérée et examinée après avoir été abandonnée sur place par les soldats allemands.

(4) Des fouilles récentes sur la route de Livry ont fait surgir les restes d'un automoteur allemand Sturmgeschütz III détruit probablement lors des échanges de tirs avec le *8th Hussars*, il s'agit très certainement d'un des chasseurs de char de la *352.Infanterie-Division*, seule unité à posséder ce genre de véhicule dans le secteur et à cette date.

(5) La météo sera beaucoup plus incertaine dans le courant de la journée. Il pleuvra même à seaux par intermittence dans l'après-midi.

(6) A ce moment, le *A Sqn* est déjà quelque peu diminué : deux Cromwells ont été perdus en action le 10 juin à la suite de tirs fratricides (de la *8th Armoured Brigade*). Par ailleurs, selon le témoignage du *Trooper* John Fisher, un Cromwell du *A Sqn* parviendra à rejoindre le quartier général de la *22nd Brigade* en fin de journée le 13 juin, après s'être égaré en chemin lors de l'avancée vers Villers. De fait, sur un effectif plein de 19 tanks, c'est un total maximum de seize chars qui atteindra la Cote 213 le 13 juin au matin (à coup sûr quatre Fireflies, et douze Cromwells, peut-être même un peu moins).

(7) Habituellement celui du *Troop Sergeant* de la section concernée.

(8) En qualité d'officier de liaison.

(9) Il pouvait s'agir d'un *Sd.Kfz 234/2* « *Puma* » ou d'un *Sd.Kfz 232* appartenant à l'unité de reconnaissance de la *Panzer-Lehr-Division* ayant repéré au matin la progression de la colonne depuis Livry. Il est à noter que, selon les indications des Anglais, le blindé allemand a cherché à surveiller la route de Caumont depuis la route de Saint-Louet en lisière de Villers-Bocage et quitté son axe pour s'offrir une meilleure vue dans un verger.

(10) J. Thompson avait en réalité atteint le grade de *Captain*, mais, quelque temps auparavant, il avait accepté d'être rétrogradé afin de rester avec le *4th CLY*.

Photographie et vue tirées d'un film tourné à bord d'un navire allié (LCT 3506) débarquant un Sherman Firefly du 3.Troop d'un des trois *Squadrons* du *4th CLY*, *Sharpshooters* de la *22nd Armoured Brigade* de la *7th Armoured Division « Desert Rats »* le 7 juin sur la plage de *Gold Beach*. La division n'a pas été retenue pour la première vague d'assaut mais a été prévue pour l'exploitation du terrain et l'avancée dans les terres à partir du 8 juin 1944 au sud de Bayeux. Le Sherman Firefly (Luciole) peut être considéré comme une arme de haute technologie pour l'époque avec un canon Ordnance QF 17 pounder (ou 17-pdr) de 76,2 mm qui peut rivaliser avec celui 7,5 cm KwK 42 du Panther ou celui de 8,8 cm du Tiger. (IWM.)

# 2 La s.SS-Panzer-Abteilung 101

Célèbre photo du Tiger 131 de l'*Ustuf.* Walter Hahn, chef du *3.Zug* de la *1.Kompanie*, traversant le village de Morgny au matin du 7 juin. Il s'agit là l'un des cinq Tiger dit de « Milieu de Production » (en fait cette appellation non-officielle désigne des engins produits entre fin juillet 1943 et début février 1944) en dotation à la *1.Kp*, reconnaissables à leur tourelleau à épiscopes et aux galets à bandage en caoutchouc apparent. A ce stade, les engins ne sont pas encore camouflés de feuillages pour échapper à la menace aérienne, mais des mesures seront prises en approchant du front de Normandie. (BA.)

## Historique sommaire

(Voir en annexe) les composantes, les caractéristiques et l'historique de l'unité de char Tiger *s.SS-Panzer-Abteilung 101*. Cela vaut également pour la *7th Armoured Division* et sa *22nd Armoured Brigade* qui méritent à elles seules que l'on s'attarde sur leurs origines et particularités.

Mais il est toutefois nécessaire de présenter le fil conducteur de ce texte en quelques lignes, c'est-à-dire l'unité allemande qui s'apprête à rejoindre le front de Normandie en la remplaçant dans son contexte de l'époque. En résumé, la *s.SS-Panzer-Abteilung 101* est un bataillon de chars lourds composé de trois *Kompanien* de 14 Tiger I et d'une *Stabskompanie* de commandement avec trois Tiger I pour un total de dotation de 45 engins selon une directive de l'arme blindée allemande (KStN du 5 mars 1943).

L'unité de Tiger de la Waffen-SS, ancienne composante de chars lourds de la SS-*Panzergrenadier-Division Leibstandarte,* est arrivée en partie du front russe à la fin 1943 pour une refonte complète en France et en Belgique. En s'appuyant sur la *13./SS-Panzer-Regiment 1* originelle de l'unité, il a été décidé de créer la *s.SS-Panzer-Abteilung 101* à trois *Kompanien* de Tiger. Après une période de formation des équipages sur des machines neuves, le bataillon stationne dans la région de Gournay-en-Bray en Seine-Maritime en attendant une décision sur la prochaine affectation de l'unité.

L'*Obersturmführer Wittmann* est déjà une personnalité de la *s.SS-Panzer-Abteilung 101* qui revendique alors 117 victoires sur le front russe. Chef de char et de section très expérimenté, il se voit confier les rênes de la *2. Kompanie* de Tiger avec, pour supérieur, le Kommandeur du Bataillon, le *Stubaf.* Westernhagen. Le 1er mars 1944, il épouse Hildegard Burmester en Allemagne avant de repartir pour son nouveau cantonnement à Elbeuf-en-Bray en Seine-Maritime (alors « Seine-Inférieure). L'officier commandant de la *1. Kompanie*, le *Hauptsturmführer Möbius,* sans bénéficier de la même renommée que Wittmann, ne demeure pas moins un soldat avec une solide expérience

du front et un large total de victoire à son actif au sein de l'unité de chars lourds.

Le 1er juin 1944, le bataillon indique que 37 Tiger sont en état de marche et 8 Tiger sont en réparation. Jusqu'aux derniers jours avant le débarquement allié, la *s.SS-Panzer-Abteilung 101* reçoit des véhicules et transports de troupes blindés pour compléter totalement ses effectifs. Ainsi, à l'heure de la décision alliée de prendre pied sur la côte normande, le Bataillon se trouve pleinement opérationnel avec un personnel formé et encadré par des officiers confirmés. L'unité a le bénéfice d'un matériel neuf à la pointe de la technologie militaire allemande.

## Départ vers la Normandie

Le mardi 6 juin 1944, toutes les unités organiques du *I. SS-Panzer-Korps* (1) sont mises en alerte du nord de Paris jusqu'en Belgique. Une incrédulité sur la réalité des préparatifs est vite remplacée au sein des équipages de Tiger par la mise en marche méthodique de cette machine de guerre que représente la *s.SS-Panzer-Abteilung 101*.

Le bataillon de Tiger démarre sa progression pour le front de Normandie tôt le matin du 7 juin 1944. Le départ se fait de manière espacée pour les trois *Kompanien* à partir de leur secteur de cantonnement en convergeant sur Gournay-en-Bray pour emprunter ensuite la route N316 conduisant vers la Seine. La répartition des Tiger dans les colonnes s'établit selon l'ordre des sections et des numéros tactiques de char. Les Tiger traversent alors la forêt de Lyons et la vallée de Levrière et atteignent Morgny au cours de la matinée. La propagande allemande ne manquera pas de faire suivre l'unité de Morgny à Dreux par un photographe *(Kriegsberichter)* probablement sur l'ordre de Dietrich qui supervise le transfert sur le front de son *Panzer-Korps,* en n'oubliant pas de souligner la dimension politique de l'arme SS.

Une première attaque aérienne, à quelques kilomètres du départ, est à déplorer au-dessus de la colonne de la *1. Kompanie* et de la *Stabskompanie* qui est repoussée par l'intervention des Flakvierling à quadruple tubes et par les mitrailleuses de tourelleau des Tiger. La progression se poursuit jusqu'à la Seine que le bataillon a prévu de franchir au pont de Château-Gaillard. Il semble incroyable qu'aucune reconnaissance préalable n'ait été effectuée au niveau de cet ouvrage près des Andelys pour constater que, d'une part, celui n'existe plus en dur depuis 1940 et que, d'autre part, l'estacade en bois construite par les Allemands a subi des bombardements en mai 1944 et ne pourrait de toute façon pas supporter le poids des 45 engins de 57 tonnes. Il est alors décidé de bifurquer au sud en direction de Paris par la N14 pour trouver un passage praticable en direction de l'ouest.

Le témoignage du *Rottenführer* Walter Lau (2) nous éclaire sur les premiers moments du départ vers la Normandie : *« Nous voyons que toutes les routes aux alentours sont encombrées de colonnes de véhicules, nous apprenons par quelques radios, qui ont écouté la « station de Calais » que le « Tommy » a débarqué en Normandie. A toute allure, comme pour un cent mètres, nous courons récupérer notre paquetage et nous rejoignons les panzers alors qu'ils sont déjà sortis du parc du Château d'Elbeuf. C'est au début une progression agréable car un tankiste*

Sur l'image sont visibles les Tiger 211 et 212 du premier *Zug*, respectivement ceux de l'*Ostuf.* Jürgen Wessel et de l'*Uscha.* Balthasar « Bobby » Woll. Les chars se succèdent toujours suivant l'ordre des sections et des numéros tactiques. Ainsi, chaque chef de compagnie garde une idée précise de son effectif opérationnel lors des trajets, particulièrement sur longues distances. Une analyse attentive de ce reportage permet de constater que le Tiger 213 manque à l'appel car le Tiger 212 est directement suivi par le Tiger 214, lui-même devançant le 221. Le Tiger 213 du *Hscha.* Höflinger faisait vraisemblablement partie des quelques chars du bataillon encore à l'atelier lors du départ vers la Normandie ce 7 juin. Il rejoindra le convoi quelques jours plus tard. (BA.)

Tôt dans la matinée du 7 juin, l'unité est mise en alerte et se met en route vers la Normandie en direction des Andelys. Les *Kompanien* et leurs *Züge* (sections) se suivent dans l'ordre numérique croissant. Nous voyons ici M. Wittmann à la tourelle de son Tiger 205 sur la Nationale 316 entre Bézu-la-Forêt et Morgny, quelques heures seulement après le départ du bataillon de la localité de Gournay-en-Bray. (BA.)

**Ci-contre :** Gournay-en-Bray est située entre Rouen et Beauvais. Le bataillon s'installe autour de cette localité dans la deuxième moitié du mois d'avril 1944, après un séjour de plusieurs mois à Mons en Belgique. Les Tiger ont très certainement emprunté cette porte avant de partir en direction de la Seine au pont de Château Gaillard aux Andelys puis de Paris. (Collection auteurs.)

3

1

4

**1.** Tous les ponts qu'auraient pu emprunter les Tiger de la *s.SS-Panzerabteilung 101* entre la côte et Paris ont été endommagés par les bombardements alliés, comme le montre cette photo du pont à proximité des Andelys. L'estacade construite par les *Pioniere* allemands, visible sur l'image, aurait pu permettre le passage de quelques véhicules mais engager 45 Tiger eut été très hasardeux. Ces destructions d'ouvrages sur la Seine contraignent les *Kompanien* à passer par la capitale, ce qui va considérablement retarder leur arrivée sur le front de Normandie. (Coll. privée.)

**2.** Autre vue de la *1.Kompanie* à Paris. Bien que le numéro tactique ne soit pas entièrement lisible (seuls le « 1 » et le « 3 » sont discernables), il est possible d'affirmer catégoriquement qu'il s'agit ici du Tiger de l'*Unterscharführer* (sergent) Werner Wendt car le schéma de camouflage sur l'avant du char est identique à celui du Tiger 132 vu à Morgny un peu plus tôt dans la journée. (Collection auteurs.)

**3.** L'*Ostuf.* Jürgen Wessel à la tourelle de son Tiger 211 sur les Champs-Elysées. Handicapé par des problèmes de santé, cet officier guindé et chef de char inexpérimenté sur char Tiger devra quitter le front normand au début du mois de juillet et sera remplacé par l'*Untersturmführer* Rolf Henniges (en provenance de la section de reconnaissance) à partir du 15 juillet 1944, après que le *Hstuf.* Wittmann aura pris le commandement du bataillon. (Collection auteurs.)

**4.** Les Tiger arrivent dans Paris dans l'après-midi du 7 juin et font l'objet de la curiosité de nombreux passants. Quelques chars de la *1.Kompanie* se font photographier et des clichés seront publiés deux jours plus tard dans certains journaux collaborationnistes parisiens tels que « L'Oeuvre » et « Aujourd'hui ». Les reproductions ne sont pas de grande qualité mais, sur l'image du haut, il s'agit du Tiger 113 de l'*Oscha.* Heinrich Ernst, et sur celle en bas, du Tiger 124 du *Junker* Erwin Asbach. (Fond France-Soir. via N. Recess.)

2

*est toujours plus à l'aise dans un blindé en marche. Nous ressentons de la joie de savoir que nous allons traverser Paris. Divers bruits circulent dans nos rangs qui s'interrogent sur la vraie raison de notre passage dans la capitale française : est-ce pour des raisons de propagande ou bien pour trouver des ponts sur la Seine capables de supporter nos Tiger de plus de 60 tonnes ? [...] Nous faisons des pauses régulières car Wittmann veut garder la Kompanie groupée aussi longtemps que possible ; il remonte d'ailleurs la colonne avec son Schwimmwagen pour s'assurer que tout va bien. Il nous faut fréquemment contrôler l'état des chenilles car les pavés de la route et l'asphalte sont des surfaces dures et contribuent à la détérioration du train de roulement. Nous sommes impatients de voir les Champs-Élysées et l'Arc de Triomphe. Nous roulons environ pendant un kilomètre sur cette artère prestigieuse, il y a beaucoup de monde et les colosses de 60 tonnes font de toute évidence forte impression. [...] Dans la soirée, nous nous installons à quelques centaines de mètres des communs du Château de Versailles, à proximité des jardins pour faire le plein de carburant et pour contrôler les chenilles puis nous nous allongeons sous les panzers pour passer la nuit. »*

Dans la nuit du 7 au 8 juin, la *2. Kompanie* subit un bombardement aérien qui ne fera aucun dégât. La *s.SS-Panzer-Abteilung 101* est encore groupée près du Château de Versailles, les trois *Kompanien* stationnent à distance dans ce secteur arboré avant de reprendre encore une fois la route des Champs-Élysées pour des raisons de propagande. Le fait de faire défiler deux fois les 45 Tiger (3) devant la population parisienne et les photographes de presse à un endroit emblématique devait produire une forte impression. Avec les blindés lourds ainsi déployés dans Paris, les Allemands offrent une réponse à une population secrètement heureuse de l'annonce du débarquement. Nous pouvons croire encore une fois à une décision de Dietrich en relation avec le siège du commandement du secteur nord-ouest du Gross Paris.

## La route de Dreux à Falaise

Le *Rottenführer* Walter Lau poursuit son récit pour la journée du 8 juin : *« Nous continuons dans la journée en direction de Dreux pour gagner Verneuil, Argentan puis Falaise.[...] La guerre a commencé à Dreux, en sortant de la localité en direction d'Argentan, des "Jabos"* (4) *ont foncé sur nous et l'Unterscharführer Kleber a été le premier tué de notre Kompanie sur le front de Normandie. [...] A partir de ce moment, les "Jabos" ne nous quitteront plus. Le commandant avait fait démonter les mitrailleuses de tourelles pour les faire remonter sur le tourelleau du chef de char. Je me souviens que Bobby Warmbrunn tirait sur les "Jabos" comme un Berseker* (furieux guerrier à l'époque des Vikings) *lorsqu'ils surgissaient sur le côté de la route et fondaient de nouveau sur nous. »*

La nationale 12 est faite de longues lignes droites au sortir du secteur de Versailles et le paysage est particulièrement plat à hauteur d'Houdan jusqu'à Dreux. Ainsi, même recouverts de feuillages, les convois allemands deviennent très visibles aux yeux des pilotes alliés. La route nationale est jalonnée de camions et véhicules calcinés qui offrent un spectacle des plus sinistres aux nouveaux arrivants sur le front.

C'est à partir de la journée du 8 juin que les premières pannes mécaniques commencent à handicaper la cohésion et la progression des trois *Kompanien* de Tiger vers le front. La *3. Kompanie,* ayant pris du retard après Paris, est totalement désorganisée et se voit divisée en petits groupes de *Panzer* avec certains isolés en attente de réparation au bord des routes. Les véhicules de maintenance de l'atelier et de ravitaillement du Bataillon subissent eux aussi les attaques fréquentes de la part des « Jabos ». Des routes parallèles sont empruntées par les différentes *Kompanien* ; la *2. Kompanie* emprunte l'axe principal d'arrivée au front la Nationale 12 (Dreux-Argentan) déjà surchargée par les unités de la *2.Panzer-Division* et autres renforts. D'autres choisissent un axe plus au nord (Evreux-Conches-

Vue arrière du Tiger 221 sur la Nationale 316 entre Bézu-la-Forêt et Morgny. Son commandant, l'*Untersturmführer* (sous-lieutenant) Georg Hantusch, sera l'un des chefs de char présents dans le bas de la Côte des Landes près de Villers-Bocage lors de l'attaque de M. Wittmann le 13 juin, selon le *Rottenführer* (caporal-chef) Walter Lau. (BA.)

Note : d'après les sources allemandes, le commandant du Gross Paris s'est inquiété de la présence des Tiger dans Paris, craignant de forts bombardements.

Souvent identifié à tort comme étant le Tiger 331, ou le 334, ce char de la *3.Kompanie* a dû s'arrêter dans le centre de Dreux (rue Bois Sabot, à proximité de l'Hôtel de Normandie) lors de la progression vers le front, apparemment victime d'un problème au train de roulement. Le 324 est équipé de madriers fixés entre les patins de chenille de rechange sur la plaque frontale inférieure, vraisemblablement dans le cas où le char viendrait à s'embourber, une particularité également observée sur un autre Tiger du *2.Zug* (2e section) de la *3.Kp.*, le 321 (il est donc possible que cette caractéristique ait été prévue pour ce *Zug* à la *3.Kp.*, bien que, sur la seule vue connue, le Tiger 323 n'en dispose pas (invérifiable sur le 322). Cette photo doit dater du 8 juin. (KB Stöpfgeshoff /Luftwaffe.)

**Ci-dessus :** le même endroit de nos jours à Dreux n'a pas changé. (Photo auteurs.)

**Ci-dessus, à gauche :** représentation du numéro tactique de tourelle du Tiger 324 de la *s.SS-Pz.Abt. 101* en juin 1944. (Montage auteurs.)

Vimoutiers) ou plus au sud (par Sées) alors que les points de convergence sont situés à Falaise, puis sur le secteur de Grimbosq. Un point névralgique qui permettra de distribuer chaque *Kompanie* vers son secteur assigné sur la ligne de front. On peut imaginer que l'acheminement d'une telle unité d'élite sur plusieurs centaines de kilomètres a été préparé par des véhicules de reconnaissance et de signalisation du *I. SS-Panzer-Korps* à partir de Falaise. Il est fort probable que des petits panneaux de bois peints avec l'emblème de l'unité aient été disposés à des endroits stratégiques du trajet pour guider les chefs de char novices à la pratique des routes du bocage normand.

Mais en arrière d'Argentan, les Tiger des trois *Kompanien* doivent pouvoir rejoindre leur prochaine étape en ne comptant que sur des feuillages pour se camoufler et se protéger du ciel. Malheureusement, le choix tactique d'emprunter une des routes les plus surveillées de Normandie par l'aviation alliée s'avère hasardeux pour le bataillon. Inévitablement, le 10 juin, la *2.Kompanie* subit des attaques de chasseur-bombardiers alliés sur l'axe Argentan-Falaise. A deux kilomètres après Occagnes, sur la longue ligne droite qui mène à Falaise, les Tiger progressent à découvert sur cette route nationale assez large et sont une nouvelle fois la cible de mitraillages de la part de trois avions alliés. Trois Tiger, le 212 de l'*Uscha.* Woll, le 213, du *Hscha* Höflinger et le 214 de l'*Uscha* Warmbrunn accompagnés du Tiger 204 de l'adjudant de *2. Kompanie*, l'*Uscha* Seifert peuvent répliquer de leurs MG34 installés sur le rail de leur tourelleau. Les mitrailleurs réussissent à abattre un des chasseur-bombardiers qui s'écrase dans les environs. Plus en arrière, la section de Flak quadruple montée sur Sd.kfz 7/1, laissée en protection de la *Stabskompanie*, subit une attaque aérienne ce qui provoque la mort de 2 hommes et 8 blessés.

Arrivée à proximité de Falaise, la *1. Kompanie* de Tiger est toujours en tête du Bataillon. Walter Lau se souvient alors de son trajet dans la soirée du 10 juin : « *En route, pas très loin de Falaise, nous*

Le Tiger 214, char officiel de l'*Uscha.* Karl-Heinz Warmbrunn (photo retrouvée dans l'épave de l'engin après sa perte). (Institut Sikorski.)

**Ci-dessus :** reconnaissables à leur insigne d'unité peint sur le côté droit du blindage avant, nous avons pu établir que ces Tiger présents sur l'image appartiennent à la *2.Kompanie* qui est en route vers la Normandie. Ils ont été photographiés lors d'une halte sur la Nationale 12, à proximité de Dreux le 8 juin 1944 par un *Kriegsberichter* de la Luftwaffe. Contrairement aux reportages précédents sur la N316 et dans la capitale, les engins du bataillon sont désormais particulièrement bien camouflés au moyen de branchages car la menace des Jabos est permanente. Cette photo a pour particularité de nous montrer pour la première fois une vue du Tiger 213 dont nous ne connaissons pas d'autres clichés. En effet, bien que le numéro de tourelle soit en grande partie masqué par des feuillages, il est à l'évidence beaucoup trop pâle pour avoir été peint en rouge, ce qui de fait exclut son appartenance au *2.* ou au *3.Zug*. En procédant par comparaison et élimination, nous constatons que la position de son insigne d'unité et que son schéma de camouflage ne correspondent pas au Tiger 205, 211, 212 et 214. Il ne peut donc s'agir que du Tiger 213 du *Hscha.* Hans Höflinger par défaut. (KB Luftwaffe.)

*trouvons la 1.Kompanie en train de faire une halte. Je me souviens d'avoir alors salué Staudegger* (Tiger 123, nda) *en train de se raser dans un verger. Sa veste avec la Croix de Chevalier est accrochée à un arbre, je m'intéresse à son grade et je vois qu'il a été nommé Standartenjunker* (Aspirant 2^e Classe, nda). *La 2.Kompanie doit alors décrocher par section sur des petites routes et, en continuant notre progression sur la route Falaise/Caen, nous prenons des distances entre chaque engin. Nous traversons Falaise dans la nuit et nous rencontrons les troupes de la Hitlerjugend à hauteur de Grimbosq.* »

En définitive, le trajet jusqu'au sud de Caen s'est déroulé sans perte de Tiger pour la *s.SS-Panzer-*

Ci-dessus : vue de l'avant du Tiger 214 arrêté lors d'une pause. L'ensemble de l'équipage est présent sur la photographie. (Wendt.)

**Ci-dessus, à gauche :** représentation du numéro tactique de tourelle du Tiger 213. De manière étonnante, les engins du *1.Zug* de la *2.Kompanie*, ainsi que le propre char de Wittmann, le 205, se singularisent par des numéros bien plus clairs que ceux des autres Tigers de la *Kompanie*. Cette combinaison – que nous supposons logiquement être composée de jaune liseré de blanc - semble aussi avoir été utilisée à la *Stabskompanie*, en tout cas de manière quasi certaine sur le Tiger 009 de l'*Ustuf.* Helmut Dollinger. (Montage auteurs.)

*Abteilung 101* avec peu de tués et de blessés au regard de ce qu'a pu subir la *Panzer-Lehr-Division* lors de sa marche d'approche aux mêmes moments.

## Réorganisation du Bataillon en forêt de Grimbosq

Les informations et les témoignages manquent au sujet de la journée du **11 juin** pour les Tiger de la *s.SS-Panzer-Abteilung 101*. Celle-ci s'avère avoir été une date importante pour comprendre le trajet et la répartition des Tiger en direction du front. Selon Walter Lau, une première section de chars commandée par l'*Uscha* Seifert (Tiger 204) est parvenue dans la nuit du 10 au 11 juin à atteindre le grand secteur boisé de Grimbosq occupé largement par les unités du *Tross*, de maintenance et les groupes sanitaires de la *12.SS Panzer-Division*. Une réorganisation de plus de 24 heures paraît avoir été décidée au sein du bataillon de Tiger et de la *2. Kompanie* notamment. Une pause nécessaire qui va pouvoir laisser le temps à une réorganisation du groupe en attendant de prochaines directives et qui va permettre ainsi d'attendre les Tiger retardataires. Offrir une période de maintenance aux engins après le long trajet depuis Gournay-en-Bray et Paris s'est avéré être un impératif pour l'unité de chars avant de partir combattre. Par ailleurs, la répétition des attaques aériennes depuis Argentan va donner priorité aux trajets réalisés dans l'obscurité ou alors sous un ciel couvert ou chargé. Traverser le secteur au sud de Caen pour rejoindre Villers-Bocage se confirme désormais comme une aventure très hasardeuse tant les cieux sont constellés d'avions d'observations et de chasseurs-bombardiers ennemis. Est-ce à partir de cette journée du 11 juin qu'ont été décidés les secteurs d'arrivée des trois *Tigerkompanien* par le *I.SS Panzerkorps* ? Nous n'avons pas de certitudes à ce sujet. Le pont d'Amayé-sur-Orne et la ville d'Evrecy semblent avoir été des points de convergence et de passages obligés pour la quasi-totalité de la *s.SS-Panzer-Abteilung 101* avant d'accéder aux secteurs de déploiement des *Kompanien*. Les Tiger sont très attendus au Quartier général *Gen.Kdo* du *I. SS-Panzer-Korps* de Sepp Dietrich situé au château de Baron-sur-Odon depuis le 9 juin. En effet, l'*Ustuf.* Kalinowsky (Tiger 008), de retour de convalescence, témoigne dans une lettre qu'il attend avec impatience à cet endroit de retrouver à cet endroit ses camarades de la *Stabskompanie* dès le 10 juin au soir. Nous n'avons pas de témoignage sur le trajet du Kommandeur du bataillon de Tiger, le *Stubaf.* von Westernhagen, et son état-major mais il parait probable qu'il ait pu rejoindre Baron-sur-Odon le 11 juin avec une partie du *Stab* pour organiser avec sa hiérarchie la répartition de trois *TigerKompanien* sur la ligne de front.

En ce qui concerne la *2. Kompanie*, nous pouvons supposer que pendant cette journée, la plupart de ses Tiger ont pu atteindre la zone de cantonnement le long de l'Orne, autour de Grimbosq. Parmi ceux-ci, les Tiger 204, 205 (Wittmann) et 222 ont certainement subi des avaries ou des pannes mécaniques et ne semblent pas avoir été disponibles le 12 juin dans l'après-midi pour rejoindre Épinay-sur-Odon. C'est lors de cette journée qu'a été décidée par Wittmann l'attribution des Tiger et la répartition des chefs de char en fonction d'une part de la qualité (chefs de Sections), des grades

L'*Uscha.* Kurt Kleber, chef du Tiger 232, est l'un des vétérans de l'ancienne *13. schwere-Kompanie* de la *Leibstandarte* sur le Front Est. Sa carrière s'arrête le 10 juin sur la longue ligne droite très surveillée à la sortie d'Argentan où il tombe sous la mitraille des Jabos. (BA.)

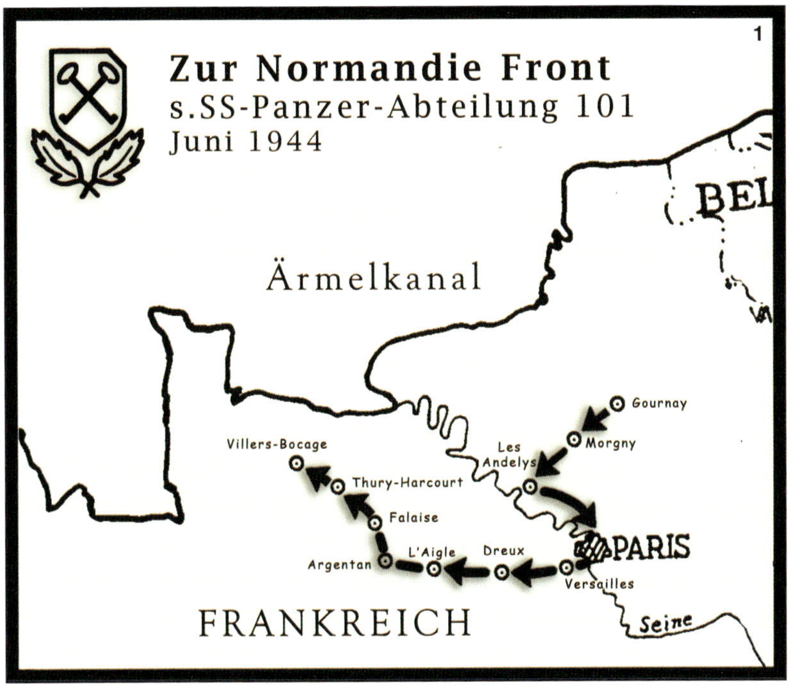


et de l'expérience de ces derniers, et d'autre part, des engins en ordre de marche. Ainsi, l'*Uscha.* Bobby Woll chef du Tiger 212, pointeur et ami de Wittmann a laissé sa place à l'*Uscha.* Kurt Sowa du Tiger 222 pour rejoindre Épinay-sur-Odon à une vingtaine de kilomètres sans que nous en connaissions la raison. Le *Rttf.* Walter Lau, pointeur dans le 204, est transféré au sein de l'équipage du Tiger 234 de l'*Uscha.* Stief. Le Tiger 205, monture officielle de Wittmann a visiblement été contraint de rester immobilisé vers Grimbosq. Le commandant de la *2. Kompanie* arrivera à Épinay-sur-Odon dans un Schwimmwagen, privé de la possibilité d'une utilisation immédiate de son char personnel à son futur poste de commandement.

En ce qui concerne les deux autres *Kompanien* de Tiger du Bataillon, la *3. Kompanie* est stationnée pour la journée du 13 juin et du 14 juin dans le secteur de Falaise et ne pourra rejoindre Evrecy dans la soirée qu'avec quatre engins seulement. La *1. Kompanie* du *Hauptsturmführer* Möbius a reçu pour mission d'atteindre le secteur du nord d'Evrecy le 12 juin, ce qu'elle fera au cours de la nuit suivante avec 8 Tiger, après quelques heures d'attente vers Tourville-sur-Odon. Le *Hauptsturmführer Möbius,* semble-t-il en manque d'information, s'est rendu au poste de commandement de son ami, le *Sturmbannführer Krause* de la *12.SS Panzer-Division,* pour s'enquérir de la situation avant de parvenir dans la nuit à son secteur de destination à Noyer-Bocage sur ordre du *I.SS-Panzer-Korps*.

2

## Les Tiger en réserve du *I.SS-Panzer-Korps*

Il faut bien comprendre que l'unité de Tiger de la *s.SS-Panzer-Abteilung 101* arrive sur le front de Normandie comme composante d'une articulation complexe d'unités allemandes. Le *Panzer-Korps* va pouvoir se déployer entre le 8 juin et la mi-juin sur une large bande dans un secteur compris entre Tilly-sur-Seulles et l'ouest de Caen, et ce en profondeur.

La *s.SS-Pz-Abt. 101* est un bataillon organique de réserve et il dépend dès le 6 juin 1944 de ce *I.SS-Panzer-Korps « Leibstandarte »* commandé par le *SS-Obergruppenführer* Josef Dietrich. L'unité est le fer de lance de l'opposition allemande face aux Britanniques. Elle compte sur ses deux divisions d'élite déjà au combat depuis deux jours le 11 juin, la *12.SS-Panzer-Division* et la *Panzer-Lehr-Division*. L'unité de Tiger a été reformée en Europe de l'Ouest pour être engagée comme soutien des unités divisionnaires lors de possibles offensives ou contre-offensives ennemies. Le 30 avril 1944, quelques jours avant le débarquement allié, l'unité de chars lourds quitte la réserve de l'OKW *(Oberkommando der Wehrmacht)*, pour être intégrée à la *Heeresgruppe B, 7. Armee* et ainsi être subordonnée au *I.SS-Pz-Korps* avec d'autres unités de la Waffen-SS et de la Wehrmacht après le débarquement allié. Ainsi, la *s.SS-Pz.Abt. 101* pour les chars lourds, la *SS-Korps-Artillerie-Abteilung 101* pour l'artillerie, la *SS-Korps-Nachrichten-Abteilung 101* pour les transmissions, parmi d'autres composantes, offrent une réelle force de soutien de la part du corps d'armée de Dietrich aux unités divisionnaires articulées sur la ligne de front. Le Bataillon de Tiger n'est pas destiné à être engagé d'une seule masse au combat, mais réparti en groupes séparés à partir des trois *Kompanien* d'une part, et divisé par section d'autre part en fonction des ordres et des disponibilités. Le groupe de 6 Tiger de la *2.Kompanie* de Wittmann qui quitte la forêt de Grimbosq en direction d'Épinay-sur-Odon s'inscrit pleinement à l'intérieur de ce schéma.

(1) La *1.SS-Panzer-Division*, la *12.SS-Panzer-Division*, et toutes les autres composantes du corps d'armée, viendront se rajouter à la liste la *Panzer-Lehr-Division* dans la nuit du 6 au 7 juin 1944. Ce *Korps* est commandé par est commandé par le *SS-Obergruppenführer* Josef Dietrich.

(2) Témoignage publié dans son intégralité dans le livre de Patrick Agte, *Tiger, Le Bataillon de chars lourds de la Leibstandarte*, édition Heimdal, 1996.

(3) Le stratagème avait été déjà utilisé en 1941 par Rommel lors de son débarquement en Tunisie avec sa faible brigade légère. Le général allemand avait fait tourner en boucle plusieurs fois ses véhicules dans Tunis lors du défilé d'arrivée pour provoquer une impression de masse et donner le change aux observateurs et espions alliés.

(4) Diminutif utilisé par le soldat allemand pour signifier chasseur-bombardier.

**1.** Trajet de la *schwere SS-Panzerabteilung 101* vers la Normandie du 7 au 12 juin. La destruction des ponts en aval de la capitale a obligé l'unité à un long détour de plusieurs centaines de kilomètres en retardant d'autant l'arrivée du bataillon sur le front. (Carte F. Deprun.)

**2.** Les cartes joueront un rôle crucial dans la progression des unités allemandes vers le front. La basse Normandie et ses grands axes sont soumis à une constante surveillance aérienne ce qui oblige les véhicules et chars allemands à emprunter le dédale des routes secondaires, bien souvent de nuit. (BA.)

**3.** Il est fréquent que les photographes allemands arrivent sur les lieux d'une attaque quelques minutes après le drame alors que le véhicule vient de subir un incendie après un mitraillage. Sur l'image, un camion FIAT de la *12.SS Panzer-Division* achève de se consumer. La *schwere SS-Panzerabteilung 101* ne sera pas épargnée pas ces attaques, sans subir de lourdes pertes. (Coll. Hoffmann.)

**4.** Photographie des opérations de maintenance sur les Tiger par des mécaniciens de la *Werkstattkompanie* de la *schwere SS-Panzerabteilung 101* à Bretteville-sur-Laize en juillet 1944. La compagnie atelier n'a été en aucune manière épargnée durant la progression vers le front et a dû subir un bombardement dans la nuit du 7 au 8 juin dans le parc du Château de Versailles qui lui provoquera quelques pertes en personnel. (LK.)

**5.** Les unités de la *Panzer-Lehr-Division* qui empruntent les routes d'accès au front au même moment que les Tiger de la *schwere SS-Panzerabteilung 101* vont être harcelées par l'aviation alliée et subir de lourdes pertes. Sur la photographie prise le 12 ou 13 juin gisent deux ou trois Opel Blitz de l'unité de ravitaillement du *Panzer-Regiment 130,* détruits lors d'une attaque dans la Sarthe. (photo Collection Houtemanne.)

3

4

5

Photographie bien connue de la montée au front du bataillon de Tiger, ici à l'entrée de Morgny le 7 juin 1944 avec au premier plan dans un Schwimmwagen l'*Uscha*. Willi Röpstorff, conducteur de Tiger à la *1.Kompanie*, qui salue l'équipage du Tiger 114 commandé par l'*Uscha*. Willi Otterbein. (BA.)

1

2

3

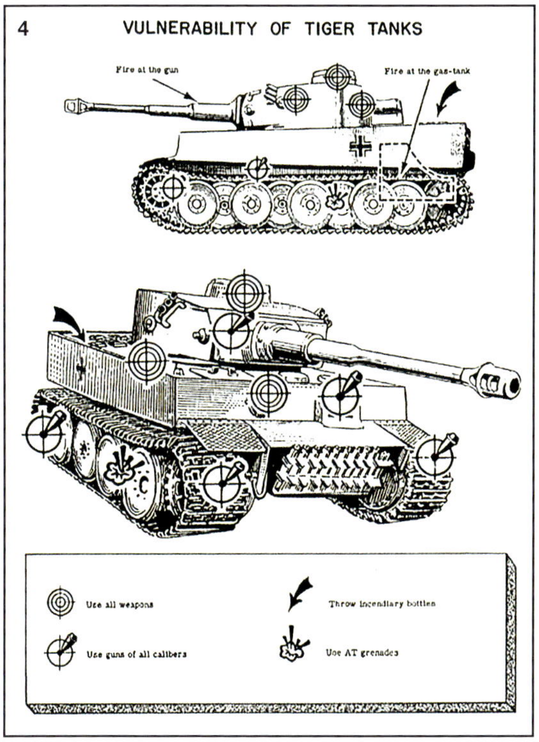


**1.** Schwimmwagen de la *4.Kompanie* de la *s.SS-Panzer-Abteilung 101* prise à Villers-Bocage après les combats. Le Tiger 212 de Wittmann abandonné est visible à l'arrière-plan de l'image. Le Schwimmwagen amphibie a déjà été endommagé lors de la bataille du 13 juin, utilisé comme véhicule rapide de transport tout terrain par les *Panzergrenadiere* de l'unité. (BA.)

**2.** Soldat de la *4.Kompanie* de la *s.SS-Panzer-Abteilung 101* au volant d'un Schwimmwagen. Ces véhicules joueront un rôle non négligeable lors de la marche vers le front pour les liaisons entre les *Tiger-Züge*, les *Kompanien* et la reconnaissance des points de bivouac ou de ralliement. (LK.)

**3.** L'*Obersturmführer* (lieutenant) Michael Wittmann et son équipage salué par Jochen Peiper le 18 janvier 1944 sur le front de l'est en Ukraine à Berditchev. La particularité de la photographie est de montrer les anneaux de victoires peints sur le tube du canon du char Tiger au nombre de 88, parallèle établi avec le calibre de 8,8 cm de l'engin. La photographie de propagande illustre encore une fois que Wittmann a été entre 1943 et sa mort le 8 août 1944 l'objet de toutes les attentions de la presse nazie au fil de ses engagements et de ses batailles. (BA.)

**4.** Planche schématique de l'*Intelligence* alliée montrant les points de vulnérabilité du Tiger à destination des équipages de tank en 1944 lors de leur formation mais aussi des fantassins. Le dessin indique les endroits du char qui pourraient subir le plus de dégâts avec des obus antitanks, des jets de bouteilles incendiaires ou grenades antichars. Cette étude a pu être réalisée grâce à la capture de Tiger en Tunisie en 1943 et en Italie en 1943/44. (Coll. auteurs.)

# 3 L'arrivée des Tiger près de Villers-Bocage

Les attaques aériennes début juin causent de nombreuses pertes en officiers et soldats. La *s.SS-Pz.Abt. 101* déplore la perte de 9 tués et 18 blessés entre le 7 et le 10 juin. De nombreux blessés gisent dans les fossés sans assistance sanitaire, du troupier à l'officier chacun est une cible et doit venir en aide aux victimes. (Bundesarchiv.)

## Le groupe de Wittmann s'installe au nord d'Épinay-sur-Odon

Six jours après le débarquement, les positions des deux camps adverses sur le front de Normandie évoluent de jour en jour de manière significative. Lorsque le petit groupe de six Tiger de *la schwere SS-Panzerabteilung 101* arrive au sud-est de la région de Villers-Bocage en fin d'après-midi du 12 juin 1944, les menaces sur les unités allemandes ne sont déjà plus les mêmes que lorsqu'ils quittaient le secteur de Grimbosq au matin. La pression américaine sur la hauteur pivot de Caumont est devenue critique et les forces allemandes, peu nombreuses dans ce secteur, attendent impatiemment un renfort blindé et de l'infanterie. Les Tiger de Wittmann abordent le sud du secteur de Villers-Bocage avec la mission initiale de s'installer autour d'un poste de commandement dans le secteur. La présence de la *2. Kompanie* de Tiger à Épinay-sur-Odon permettrait ensuite d'étayer le flanc gauche du *I. SS-Panzer-Korps* et d'opérer une jonction sur l'aile droite avec la *2.Panzer-Division* qui commence tout juste à se déployer au sud de Caumont et de Cahagnes. La *1. Kompanie* du *Hauptsturmführer* Rolf Möbius, qui stationne depuis le milieu de la nuit à 7 kilomètres vers Noyers-Bocage, confirme le dispositif de répartition des Tiger en réserve tactique en arrière de la HKL *(Hauptkampflinie)*. (1)

Le témoignage d'un habitant d'Épinay-sur-Odon nous éclaire sur le trajet des Tiger de Wittmann dans la fin d'après-midi et la soirée du 12 juin 1944. Le jeune homme, venant de Sermentot, avait croisé dans la journée des soldats anglais en pensant que la libération était imminente, et il se souvient : « *A Épinay, les frisés sont toujours là, il y en a même qui sont en train d'enterrer un blindé dans une haie. C'est une histoire de fou, je ne comprends plus ; de gros chars allemands passent derrière la ferme, j'ai l'impression que cela va se gâter. Tout le monde veut aller passer la nuit dans l'abri, seuls, le parigot et moi restons à coucher dans un lit. Pendant la nuit, il y a encore des bombardements pas loin d'ici, car le sol tremble à nouveau.* »

Ce témoignage est important car il confirme l'historique du bataillon à propos du trajet des Tiger de la *2.Kompanie* qui aborde son secteur d'arrivée par Evrecy, Landes-sur-Ajon et Épinay-sur-Odon, avant de continuer au nord du village dans la soirée du 12 juin. Selon un témoignage inédit de Monsieur Hébert, ancien employé du château d'Epars situé en contre bas de l'ancienne route de Caen et du hameau de Montbrocq, les Tiger semblent avoir eu un premier point de ralliement qui s'est situé sur la place du village d'Épinay. Il rapporte également qu'un engin avec des chenilles à l'arrière (sans doute un semi-chenillé Sd.Kfz 251) semblait attendre les chars, en position depuis plusieurs heures devant le restaurant/épi-

Photographie aérienne au-dessus de la nationale 175 au nord-est de Villers-Bocage entre le Calvaire et la Cote 213 prise le 17 juin 1944 par la RAF. Ce document nous a été indispensable pour placer les différents secteurs du champ de bataille pour la date du 13 juin 1944 au matin. (Montage auteurs.)

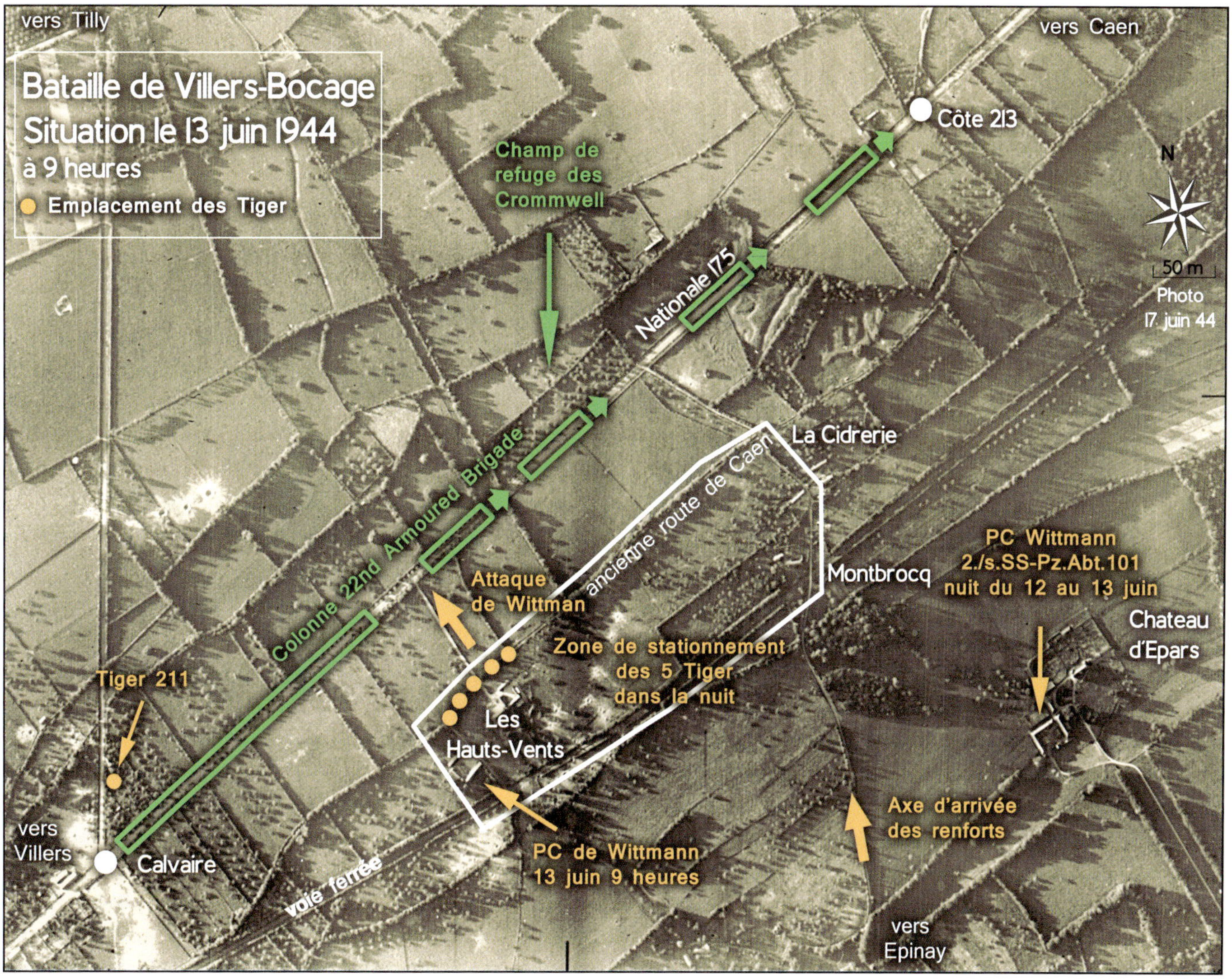

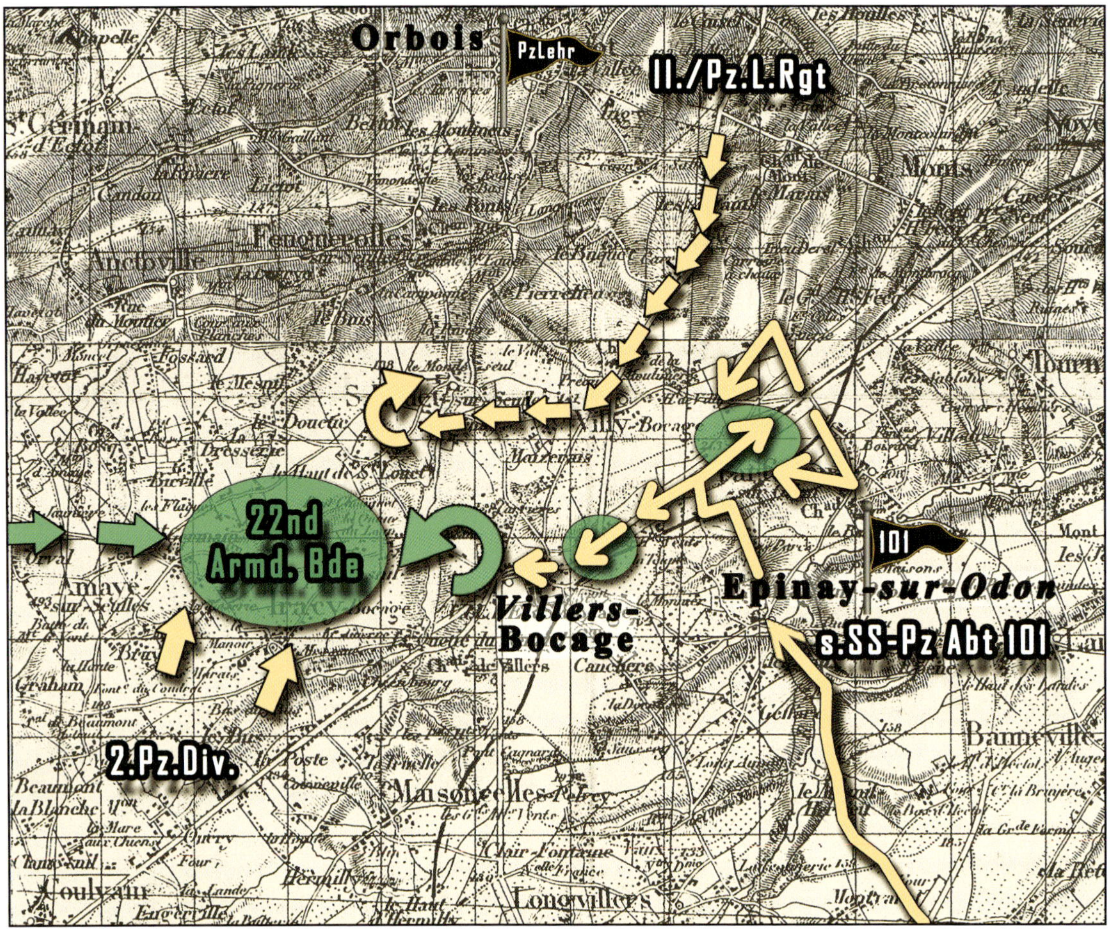


Carte dressée d'après les indications du *Major* Ritgen de la *Panzer-Lehr-Division* sur les mouvements de ses Panzer IV après l'installation du bataillon de Tiger face à l'attaque de la *22nd Armoured Brigade* à Villers-Bocage le 13 juin 1944. (Carte auteurs.)

Image tirée d'un film britannique montrant l'un des panneaux installés par la *12.SS-Pz-Div.* pour signaler le PC du *Sturmbannführer* Bernhard Krause, le *Kommandeur* du *I./SS-Panzergrenadier-Regiment 26* qui se trouve à Saint-Manvieu-Norrey début juin 1944. Le commandement du bataillon de Tiger devant prendre contact auprès de l'officier pour organiser le déploiement de l'unité sur le front. (British Pathé.)

Portrait du *Sturmbannführer* Berhnard Krause, le *Kommandeur* du *I./SS-Panzergrenadier-Regiment 26.* (DR.)

cerie du village. Il semble très probable que ce blindé ait appartenu au *I. SS-Panzer-Korps* et qu'il a pu donner des indications au commandant du groupe, l'*Obersturmführer Wittmann,* quant au lieu de cantonnement de sa *Tigerkompanie*. La petite colonne de six Panzer et de plusieurs Schwimmwagen aurait ensuite pris dans la soirée la direction du hameau de Montbrocq en gravissant une route en pente, étroite et encaissée, et ainsi passer derrière la ferme des Monniers (voir témoignage précédent). L'employé agricole, qui avait 15 ans à l'époque, est remonté à pied au château d'Epars (Château Les Parcs aujourd'hui) avec des provisions. Il indique qu'il a vu des petites voitures beiges avec « des hélices » (2), lesquelles sont venues se garer avec des camions dans la cour et devant les granges de la ferme d'Epars. Le garçon, ayant eu peur des Allemands, est reparti dormir chez sa tante à Épinay mais affirme que le château a été occupé durant plusieurs nuits par des soldats SS, des gros chars et beaucoup de camions.

Il existe une explication de la présence de véhicules de la *schwere SS-Panzer-Abteilung 101* au château d'Epars et ses grandes annexes dans la soirée du 12 juin. Nous pouvons penser que cette bâtisse et ses dépendances avaient été réservées pour l'arrivée de la *2. Kompanie* de Tiger avec ses véhicules d'accompagnement. Un choix très certainement pris après un repérage effectué par le *I.SS Panzer-Korps* pour que Wittmann en fasse son poste de commandement, et cela pour quelques jours. La *3. Kompanie* de Tiger fera une installation identique au château d'Evrecy trois jours plus tard. Le choix de larges fermes et de bâtiments vastes permettait aux officiers allemands de garder à proximité l'ensemble de leur unité et de bénéficier d'un relatif confort dû à leur rang. Wittmann pouvait ainsi attendre que le reste des Tiger de la *2.Kompanie* ne parvienne à achever sa marche d'approche vers le secteur de Villers-Bocage et se place en réserve du *I.SS-Panzer-Korps* autour de ce poste de commandement d'Épinay.

## Les Hauts-Vents

Le commandant de la *Tigerkompanie,* une fois arrivé sur le lieu de regroupement en début de soirée du 12 juin, peut commencer à prendre des dispositions pour camoufler ses chars pour la nuit.

Les six Tiger de la *2.Kompanie* reçoivent l'ordre de leur chef d'aller se positionner au nord d'Épinay, à proximité de la route de Caen. Il leur faut se placer en alerte et surveillance et se tenir prêts pour une intervention rapide sur un front mouvant qui risque de se rapprocher dangereusement. L'historien de la *schwere SS-Panzer-Abteilung 101*, Patrick Agte, apporte la confirmation suivante dans son album historique : « *Les Tiger sont à peine rangés pour la nuit et camouflés qu'un barrage d'artillerie dévastateur s'abat sur le secteur* ». Sans connaître réellement le lieu initial d'installation du groupe de Tiger au cours de la nuit, nous pouvons disposer d'un indice tangible pour le situer. Une photo aérienne de la RAF, prise le 17 juin, montre une série de cratères de bombes de part et d'autre de la voie ferrée, au sud de la ferme des Hauts-Vents. Une salve de tir d'artillerie britannique qui a certainement eu un rapport avec la présence de blindés dans le secteur. Les six Tiger (plus des véhicules légers et quelques hommes) devaient donc stationner à proximité, probablement dans un chemin creux ou dans un verger et ont dû changer à trois reprises d'emplacement durant la courte nuit qui va suivre. Resté éveillé très tard, Wittmann a, semblerait-il, dirigé lui-même le dépla- cement des engins aux quatre coins du secteur (Hauts-Vents / Ancienne route de Caen/Hameau de la Cidrerie) avant de retourner à son PC pour se reposer.

Ou se trouve la ligne de front au cours de la **nuit du 12 au 13 juin** ? En fait, Wittmann s'y trouve déjà ! La guerre est là, les lourds et bruyants Tiger ont peut-être été repérés par un observateur britannique avancé, mais plus sûrement par un avion d'observation avant la nuit, nous ne voyons aucune autre explication pour justifier les bombardements. Le commandant de la *Tiger-Kompanie* a pu avoir, dès qu'il est arrivé, un échange d'informations avec sa hiérarchie via l'officier qui l'attendait à Épinay. A son PC au château d'Epars pour la soirée, Wittmann cherche désormais à comprendre la situation dans le secteur. L'*Obersturmführer* Jürgen Wessel, l'officier chef de char le plus gradé après Wittmann, a d'ailleurs été envoyé très tôt le matin du 13 juin avec une voiture légère s'enquérir d'information auprès du PC de la *Panzer-Lehr-Division* à Orbois au nord de Villers-Bocage. L'officier n'a certainement pas pu revenir à temps pour transmettre à Wittmann les informations sur l'offensive anglaise en cours. Des accrochages de plus en plus fréquents entre les troupes britanniques et les lignes avancées de la *Panzer-Lehr-Division* se déroulent depuis le début de l'après-midi du 12 juin entre Torteval et Livry (3). Des combats qui indiquent une nette pénétration ennemie dans les lignes allemandes sur cet axe, mais Wittmann n'en aura pas connaissance avant 9 heures le matin du 13 juin. Un dispositif minimum de surveillance est mis en place par l'officier en positionnant ses six Tiger entre son PC et Villers-Bocage car l'arrivée des troupes britanniques lui semble imminente dans le secteur.

Les bombardements de la nuit et son intuition ont poussé Wittmann à envoyer le Tiger 211 dans la nuit en position de surveillance à l'entrée est de Villers-Bocage, à deux kilomètres de son PC. L'endroit choisi est stratégique puisqu'il s'agit de l'embranchement du Calvaire qui embrasse deux lignes droites avec la route de Tilly-sur-Seulles/ Bayeux d'où pourrait provenir une attaque. Le chef de char du Tiger a été désigné parmi les équipages de remplacement mais nous ne connaissons pas son nom au moment de l'écriture de ce livre. L'*Obersturmführer* Jürgen Wessel, chef officiel de ce Tiger, ayant été assigné à une autre tâche, comme nous l'avons vu. Nous reviendrons sur les indices et preuves de la présence de ce Panzer au même endroit lors de l'attaque de Wittmann au matin.

Dans son passionnant livre sur la bataille de Villers-Bocage, l'historien Henri Marie rapporte le témoignage du propriétaire d'une des fermes des

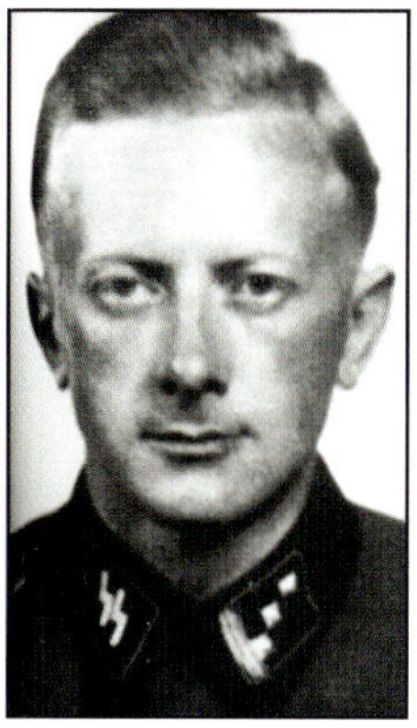

Photographie du *Hauptsturmführer* Rolf Möbius, commandant de la *1. Kompanie*. Le trajet vers le front a été éprouvant pour toutes les *Kompanien* du bataillon et, au soir du 12 juin, c'est avec environ 8 Tiger que ce chef de *Kompanie* atteint l'axe Caen-Villers-Bocage. Il se rend d'abord au PC du *Stubaf.* Krause pour s'enquérir de la situation. Les deux hommes sont familiers car ayant servi ensemble dans le groupe de Flak de la *Leibstandarte* en 1941. Möbius installe ensuite son groupe à proximité de Noyers-Bocage, à environ 9 Km au nord-est de Villers-Bocage pour y passer la nuit. Tout comme Wittmann, lui aussi avait prévu une pause technique pour vérifier ses chars et effectuer quelques réparations le lendemain. (DR.)

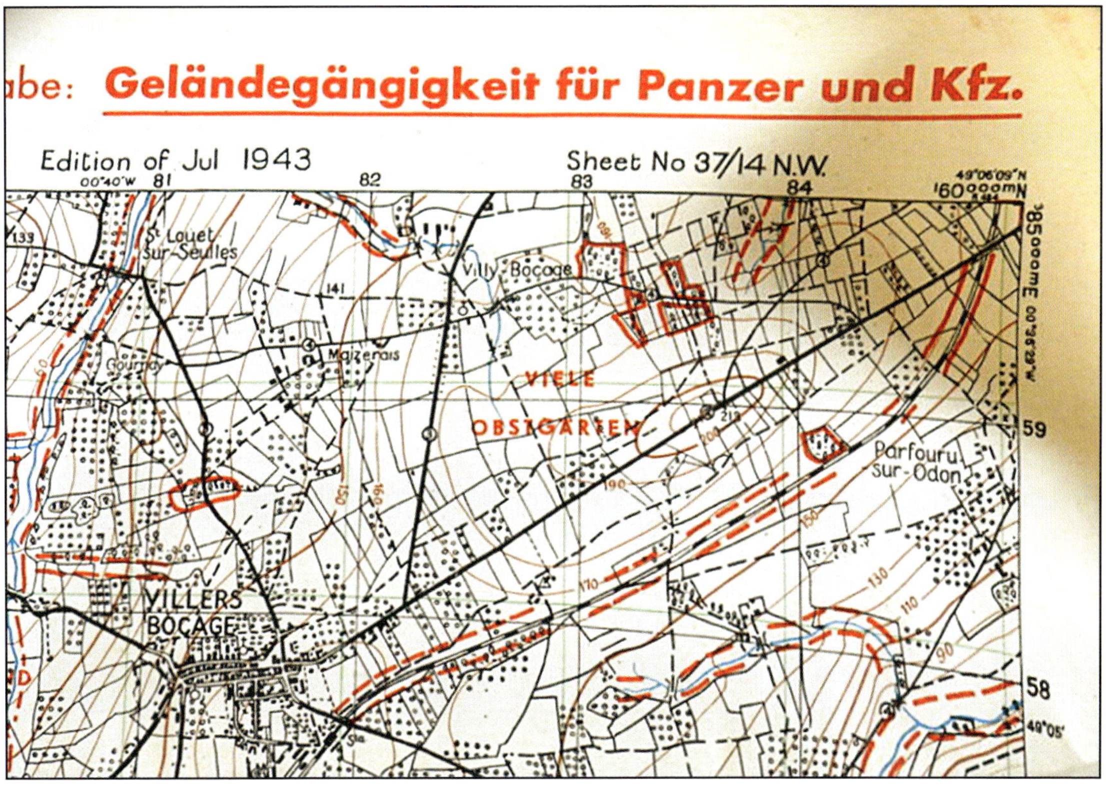


**Ci-contre :** partie d'une carte du Calvados imprimée en juillet 1943 montrant les possibilités d'évolution en tout terrain pour les chars et les véhicules de l'armée allemande. Nous avons isolé le secteur nord-ouest de Villers-Bocage pour indiquer que les Allemands connaissaient les moindres détails de terrain et pouvaient renseigner facilement les unités montant au front sur les facilités d'installation, les zones boisées ou marécageuses. C'est justement le secteur autour de la voie ferrée qui mène de Villers-Bocage à Parfouru-sur-Odon que les Tiger occuperont avant d'être contraints de se déplacer dans la nuit du 12 au 13 juin sous les bombardements. Ils rejoindront finalement l'ancienne route de Caen pour finir leur nuit. (Coll. privée.)

Série de panneaux indicateurs posés par l'armée allemande à la sortie sud-ouest d'Evrecy à l'emplacement de la Gendarmerie aujourd'hui. La photographie date du début juin 1944 et montre des soldats d'une unité de Luftwaffe posant à l'intersection des routes de Noyers et de Villers-Bocage. Une indication qui aura assurément renseigné le *Hauptsturmführer* Rolf Möbius, commandant de la *1.Kompanie* à l'approche de son secteur d'arrivée. (Coll. privée.)

Hauts-Vents qui donne directement sur le chemin agricole conduisant à la RN175. Monsieur Henri Robine raconte au soir du 12 juin : « *J'ai vu deux chars. L'un s'est avancé dans l'allée de ma ferme qui mène à la route nationale puis à fait demi-tour et s'est réfugié dans la cour de la ferme des Hauts-Vents. Le chef de char a alors rangé son engin sous un hangar puis s'est allongé dans l'herbe où, sûrement fatigué, il s'est endormi rapidement. L'autre est resté sous les arbres du chemin rural dit "de l'ancienne route de Caen" à l'est de la ferme. Selon des civils qui s'étaient réfugiés à la Cidrerie, route d'Épinay, ces deux chars étaient accompagnés de trois autres tanks, de véhicules légers et de soldats allemands* ». En dépit des bombardements de la nuit, les équipages des cinq Tiger ont réussi à se reposer jusqu'au petit matin du 13 juin.

## Le dispositif anglais dans Villers-Bocage

A l'avant-garde du convoi, les Cromwells et les Sherman Fireflies du *A Squadron* ont commencé à pénétrer dans la ville vers **8h30** le 13 juin, avec dans leur sillage les half-tracks et les chenillettes de la *A Company* de la *1st Rifle Brigade*. Le *Corporal* Dougie Watt se rappelle de l'arrêt de son half-track dans la grande rue et d'un accueil chaleureux : « *J'étais en tête de la colonne et il y avait quelques chars devant nous. Les gens nous apportaient du vin, du pain et du beurre, et nous prenions du bon temps. C'était fantastique, on se voyait en héros conquérants... La guerre serait finie à Noël !* » Le *Captain* Christopher Milner, également de la *A Company*, note cependant que les quelques Villérois encore présents dans la ville manifestent « *plus d'intérêt que d'enthousiasme* », une attitude qui peut trahir une certaine circonspection. En effet, les habitants savent que des Allemands sont toujours cachés dans la ville et la plupart d'entre eux doivent aussi se douter qu'avec l'arrivée inopinée d'une telle force, la situation ne va pas rester calme dans le secteur bien longtemps. Nous savons que deux compagnies médicales et une section d'ambulances de la *Panzer-Lehr-Division* étaient installées autour d'un « Feldlazarett » au Château de Villers-Bocage et avaient réussi à fuir avant l'arrivée des Anglais, laissant peut-être derrière elles quelques soldats isolés. Par ailleurs, Villers se trouve sur la voie d'approvisionnement principal de la division allemande installée plus au nord et nous pouvons donc nous étonner d'une si faible présence dans le bourg. Deux soldats allemands surpris à l'entrée du bourg sont capturés par les chars de tête, puis hissés sur les engins pour servir de guides, mais après quelques centaines de mètres, ils parviennent à se sauver dans les rues adjacentes.

Les premières unités anglaises ne s'attardent guère dans la ville. Hommes et matériels se dirigent vers la sortie nord-est du bourg et la route de Caen. L'embranchement du Calvaire est fran-

Vue d'Epinay-sur-Odon avant-guerre. C'est avec une *Kompanie* privée d'environ les deux tiers de ses effectifs que Wittmann arrive dans la localité en fin d'après-midi du 12 juin 1944. Quelques éléments du train de combat ainsi que de la *4.Kp* accompagnent les Tiger. Peu après, sur ordre de le leur chef, 6 Tiger prennent position au sud de l'ancienne route de Caen, près des fermes de Montbrocq et des Hauts Vents (sur les hauteurs de l'image). Très tôt le lendemain, l'*Ostuf.* Wessel, le chef de char le plus gradé après Wittmann, est envoyé par ce dernier au PC de la *Panzer-Lehr* à Orbois avec pour instruction d'établir le contact et de rapporter des informations sur la situation dans ce secteur du front. (Collection auteurs.)

**Ci-dessus :** organigramme des Tiger disponibles les 12 et 13 juin à la *2.Kompanie près* de Villers-Bocage. (Montage auteurs.)

D'après le rapport de l'*Obergruppenführer* Sepp Dietrich rédigé le 13 juin 1944 à la suite de son entrevue avec Michael Wittmann, il est établi qu'au soir du 12 juin, 6 Tiger de la *2.Kompanie* ont pu atteindre le bas de la Côte des Landes à environ 1,5 km au nord-est de Villers-Bocage, et sont installés là le long de l'Ancienne Route de Caen entre les fermes de Montbrocq et des Hauts-Vents.

Le pointeur Walter Lau fait partie du groupe. Selon son témoignage, après le départ de l'*Ostuf.* Jürgen Wessel (monture officielle : Tiger 211) pour le PC de la *Pz-Lehr-Div.* à Orbois, les chefs de chars suivants sont présents : l'*Ustuf.* Georg Hantusch (monture officielle : Tiger 221), l'*Oscha.* Georg Lötzsch (monture officielle : Tiger 231), l'*Uscha.* Kurt Sowa (monture officielle : Tiger 222), l'*Oscha.* Jürgen Brandt (monture officielle : Tiger 223) et l'*Uscha.* Herbert Stief (monture officielle : Tiger 234). L'*Ostuf.* Michael Wittmann ne dispose pas de son propre char, le 205, qui est resté en arrière, probablement en raison d'une panne. C'est également le cas du Tiger 204 de l'*Uscha.* Hans Seifert – dont la fonction était aussi de servir de char de remplacement pour le chef de la *2.Kp* – puisque son pointeur habituel, le *Rttf.* Lau, se trouve alors affecté au Tiger de Stief.

Les numéros tactiques fournis ici correspondent en partie à l'attribution officielle au 6 juin 1944 (voir en annexe dans l'ouvrage final) qu'il nous a fallu légèrement corriger par rapport à celui fourni jusqu'à présent : ainsi, le chef du *3.Zug* (Tiger 231) n'était pas le *Standarten-Oberjunker* (aspirant) Fritz Belbe. En réalité, il était « *Halbzugführer* » (chef de demi-section) et son char personnel était le 233, mais bien l'*Oberscharführer* (adjudant) Georg Lötzsch, sur la foi du témoignage inédit de ce dernier qui nous a été fourni par Friedrich Hanje. (voir en annexe dans l'ouvrage final).

Par ailleurs, une analyse minutieuse des clichés pris le lendemain de la bataille par le reporter Arthur Grimm *(Sonderführer - KB-Zug - Ob. West PK Signal-Einsatz)* pour le magazine illustré « Signal » nous a amené à la conclusion que l'*Uscha.* Sowa n'était pas en possession de son Tiger habituel, le 222, mais du Tiger 212 les 12 et 13 juin près de Villers-Bocage (voir en annexe dans l'ouvrage final). Ce dernier était le char officiel de l'*Uscha.* Bobby Woll qui, en dépit de certaines légendes persistantes, n'était pas présent à Villers-Bocage les 12 et 13 juin 1944.

Il est à noter que la composition de ce groupe n'est pas anodine : on y trouve ainsi tous les chefs de section de la *2.Kompanie*, ce qui ne peut être le fruit du hasard. En effet, la marche forcée vers le front n'a pas épargné les mécaniques. L'on peut supposer que, lorsque Wittmann a réalisé que seule une assez faible fraction de ses effectifs serait en mesure d'atteindre sa destination, la nécessité de réorganiser ou de réaffecter certains équipages a dû s'imposer à lui afin d'optimiser le potentiel de son groupe. Deux impératifs ont vraisemblablement motivé les choix de Wittmann : d'une part, le fait de pouvoir compter sur des chefs de char expérimentés tels que Sowa, Brandt, Stief et Lötzsch (tous issus de l'ancienne *13.Kp* ayant combattu sur le front de l'Est en 1942/43) et d'autre part, celui de disposer de l'intégralité de son encadrement, c'est à dire tous ses chefs de section qu'étaient Wessel (Tiger 211), Hantusch (Tiger 221) et Lötzsch (Tiger 231) déjà cité.

**Ci-dessous :** image tirée d'un film d'actualité allemand montrant Wittmann aux commandes du Tiger 231 le 9 ou 10 juillet 1944, quelques heures seulement avant sa nomination à la tête du Bataillon en remplacement de H. von Westernhagen blessé. Ce qui illustre les changements fréquents de char opérés par les équipages durant la bataille de Normandie, au gré des disponibilités et des choix tactiques. (Deutsche Wochenschau.)

Carte postale du Château d'Epars (« les Parcs » aujourd'hui), poste de commandement de l'*Obersturmführer* M. Wittmann pour la nuit du 12 au 13 juin 1944 qui avait été prévu pour son arrivée sur le front par le *I. SS-Panzerkorps*. Le bâtiment se situe à 800 mètres environ à vol d'oiseau au sud-ouest et en contrebas de la ferme des Hauts-Vents autour de laquelle les Tiger de la *2.Kompanie* vont passer la nuit. Installé en retrait de la nationale 175, le château possédait surtout un accès arboré sur la route de Parfouru-sur-Odon qui aurait garanti aux Tiger un relatif couvert ainsi qu'un réseau de routes secondaires irriguant la région. (Collection auteur.)

chi d'abord par le groupe de tête vers **8h40** sans encombre.

Il est alors **presque 9h00** et les premiers tanks et véhicules du *A Squadron/4th CLY* sont déjà sur la Cote 213. Le *Lieutenant* Bill Garnett tombe nez à nez avec une voiture d'état-major allemand qui arrivait en sens inverse sans rien soupçonner. L'officier anglais a le réflexe de faire aussitôt tirer les deux mitrailleuses « Besa » de son Cromwell et est aussitôt imité par d'autres chars anglais. Criblée de balles, la voiture fait une embardée et achève sa course sur le bas-côté avant de prendre feu. Ses occupants blessés seront par la suite tirés du véhicule et les premiers soins leur seront administrés. Les autres chars du groupe se rangent sur les bas-côtés, dans l'attente du reste du *Squadron* qui, pour une bonne part, se trouve encore en transit sur la Nationale 175, entre le carrefour de la Route de Tilly-sur-Seulles et le bas de la Cote, juste avant la hauteur. (4)

Entre-temps, sur la longue ligne droite menant à la Cote 213 (5) , les Universal Carriers et les half-tracks M9A1 de la *A Company* du *1st Battalion, the Rifle Brigade* se sont eux aussi garés sur le côté droit de la route, en bon ordre, car ils ont reçu pour ordre de permettre le passage des camions transportant les fantassins du *1/7th Queens* vers la hauteur 213 en soutien des chars des *« Sharpshooters »*. La plupart des *Riflemen* ont sauté de leurs véhicules pour se dégourdir les jambes ; certains préparent du thé et *« quelques sentinelles sont postées »* (6). Fait notable - et qui ne sera pas sans conséquence pour la suite des événements - tous ces hommes sont très largement livrés à eux-mêmes car leurs supérieurs les ont quittés un peu plus tôt. En effet, juste avant Villers-Bocage, le *Captain* Milner a reçu l'ordre de son commandant, le *Major* James Wright, de conduire tous les chefs de sections de la *A Company* à l'avant de la colonne pour une conférence devant rassembler les officiers (et certains sous-officiers) une fois l'objectif atteint, c'est-à-dire la Cote 213. Milner répercute l'ordre par radio et c'est le *Lieutenant* Campbell qui doit se charger de cette tâche, comme il l'a rapporté dans son témoignage : *« Avec mon véhicule de la 2e section (2 Platoon), je devais prendre les platoon commanders et filer en tête de colonne. Très vite, nous sommes tout un groupe d'officiers surexcités roulant à vive allure vers l'avant mais quand même assez inquiets à l'idée d'être ainsi rassemblés dans un seul et même véhicule. Aussi nous fûmes très soulagés lorsque arriva l'ordre de nous séparer, ce qui fut fait, à l'exception du Lieutenant Coop et du Sergeant Gale qui restèrent avec moi »*. Au total, ce sont alors trois half-tracks, dont celui du *Captain* Milner, qui roulent sur la Nationale, laissant derrière eux le reste de leur *Company* pour rallier la hauteur. (7)

Au même moment, la section antichar du *Lieutenant* Roger Butler (8), composée de ses deux canons 6-Pounder et de ses quatre Loyd Carrier s'est elle aussi arrêtée à la sortie nord-est du bourg, immédiatement dans le dos du dernier semi-chenillé de la *A Company* qu'elle talonne depuis Livry, juste à proximité du panneau « Caen – 24 km » et à la hauteur du croisement avec la route de Tilly-sur-Seulles. Elle est elle-même suivie de deux chars légers « Stuarts M3A3 » de la *Recce Troop* du *4th CLY* placés sous le commandement du très jeune *Lieutenant* Rex Ingram. (9)

Redonnons maintenant la parole au *Lieutenant* Pearce, l'un des témoins les plus prolixes de ces événements et dont le précédent récit s'achevait juste avant son arrivée dans Villers : *« Nous, le RHQ* (Etat-major régimentaire du *4th CLY*), *avons franchi la colline à l'entrée ouest de la ville et continué le long de la rue Pasteur, passé la Mairie qui se trouvait sur la droite, puis après un virage sur la gauche nous nous sommes arrêtés peu avant la sortie est. Nous avons parcouru environ huit cents mètres et nous nous trouvons désormais sur la route de Caen. Le A Squadron était à un kilomètre et demi en avant sur la Cote 213. Le commandant de la Brigade (*le Brigadier Hinde*) est arrivé dans son scout car et a discuté avec notre commandant (*le Colonel Cranley*) pendant un moment. Puis il est reparti vers l'arrière et notre commandant est remonté dans son scout car et s'en est allé vers l'avant, en direction du A Squadron ».* A cet instant, la pression exercée par le *Brigadier* Hinde sur le Commandant du *4th CLY* est énorme. Pourtant, ce dernier voit d'un très mauvais œil la situation : non seulement il estime la reconnaissance du terrain insuffisante, mais son *Squadron* de tête est actuellement isolé en pointe, sans soutien d'infanterie immédiat et installé dans une position particulièrement exposée. Mais avec l'objectif de la journée désormais bien en vue, le *Brigadier* a balayé sans ménagement toutes ses réserves et inquiétudes et lui a intimé l'ordre de presser le mouvement une fois encore. Alors, Cranley s'exécute et s'en va s'enquérir de la situation précise du *Major* Scott, et s'assurer que son dispositif défensif est en place sur la hauteur.

Tandis que Pearce faisait stopper son scout car Humber sur le côté gauche de la route à la sortie de la ville, les quatre chars du *RHQ* du *4th CLY* s'étaient déjà positionnés en file indienne sur le bord opposé et un peu avant le Calvaire, au contact des deux Stuarts de la *Recce Troop* déjà cités. Le premier d'entre eux est le Cromwell du *Colonel* Cranley que le *Major* Carr commande depuis peu. Le tank est situé presque à la hauteur des dernières habitations à la sortie du bourg, suivi du Humber de l'*Intelligence Officer (IO)* puis des chars du *Captain* Dyas (10) et du *Lieutenant* Thompson qui commandent alors le *RHQ*. Enfin, un peu plus en arrière, se trouve le Cromwell du *RSM* (Sergent Major du Régiment) Holloway.

En deçà du virage de la rue Georges Clémenceau, dans la partie haute de l'artère principale de Villers, un autre groupe de blindés a fait halte en redescendant la colonne. Une incertitude plane encore sur le nombre total ainsi que sur la localisation très précise et l'identité de certains véhicules. Il n'y a cependant aucun doute quant à la présence de « l'OP Sherman » du *Major* Wells commandant la *K Battery* du *5th RHA* et qui avait stoppé son moteur à proximité de l'Hôtel du Bras d'Or. L'autre char sous ses ordres, « l'OP Cromwell » du *Captain* Victory, lui se situe vraisemblablement en contrebas, un peu au-delà de la rue Curie sur la gauche dans le sens de la marche (11). Non loin d'eux se trouve également le half-track médical du *Captain* Mc Lean et son équipage, mais son emplacement précis relève encore largement du domaine de la spéculation (12) . Plus loin sur la chaussée, et selon toute vraisemblance à proximité de la place Richard Lenoir, se sont déployés quatre autres Stuarts de la *Recce Troop* commandés par le très avisé *Captain* John Philip-Smith. L'officier anglais a pris soin de leur assigner de bonnes positions afin de pouvoir se prémunir contre toute menace, quand bien même ses chars ne figurent pas parmi les éléments les plus exposés de la colonne.

La suite de la Grand Rue (rue Pasteur) est absolument vide de véhicule jusqu'à la place Jeanne d'Arc. Une réalité qui ne manquera pas de provoquer le désarroi d'un des protagonistes britanniques à propos des événements à venir.

Il faut maintenant redescendre jusqu'à la sortie ouest de Villers-Bocage pour trouver la dernière unité de la colonne. Dans le virage de la route de Caumont arrivent lentement les premiers tanks du *B Squadron* du *4th CLY* qui se trouvent sous l'autorité du *Major* Ibby Aird. Le *Sergeant* Walter Allen du *1 Troop* (13) est en tête avec son Cromwell. Voici ce qu'il décrit : « *Villers-Bocage nous a semblé tout aussi paisible et déserté que les hameaux et villages précédents l'avaient été. A ce moment-là, nous étions tous décontractés et il nous semblait bien que cette manœuvre de contournement allait être couronnée de succès. Il était plus de huit heures et je suis descendu de mon Cromwell pour faire le point avec mon ami le Sergeant Lockwood qui se trouvait juste derrière moi* ». En effet, le Firefly de ce dernier – surnommé « *2 Charlie* » (le 2 est en référence au chiffre de son *Troop*) - figure aussi parmi les chars de tête du *B Squadron* et s'est positionné au coin d'une maison à proximité de la place Jeanne d'Arc, mais selon ses dires, « *à bonne distance de la rue principale* » (14).

Maintenu en réserve, le *C Squadron (15)* du *4th CLY* commandé par le *Major* Peter McColl stationne encore beaucoup plus loin en arrière sur la route D71. Alors qu'à quelques encablures de là le Quartier Général tactique de la *22nd Armoured Brigade*, communément appelé « *Tac Brigade* », s'est arrêté pour s'implanter à Amayé-sur-Seulles. Un commandement bientôt doublé par les fantassins du *1/7th Queens* lesquels, une fois la localité dépassée, vont mettre pied à terre près du

Schéma du déploiement de la *22nd Armoured Brigade* en transit dans Villers-Bocage le 13 juin 1944 autour de 8h/8h30. Bien qu'ayant peu d'informations sur les mouvements des troupes britanniques à l'intérieur du village, celui-ci ne constitue pas l'objectif de la colonne blindée. Les troupes ne se sont pas réparties à l'intérieur de la localité en début de matinée car il s'agit d'une avant-garde devant se porter sur la cible principale, la Cote 213 sur la route de Caen. (Montage auteurs.)

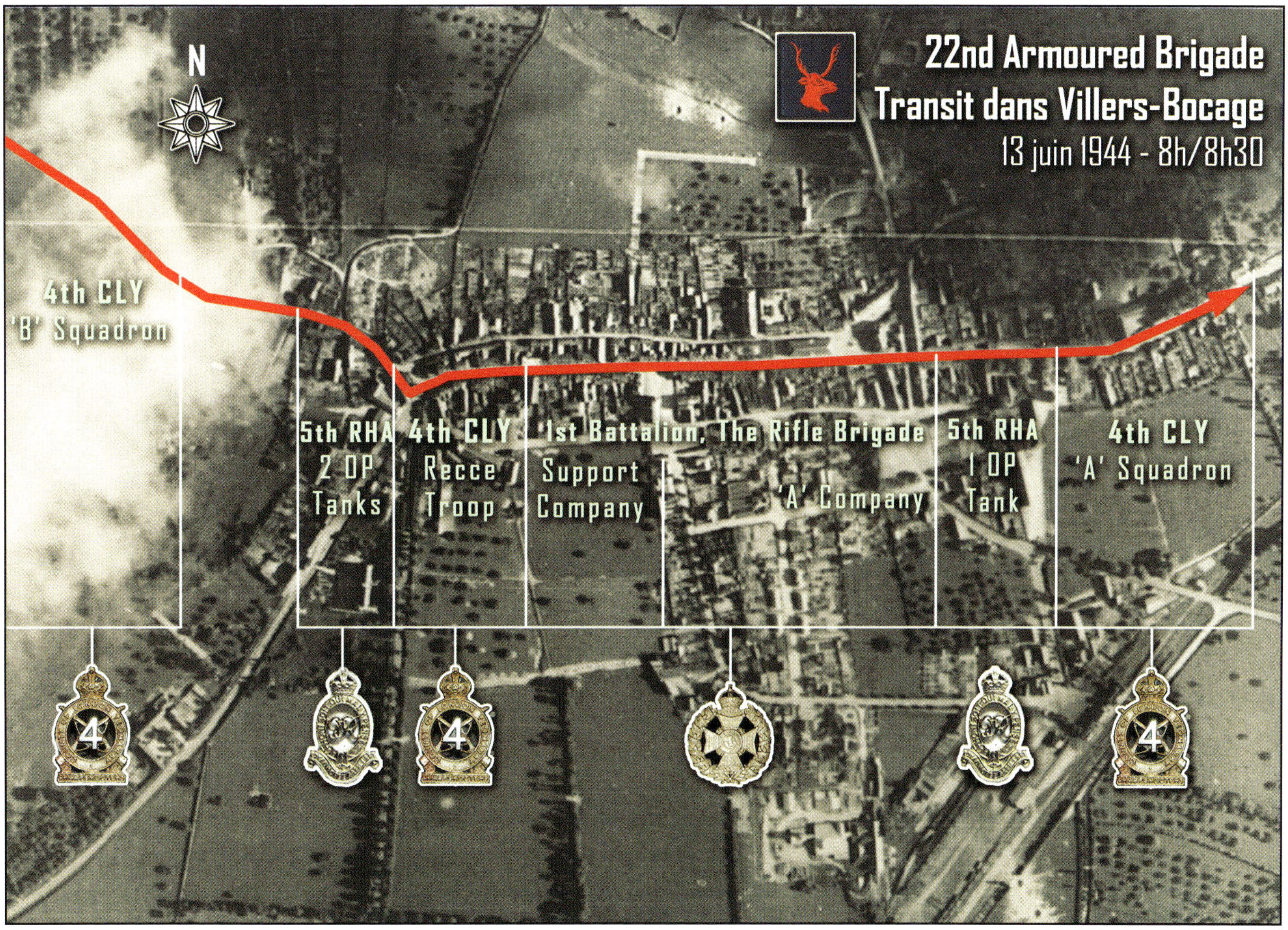

**Ci-contre :** photographie de membres de la *I.Staffel* (équipe de réparation) de la *2. Kompanie* de Tiger de la *s.SS-Panzer-Abteilung 101* posant devant leur semi-chenillé Sdkfz 10. Le signe tactique (rhomboïde blanc avec un S pour *Schwere* au milieu) est visible sur l'aile avant de l'engin. L'équipe était capable de dépanner en tout-terrain un Tiger en panne en apportant de lourdes pièces à l'arrière de l'engin. La *I.Staffel* a joué un grand rôle pour permettre l'acheminement de l'ensemble des Tiger sur le front après le long trajet par Paris et les multiples pannes. (Collection auteurs.)

**Ci-dessous :** photographie issue d'un album d'un des membres d'une autre unité organique du *I.SS Panzer-Korps* en Normandie, la *SS-Korps-Nachrichten-Abteilung 101*. Un Sdkfz 251 de transmission est visible sur l'image est à rapprocher de celui venu accueillir l'*Obersturmführer* M. Wittmann à Épinay-sur-Odon le 12 juin dans l'après-midi. (Coll. privée.)

hameau de Saint-Germain dans l'attente de recevoir l'ordre d'avancer à nouveau. (16)

Pour finir la revue de l'unité en mouvement, au sud de la route Caumont-Villers et près de la Cote 142, le *5th RTR* du *Lieutenant Colonel* Joe Lever a disposé là ses chars en observation, avec des « Sextons » du *5th RHA* en position plus au nord près des ruisseaux du Coudray et de Pont Chouquet.

(1) HKL *(Hauptkampflinie)* signifie, en terminologie militaire allemande, la ligne principale de front dans sa largeur.

(2) Ce sont très certainement les Schwimmwagen de la *4.Kompanie* que le jeune homme a vu cette soirée-là.

(3) Informations confirmées par le *War Diary* du *8th Hussars* et les différents journaux de marche de la *Panzer-Lehr-Division.*

(4) C'est également le cas du « OP Cromwell » de l'officier d'observation avancée, le *Captain* Roy Dunlop du *5th Royal Horse Artillery (5th RHA)*, qui accompagne alors le *A Squadron* du *4th CLY*.

(5) Les premiers éléments de la *A Company* se situaient à environ 150 mètres à l'ouest du chemin menant à la ferme des Hauts-Vents.

(6) Major Hastings, dans « *The Rifle Brigade in the Second World War 1939-1945* ». Ceci s'oppose à l'idée souvent répandue qu'aucune vigilance n'avait été maintenue lors de l'arrêt de la *A Company* sur la N175.

(7) Sur le papier, l'effectif total de la *A Company* est de douze half-tracks. En théorie, ce sont donc neuf de ces engins qui auraient dû se trouver sur le bord de la N175 ce 13 juin. Cependant, après examen de toutes les photos disponibles, seul un total de huit half-tracks peut être dénombré, dont peut-être d'ailleurs l'un des trois transportant certains officiers (celui de tête, un peu à l'écart du reste de la colonne) qui étaient censés rejoindre la Cote 213. En conséquence, soit les quatre M9A1 manquants font tous partie des véhicules qui vont être capturés après les combats (dont au moins deux à la Cote 213), soit certains de ces quatre half-tracks avaient déjà été perdus entre le 7 et le 13 juin.

(8) *Le Lieutenant* Butler fera partie des officiers partis en tête de la colonne. Nous le retrouverons plus loin à la Cote 213.

(9) Contrairement à ce qui a été avancé jusqu'à aujourd'hui, seuls deux Stuarts étaient présents à cet endroit et non pas trois (voir plus loin).

(10) Pat Dyas commande alors le Cromwell du *Captain* Bernard Rose – l'officier adjoint du *Colonel* Cranley – qui se trouve lui dans le char alors commandé par Arthur Carr !

(11) Cette localisation reste quelque peu controversée. D'après un des vétérans (voir en annexe), ce second char se serait plutôt trouvé dans la Rue Curie. (voir plan en annexe). Une chose est sûre : c'est bien dans cette rue qu'il a terminé sa guerre.

(12) Nous avons choisi de le faire figurer sur le côté opposé des deux chars d'observation, sur le côté sud de la rue bordé par des grands arbres (cf. plan en en annexe), car cet endroit était assez dégagé. Bien qu'à notre connaissance il n'existe qu'aucune photo de ce véhicule in situ, la présence du « *MO » (Medical Officer)* a été attestée le matin dans cette partie de la ville par Walter Allen du *B Sqn*. Nous devons en conclure que ce half-track – encore en état de rouler – a soit pu être récupéré par les Anglais, soit a été capturé par les Allemands juste après les combats, quelque temps avant que les « Kriegsberichter » allemands n'aient l'opportunité d'en faire des clichés pour la postérité.

(13) Ce *Troop* avait déjà subi des pertes sévères et son chef, le *Lieutenant* F.D. Mortimer, avait été blessé le 12 juin près de Verrières à l'ouest de Tilly-sur-Seulles.

(14) Nous observons qu'à la fois le témoignage du *Sgt* Allen et cette précision dans la narration du *Sgt* Lockwood contredisent l'idée jusqu'à présent couramment admise que le Firefly se trouvait tout à la pointe du *B Squadron*, et qu'il s'était immédiatement posté au bas de la rue principale de Villers.

Comme nous le verrons plus tard, ce point aura une importance dans l'analyse du déroulement de la suite des événements.

(15) Ce *Squadron* n'est pas non plus au complet puisqu'il a perdu un *Troop* entier (trois chars Cromwell et un Sherman Firefly) le 11 juin, celui du *Lieutenant* T.S. Vine, à l'ouest de Tilly.

(16) D'après le témoignage du *Sergeant* Lockwood du *B Squadron* notamment, un groupe de fantassins de cette unité avait pourtant déjà atteint Villers juste avant 9h00. (voir en annexe)

Le Château de Baron-sur-Odon a accueilli début juin le quartier général du *I.SS-Panzer-Korps* de Dietrich. C'est à cet endroit que l'*Obersturmführer* M. Wittmann achèvera le périple de cette journée du 13 juin 1944 en partageant une coupe de champagne avec les officiers d'état-major de l'unité pour fêter son exploit personnel. (Photo auteur.)

**Ci-dessous :** trois photographies montrant à différentes dates de 1944, en Belgique, en Normandie et sur la Seine en août, les véhicules de commandement des unités du *I.SS-Panzer-Korps*. Ces véhicules basés sur le châssis de la Mercedes-Benz type 320 se nommaient Kfz 15 Mercedes-Benz 340 et étaient les pendants des Horch 4X4 type 901 communes de la Wehrmacht. Classé dans la catégorie des véhicules de transports moyens, cet engin caractérisé par ses quatre roues motrices était destiné à l'origine pour le transport d'officiers d'état-major. Il permettait à ces derniers de se déplacer sur les routes ou encore en terrain accidenté dans de bonnes conditions et disposait d'une capacité de quatre personnes. La *s.SS-Panzer-Abteilung 101* semble en avoir possédé quelques-unes puisque la photographie en montre un de face lors de l'accompagnement du transfert des prisonniers anglais de Villers-Bocage dans la région de Caen. (Coll. privée, auteurs.)

# 4 L'attaque de Wittmann

Pour introduire les premières minutes de l'attaque de Wittmann et de son groupe de Tiger, nous avions besoin d'un prélude à la bataille de Villers-Bocage. Ainsi, nous retrouvons cet habitant d'Epinay-sur-Odon de la ferme des Monniers qui, comme beaucoup de civils, va passer cette matinée particulière du 13 juin à ne plus pouvoir sortir de chez lui dans la peur des bombardements, des tirs et des destructions :

*« Après la traite du matin, nous déjeunons et tout d'un coup ça craque : des coups de canon très secs, c'est sûrement des chars près d'ici. Peu*

Reconstitution de la situation le long et à proximité de la route N175, au bas de la Côte des Landes, peu avant l'assaut de Wittmann sur la colonne anglaise autour de 9 heures ce mardi matin 13 juin 1944. Après avoir été contraints de changer de positions par trois fois durant la nuit, les cinq Tiger se sont finalement fixés dans le chemin dit de « l'ancienne route de Caen », à environ 150 mètres au sud de la Nationale, aux abords des fermes des Hauts-Vents. Pour eux, cette position a le double avantage de permettre l'observation de l'axe Villers-Bocage-Caen tout en restant dissimulés aux yeux de l'aviation alliée. Selon Walter Lau, quelques éléments du train de combat et de la *4.Kompanie* se trouvaient à environ 500 mètres en retrait des Tiger. Toujours selon Lau, c'est par le chemin reliant cette ferme des Hauts-Vents à la nationale que Wittmann s'est lancé à l'assaut de la colonne anglaise, ce que confirme notre propre étude des positions anglaises et de leurs véhicules détruits ou abandonnés in situ. Au premier plan de l'image, nous voyons l'avant-garde de la colonne qui roule pour aller se fixer à la Cote 213 sans rien soupçonner. Ce sont les Cromwells et les Fireflies du *A Squadron* du *4th CLY* qui avancent en tête, accompagnés du char du *Captain* Roy Dunlop, l'officier observateur *(FOO)* du *5th RHA*. (Montage F. Deprun.)

**A gauche :** l'*Oscha.* Georg Lötzsch, « *Zugführer* » de la *2.Kp* (Tiger 231). Handicapé par un barbotin défectueux qui fait sauter l'une de ses chenilles, son Tiger sera confiné à un rôle de soutien aux abords des Hauts-Vents lors de l'attaque de Wittmann le 13 juin. Il sera remorqué pour cette raison vers la *Werkstatt* (atelier) par le Tiger 222 le lendemain selon son propre témoignage et celui de W. Lau, et comme le confirment trois photos prises par le *KB* Grimm. (DR.)

**A droite :** l'*Oscha.* Jürgen « Kapitän » Brandt, « *Halbzugführer* » à la *2.Kp* (Tiger 223), est l'un des chefs de char qui arrivent aux abords de Villers-Bocage le 12 juin avec Wittmann. Le jour suivant, il va soutenir l'attaque de son chef en détruisant plusieurs blindés et véhicules anglais et participer activement à la capture de nombreux prisonniers. Ce sous-officier, vétéran de l'ancienne *13.Kp*, était titulaire de la *Eisernes Kreuz 1. Klasse*, ou *EK 1* (Croix de fer de 1re Classe) depuis le 21 juillet 1943. (DR.)

*après, c'est le bruit des mitrailleuses que l'on entend, c'est probablement sur Villers ; des obus éclatent çà et là, il y a même des balles qui sifflent, nous restons tous à l'abri dans la ferme. Des Fritz montent sur Villers avec des camions et des canons. Le bruit des tirs est infernal jusqu'à midi.* »

L'engagement vient de débuter à hauteur de la ferme des Hauts-Vents et sur la RN175. D'Epinay-sur-Odon et des villages aux alentours, tout le monde se rend compte qu'il se passe quelque chose. Très vite, alors que Wittmann est déjà dans Villers-Bocage, le chemin encaissé partant d'Epinay en direction de Montbrocq va commencer à se remplir de renforts pour aider à exploiter la contre-attaque du groupe de Tiger qui tiennent en respect une brigade anglaise. Mais le théâtre du champ de bataille est pour l'heure réservé à la confrontation entre six Tiger et au total une trentaine de véhicules et de chars anglais.

## La colonne anglaise

Il est un peu moins de **9h00** le matin du 13 juin 1944 au hameau des Hauts-Vents. Le temps est couvert et les averses intermittentes de la nuit semblent s'espacer désormais. Encore écrasés de fatigue, les équipages des cinq Tiger de la *2. Kompanie* de la *schwere SS-Panzer-Abteilung 101* ont terminé de bonne heure leur nuit agitée dans l'inconfort de leurs engins ou allongés dans les herbages. Les Tiger espacés de quelques dizaines de mètres sont désormais camouflés à l'abri des frondaisons le long de l'ancienne route de Caen qui longe la Nationale 175. Des emplacements décidés depuis le milieu de la nuit après de multiples manœuvres d'urgence pour bouger les chars en raison des bombardements d'artillerie britannique. La courte nuit au bord de l'ancienne route de Caen devait être mise à profit pour reposer les équipages et leur permettre de réparer au matin les défaillances mécaniques des Tiger. Les engins ont enduré un très long trajet par la route depuis Morgny via Paris depuis une semaine et ce sont les machines les plus solides qui ont pu gagner Épinay-sur-Odon.

Il n'en va pas de même pour l'équipage du Tiger 211 que nous retrouvons un quart d'heure auparavant. Le chef du char allemand, que nous situons sans doute depuis le milieu de la nuit au niveau du Calvaire de la route de Tilly, a dû reculer en urgence son Tiger. L'engin, pourtant bien camou-

Le *2. Zug* de la *2.Kompanie* est commandé par l'*Ustuf.* Georg Hantusch. Ce jeune sous-lieutenant est, avec le lieutenant Wessel, celui qui ne compte aucune expérience du combat en qualité de chef de char Tiger. Hantusch et Wessel ne semblent devoir leur présence au sein du groupe de Wittmann les 12 et 13 juin près de Villers-Bocage qu'à leurs grades respectifs et leurs qualités de chefs de section. (BA.)

Le Tiger 212 gravit lentement les lacets de la route N316 vers la Normandie le 7 juin 1944, une scène bien connue qui aurait pu être photographiée sur les routes vallonnées à l'arrivée sur Epinay-sur-Odon le 12 juin au soir. A ce détail près que les engins ont dû être recouverts de branchage pour se camoufler du ciel. (BA.)

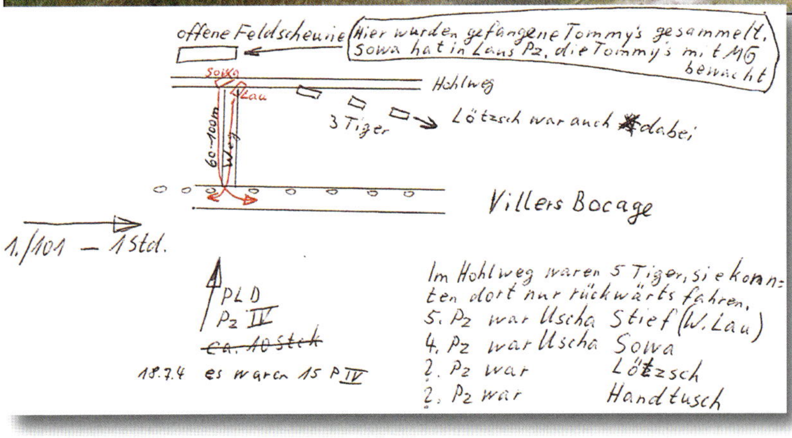


**Ci-dessus :** croquis dicté par Walter Lau il y a quelques années sur l'emplacement et le mouvement des Tiger au matin du 13 juin 1944 devant la ferme des Hauts-Vents. (Coll. Friedrich Hanje.)

**Ci-contre :** l'une des rares photographies prises en couleurs de Wittmann alors qu'il vient de recevoir le *Ritterkreuz des Eisernen Kreuzes mit Eichenlaub* (Croix de Chevalier de la Croix de Fer avec Feuilles de Chêne) des mains d'Adolf Hitler au Führerhauptquartier Wolfsschanze le 2 février 1944. (DR.)

flé, a vraisemblablement été contraint de se réfugier au fond d'un verger lorsqu'il a pu apercevoir en approche lente et face à lui sur la ligne droite de la rue Clemenceau la tête d'une colonne de blindés britanniques. Que faire d'autre que de s'effacer lorsqu'on est seul contre une multitude, même à l'intérieur d'un Tiger ? Le fracas de la colonne anglaise franchissant l'embranchement du Calvaire a sûrement invité le chef du Tiger 211 à ne plus bouger et à attendre le renfort de ses camarades positionnés pas très loin. Nous ne savons pas si l'alerte a été lancée par le radio du Tiger 211 ou si le chef de char avait reçu pour ordre le silence radio. Le fait de se trouver au pied d'un gros château d'eau a pu faire écran à la transmission. Si celle-ci a été captée ou entendue, ce n'est absolument pas par les autres équipages de Tiger ou par le commandant de la *2.Kompanie* avant 9 heures.

Etabli sur la base des éléments rapportés par Walter Lau et des croquis qui nous ont été transmis, ce photomontage nous donne un aperçu de la manœuvre réalisée par Wittmann juste avant l'attaque. Une fois l'alerte lancée, les chars stationnés en file indienne dans le chemin creux des Hauts-Vents se sont extraits de ce dernier en marche arrière. Wittmann a tout d'abord tenté d'utiliser le Tiger de Stief mais a dû l'abandonner après une vingtaine de mètres en raison de son moteur défectueux. Juste derrière, le Tiger 212 alors commandé par l'*Uscha.* Sowa s'est entre temps lui aussi dégagé du chemin et c'est avec celui-ci que Wittmann va pouvoir foncer vers son ennemi. (Montage F. Deprun.)

**Ci-contre :** le chemin des Hauts-vents n'existe plus, il a été remblayé par une butte de terre en raison de la création de la bretelle d'accès de l'autoroute A84 (construite au milieu des années 90). Une barrière signale encore son entrée, c'est à cet endroit que Michael Wittmann a débuté son attaque foudroyante sur la colonne britannique le 13 juin au matin. (Photo auteur.)

**Ci-dessous :** profil du Tiger 221, char personnel de l'*Ustuf.* G. Hantusch. A l'exception du Tiger 205 de Wittmann et de ceux du *1.Zug*, les chars de la *2.Kompanie* ont des numéros tactiques peints en rouge et à liserés blancs, ce qui représente la combinaison couleur traditionnelle et prépondérante de cette *Kompanie*. Par ailleurs, il est à noter que chaque *Zug* (section) se distingue par une caractéristique qui lui est propre. Par exemple, au sein du *2.Zug* (Tiger 221, 222, 223 et 224), les insignes d'unité sont peints directement sur le « Zimmerit », et non pas dans des rectangles découpés dans le revêtement anti-mines magnétiques, comme c'est le cas pour tous les autres Tigers de la *2.Kp.* et du reste du bataillon. (Profil F. Deprun.)

**Ci-dessus :** photo inédite de l'un des quatre Fireflies du *A Squadron* du *4CLY* (vraisemblablement du *3 Troop*). Il s'agit probablement de l'un des premiers chars anglais touchés par Wittmann lors de son assaut. Ce Sherman, qui a fini en travers de la route, a été atteint alors qu'il s'apprêtait sans doute à fuir vers le nord. Il s'agit à coup sûr du Sherman en feu bloquant toute possibilité de retraite aux véhicules du *A Sqn* tel que décrit par le *Lieutenant* Bruce Campbell de la *1st Rifle Brigade* en haut de la Cote 213. Il s'agit très probablement aussi du Firefly qu'a vu brûler Joe Mitchell (*2 Troop*) depuis son Cromwell arrêté en bas de la côte. On note au premier plan l'amas de pierre en bordure de la route, sans doute le résultat du passage des blindés et véhicules devant contourner cet obstacle en travers de la voie. Cette marque est bien visible sur la photo aérienne du 17 juin, ce qui nous permet de situer précisément l'emplacement du Sherman à environ une centaine de mètres sur la droite de l'endroit où débouche le chemin menant de la ferme des Hauts-Vents à la route nationale. Ce tank sera ensuite poussé sur le bas-côté de la route puis, quelques semaines plus tard, remorqué dans un champ à proximité, en compagnie de plusieurs autres épaves du secteur. (Karl-Arthur Petraschk/BPK.)

**Ci-dessous :** le même Firefly, filmé en gros-plan par un *Kriegsberichter (KB)* de la Luftwaffe *(Luftflotte 3)* quelques jours après la bataille (le 16 ou 17 juin). Cette vue est extraite d'une séquence des Deutschen Wochenschau (Nr.722 du 05.07.1944). Comme en témoignent d'autres plans de véhicules anglais arborant divers sobriquets, le caméraman allemand a visiblement été intrigué par le nom peint sur le côté de ce Firefly : « *Pistol Packin Mamma* » (Il s'agit du nom d'une chanson à succès composée par Al Dexter, un musicien country américain populaire en 1944). Curieusement, ces deux images sont les seules montrant ce char qui n'avait jusqu'à présent jamais pu être identifié ni situé, en dépit de sa localisation très visible ! (Deutsche Wochenschau.)

**Ci-dessous, à droite :** la route nationale au niveau du chemin des Hauts-Vents n'existe plus aujourd'hui elle non plus, en raison du percement de la bretelle de l'autoroute pour desservir Villers-Bocage, gommant ainsi la longue ligne droite partant du calvaire route de Tilly-sur-Seulles jusqu'à la Cote 213. (Photo auteur.)

## L'alerte est donnée à la *2. Kompanie* de Tiger

L'*Obersturmführer* (lieutenant) Wittmann, qui s'est levé tôt, a passé la nuit avec les éléments du *Tross* (train) qui accompagne le groupe de combat et quelques Schwimmwagen de la *4. (leichte) Kompanie* situés à quelques centaines de mètres en arrière (1). Il vient d'envoyer depuis quelques heures l'*Obersturmführer* Wessel prendre des nouvelles au QG de la *Panzer-Lehr-Division* à Orbois (2), lequel n'est pas encore de retour avec les informations de préparatifs d'attaque anglaise. En considérant la position de ses cinq Tiger et le récit d'après combat de Wittmann, son poste de commandement pour la matinée semble avoir été installé dans l'une des deux fermes des Hauts-Vents. C'est à cet endroit que l'officier allemand est soudainement et brusquement prévenu par une sentinelle de la présence d'une colonne ennemie roulant sur la route nationale depuis Villers-Bocage à deux cents mètres des bâtiments. Wittmann sort en vitesse de son PC et parcourt à pied les dernières dizaines de mètres qui le séparent encore de ses *Panzer* et de ses hommes en position devant le chemin des Hauts-Vents (3). De là, sous le couvert des feuillages bordant l'ancienne route de Caen, il aperçoit, stupéfait, la présence d'une colonne de tanks ennemis étirée le long de la RN175. Wittmann réalise que des chars roulent en tête du convoi ennemi et défilent lentement face à sa position vers sa droite en direction de la Cote 213. Un peu plus loin sur la nationale à sa gauche et au-dessus des arbustes, il a certainement distingué aux jumelles le haut des transports de troupes semi-chenillés disposés en file indienne et parfaitement immobiles. (4) Mais rien n'est certain pour le reste du convoi car la totalité de la colonne d'infanterie portée, qui est rangée le long de la haie bordant la nationale, est invisible aux yeux des Allemands à partir de leur position des Hauts-Vents. Il s'agit là de la première rencontre de l'officier allemand avec des engins alliés et celle-ci se fait plus tôt que prévu en dépit des menaces évoquées par le *I.SS-Panzer-Korps*. Des Sherman ? Wittmann en a rencontré sur le front de l'Est. Mais avec des canons longs (Firefly), il n'en a jamais vu, ni en Russie, ni dans les rapports de renseignements allemands (le Firefly est engagé au combat en Normandie pour la première fois). Nous pouvons imaginer que le premier réflexe du commandant est de commencer par compter le nombre de blindés ennemis en appréciant bien la situation face à lui. Puis il a dû écouter en direction des bruits de moteur, guetter les fumées

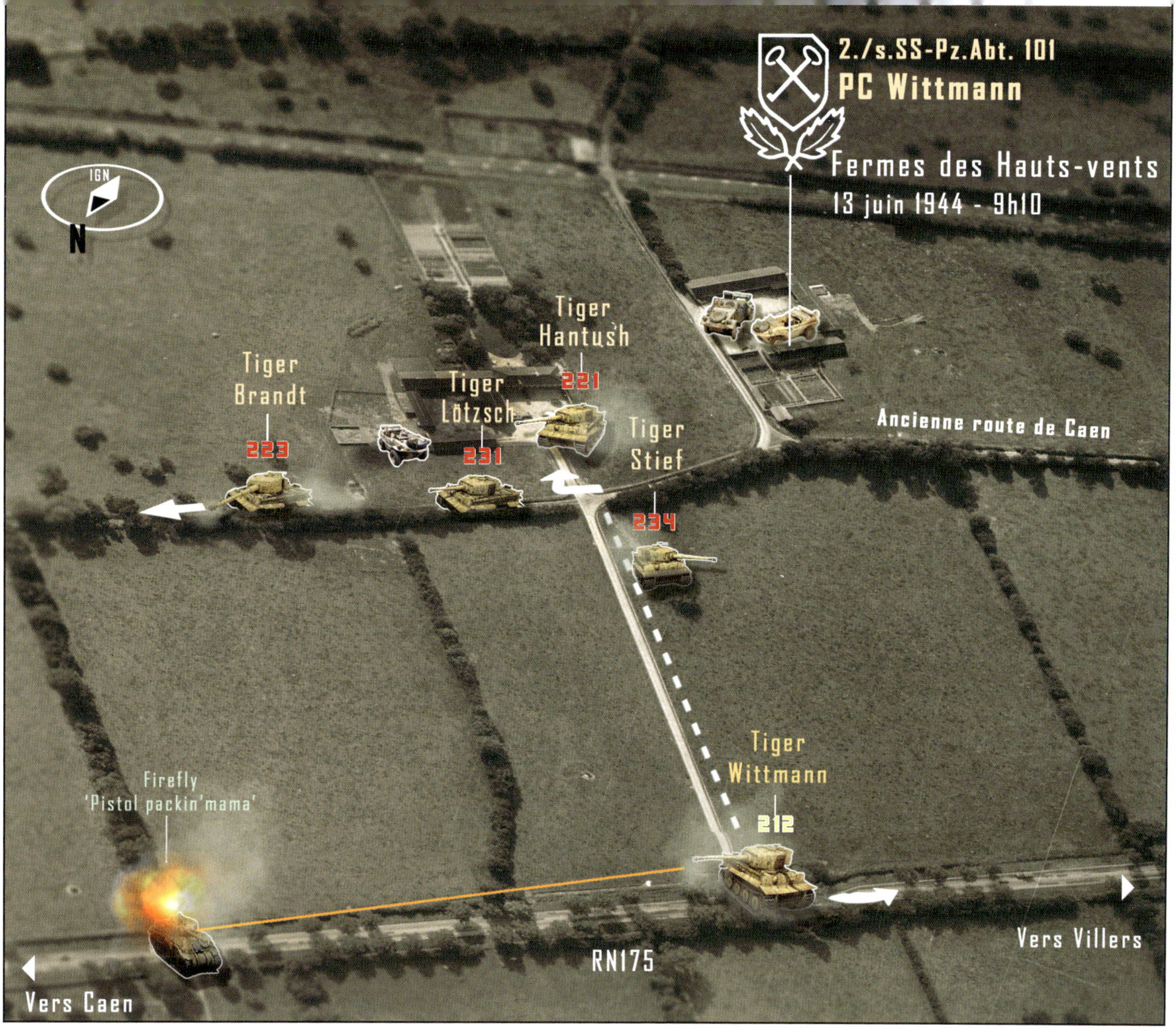


d'échappement à travers les haies, évacuer autant que possible sa peur avant de prendre une décision définitive.

La configuration du terrain avec le positionnement des deux unités blindées le long de deux axes parallèles est très particulière. Les deux ennemis se font face à environ un peu plus de cent mètres l'un de l'autre et chacun est dissimulé derrière des haies qui jouent le rôle d'écran de verdure. Les Tiger sont bien à couvert à l'endroit de l'ancienne route de Caen qui est bordée de hauts arbustes touffus, les Anglais ne les voient pas de là où ils sont. La différence pour les haies qui bordent la RN175 est qu'elles ne sont pas continues, elles laissent entrevoir les véhicules anglais aux yeux des Allemands à certains moments. Aussi, le chemin agricole des Haut-Vents qui relie les deux positions est totalement à découvert avec très peu de végétation. Une deuxième raison expliquant pourquoi les Anglais n'ont pas vu les chars allemands avant l'attaque se trouve dans le fait que la colonne de transport de troupes de la *1st Rifle Brigade* a stoppé ses véhicules deux cents mètres avant l'entrée du chemin des Haut-Vents. Ainsi, les soldats anglais qui patientent et se délassent désormais au pied de leurs engins auraient eu tout loisir au niveau de ce chemin pour distinguer des chars ennemis derrière les haies, en allant faire leurs besoins par exemple. Mais ils sont encore trop en arrière pour bénéficier de cet avantage. Alors, à l'instant crucial où Wittmann va prendre sa décision d'attaquer, ce sont les Cromwells et les Sherman Fireflies qui défilent lentement devant l'issue du chemin des Hauts-Vents. Même si certains des chefs de bord des chars anglais ont leur tête au-dessus de la tourelle, aucun ne se doute qu'une menace lourde et mortelle est placée sur le flanc droit de leur colonne blindée.

Si Wittmann a pu saisir instantanément l'ampleur de la menace, de toute évidence en découlait un dilemme à résoudre dans l'urgence. Il racontera en fin de journée : « *Oui, je dois dire qu'il m'a vraiment été très difficile de prendre la décision. Et jamais encore auparavant je n'avais été autant impressionné par des blindés en marche. Mais je savais qu'il ne pouvait en être autrement et je me suis décidé à foncer sur l'adversaire* ». (5) On devine aisément qu'il n'est pas question pour lui de laisser la possibilité aux nombreux chars ennemis de riposter en masse ou de se déployer devant lui. L'officier allemand laisse alors prudemment passer le gros de l'avant-garde blindée anglaise, et c'est précisément au moment où les derniers chars s'apprêtent à gravir la côte qu'il choisit de lancer son assaut. Une décision qu'il prend sans connaître totalement le nombre et la nature des blindés qui stationnent plus loin en direction de Villers-Bocage. Malgré tout, le bénéfice d'une attaque par surprise s'annonce double pour Wittmann : d'une part, l'unité de transport de troupes et l'escadron de chars ennemis vont se trouver nettement séparés, et d'autre part, les tanks

Reconstitution des toutes premières minutes décisives de l'attaque de Wittmann. C'est précisément au moment où le *A Squadron* a dépassé sa position que l'officier allemand choisit de scinder la colonne anglaise. Pris de côté et par l'arrière, les chars du *4th CLY* les plus chanceux n'ont d'autre choix que d'opérer une manœuvre d'évitement vers le nord de la route ou de fuir vers le haut de la Cote 213. Très distinctifs avec leurs longs canons de 17 livres, les Sherman Fireflies semblent avoir été ciblés prioritairement par Wittmann et ses Tigers. Il apparaît que trois Fireflies sur les quatre que comptait le *A Sqn* aient été détruits ou stoppés dans ce secteur. Seul celui du *Sgt*. Norman Jones *(4. Troop)* a pu atteindre le haut de la Cote. Il sera également touché, mais seulement à la mi-journée lors de l'arrivée des Tigers de la *1.Kp* du *Hstuf.* Rolf Möbius. (Schéma F. Deprun.)

Plusieurs vues des chars Cromwell qui sont parvenus à trouver refuge dans un champ au nord de la N175, en contrebas de la Cote 213. Contrairement à ce qui a été dit jusqu'à présent, ces tanks du *A Squadron, 4CLY*, n'ont jamais atteint le haut de la colline. Sur la photo aérienne prise le 17 juin (voir page 29), les traces du passage de ces chars quittant la route en diagonale à travers un premier champ sont bien évidentes, ce qui nous a permis d'orienter nos recherches et d'établir ensuite leur localisation définitive grâce notamment à des fouilles réalisées sur le terrain. Il s'agit certainement du groupe de Cromwells abandonné au nord de la N175 rapporté par l'*Uscha.* Werner Wendt de la *1.Kompanie*. Bien que ce dernier mentionne la présence de cinq chars, nous n'avons pu en répertorier que quatre sur toutes les photographies connues à ce jour. En tout état de cause, tout porte à croire que c'est bien dans ce champ qu'un Cromwell a été capturé par le *Major* Werncke de la *Panzer-Lehr-Division* dans un coup de main exceptionnel en fin de matinée (voir plus loin). Au moins deux de ces tanks appartiennent au *3 Troop* (peut-être celui du *Lt.* L.P. Hurley). Le Cromwell T187766 W (surnommé « Chez Célibataire ») est également celui qui est visible au premier plan de la photo prise à *Gold Beach* lors du débarquement de l'unité le 7 juin (voir page 7). (Photos : BA/Zwirner, H. Wontorra, Bill Cotton.)

anglais pourront être pris à revers par son groupe de Tiger, ce qui diminuera largement leur capacité de riposte. L'expérience de commandement de Wittmann devrait faire le reste.

## Un Tiger disponible, le 212

Il est **9 heures passé** : la décision est prise par Wittmann, il ira seul au bord de la nationale ! Et il aura besoin de soutien sur son flanc droit !

Témoin privilégié des premières minutes de cette attaque, nous retrouvons le *Rottenführer* (caporal-chef) Walter Lau, alors pointeur dans le Panzer de l'*Unterscharführer* (sergent) Stief (6), qui a rapporté les souvenirs suivants : « *Tôt ce matin-là (...), je suis en train de monter la garde dans le tourelleau ouvert du Tiger. Soudain, l'Obersturmführer Wittmann, qui vient de bondir sur notre pre-*

Profil du Cromwell T-187583. Ce char est l'un de ceux qui ont pu être équipés en urgence d'un tourelleau avec épiscopes peu avant le débarquement. Cet équipement a très certainement sauvé la vie à plusieurs chefs de char anglais en permettant l'observation du terrain sans avoir à se découvrir. (Profil F. Deprun.)

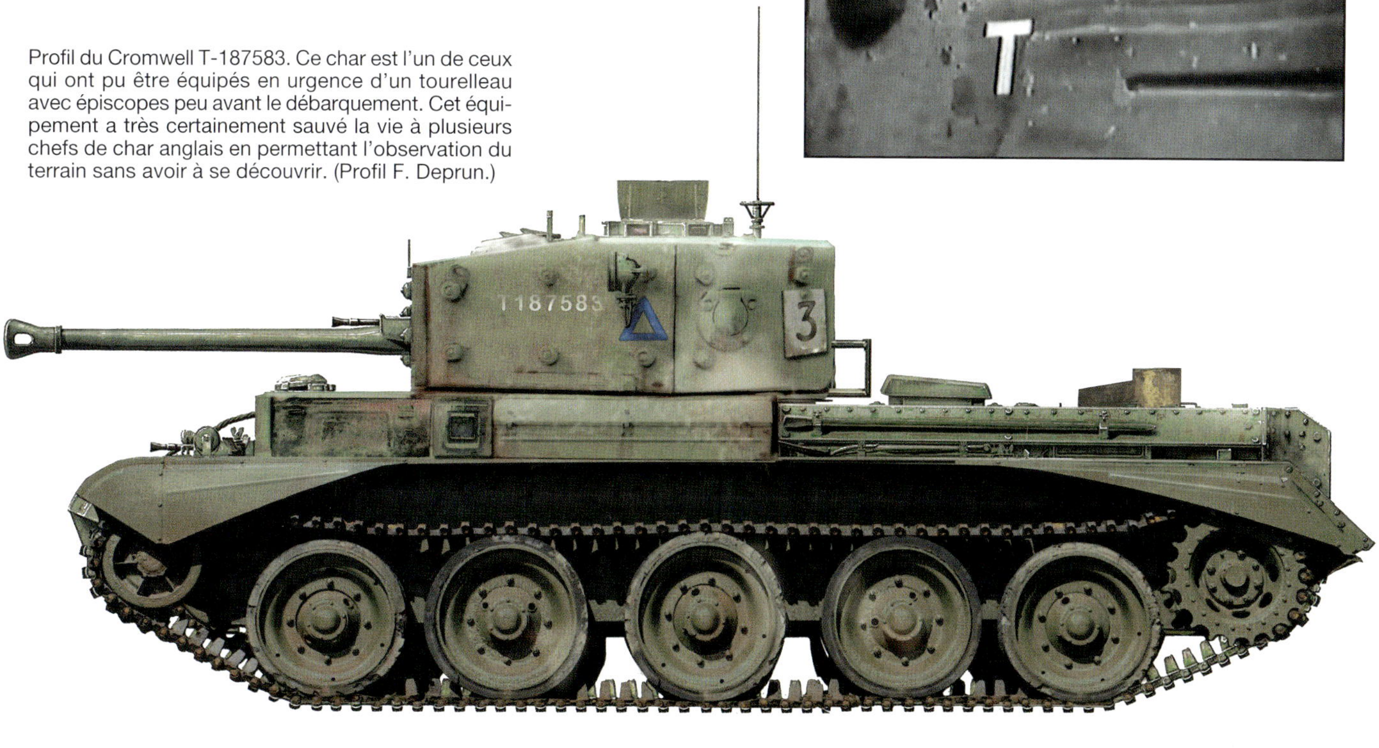

Firefly du *A Squadron*, probablement celui du *1 Troop*. A l'instar du Firefly détruit en travers de la route (page 42), le numéro peint sur une petite plaque fixée sur chaque côté du coffre contenant la radio à l'arrière de la tourelle a été obscurci par les flammes. Surnommé « *Blondie* », il est très probable qu'il s'agisse du char du *Sgt.* Ken K. Weightman car, selon son témoignage, il avait déjà stoppé son tank sur le bord de la route lorsque l'attaque allemande a surpris la colonne. En toute logique, il doit aussi s'agir du Firefly aperçu par le *Captain* C. Milner en train de riposter aux tirs ennemis (voir son témoignage en page 48). (Wontorra.)

Autre vue du Firefly « *Blondie* », cette fois capturée par la caméra d'un *Kriegsberichter* de la Luftwaffe *(Luftflotte 3)* visiblement intrigué par le surnom dont a été affublé ce char (voir notamment en pages 42, 45 et 63). Ce Sherman est encore équipé d'une partie de ses garde-boue d'origine. (Deutsche Wochenschau Nr. 722 du 05.07.1944.)

*mier panzer dans le chemin, me secoue par les épaules et me parle des "Tommies" en pointant la route (Villers-Bocage – Caen) que l'on peut à peine distinguer à cause des haies. Je me laisse glisser sur le siège du pointeur et lui sur celui du chef de char. Le conducteur a lancé le moteur, nous ajustons rapidement nos écouteurs et nos laryngophones et, en faisant marche arrière, nous sortons du chemin creux. L'Unterscharführer Stief, qui avait dormi à la place du pourvoyeur, est chargé de mettre les autres équipages en alerte et de les informer de la situation. Entre-temps, empruntant un chemin agricole en direction de la route, et après une vingtaine de mètres, le conducteur et moi signalons à Wittmann que notre moteur est défectueux. Manifestement il s'en est rendu compte : il jaillit de notre panzer et grimpe sur le char de l'Unterscharführer Sowa qui, dans l'intervalle, est déjà aussi sorti du chemin. »*

L'ancienne route de Caen n'est pas très large et les Tiger doivent manœuvrer pour pouvoir se déployer. Les engins commencent à se mettre en route et les moteurs fument, ils ne peuvent plus reculer, les Anglais vont les voir. Il est maintenant autour de **9h10** ; à l'intérieur du Tiger 212 (7), l'*Obersturmführer* Wittmann parcourt une nouvelle fois les premiers mètres du chemin à l'intérieur du Tiger 212 (7) et double le char 234 de Stief à l'arrêt pour remonter l'allée reliant les Hauts-Vents à la RN175. Si l'on suit les mots précis de son témoignage d'après combat, il engage et détruit tout d'abord deux chars sur sa droite – dont vraisemblablement l'un des quatre Sherman Fireflies, celui nommé *Pistol Packin mama* du *A Squadron, 4th CLY,* qui se retrouve en feu en travers de la route. L'engin anglais pourrait avoir décidé de faire face au Tiger, mais nous pensons qu'il a pu tenter de se réfugier au nord de la route, dans un chemin agricole à son niveau. Wittmann déclare en toucher un sur sa gauche, peu avant d'atteindre la nationale. Qu'en est-il réellement de ce troisième char détruit ? Nous verrons plus loin que le compte des épaves sur le terrain ne correspond pas toujours aux déclarations des équipages de chars allemands en général.

Le destin a apporté son aide à l'officier allemand. Le Sherman Firefly, touché en travers de la nationale, obstrue désormais totalement l'axe de la colonne anglaise. Le tank, par la fumée noire qu'il dégage, est en train de créer un écran protecteur entre le Tiger 212 et les autres blindés. Toujours est-il qu'une fois engagé sur la RN175, et pensant avoir neutralisé tout danger immédiat sur sa droite, Wittmann fait aussitôt bifurquer son Tiger vers sa gauche en direction de Villers-Bocage. C'est à cet instant précis que les choses se jouent pour le premier acte de la bataille. L'officier allemand indique dans son récit d'après-combat que les Anglais l'ont surpris autant que lui-même a été surpris par les Anglais. La route qui s'offre maintenant devant lui est bordée d'une colonne de véhicules anglais à l'arrêt mais plus aucun blindé ne roule au milieu ! Wittmann sait par expérience qu'un convoi ennemi à l'arrêt est vulnérable et que celui-ci est à sa merci, il a déjà détruit des colonnes de véhicules sur le front russe. Les chars britanniques qui auraient la possibilité de le détruire sont derrière lui et est c'est à son groupe de Tiger de se charger de leur sort désormais.

## L'assaut de Wittmann sur la nationale 175

Tout se passe très vite : Wittmann progresse maintenant en direction de Villers-Bocage et commence à remonter la colonne anglaise de ce qu'il considère comme être des « *Schützenpanzerwagen* » (8). Une longue file s'offre à son canon « *8,8* » et à ses mitrailleuses MG 34 comme des cibles de foire. De toutes les manières, il ne peut vraiment plus faire machine arrière, la bataille est engagée ! A une centaine de mètres du chemin des Hauts-Vents se profile un half-track M9A1 qui ouvrait la colonne de blindés légers britanniques en attente sur le bord de la route. Mais quelle résistance pourrait bien opposer ces half-tracks et chenillettes très faiblement blindés et surtout largement dépourvus d'armes lourdes (9) face à son Tiger de 57 tonnes ? Ce que Wittmann n'imagine pas, c'est qu'en l'absence de leurs officiers, les équipages britanniques des véhicules sont livrés à eux-mêmes sur cette portion de route et attendent des ordres pour repartir. Ainsi, aucune réaction coordonnée efficace n'est maintenant possible face au Tiger et c'est la débandade généralisée dans les rangs britanniques ! Tous les équipages et soldats commencent à courir vers l'arrière du convoi, ou alors plongent au sol dans les haies où les fossés pour se cacher. Profitant de l'incroyable confusion, le Tiger solitaire peut ainsi progresser sans aucune opposition le long de la colonne ennemie. Les deux mitrailleuses de bord du Panzer se mettent à cribler les véhicules légers les uns après les autres, qui pour la plupart s'enflamment aussitôt. Le premier Universal Carrier de la colonne tente bien un demi-tour mais le Tiger est trop proche et l'équipage anglais doit s'enfuir à travers les haies. Nous pensons que Wittmann a vraisemblablement jugé inutile de traiter chaque cible avec son armement lourd qu'il utilise de sa grande expérience alors avec parcimonie. En observant les nombreuses images des épaves sur la route, nous pouvons constater que la grande majorité des véhicules est simplement brûlée et non pas soufflée par des explosions ou perforée d'obus antichar. Néanmoins, quand le chef de char l'a probablement estimé nécessaire, un tir du *8,8 cm* a pu sur son ordre ponctuer cet assaut fulgurant pour détruire une chenillette ou pulvériser un half-track en particulier. L'assaut sur

**Ci-contre :** le *Rottenführer* Walter Lau est témoin des premiers instants de l'attaque de Wittmann. Au moment du départ vers la Normandie, il est pointeur dans le Tiger du « *Kompanietruppführer* », l'*Uscha* Hans Seifert (Tiger officiel 204). Les 12 et 13 juin, sa présence dans le char de l'*Uscha.* Herbert Stief (Tiger officiel 234) atteste qu'une certaine redistribution des équipages a eu lieu avant l'arrivée du groupe de Wittmann à l'est de Villers-Bocage. Lau est un pointeur expérimenté et vétéran du front de l'Est, ce qui explique presque à coup sûr sa présence au sein du groupe de Wittmann les 12 et 13 juin. Il contribuera de manière décisive à protéger les arrières du Tiger 212 de Wittmann. (DR.)

**Ci-dessous :** découpe d'une pénétration partielle d'un obus 17-pounder AP dans un blindage épais à l'image de celui du Tiger. Bien qu'il s'agisse de la première rencontre de Wittmann avec ce type de Sherman à long tube le 13 juin au matin, celui-ci savait par expérience que le calibre du canon ennemi pouvait détruire son Tiger à courte distance. (Tank Museum.)

**En bas :** photographie prise à l'intérieure de la tourelle exiguë d'un Sherman lors du chargement de l'obus de *17-pounder AP*. (Tank Museum.)

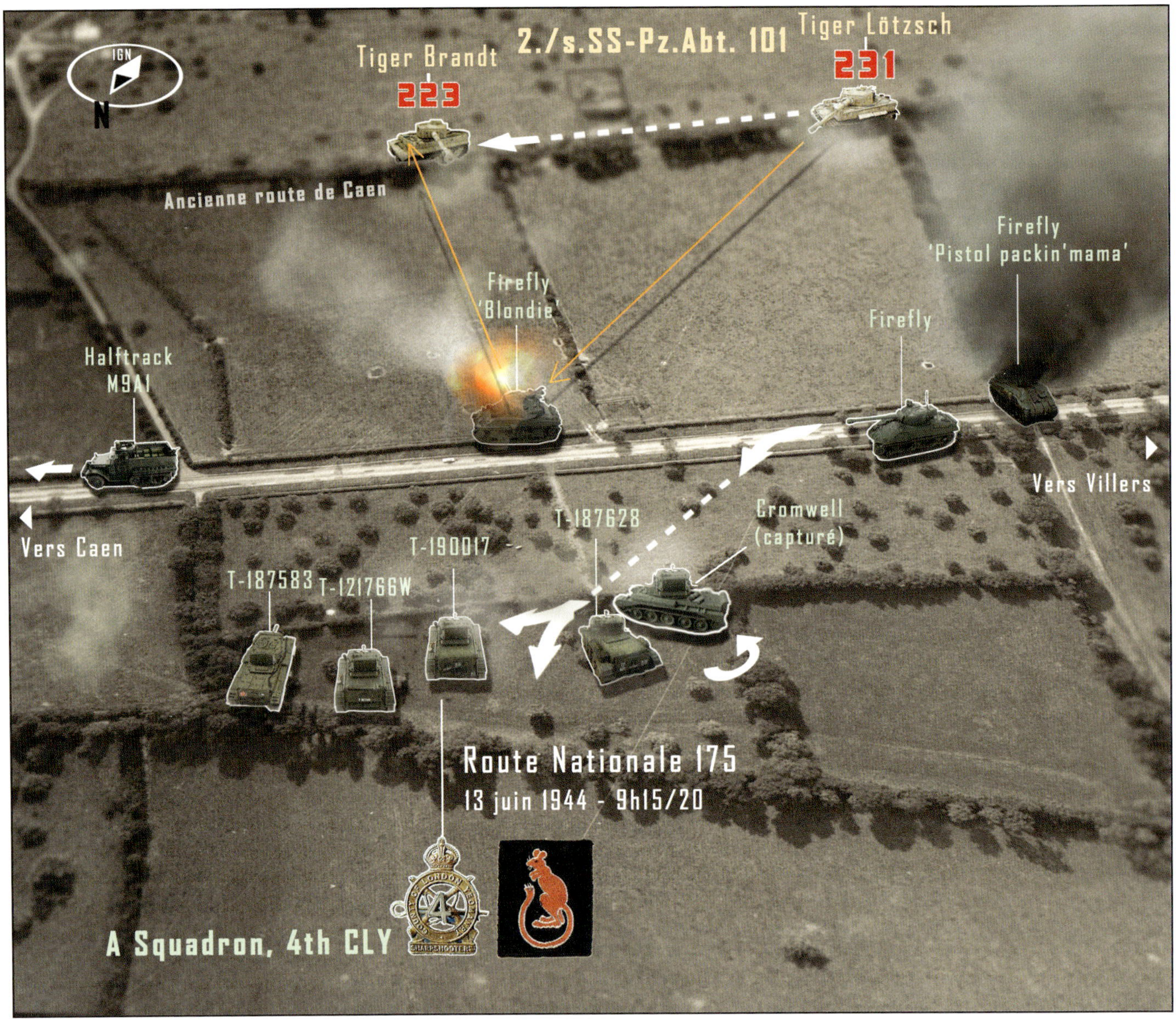


Illustration des échanges de tirs et de la fuite des Cromwells vers un verger au nord de la RN175 lors des premiers instants après l'attaque de Wittmann. Dans le Tiger de l'*Uscha*. Stief (234) se trouve le *Rottenführer* W. Lau, pointeur, c'est avec le chef de char l'*Uscha*. Sowa qu'il a pris pour cibles ces Cromwells tentant de faire demi-tour. D'autres Tiger ont également engagé le combat, en appui. Parmi ceux-ci, le 231 de l'*Oscha*. Lötzsch qui a manifestement encaissé quelques tirs provenant du Firefly surnommé « Blondie », canon tourné vers l'Ancienne Route de Caen. Après les combats, l'*Oscha*. Brandt (223) sera crédité de la destruction de plusieurs engins anglais, dont 3 Fireflies. Il s'avère qu'il a bien détruit lui-même le Firefly « Blondie » après que ce dernier ait engagé le 231 de Lötzsch. Les cinq Cromwells profitant du couvert d'une ligne d'arbres et d'une haie vont pouvoir tenir cette position jusqu'à la mi-journée. (F. Deprun)

la nationale 175 se déroule dans l'instantanéité, le vacarme, le chaos et la fumée que l'on peut imaginer.

Pour les Anglais, la surprise est vraiment totale et les conséquences, dévastatrices. Le premier cri d'alarme a été ainsi relaté par le *Lieutenant* Bruce Campbell de la *A Company* de la *1st Rifle Brigade* qui se trouve alors en transit dans le premier des trois half-tracks M9A1 transportant les officiers de l'unité vers la Cote 213 : « *Nous ne sommes plus très loin de la tête de colonne* (10) *quand la voix du Sergeant O'Connor se fait entendre à la radio :* "Mais bon Dieu, bougez-vous, il y a un Tiger en mouvement à cinquante mètres de nous !" *Nous sommes à ce moment à environ six cents mètres en avant du bourg et la section d'O'Connor, la première, est loin derrière nous et le reste de la Motor Company (A Company, 1st Rifle Brigade) se trouve elle-même encore plus en arrière !* »

Les premières minutes de l'attaque s'écoulent au rythme des mitrailleuses de bord du Tiger qui ponctuent la destruction successive de chaque véhicule britannique. Jusqu'à présent silencieuse puisque les ordres en interdisaient l'utilisation depuis le début de la percée, la fréquence radio du régiment anglais est maintenant totalement saturée. Des messages fusent de partout. Deux autres Tiger qui font feu sont signalés au sud de la route, puis un autre encore, cette fois-ci au nord ! Les Tiger de Wittmann se déploient.

Le *Captain* Milner, commandant en second de la *A Company/1st RB*, se trouve également dans l'un des half-tracks transportant les officiers en direction de la Cote 213. Il roule en tête de la colonne anglaise à l'opposé de Wittmann qui, lui, la redescend. Voici ce qu'il décrit : « *Nous roulions rapidement sur la route en ligne droite le long des Riflemen qui avaient mis pied à terre et de leurs half-tracks positionnés à intervalles réguliers, à l'exception de la section de reconnaissance d'Alan Mather qui avait embarqué dans un navire différent et qui ne nous avait pas encore rejoint. Alors que mon half-track venait tout juste de dépasser le dernier char du 4th CLY – qui avançait sans rien soupçonner au bas de la côte -, ce dernier fut touché et la proie des flammes. Puis environ cent mètres plus loin nous avons dépassé le char suivant avec une tourelle haute et un canon de 17 livres qui pivota alors et commença à engager ce qui venait de détruire son voisin* ». (11)

Ce témoignage est important car il apporte l'information de la simultanéité des tirs de couverture et les manœuvres de protection des autres Tiger de la *2.Kompanie* lors de l'attaque de Wittmann. L'officier allemand n'est pas seul et il peut compter immédiatement sur au moins trois Tiger pour contenir un assaut des blindés anglais. La mena-

**Ci-dessus :** ces deux Cromwells (T-121766W & T-187583), bien camouflés derrière un rideau d'arbres et de buissons, appartiennent au *3 Troop*. Ils ont été incendiés volontairement par leurs équipages, vraisemblablement peu avant leur reddition. (BA – KB Zwirner.)

**Ci-dessous :** vue inédite du Cromwell Vw prise par l'*Oscha.* Harry Wontorra, déjà aperçu précédemment. Ce char ne semble pas avoir été incendié contrairement aux trois autres visibles sur les photos. Le W du « Census number » (T-121766 W) indique que le châssis du char est à caisse soudée (« *welded* » en anglais), une version assez rare. La majorité des Cromwells équipant le *A Sqn* du *4CLY* sont des Cromwells IV à caisse de type « D » rivetée. (Harry Wontorra.)

Le *Major* Peter Scott qui commandait le *A Squadron* du *4CLY*. Tragiquement, cet officier est tué par des éclats d'obus seulement quelques instants avant la reddition des Anglais à la Cote 213. (DR.)

ce est réelle pour les 5 Panzer en considérant la douzaine de tanks en tête de colonne anglaise. La protection des arrières du Tiger 212 est garantie simultanément par le déploiement du reste de la *2.Kompanie* le long de l'ancienne route de Caen.

Mais retournons du côté de la colonne de la *1st Rifle Brigade* face à Wittmann. Parmi les hommes de la *A Company* surpris dans ou à proximité de leurs engins se trouve le *Corporal* (caporal) Douglas Watt. Nous l'avons déjà cité lors de l'entrée des troupes britanniques dans la localité. Il se souvient : « *Nous formions une colonne blindée qui se trouvait pare-choc contre pare-choc sur le côté de la route quand, soudain, un char Tiger est apparu et a touché plusieurs de nos véhicules arrêtés et sans espace pour manœuvrer* ». Peu de temps après l'arrivée du Tiger, Watt est retourné à son half-track pour y chercher en priorité des cartes... et accessoirement ses cigarettes ! (selon son témoignage). C'est alors que son véhicule a reçu un obus et qu'il a été blessé par des éclats au ventre. Plus tard, il sera recueilli par des civils, puis capturé, mais parviendra finalement à échapper à la captivité. Il conclura sa tragique expérience par ses mots : « *Je ne pourrai jamais oublier ce spectacle terrifiant !* »

Non loin de là se tient le *Rifleman* (fusilier) Harry Hopkins. Lui aussi est témoin des premiers instants de l'attaque : « *Alors que nous arrivions au pied de la côte, les officiers s'en allèrent vers l'avant pour un briefing. Tout était calme, comme à l'exercice. On nous donna l'ordre de rester groupés et nous étions là au soleil à nous décontracter à côté de nos half-tracks.Tout d'un coup, une forte détonation retentit et le véhicule de tête est parti en fumée. Le véhicule qui fut détruit juste après se trouvait à l'arrière et il bloqua ainsi toute retraite.* (12) *Nos pertes s'accumulaient au fur et à mesure que nos autres véhicules étaient anéantis. Trois hommes de ma section et moi-même avons pu ramper le long du fossé et ainsi nous enfuir.* »

Un autre membre de la *1st RB*, le *Lieutenant* Alfie de Passe, chef du *4 Platoon*, saute du half-track dans lequel il venait de monter pour rallier la Cote 213 et se met à courir à toutes jambes vers l'arrière pour rejoindre ses hommes et tenter d'attraper un « PIAT » (lance-roquette). Il sera plus tard retrouvé au milieu de quelques *Riflemen* morts sur le bas-côté de la route sans avoir pu atteindre son objectif, tragiquement haché par une rafale de mitrailleuse allemande.

Wittmann a visiblement tenu à détruire entièrement la colonne de transport de troupes de la *1st RB*. Peut-être dans une volonté instinctive d'occasionner le maximum de dégâts à l'infanterie et éviter ainsi de se faire submerger par les soldats anglais en recevant une roquette dans ses chenilles. L'action se déroule si vite que les décisions se prennent en un éclair à l'intérieur du Tiger 212 dans un fracas assourdissant. L'équipage du char qui longe la longue colonne dépasse des véhicules seulement armés de mitrailleuses alors qu'un

ou deux canons antichars tractés par des Loyd Carrier suivent juste dans le convoi avant le Calvaire. Les photographies d'après-combat montrent l'un d'entre eux mis en batterie mais tourné étrangement (13) en direction de Villers-Bocage. Un deuxième aurait réussi à s'échapper en empruntant l'ouverture d'un herbage sur la droite du convoi si l'on considère un emplacement vide dans la succession des véhicules anglais de la colonne.

## Le soutien des Tiger de la *2.Kompanie*

Si le mitraillage se poursuit le long de la nationale 175 en direction de Villers-Bocage, au même instant un groupe d'une douzaine de chars anglais est donc isolé en direction de Caen. Qu'advient-il de ces tanks du *A Squadron*, *4th CLY,* dans les premières minutes des combats ?

Les études historiques publiées jusqu'à maintenant considéraient qu'à la suite de l'attaque ennemie, les chars anglais de la tête de colonne étaient parvenus à gagner la Cote 213 pour s'y regrouper, à l'exception d'une paire de Cromwell supposée abandonnée dans la montée dont celui du *FOO (Forward Observation Officer)* (14) du *5th Royal Horse Artillery*, le *Captain* Roy Dunlop. Il a été souvent rapporté que le groupe de tanks se serait ensuite déployé sur la hauteur, pour partie dans un champ situé au sud de la RN175, en position défensive dans des vergers.

Cependant, nos recherches nous permettent désormais de présenter un scénario en partie différent et d'éclairer certains événements de la bataille restés jusqu'à maintenant particulièrement obscurs faute de documents iconographiques et de recoupements décisifs.

Il nous faut revenir tout d'abord aux premiers instants de l'assaut du Tiger 212 de Wittmann. Dès le premier mouvement du Panzer en direction de la route nationale, nous avons vu que les autres équipages allemands ont simultanément déployé leurs engins le long de l'ancienne route de Caen pour se dégager de bonnes positions de tirs et soutenir l'assaut de leur chef. Ces Tiger vont engager à leur tour méthodiquement certains des chars et véhicules anglais qui tentent de s'extraire de leur fâcheuse posture et, pour certains, engager le combat en répliquant aux tirs allemands. Comme nous l'avons lu dans le témoignage du *Captain* Milner, et comme en attestent désormais plusieurs images (pages 46 et 52), au moins un Sherman « *17 Pounder* » (Firefly) a pu vraisemblablement décocher quelques obus sur les chars allemands. Les photographies de ce Sherman Firefly nommé « *Blondie* » montrent qu'il pointait son canon perpendiculairement en direction de l'ancienne route de Caen lors de sa destruction en visant une trouée dans la haie en face de lui (15). Un des premiers Panzer visés a très vraisemblablement été le Tiger 231 de Lötzsch, mais sans réel succès. Toutefois, dans les minutes qui ont suivi, forts de leurs positions avantageuses et

**Ci-contre :** ce cliché du Firefly « *Blondie* » (T-212752) a été réalisé par l'*Oberscharführer* Harry Wontorra quelques jours après les combats. Le char semble avoir été touché par un tir de Tiger dans le coin supérieur droit du mantelet. (Harry Wontorra.)

**Page précédente, ci-dessous et à droite :** ces trois photographies montrent la Cote 213 en regardant en direction de Villers-Bocage vers l'ouest. La photo ci-dessous – jamais publiée auparavant - est la plus antérieure et a été prise dans l'après-midi du 13 juin par le *Kriegsberichter* Karl-Arthur Petraschk. Le cliché en haut de la page suivante est l'œuvre de l'*Unteroffizier* Otto Henning de la 2.*Kompanie/ Panzer-Aufklärungs-Lehr-Abteilung 130 (Panzerlehr)* ; d'après son témoignage, il l'a réalisé – (ainsi que la photo en bas de la page suivante) aux premières lueurs du jour le 14 juin, peu avant qu'une attaque aérienne l'empêche de rester sur le terrain. Chronologiquement, la dernière photo (en page précédente) est celle du *KB* Arthur Grimm, alors au service du magazine « Signal » ; elle date également du 14 juin, mais elle est plus tardive que celle de Henning. A l'exception du Firefly, on note que le Cromwell CS (T-187661), au premier plan à gauche, a été reculé sur le bas-côté (n°3). Un peu plus loin, le Cromwell IV (T-187632) a été déjà déplacé lui aussi. Ces trois chars faisaient vraisemblablement partie du groupe qui a tenté une percée vers l'est quelque temps après avoir été isolés du reste de la colonne par l'action de Michael Wittmann. D'après nos recherches, l'arrivée à la mi-journée des Tiger de la *1.Kompanie* sur la N175 en provenance de Noyers les a à coup sûr forcés à rebrousser chemin et à retourner sur la crête (Cote 213) et à tenter un dernier baroud d'honneur. Le fait qu'à la fois le Cromwell CS (sur la photo 1) et le Firefly aient chacun leur tourelle tournée vers l'arrière tend à confirmer ce scénario. La tourelle du Sherman présente un impact d'obus indiquant qu'un bref échange de tirs a dû se produire avec les Tiger de la *1.Kp* lancés à leurs trousses. Ne pouvant plus fuir dans aucune direction, le groupe d'Anglais cernés sur la crête n'a eu ensuite d'autre choix que de se rendre eu égard à leur situation désespérée. (KB Petraschk /BPK, Henning, KB Grimm /BA.)

Cette vue du Firefly « *Alla Keefek* » du *4.Troop* du *4th CLY* est le second et dernier cliché de l'*Unteroffizier* Henning de la *Pz-Lehr-Div.* sur ce secteur. Selon ses dires, les deux hommes qui examinent le char anglais seront contraints de se réfugier à l'intérieur du blindé pour échapper aux tirs des avions alliés qui vont surgir quelques secondes après la prise de cette photo. A l'arrière-plan, on devine quelques silhouettes d'hommes et celle d'un véhicule garé sur le bas-côté. Malheureusement, la très faible qualité de la photo ne permet pas de vérifier s'il s'agit d'un véhicule léger de reconnaissance anglais de type « Humber » abandonné, ou d'un véhicule allemand. (Henning.)

Vue inédite du Firefly du *4 Troop* du *A Squadron* qui était vraisemblablement commandé par le *Sergeant* Norman Jones le 13 juin 1944. On distingue l'entrée de la route filant vers le nord et le secteur de la *Panzer-Lehr-Division* avec un panneau de direction typique, ainsi que le petit mur de pierre sur la droite qui apparaît également sur les deux photos du Tiger de l'*Uscha.* Werner Wendt (voir partie 2 de l'ouvrage final). En effet, cet officier de la *1.Kp* sera chargé de garder la Cote 213 du 13 juin au soir jusqu'au matin du 15 juin. (BPK.)

de l'effet de surprise, les Tiger prennent rapidement le dessus. Un avantage dû au pouvoir de destruction de leur 8,8 cm et grâce à leurs positions à couvert. Leurs tirs de barrage – en particulier ceux de l'*Oberscharführer* Brandt (Tiger officiel 223) - réduisent le Firefly « *Blondie* » au silence et forcent ensuite le troisième Firefly, qui se trouvait également sur cette portion de route, à abandonner le combat. Son équipage est très certainement parvenu à fuir dans un champ à proximité puisque l'engin vide finira par être capturé, étudié et réutilisé par les Allemands, ainsi que le prouvent deux photos (16).

L'un de ces deux Shermans ne peut être que celui décrit par Joe Mitchell qui était opérateur radio dans un Cromwell de la *2 Troop* du *A Sqn*. Il se trouvait lui-même au bas de la côte alors qu'il tentait de rattraper son unité dont il avait été séparé en chemin plus tôt dans la matinée : « *Le Firefly, c'était le char du Sergeant Singer. Bien sûr qu'il a brûlé... Ce pauvre vieux Singer, je l'ai vu évacuer et se réfugier dans un champ* » se remémore-t-il encore avec amertume et tristesse quelque soixante ans plus tard. S'estimant particulièrement exposé à l'ennemi, Mitchell se verra contraint d'abandonner son Cromwell quelques instants après dans un autre champ à l'écart de la RN175. Lui et son équipage n'échapperont pas à la capture lors de l'énergique ratissage effectué plus tard dans la matinée par les éléments à pied de la *4. Kompanie* de la *s.SS.Pz-Abt.101*.

Un autre équipage de Tiger s'est aussi distingué lors de l'accrochage : il s'agit de celui dont fait partie le *Rottenführer* Lau – alors pointeur dans le Tiger 234 de l'*Uscha.* Stief - que Wittmann a laissé en plan sur le chemin au sud de la RN175. Il témoigne : « *Des blindés avancent alors vers la droite en direction de Caen. Nous entendons maintenant les tirs de Wittmann sur la route. Je me trouve dorénavant sans chef de char dans la tourelle de mon panzer, à une cinquantaine de mètres de la route. L'Unterscharführer Sowa se tient aussi au milieu du terrain, là où Wittmann l'a laissé. Je lui hurle, car avec le grondement des blindés et le fracas des explosions il est difficile d'entendre quelque chose :* « Viens, Kurt, je n'ai plus de chef de char ! » *Avec l'Unterscharführer Sowa, nous roulons jusqu'à la route. Sur la gauche, la route n'est plus qu'un immense tas de décombres difficiles à distinguer à travers la fumée des véhicules. A droite, en direction de Caen, nous découvrons deux ou trois blindés anglais qui veulent faire demitour. Nous les détruisons tous. Tout autour de nous courent des Anglais affolés. Nous quittons la route en direction du chemin creux pour avoir une meilleure vue afin de couvrir le secteur et arrêter le moteur qui commence à chauffer.* »

Ce photo-montage permet de bien situer la position du Firefly au même endroit de nos jours. (Montage F. Deprun.)

Cette description très précise faite par Walter Lau laisse à penser que cette action s'est déroulée dans les deux à trois minutes qui ont immédiatement suivi le départ de Wittmann, et confirme une nouvelle fois que l'*Obersturmführer* a pu compter sur le prompt soutien de sa *Panzerkompanie*. Là encore, nous verrons qu'une incertitude subsiste quant au total de chars anglais détruits sur cette portion de la route nationale. S'agit-il d'engins seulement stoppés ? (17) Il faut bien comprendre que, dans le chaos et la fumée des combats, il est difficile pour les tankistes de bien distinguer qui a pu toucher et détruire tel engin dans un engagement ou plusieurs chars peuvent tirer en même temps, et ce dans un périmètre réduit.

Dans la fureur de l'action, il est en effet douteux que tous les tirs allemands aient totalement détruit chaque engin visé lors de la violente escarmouche au bas de la Cote 213. Wittmann s'est attribué la destruction de plusieurs chars anglais avant de tourner vers la colonne de la *1st Rifle Brigade* ». Nous pouvons en être convaincus en ce qui concerne le Sherman Firefly «*Pistol Packin Mama* » laissé en feu au milieu de la route. Mais pour le deuxième Firefly « *Blondie* » (Schéma page 48), il était situé trop loin en direction de Caen et nous avons vu qu'il a échangé des tirs avec les Tiger de couverture, à découvert et isolé au bord d'une haie basse à la merci des 8,8 cm. Quant aux cinq Cromwells du *A Squadron, 3 Troop,* intercalés entre les deux Fireflies, aucun d'entre eux n'a subi de tir mortel sur la route. En effet, nous pouvons désormais affirmer que, profitant sans doute du chaos général et sous le couvert de la fumée dégagée par les premiers tanks détruits, les cinq Cromwells ont pu quitter subrepticement la route nationale. Ils ont ensuite réussi à se réfugier indemnes dans un verger situé à environ soixante mètres au nord de la route, juste après avoir traversé à vive allure un premier champ. A l'exception du chemin d'accès, ce verger est ceinturé par de hauts talus, des haies touffues et des arbres verdoyants, et va de fait offrir un sanctuaire aussi inespéré que temporaire à ces rescapés de l'attaque allemande. Car ces tankistes anglais ne le savent pas encore mais leur abri va se révéler être une souricière. Pour l'heure, une fois le couvert des arbres fruitiers atteint, et utilisant au mieux l'écran végétal et les talus, ceux-ci font pivoter leurs cinq blindés en position défensive face à la nationale et aux chars ennemis. L'un des équipages a même l'idée d'améliorer encore leur camouflage en dressant un mur de branchages pour parfaire l'écran protecteur entre les Cromwells et les Tiger. Il faut croire que ces mesures d'urgence ont porté leurs fruits car le répit de circonstance pour les équipages va pouvoir durer plusieurs heures. Dans ce verger, les Anglais vont attendre stoïquement un secours qui, malheureusement pour eux, ne viendra jamais... Auraient-ils reçu des ordres avant l'attaque de tenir leurs positions quoiqu'il en coûte ? Nous n'avons aucune information à ce sujet mais il faut noter que le second groupement de Cromwells et Firefly du *A Squadron* isolé sur la Cote 213 a tenu lui aussi le carrefour jusqu'au bout avant une tentative de dégagement tardive et désespérée.

## La Cote 213

Au même moment, avec les premières pertes et ce groupe de Cromwells immobilisés en retrait de la Nationale, en tête de colonne, c'est un *A Squadron* du *4th CLY* sévèrement diminué et passablement choqué qui a pu gagner la Côte 213. Sur cette hauteur, au bout de la longue ligne droite partant de Villers-Bocage, se trouve en effet un groupe de chars réparti autour de la bifurcation de la route de Monts-en-Bessin qui mène sur le secteur de la *Panzer-Lehr-Division*. Sont présents le quatrième et dernier Firefly du *Squadron*, celui du *Sergeant* Norman Jones, et quatre Cromwells dont celui du commandant de l'unité, le *Major* Peter Scott, et celui du *Lieutenant* Bill Garnett que nous avons déjà évoqué. Un dernier Cromwell est aussi présent, celui du *Captain* Dunlop déjà cité mais celui-ci appartient au *5th RHA*. A ces quelques blindés viennent s'ajouter au moins deux half-tracks ayant transporté les officiers et une partie des officiers et sous-officiers de la *A Company* de la *1st Rifle Brigade* incluant, entre autres, les *Lieutenant*s James Wright, Peter Coop, Roger Butler et Bruce Campbell et le *Sergeant* Gale. Au moins deux scout-cars Humber, dont celui du *Colonel* Cranley, ainsi que trois à quatre motocyclettes de liaison (18) et une section de *Riflemen* stationnent également avec le groupe. De fait, ce groupe d'hommes rassemble une proportion démesurée de gradés par rapport aux hommes de troupe. La situation sur la colline s'avère étrangement calme et offre un contraste saisissant avec

Le *Captain* Christopher Milner, officier en second de la *A Company* du *1st Battalion, the Rifle Brigade*. Parmi le groupe d'Anglais présent à la Cote 213, cet officier est le seul qui soit parvenu à échapper à la capture. Il a produit un témoignage haletant dans lequel il relate notamment sa fuite et comment, après un long périple, il est parvenu à rejoindre son unité. (Sharpshooters Yeomanry Association.)

Le *Sergeant* Norman Jones qui commandait le Firefly surnommé « *Alla Keefek* » (*4 Troop/ 4CLY*). (Sharpshooters Yeomanry Association.)

Profil du Sherman Firefly du *4 Troop* du *A Squadron* du *4CLY* qui a pu atteindre la Cote 213. Comme tous les autres Fireflies du *A Squadron*, il s'agit d'un modèle Vc. (Profil F. Deprun.)

Schéma de reconstitution des éléments de pointe britanniques parvenus à la Cote 213. A l'examen des photos et sur la base des témoignages, il apparaît que seul un Sherman Firefly et au moins 4 Cromwells du *A Sqn* aient pu rallier la hauteur. A ces chars s'ajoutent le Cromwell OP du *FOO* (observateur d'artillerie) du *5th Royal Horse Artillery (5RHA)*, le *Lieutenant* Bill Dunlop, 2 half-tracks M9A1 ainsi qu'au moins 2 scout cars Humber (dont celui du *Colonel* Cranley) et probablement quelques motocyclettes (non représentées ici). (Montage F. Deprun.)

Photographie du Tiger 212 avec lequel Wittmann va mener son attaque surprise sur la colonne anglaise. Comme tous les chars de la *2.Kompanie*, il s'agit du modèle tardif (produit à partir de février 1944), aisément reconnaissable à ses galets sans bandage externe en caoutchouc et à son tourelleau équipé de épiscopes apparents et d'un affût circulaire pour mitrailleuse MG34. Ce Tiger était la monture officielle de l'*Uscha.* Balthasar « Bobby » Woll. Longtemps le pointeur attitré de Michael Wittmann sur le front de l'Est, il fut nommé chef de char au printemps 1944 lors de la constitution de la *2./SS-PzAbt.101*. Il est vu ici dans les lacets de la N316 près de Bézu-la-Forêt le 7 juin, seulement quelques heures après le départ du bataillon vers la Normandie. (BA.)

le carnage qui se déroule quelques centaines de mètres plus bas. Une atmosphère dont témoigne le *Captain* Milner qui, après avoir atteint le haut de la côte sans encombre, décrit la situation : « *Nous avons mis pied à terre près de la maison de campagne au croisement qui se situe sur la Cote 213 là où nous avons rejoint une réunion d'officiers bouleversés et dans des circonstances qui avaient singulièrement changé depuis le moment où nous avions reçu l'ordre de nous y rendre. (...) Il s'est ensuivi une période d'inactivité tandis que l'ennemi s'est occupé des trois sections motorisées en coupant la route derrière nous et en se faufilant vers Villers-Bocage, tout en détruisant nos véhicules section par section.* » Un sentiment de surprise et d'impuissance se dégage du témoignage de l'officier anglais. De même, le *Trooper* Arthur R. Kinge du *4th CLY*, conducteur dans le char du *Major* Peter Scott, a pu lui aussi échapper à la première attaque et commente ainsi la situation : « *Alors que nous nous étions rendus environ aux deux tiers de la côte, l'enfer s'est déchaîné. Il y avait des flammes et des explosions à profusion et le HQ Squadron a été mis en pièces derrière nous. Nous n'avons eu d'autre choix que de rallier le sommet de la côte (...). Nous sommes restés sur la hauteur pendant à peu près une heure. Il ne se passait rien. Tout était paisible et calme. Le Major et le Caporal sont alors sortis pour aller se concerter avec le Colonel.* »

Peu avant d'atteindre le sommet, le *Lieutenant* Bruce Campbell avait stoppé et quitté son half-track avec le *Sergeant* Gale pour mieux évaluer la situation. En arrière, le spectacle qui s'offre à eux n'est pas brillant. L'officier anglais se souvient : « *En regardant le bas de la route menant au bourg, nous pouvions voir une longue colonne de chars et de half-tracks qui flambaient après s'être faits surprendre comme à l'exercice. La route était complètement bloquée par un Sherman en feu. (...) C'était vraiment déprimant à voir.* » Les deux

**Ci-contre :** en tête de la colonne de véhicules de la *1st Rifle Brigade* garés sur le bord de la Nationale, voici comment ces quelques chenillettes de type « Universal Carriers Mk II » ont pu apparaître dans la visée monoculaire *T.Z. F.9c* du pointeur de Wittmann lors des premières minutes de son attaque. (Montage F. Deprun.)

hommes ont couru ensuite rejoindre la tête de la colonne au sommet de la côte. Campbell a rendu compte de la situation derrière eux au *Lieutenant* James Wright qui lui donne l'ordre de se mettre en position de défense là où il se trouve avec ses cinq *Riflemen*, en attendant de l'aide. Wright, qui a pu joindre par radio le *B Squadron*, pense alors pouvoir compter sur le soutien d'un bataillon des *Queens* venant de l'arrière. Campbell ajoute : *« Tout compte fait, et bien que nous nous attendions à vivre un moment difficile, la situation ne me sembla pas particulièrement défavorable. »* Les prochaines heures, cependant, vont lui donner tort...

## La situation après quelques minutes d'engagement

La route nationale flambe, remplie de fumée et sans doute de cris, d'explosions et de tirs. La colonne anglaise de la *22nd Armoured Brigade* est totalement disloquée et tronçonnée en deux parties distinctes du sommet de la Cote 213 au carrefour du Calvaire. La tête de l'unité est immobilisée et placée en position de défense sur le sommet de la Cote 213 et dans un champ au bas de la Côte des landes, à l'écart de la route en face des Allemands. Elle déplore 2 tanks détruits, 1 tank abandonné et conserve 11 tanks isolés mais indemnes. Au niveau des Hauts-Vents/Montbrocq 4 Tiger font face à 5 Cromwells et chacun semble vouloir tenir désormais ses positions sans forcément avoir une vision claire des forces ennemies. Le bas de la colonne britannique est totalement anéanti ou dispersé. L'infanterie anglaise occupe les fossés et les haies aux alentours cloués par l'attaque et la destruction des véhicules. Deux Tiger, le 211 et 212 sont au niveau du Calvaire et font face, chacun de leur côté et sans coordination, aux 4 autres Cromwells du *4th CLY, RHQ,* qui stationnent en direction du centre de Villers-Bocage. Numériquement, les Allemands opposent désormais 6 chars lourds à environ 15 chars anglais moyens et 2 chars légers Stuart « Honey », mais ne disposent pas de renfort blindé dans l'immédiat. Sur ces 6 Tiger, l'un (le 234) n'est pas opérationnel, un autre (le 211) est toujours dissimulé dans le verger derrière le Calvaire sans autre information que la perception d'un fracas infernal au niveau d'une colonne ennemie le séparant de son unité. Le bruit des tirs et les explosions ont certainement alerté les soldats de la *4.Kompanie* du bataillon de Tiger et autres troupes de la Wehrmacht stationnant autour d'Epinay-sur-Odon, du Château d'Epars et peut-être aussi de Parfouru-sur-Odon, qui vont très vite converger au niveau de Montbrocq et de la ferme des Hauts-Vents. Alors que Wittmann est déjà dans Villers-Bocage, il semble urgent pour les Allemands de créer une ligne de défense à partir de l'ancienne route de Caen en attendant l'arrivée de l'infanterie de la *4.Kompanie* et ses Schwimmwagen (19). Il leur faut également entreprendre des reconnaissances vers la tête de la colonne anglaise et la portion de l'ancienne route de Caen qui conduit vers Villers-Bocage pour juger de la situation. Le croquis de Walter Lau (page 40) indique que 3 des 4 Tiger en défense sur l'ancienne route de Caen ont effectué dans les heures qui ont suivi un mouvement en direction du bas de la colonne anglaise et du Calvaire. Aujourd'hui, nous sommes certains que le Tiger 223 de Brandt s'est aventuré sur la nationale 175 quelque temps après le passage de Wittmann avant de retourner à la ferme des Hauts-Vents. Nous pouvons croire que la situation entre les Tiger et les Cromwells évoluant en *statu quo* de part et d'autre de la Nationale 175, les Allemands ont pu coordonner rapidement une défense avec l'infanterie qu'ils pouvaient trouver pour remplacer les Tiger.

## La présence du Tiger 211

Un peu avant d'arriver au niveau du Calvaire, l'*Obersturmführer Wittmann* doit savoir dans un coin de sa tête qu'il pourrait s'appuyer sur le Tiger 211 qui doit normalement se trouver quelque part à sa hauteur désormais. L'officier n'ayant pas entendu le bruit caractéristique d'un départ de tir de Tiger avant son attaque, et n'ayant pas croisé de char susceptible d'avoir pu détruire le 211 avant le Calvaire, il doit penser que ce dernier doit toujours se trouver en surveillance pas très loin. Nous n'avons pas d'information officielle ni de témoi-

**Ci-dessus :** nous voyons ici, à gauche sur l'image, le pointeur de Wittmann dans le Tiger 212, l'*Uscha.* Walter Müller. Il deviendra lui-même chef de char (sur Tiger II Ausf.B) à l'automne 1944 au sein de la *s.SS-Panzerabteilung 501* pendant la Bataille des Ardennes (Tiger 223). Sur la droite du cliché, le radio du Tiger 212, le *Sturmann* Günther Jonas. (DR.)

**Ci-dessous :** détail d'une photographie montrant l'*Untersturmführer* Georg Hantusch à la tourelle de son Tiger 221 le 7 juin 1944 lors du départ vers le front de Normandie. Le chef de char a joué un rôle pour couvrir les arrières de son chef, Wittmann, lors de l'attaque en direction de Villers-Bocage. (BA.)

**Ci-dessus :** les quatre photographies inédites de cette page proviennent d'un album d'un soldat artilleur de la *Panzer-Lehr-Division*. Elles ont probablement été prises entre le 19 ou le 20 juin 1944. Cette image montre le premier des half-tracks de la *A Company, 1st Batallion, The Rifle Brigade* mitraillé par le Tiger de Wittmann le long de la N175, lors de sa progression vers la ville. Il s'agit du modèle M9A1 (très similaires au M5A1). Sur la droite de l'image a été abandonné un Universal Carrier qui a probablement tenté un demi-tour. Ces deux véhicules sont situés un peu avant du reste de la colonne, ce qui semble indiquer qu'ils étaient en mouvement lorsqu'ils ont été surpris par le char de Wittmann débouchant sur la RN175. Ce half-track est probablement l'un des trois qui transportaient les officiers vers la Cote 213 que le *Captain* Milner mentionne dans son récit. (Collection auteurs.)

**Ci-dessous :** une autre photographie inédite du second Universal Carrier calciné dans la colonne appartenant à la *A Company/1st RB* ; il était doté d'une mitrailleuse lourde Browning 12,7 mm. Le triangle avec le « 1 » peint en son centre signifie qu'il s'agit d'un véhicule du *1 Platoon* de la *A Company*. Le chenillé possède la particularité d'arborer un emblème en forme de tête de mort, généralement appelé « Jolly Roger » chez les Anglo-Saxons. Cet insigne symbolise une appartenance possible de l'un des équipages au *17th Lancers* lors de la défaite de 1940. (Collection auteurs.)

**Ci-dessus :** « *Death or Glory* » ; emblème du *17th Lancers* (*Duke of Cambridge Own*) visible sur un Universal Carrier de la colonne. (DR.)

**Ci-dessus :** les autres Universal Carrier détruits de la section sont espacés de quelques  mètres lorsqu'ils stationnaient sur le bas-côté de la route. Il faut bien imaginer que le Tiger 212 commandé par Wittmann a presque frôlé l'engin britannique qui semble ne pas avoir brûlé. On peut facilement imaginer que l'équipage du chenillé a dû s'enfuir à toutes jambes en voyant inévitablement s'approcher le Panzer mitraillant tout du long. (Collection auteurs.)

**Ci-contre :** un soldat anglais tué lors de l'attaque de Michael Wittmann, ou bien lors de l'investissement des lieux par le reste du bataillon dans les heures qui ont suivi, gît encore dans le fossé, pratiquement une semaine après les combats. Ses plaques d'identité militaire sont encore accrochées à son cou. (Collection auteurs.)

Profil du second Universal Carrier calciné dans la colonne appartenant à la *A Company/1st RB* avec son « *Jolly Roger* » détruit sur la nationale 175 le 13 juin 1944. (Profil auteur.)

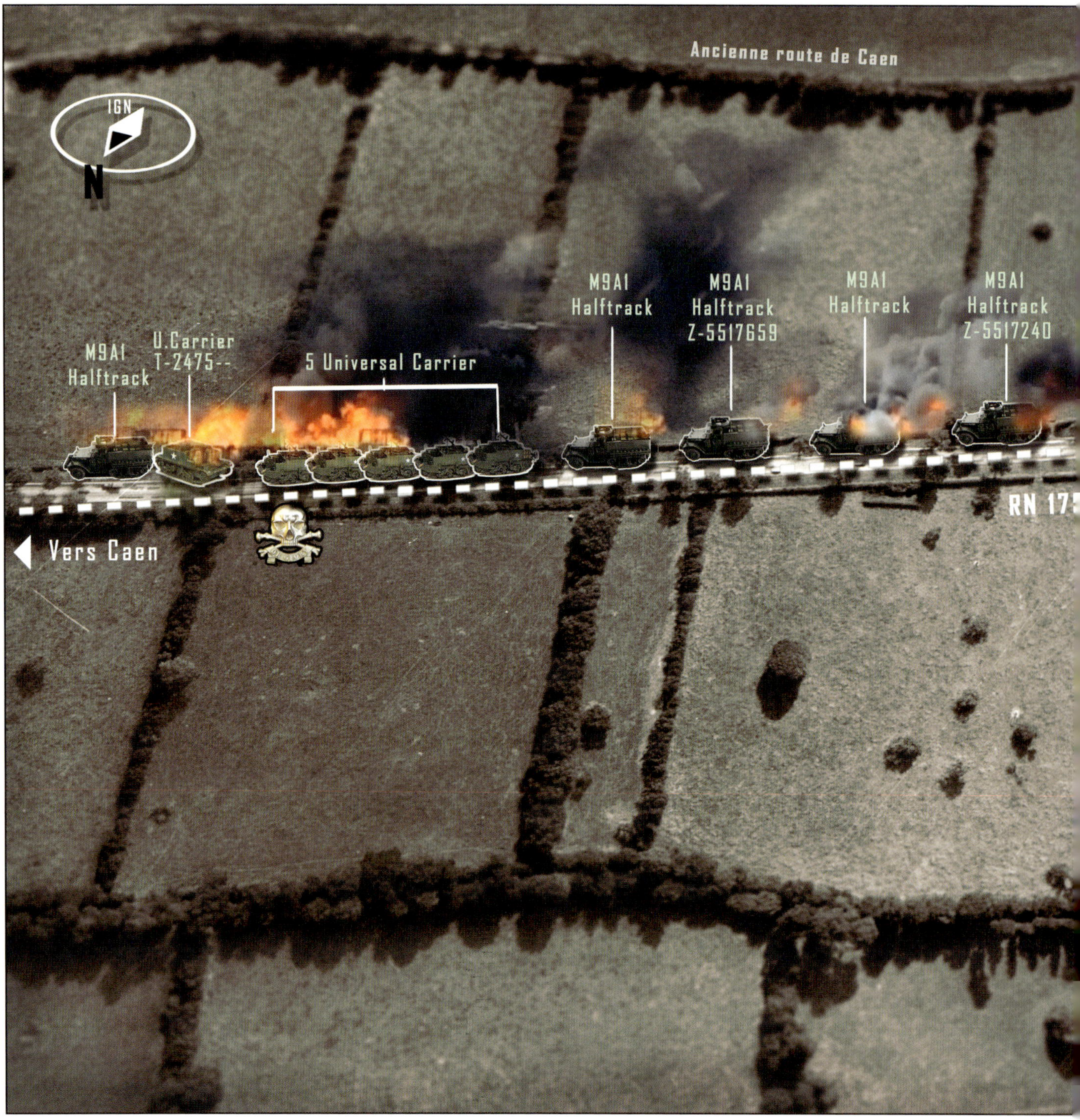


Plan panoramique de la colonne anglaise détruite entre l'entrée du chemin des Hauts-Vents et le calvaire de la route de Tilly-sur-Seulles. Nous pouvons nous rendre compte de la progression du Tiger 212 de Wittmann et de la position en retrait du Tiger 211 dissimulé dans un verger en retrait de l'axe principal. (Montage F. Deprun.)

gnage d'après-guerre de la part de l'équipage du Tiger 211 qui confirmerait leur présence en aval de Wittmann. Cependant, le fait de sa position à l'entrée de Villers-Bocage au moment de l'attaque paraît aujourd'hui plus que vraisemblable. D'une part, le Tiger officiel de l'*Ostuf.* Wessel étant bien l'un des six parvenus au soir du 12 juin au niveau de l'ancienne route de Caen et, d'autre part, il n'a pas participé aux tirs de couverture pour protéger l'assaut de Wittmann. (20) Aussi, l'historien Henri Marie évoquait déjà en 1993 dans son livre (21) sur la bataille des soupçons sur son existence. Il se demandait alors si, selon ses dires, Wittmann était vraiment seul pour anéantir la compagnie de half-tracks anglaise et s'il n'a pas été aidé par un autre Tiger en embuscade derrière le Calvaire. Il rapporte également ces lignes : « *Un jeune soldat d'origine slovène incorporé "malgré-lui" dans le 130° régiment d'artillerie (22) de la Panzer-Lehr-Division, [...] a surpris le récit de cet épisode dans la conversation de deux officiers allemands* ». Par ailleurs, pour la préparation de notre ouvrage et avant sa disparition, nous avions eu un entretien avec Monsieur de Clermont-Tonnerre, propriétaire du Château de Villers-Bocage qui nous avait certifié qu'il avait vu, juste après les combats, un Tiger stationné à proximité du Calvaire, en panne d'essence ou touché et qu'il était resté jusqu'au soir. Ne s'étant pas trompé sur d'autres souvenirs de la bataille, nous pouvons accorder du crédit au témoignage du châtelain. Mais nous allons pouvoir revenir en détail sur

l'engagement du Tiger 211 à la suite du Tiger 212 à l'entrée de Villers-Bocage dans les chapitres suivants de cet ouvrage et proposer une hypothèse vraisemblable sur son trajet.

Les destructions opérées sur la RN175 sont lourdes, et la capacité motorisée de la *A Company, 1st Rifle Brigade,* est anéantie. Les *Riflemen* dispersés un peu partout dans les champs, les fossés, les haies se relèvent en voyant s'éloigner le Tiger de Wittmann au-delà du Calvaire. Aucun autre char allemand ne semble suivre son sillage et nul signe d'attaque de la part de l'infanterie allemande s'annonce. Les bruits des tirs se poursuivent en tête et après le Calvaire. Nous n'avons aucune idée à ce moment des pertes humaines directement provoquées par le mitraillage du Pan-

Représentation du numéro tactique de tourelle du Tiger 212. (Montage F. Deprun.)

**En haut :** si à l'évidence la majorité des half-tracks de la colonne a été touchée par les mitrailleuses de bord du Tiger, certains autres ont cependant subi le tir dévastateur du canon de 8,8 cm. L'impact d'un obus de ce calibre a totalement disloqué ce transport de troupes M9A1. (Collection auteurs.)

**Ci-dessus :** une perspective inédite sur cette image où l'on distingue les restes du dernier half-track de la *A Company* qui a totalement explosé. Suivent deux Universal Carriers MKII appartenant soit à la « *Support Company* » (la *B Company* qui comprend les sections antichars et de mitrailleuses lourdes), soit à la *HQ Company*. La présence d'une embase d'antenne pour un poste radio N°19 (communications HF) est à noter. (H. Wontorra.)

zer. Le manque d'officiers à proximité des soldats prive certainement l'unité d'une reprise en main et elle reste clouée dans les herbages à espérer les renforts du bas de la colonne.

(1) Bien que nous n'ayons pu recueillir d'indications définitives et certaines, il paraît probable que M. Wittmann ait dormi en contrebas des Hauts-Vents au Château d'Epars ou dans ses dépendances pendant la nuit du 12 au 13 juin 1944.

(2) Ainsi que nous l'avons abordé, nous avons tout lieu de croire que le char de Wessel (sa monture officielle était le Tiger 211) est resté aux abords de Villers-Bocage et que, selon toute vraisemblance, un chef de char de remplacement a dû prendre sa place dans le Tiger. En tout état de cause, les missions de liaison étaient effectuées à l'aide véhicules légers (motos, side-cars ou Schwimmwagen) pour des raisons pratiques évidentes telles que la commodité, la rapidité et la discrétion.

(3) Il s'agit là de la dernière position des Tiger de Wittmann sur l'Ancienne Route de Caen avant l'attaque. Ceci a non seulement pu être établi par l'analyse minutieuse des positions des épaves de blindés anglais sur ou aux abords de la Nationale 175, mais également par le rapport et le croquis réalisé sous la dictée de Walter Lau.

(4) Ce sont les véhicules de la *A Company, 1st Battalion, The Rifle Brigade,* déjà décrits.

(5) Cf. interview de Wittmann complète en annexe.

(6) Officiellement le Tiger 234.

(7) Voir schéma en page 43.

(8) C'est le terme original employé par Michael Wittmann lors de son interview, qui est aussi celui utilisé couramment par le soldat allemand (souvent dans sa forme abrégée : « SPW »), et qui signifie littéralement « Transports de troupe blindé ».

(9) Si l'on exclut les « PIAT » (*Projector, Infantry, Anti Tank* - arme antichar portative fournie aux fantassins britanniques depuis avril 1943) dont la dotation théorique était de seulement un engin par *Platoon* (section). Au total, la *A Company* de la *1st Rifle Brigade* disposait donc de quatre lanceurs de ce type seulement. Il est à noter que s'il pouvait parfaitement stopper un char tel que le Tiger, le PIAT était très pénible à manier (le mode de propulsion de la roquette se faisait au moyen d'une tige poussée par un ressort qu'il fallait souvent retendre manuellement ce qui exigeait une force de traction de 90 Kg!). Par ailleurs, sa courte portée exigeait un courage certain de la part de son utilisateur...

(10) Constituée des premiers chars du *A Squadron, 4th CLY.*

(11) Voir photos en pages 46 et 52.

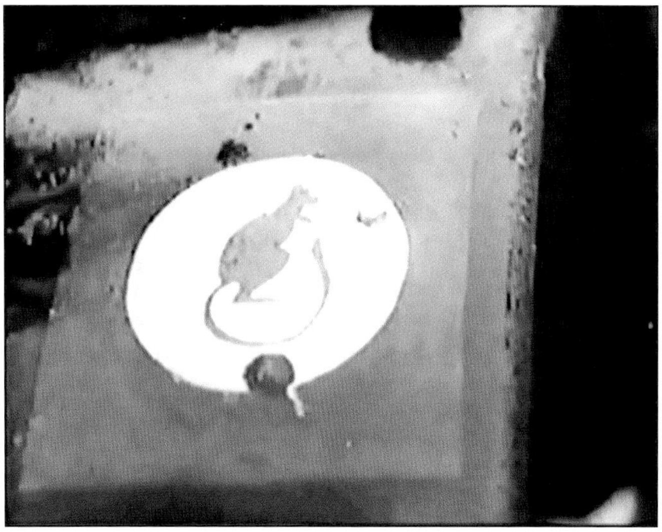

**Ci-dessus et page suivante :** vue rapprochée de l'avant d'un des M9A1 de la *1st RB* tirée des « Deutsche Wochenschau » (actualités allemandes – Nr.722 du 05.07.1944) et filmée par l'un des deux *Kriegsberichter* de la *Lw.KB-Zug 2 / Lw.KB-Abt.b.Lfl.3 (Luftflotte 3), le KB* Zwirner, entre le 14 et le 17 juin. Ainsi que nous l'avons déjà remarqué, les sobriquets dont sont affublés certains blindés anglais semblent avoir particulièrement retenu l'attention du reporter allemand. Le triangle avec le « 2 » peint (en vert) en son centre signifie qu'il s'agit d'un véhicule du *2 Platoon* (2e section) de la *A Company*. La représentation peinte de l'emblème de la *7th Armoured Division* - une gerboise peinte en rouge dans un rond blanc -, ici bien en évidence sur le garde-boue d'un M9A1 à Villers-Bocage alors qu'une autre image s'attarde sur la « White star » peinte sur le capot avant d'un semi-chenillé. (Deutsche Wochenschau.)

**Ci-contre :** photographie montrant le résultat des destructions sur le groupe de half-tracks M9A1 dans la colonne. Le Tiger 212 de l'*Ostuf.* Wittmann, qui remontait sur la droite de cette colonne au début de l'attaque, n'a trouvé comme opposition, seulement des cibles immobiles et vulnérables faciles à incendier par les mitrailleuses de bord. La décoloration de la peinture souvent observée sur la partie arrière des flancs des semi-chenillés consécutive à l'embrasement des réservoirs d'essence est notable. (BA.)

Z 5517240

1

2

3

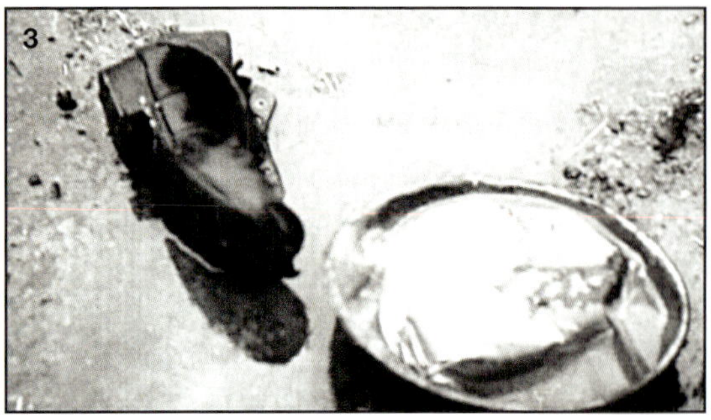

4

**1.** Autre vue inédite des deux « Universal Carriers » stationnés derrière la colonne de half-tracks de la *A Company/1st Rifle Brigade*. A l'arrière-plan de la photo, on aperçoit le canon « 6 Pounder » (6 livres, calibre de 57mm) qui fut mis en batterie après le passage de Wittmann et qui, selon toute vraisemblance, a stoppé un deuxième Tiger de la *2.Kompanie* dans la matinée du 13 juin. Toujours au fond de l'image, cette fois sur la gauche, un groupe de soldats allemands est occupé à scruter le fossé. Ce qui suscite leur intérêt demeure un mystère... Il est à noter, sous l'engin, le rebord du trottoir totalement crénelé par le passage des Cromwells et des Fireflies et du reste de la colonne. (Beeldbank WO2.)

**2 et 3.** Les actualités allemandes, à travers ces images de film, s'attardent sur les équipements laissés par les soldats anglais lors des combats ; l'atmosphère est à la pluie, ce qui rajoute en tristesse aux scènes de destruction. La caméra isole un brodequin, une gamelle, un casque, une radio détruite, autant d'objets anglais qui soulignent le caractère humain de la guerre face au combat des machines. (Deutsche Wochenschau.)

**4, 5, 6, 7, 8, 9, 10 et 11.** Parmi les restes de la bataille ont été retrouvés récemment dans le sol les ultimes restes visibles de la colonne détruite avec cette gourde de soldat anglais datée de 1942, une douille d'obus de 75mm de Cromwell encore dans son rack, ainsi qu'un pot à tabac récupéré par un habitant sur le bord de la nationale. Le lieu de stockage des épaves a révélé quelques restes blindés comme par exemple ces patins de chenille et une tubulure de moteur d'Universal Carrier. (Coll. Sharpshooters Yeomanry Museum, Coll privée, Association Triangle Normand.)

5

6

7

8

9

10

11

**Ci-dessus :** nous voyons sur ce montage panoramique l'un des deux canons « 6 Pounder » de la section du *Lieutenant* R. Butler. Plusieurs éléments nous amènent à déduire qu'il s'agit là du canon antichar ayant touché et stoppé un Tiger dans la matinée du 13 juin : il y a tout d'abord cette information - découverte aux National Archives britanniques à Kew par l'auteur anglais Daniel Taylor et rapportée dans son ouvrage « *Villers-Bocage Through the Lens* » - selon laquelle un rapport transmis par radio a été capté et consigné en temps réel par les personnels spécialisés au QG du *XXX Corps* ; d'après la transcription de cette communication radio horodatée, un char Tiger a été détruit à 9h45 le 13 juin 1944 à l'est de Villers-Bocage (l'heure notée est celle de la transmission, l'action est nécessairement un peu antérieure). La fiabilité de cet enregistrement réalisé par un personnel hautement qualifié et à l'abri de toute distraction est difficile à mettre en cause. D'autre part, selon nos recherches et recoupements, tout porte à croire qu'un second Tiger s'est engagé spontanément en soutien de Wittmann quelques minutes après son attaque. Ce Tiger serait intervenu depuis sa position dans le verger situé derrière le Calvaire et aurait lui aussi engagé certains véhicules de la colonne (il est intéressant de noter que les canons des deux chars Stuart de la *Recce Troop* pointent dans cette direction). Par ailleurs, si la présence ici d'un seul canon antichar a de quoi surprendre, l'observation attentive des multiples photos nous amène à deux constats : premièrement, l'espace vide entre les restes de la chenillette Loyd et le premier Stuart V M3A3 dans la colonne apparaît suffisant pour avoir été occupé par un second canon et son tracteur (voir schéma page 70). Deuxièmement, en se référant précisément aux positions des véhicules, l'ordre de marche s'avère être le suivant : un premier Loyd ouvre la voie ; manifestement, il s'agit de celui dédié au transport des munitions. Il est suivi d'un second Loyd, puis du canon qu'il tracte. L'état du troisième Loyd situé juste derrière le « 6-Pounder » – totalement explosé – signifie qu'il doit s'agir du second transporteur de munitions de la section et qu'en toute logique, à l'instar de la séquence précédente, il devait devancer le second canon antichar et son tracteur. L'absence de ces deux derniers engins nous amène à conclure qu'ils ont pu fuir et échapper aux tirs de Wittmann peu avant l'arrivée du Tiger sur la Nationale. Aucun document iconographique ou témoignage n'ayant à ce jour pu être trouvé pour confirmer leur destination finale, nous ne pouvons émettre que des hypothèses. Cependant, la présence d'une trouée dans la haie à proximité du panneau de signalisation sur le côté de la route, situé précisément à la hauteur du lieu où devait se trouver le second canon laisse à penser que c'est par ce passage que ce second attelage a pu peut-être s'échapper, et ainsi trouver trouver refuge dans le clos attenant. Il est également à noter que le journal de marche de la *1st RB* précise que la moitié des hommes de la section antichar présents à Villers-Bocage a pu échapper à la capture. (Montage sur base BA.)

**Page précédente :** photographie de la colonne issue d'une publication allemande, le « *Stutgartter Illustrierte* » montrant la série de half-tracks M9A1 détruite. Alors que des dizaines de vues des véhicules anglais détruits sur la route nationale existent, il est toujours possible que certains véhicules légers aient pu se camoufler dans les champs, loin du regard des photographes. Dans le journal de marche de la *1st Rifle Brigade*, il est rapporté que le *Sergeant* Bray a pu détruire deux half-tracks et une automitrailleuse ennemie avant d'avoir vu son canon détruit par un char. Le fait qu'il n'ait pas lui-même revendiqué la destruction d'un Tiger - une action suffisamment rare et remarquable pour être notée - nous permet d'en déduire par défaut que le canon commandé par le *Sgt.* Bray est probablement celui qui a pu se réfugier en dehors de la nationale. (*Stuttgarter Illustrierte, PK Möler.)*

**Ci-dessous :** montage photographique de la propagande allemande montrant un *SdKfz 124 Munitionsschlepper Wespe* au milieu des épaves de la colonne anglaise. Des véhicules ont été rajoutés par les maquettistes allemands sur le bord opposé de la route pour produire une impression de plus grande destruction. (Signal.)

**Ci-dessus :** cette vue de côté du canon antichar « 6-Pounder » totalement brûlé en face du Calvaire nous montre également en l'arrière-plan l'enfilade d'épave au début de la rue Georges Clemenceau avec le Stuart « Honey » *Calamity Jane II* et une voiture allemande civile reconnaissable à son phare Notek sur le garde-boue (La destruction de celle-ci ne semble pas avoir eu lieu durant les combats du 13 juin au matin). (BA.)

**Ci-dessous :** photographie d'un Schwimmwagen de la *SS-Panzer-Aufklärungs-Abteilung 12 (12.SS Pz-Div Hitlerjugend)* de passage sur la RN175, arrêté devant les deux premiers Loyd Carrier. L'équipage allemand s'amuse derrière le canon anglais. Selon le TO&E (tableau de dotation) alors en vigueur, un bataillon d'infanterie motorisée britannique dispose de trois sections antichars, chacune composée de deux « 6 Pounder anti-tank guns » et affectée à chaque compagnie d'infanterie (*« A », « C » et « I »*). Chaque canon est tracté par une chenillette dédiée, un Loyd carrier, et un second Loyd lui est affecté pour le transport de munitions. (Wontorra.)

(12) Cette information – qui n'a pu être définitivement confirmée – peut sous-entendre l'intervention d'un second Tiger près de l'arrière de la colonne de véhicules de la *1st RB*, simultanément à l'attaque de Wittmann.

(13) Il est très hasardeux de conclure d'après une interprétation des photographies d'après-combat. Nous verrons plus loin que les soldats anglais ont très bien pu retourner sur place pour utiliser le canon et le mettre en batterie une fois le Tiger 212 disparu et le diriger vers une autre cible un peu plus tard après une accalmie.

(14) Officier commandant le char d'Observation Avancée.

(15) Trouée bien visible sur les photos aériennes IGN de 1944, 1947 et 1960.

(16) Voir photos dans la partie 2 de l'ouvrage final.

(17) Aucune des rares photos prises sur la route au bas de la Côte des Landes qu'il a été possible de trouver ne montre de char Cromwell détruits ou abandonnés, ni sur les bas-côtés.

(18) Aucun véhicule léger anglais – motos, half-tracks, scout cars – n'apparaît dans toutes les photos des *Kriegsberichter* prises Cote 213. Cela s'explique aisément par la fait que ces engins ne représentaient pas une menace prioritaire et n'ont par conséquent pas eu à souffrir des tirs ennemis ; les Allemands étaient notoirement très friands de ces types de véhicules et, à n'en pas douter, ont eu tôt fait de récupérer un tel butin pour leur propre usage.

(19) Il est fort probable que des véhicules, camions et de l'infanterie de la *4.Kompanie* de la *s.SS-Pz-Abt.101* soient arrivés dans la nuit ou tôt le matin du 13 juin au quartier général de la *2. Kompanie* au château d'Epars.

(20) Voir le décompte des Tiger présents sur croquis de Walter Lau.

(21) *Villers-Bocage – Normandy 1944*, Heimdal, 1994.

(22) Il s'agit plutôt du *Panzer-Regiment 130* de la *Panzer-Lehr-Division.*

Autre vue du Calvaire diffusée dans les journaux illustrés allemands de juin 1944. Bien que de mauvaise qualité, l'image montre l'ampleur des destructions sur la Nationale 175. Une chenillette a été renversée sur le flanc et provoque une chicane sur la chaussée. (Coll. Hoffmann.)

Photographie publiée dans le magazine de propagande allemand « *Signal* » à l'été 1944 montrant les tombes de trois soldats anglais inhumés par les Allemands au bord de la nationale 175. John C. Trevor-Roper, *Lance-Corporal, RHQ Troop, 4th CLY,* 25 ans (il était conducteur dans le Cromwell du *Regimental Sergeant-Major* Gerald Holloway) – Robert John Ring, *Rifleman*, *1st Rifle Brigade*, 30 ans et Philip Lunn, *Trooper, Royal Armoured Corps, 4th CLY*, 22 ans (appartenant vraisemblablement à l'équipage d'un des deux chars Stuarts du *Recce Troop* du *4th CLY*). Les soldats reposent aujourd'hui au cimetière britannique de Tilly-sur-Seulles. (BA.)

# 5 L'entrée dans Villers-Bocage

## Wittmann face aux tanks du Calvaire

Le Tiger 212 poursuit sa fulgurante chevauchée et aborde l'entrée nord-est de Villers. A la suite des huit half-tracks de la *1st Rifle Brigade* qu'il vient d'éliminer, à peu près au niveau de l'embranchement du Calvaire, son char mitraille deux nouveaux carriers. Cependant, et fort curieusement, il semble bien que deux canons *6-Pounder* et trois des quatre Loyd carriers de la section antichar de la compagnie de soutien - stationnés juste à la suite de ces deux chenillettes - aient pu largement échapper à ses tirs. Les antichars anglais ont-ils été avantageusement masqués par les nuages de fumée se dégageant des véhicules voisins déjà en proie aux flammes ? L'un d'entre eux a-t-il pu s'échapper in extremis ? (1) On peut le supposer comme nous l'avons déjà évoqué. L'attention de Wittmann a pu être captée par un adversaire qui lui a semblé un peu plus menaçant avec les tanks du RHQ devant lui. Ce n'était pourtant qu'une apparence, car les deux Stuart *Honey* de la *Recce Troop* qui se présentent maintenant devant lui et tentent de manœuvrer face au colosse d'acier ne pèsent pas bien lourd avec leurs modestes canons de 37 mm et leurs mitrailleuses de calibre 30. Les deux chars légers sont à leur tour anéantis par l'impitoyable canon de 8,8 cm, un obus perfore la tourelle du Stuart Honey *Calamity Jane II* et le second est stoppé un peu plus loin. A proximité des Stuarts, les quatre chars Cromwells du *RHQ* cherchent eux aussi à se dégager de l'axe de tir du Tiger. Ainsi, à l'exception du char de tête commandé par le *Major* Arthur Carr qui s'est déjà précipité dans une parcelle de terrain sur sa droite, les autres Cromwells ne peuvent qu'engager leur marche arrière pour ne pas exposer leurs flancs et tentent de reculer péniblement.

Nous reprenons maintenant le témoignage du *Lieutenant* Pearce. Il est debout dans son scout-car Humber stationnée sur le côté gauche de la route, et sur cette portion de la voie dispose très certainement de la vue la plus dégagée de tous les tankistes anglais. Il rapporte : « *En jetant un œil vers l'avant, au-delà du Cromwell du Major Carr, je pouvais voir le dernier char léger de la première moitié de la Recce Troop à environ deux cents mètres de moi et j'entendais des tirs par intermittence. Les tirs se sont rapprochés et, brusquement, ce char a explosé en une gerbe de flammes suivie par une épaisse fumée noire. Presque aussitôt, un char Tiger est apparu plus loin sur la route – à environ cent cinquante mètres – en avançant lentement vers les chars du RHQ. J'ai*

*alors regardé à droite et à gauche pensant voir arriver de l'infanterie ennemie également, mais rien de cela n'est venu. Pratiquement au même moment, le A Squadron se faisait attaquer et la fréquence radio fut saturée. Devant moi, le Major Carr a donné l'ordre à son conducteur de dégager son char de la route près d'un mur en pierres sur la droite (2) et le I.O. (Intelligence Officer/*Officier de Renseignement*) dans son scout car l'a suivi. Quand j'ai regardé en arrière, j'ai pu constater que la plus grande confusion régnait et qu'aucun ordre n'était donné par le chef de la RHQ Troop, ni par personne d'autre d'ailleurs. Certains chars ont tenté de faire marche arrière, mais je savais le Cromwell très lent dans ce domaine. Vers l'avant, ça n'arrêtait pas de tirer et ça fumait de partout. Le Tiger s'est arrêté et a pointé son canon vers le Cromwell. J'ai dit à mon conducteur qu'une fois que le Tiger aurait fait feu, nous en profiterions pour faire demi-tour car il lui faudrait recharger son canon avant de pouvoir tirer à nouveau, ce qui nous donnerait le temps de le faire. Le Tiger a alors tiré et le Cromwell du Major Carr a pris feu. Puis le Tiger a repris sa course et a continué de s'approcher. Très calmement, mon conducteur a fait demi-tour et nous avons filé vers l'arrière, en direction du B Squadron. Des balles sifflaient sans nous atteindre. Je dois dire que le Tiger était à ce moment désagréablement proche de nous. »*

Dans le char du *Major* Carr se trouvait le *Sergeant* Jack Pumphrey, pointeur. Profitant de son séjour à l'hôpital où il était traité pour ses blessures, il a pu dicter un long récit des événements qu'il a vécus, dont l'arrivée à Villers-Bocage. Il a témoigné de cette impression de pénétrer dans une ville déserte, fantôme, sans ces foules en liesse agitant des drapeaux tricolores, et avec ce sentiment bizarre que quelque chose n'allait pas (3) ; et puis, bien sûr, des premiers instants de l'attaque : *« L'étrange atmosphère a brusquement fait place à la sombre réalité quand a retenti ce claquement typique d'un canon de 88. Devant nous un Honey* (4) *s'est transformé en une masse de flammes rouges et pourpres, et le silence s'est évanoui dans le vacarme infernal des chars en action. Le Colonel brisa le silence radio pour nous donner l'ordre de vite nous déployer en formation de combat. Nous étions près de la sortie de la ville et sur notre droite se trouvait un petit enclos - pas vraiment de place pour manœuvrer, mais hors de question de rester sur la route !... Alors que Tom faisait braquer le char, j'ai vu juste devant nous le second Honey subir le même sort que son leader et passer du stade de tank à celui de masse informe en*

Sont visibles sur les deux images le char du *Lt.* Ingram, surnommé « *Calamity Jane II* ». Sur ce cliché de l'*Oscha.* Harry Wontorra, l'un de ses camarades (le *Rttf.* Gunter Kleist) peut presque passer sa tête dans le trou créé par l'obus qui a frappé à l'avant gauche le faible blindage. Comme l'a remarqué l'auteur Daniel Taylor dans son ouvrage « *Villers-Bocage through the Lens of the German Photographer* » paru en 1999, la présence de cet impact suggère un tir d'obus perforant en provenance de la ville. Toujours selon lui, ce pourrait être un des tirs de Wittmann. Cependant, comme notre étude le souligne, nous pensons au contraire que ceci est l'œuvre d'un second Tiger. Curieusement, le char ne semble pas s'être embrasé. (BA et Wontorra.)

CAEN

Ce cliché offre une nouvelle perspective sur les épaves présentes au carrefour de la route de Tilly-sur-Seulles à la sortie est de Villers. Le premier Stuart du *Recce Troop* – celui du *Lieutenant* Rex Ingram - est bien visible sur la droite ; le canon de « 6 livres » et les chenillettes sont masqués par le panneau signalant l'entrée du bourg en venant de Caen. Celui-ci a été érigé en remplacement de l'original en béton fortement endommagé par des projections de pierre consécutives à l'explosion d'un obus d'artillerie à proximité. On distingue également, sur l'extrême droite, l'arrière d'un Kübelwagen – il s'agit probablement du véhicule du photographe allemand que nous n'avons pu identifier. (Collection Houtemanne.)

Autre vue du char (T-213697) du *Lt.* Ingram du *Recce Troop*, *4th CLY*, prise début août 1944 après la prise de la localité par les Anglais lors de l'Opération « *Bluecoat* ». Ce tank a été légèrement poussé sur le bas-côté de la Nationale. (IWM.)

*un instant, vomissant flammes et fumées de sa tourelle, les explosions des munitions à l'intérieur et les balles traçantes mêlées aux cartouches légères qui tout autour décrivaient d'invraisemblables arabesques jaunes, rouges et vertes (...). Et j'ai vu comment le chef de char est sorti de la tourelle, se pencher en avant afin d'ouvrir les écoutilles du conducteur et du mitrailleur... Puis une fumée grasse tournoyante l'a enveloppé, il y a eu une longue rafale de Spandau et...Il n'a jamais atteint ces écoutilles ».* (5)

Un récit similaire est rapporté par le conducteur du Cromwell du *Major* Carr, le *Corporal* Hawken : « *Nous pouvions voir à l'avant les chars Honey se faire détruire et les équipages mitrailler en évacuant leurs engins. Je n'oublierai jamais ça. Voyant la situation, le Major Carr m'a ordonné de tourner à droite dans un champ.* »

Une fois dans le clos en retrait de la colonne, et alors que le Tiger est désormais bien en vue sur la nationale, le Cromwell pivote pour faire face à la route. Pumphrey continue : « *Tourelle à droite.... A DROITE ! ...Tandis que je fais tourner la tourelle, Harry (Ramsbottom) claque un obus de 75 mm perforant dans la culasse et les noirs contours d'un char Tiger apparaissent maintenant dans le viseur. Inutile d'attendre l'ordre de faire feu comme à l'école de tir. On était à une distance de quarante mètres, mais à le voir remplir la totalité du viseur comme cela, on aurait dit plutôt quatre mètres ! J'ai visé bas, au niveau de la plage moteur, et j'ai pu voir l'obus ripper sur la caisse du Tiger et partir en vrille presque à la même seconde où j'ai ressenti le départ du tir. Harry a engagé un nouvel obus dans la culasse avant même que la première douille éjectée n'ait fini de gigoter dans le sac de récupération ; puis un autre, et encore un quatrième avant que nous ne nous rendions compte que le moteur du Tiger ne voulait toujours pas prendre feu. Nos tirs n'avaient pas pénétré. Sa carapace était trop épaisse. C'était ridicule à en être perturbant !* » (6)

Stupéfié, le *Sergeant* Pumphrey voit alors la tourelle du Tiger lentement obliquer vers son Cromwell et après quelques secondes qui lui semblèrent une éternité, il y eut un grondement terrible et la tourelle du Cromwell fut balayée par les flammes. Au bord de l'asphyxie et en état de choc, l'équipage réussit à évacuer, aidé en cela par Ferdie Fergusson, lui-même rescapé du char Stuart qu'il commandait et qui fut détruit peu avant par Wittmann sur la nationale, à seulement quelques dizaines de mètres de là. Le groupe parvient à se mettre à couvert derrière une haie ; outre les *Sergeants* J. Pumphrey et F. Fergusson et le *Corporal* T.D. Hawken, il y a là le *Major* A. Carr, le *Sergeant* H. Ramsbottom, le *Regimental Adjutant* en la personne du *Captain* Bernard W.G. Rose et le *I.O.* et son conducteur - probablement le *Lance-Corporal* Viney - qui, dans leur Humber, avaient suivi le Cromwell du *Major* Carr jusqu'au milieu du clos. Bien que la plupart des soldats anglais soit finalement assez valide pour fuir les lieux et tenter un repli, tous vont rester là à penser leurs plaies et se serrer les coudes à grands renforts de pots de thé et de cigarettes, dans l'espoir de voir arriver des secours. Mais leurs quelques illusions ne vont pas durer. Dans la ville, les échanges de tirs

Agé de seulement 19 ans, le *Lieutenant* Rex Ingram commandait la section de deux « Honeys » (chars Stuart) présents à la sortie nord-est de la ville lors de l'assaut de Wittmann. Avec leur modeste canon de 37 mm et leur faible blindage, ces chars ne pouvaient opposer qu'une résistance symbolique face au Tiger. Le destin de ce jeune chef de char semble avoir été particulièrement cruel : parvenu à se hisser hors de la tourelle, Ingram se serait penché vers l'avant du blindé pour tenter de libérer son conducteur et son mitrailleur restés coincés à l'intérieur. Quelques secondes plus tard, il aurait été fauché par une rafale de MG avant de pouvoir secourir ses deux malheureux camarades. Il s'agit probablement de l'action rapportée par le *Sergeant* Jack Pumphrey qui se trouvait un peu plus loin sur la droite dans le Cromwell commandé par le *Major* Carr (voir pages 78 et 79). La dépouille d'Ingram sera ensuite enterrée à proximité par des Villérois, puis transférée au Cimetière de Bayeux après la guerre, là où il repose désormais.(Collection privée.)

ont peu à peu diminué, bientôt remplacés par le barrage d'artillerie des canons de 25 livres anglais du *5th Royal Horse Artillery* (7) : « *Le Major Carr a alors dit tout haut ce que nous pensions tout bas : ces dernières explosions, c'était notre artillerie, et les fusillades dans la ville, plus intermittentes maintenant et semblant s'estomper vers le nord, ne pouvaient signifier qu'une seule chose : l'attaque n'allait pas se matérialiser et les nôtres s'étaient repliés. Nous n'avions pas pris Villers et nos brancardiers ne viendraient pas, au contraire des Allemands qui, eux, allaient venir nous chercher quand ils l'auraient décidé.* »

Profitant de ce bref échange entre le Tiger et le char de Carr sur la droite de la route, le deuxième Cromwell du *RHQ*, celui du *Lieutenant* John Thompson (8), a pu partir en marche arrière sur plusieurs dizaines de mètres et finalement reculer dans un herbage jouxtant la ferme Lemonnier où, dos au mur à l'est de celle-ci, il s'est retrouvé bloqué. Comme une séquence au ralenti, Thompson déroule maintenant le film des événements tel qu'il en a été le témoin : « *L'ensemble du A Squadron avait filé vers l'avant sans s'arrêter et le RHQ – dont j'assurais le commandement – s'apprêtait tout juste à quitter la ville lorsque le dernier char de la Recce troop explosa en flammes et l'équipage l'évacua. Chacun des chars du RHQ se mit à reculer - l'un des défauts du Cromwell était qu'en marche arrière sa vitesse maximum était d'environ deux miles à l'heure !* (9) *Le Brigadier (*Robert « Loony » Hinde), *qui venait de s'entretenir de la situation avec le Colonel* (Arthur Cranley), *a traversé la route, bondi dans son scout car et est reparti vers l'arrière en passant devant nous. Son visage était blême* ».

Dans la foulée, Thompson voit aussi un deuxième scout car prendre le même chemin que celui du *Brigadier* Hinde. Il apprendra bien des années plus tard qu'il s'agissait de celui du *Lieutenant* Pearce dont nous avons déjà fait état. Le Tiger de Wittmann tire alors un obus dans la caisse du Cromwell qui passe entre la tête de Thompson et celle de son opérateur radio, ce qui selon les dires du premier, fut une expérience absolument terrifiante. Pour l'anecdote, le tir le rendra sourd de son oreille droite pour les vingt-quatre heures suivantes malgré le port de ses écouteurs !

Il poursuit : « *Etant donné que nous avions été informés qu'il n'y avait pas de tanks ennemis dans la ville, j'étais persuadé que les tirs sur la route venaient d'un canon antichar embusqué. Sur mon ordre, le conducteur nous a fait reculer et nous nous sommes retrouvés dans une haie entre deux maisons. J'avais supposé (à tort) qu'un canon de 88 tirait depuis une position au sud, et par conséquent j'escomptais faire le tour de la maison devant moi par la droite afin de le dégommer.* »

Simultanément, le Cromwell du *Lieutenant* Thompson est rejoint par celui appartenant à l'*Adjutant* du RHQ, le *Captain* Bernard Rose (10), commandé à ce moment-là par son *Assistant Adjutant*, le *Captain* Patrick Dyas. Lui aussi n'a eu d'autre choix que de faire marche arrière pour tenter de fuir quand le char allemand est apparu : « *Pat a fait reculer son char le long du mien. Il saignait du front. Il m'a dit plus tard qu'une rafale de mitrailleuse Spandau, tirée du premier étage d'une des maisons, l'avait raté de peu mais avait projeté des fragments de métal de la tourelle de son tank vers son visage, ce qui l'avait blessé. Lorsque Pat a rejoint le poste de premier secours, par chance un chirurgien du Moorfields Eye Hospital s'est occupé de lui et a pu lui retirer les petits morceaux de métal qu'il avait dans les yeux à l'aide d'un gros aimant, ce qui l'a sauvé de la cécité.*

*A ce stade, tous les chars devant nous semblaient en feu. A travers la fumée s'est profilée la forme gigantesque d'un char Tiger – il ne devait pas être à plus de 35 mètres. J'ai donné l'ordre à mon pointeur de faire feu avec notre canon de 75 mm mais il a hurlé qu'il n'avait pu désengager la sécurité du mode transport. Comme je ne pouvais le faire moi-même à temps, j'ai déclenché le mortier de deux pouces. Le fumigène est passé juste au-dessus du Tiger qui a fait légèrement pivoter sa tourelle et vlan, nous avons été touchés ! J'ai senti des picotements entre mes jambes et me suis demandé si j'avais été blessé une nouvelle fois. Des flammes ont léché la tourelle et ma bouche fut remplie de sable et de peinture brûlée. J'ai crié : « on évacue ! », et j'ai bondi hors du char. J'ai vu tout mon équipage sortir, puis une mitrailleuse s'est mise à tirer sur moi et je me suis alors jeté dans l'herbe (...). Quelqu'un m'a appelé doucement et, en tournant la tête, j'ai vu mon équipage qui se cachait derrière un buisson de groseilles. Miraculeusement, ils étaient tous sains et saufs. George, mon Troop Sergeant au poste de tireur MG, l'avait échappé belle : quand le char fut touché, il s'était penché vers le conducteur pour lui demander ce qui se passait. L'obus avait dû passer juste au-dessus de son épaule, puis entre mes jambes avant de finir dans le moteur. Un fragment de métal l'avait blessé derrière l'oreille. Joe, mon conducteur, était accroupi et avait sorti son revolver ; il avait l'air d'un rat coincé dans un piège. Des balles de mitrailleuses et des obus sifflaient au-dessus de nos têtes et je me suis allongé sur le sol de nouveau. Un vacarme effrayant montait de la ville et je me suis décidé à me mettre près d'un mur derrière les maisons et d'essayer de rejoindre le B Squadron* ».

Carte postale du début des années 1940 montrant le calvaire situé au croisement de la Nationale 175 et de la route de Tilly sur Seulles, situé à la sortie est de Villers. C'est vraisemblablement sous le couvert du verger situé en arrière du monument qu'un Tiger de la *2.Kp* se trouvait embusqué au matin du 13 juin avant l'attaque de Wittmann. Nos conclusions nous portent à croire qu'il devait s'agir du char personnel de l'*Ostuf.* Jürgen Wessel (Tiger 211) commandé par un chef de char de remplacement. Sans reconnaissance méticuleuse de la part des Anglais, il était impossible d'apercevoir un Panzer dissimulé dans la végétation à cet endroit, d'autant plus si le Tiger avait reculé pour se mettre à l'abri.(Collection Heimdal.)

Encouragés par l'arrivée du Tiger, les tireurs embusqués allemands, qui s'étaient auparavant infiltrés dans la localité et étaient restés discrets jusque-là, se mettent à tirer frénétiquement sur les quelques Anglais rescapés de leurs engins détruits. Un événement qui complique encore davantage leur situation déjà passablement précaire. Ces derniers comprennent qu'il leur faut déguerpir au plus vite et, de cave en cave, de jardin en jardin et d'un sentier à l'autre, John Thompson et ses hommes – le *Sergeant* Radburn, les *Corporals* Toulson et Horsfield et le *Trooper* Reynolds - vont quitter la ville et finir par rejoindre leur unité après quatre jours passés à éviter les Allemands. Un journal anglais relatera par la suite leurs péripéties et conclura l'article en rapportant que la première chose qu'ils demandèrent à leur retour fut « *un nouveau char* »... C'est-à-dire très exactement l'inverse de ce qu'ils avaient déclaré au journaliste qui les interviewait, précisera Thompson bien des années plus tard !

L'*Ostuf.* Wittmann poursuit sa course inexorable vers la ville et, peu avant d'atteindre le virage qui mène au centre ville, il détruit d'un tir sec le dernier des quatre Cromwells du *RHQ* lors d'un énième duel à sens unique. Le conducteur, le *Lance-Corporal* JC Trevor-Roper, est tué sur le coup, mais son chef, le *RSM* Gerald Holloway, survivra à l'assaut et lui non plus ne pourra échapper à la capture en fin de matinée (le sort des *Troopers* Fitzhugh, Marston et Ricketts, qui devaient aussi se trouver dans ce char, n'a pu être établi avec certitude).

Sur sa lancée, et peut-être habité d'un sentiment d'invincibilité possiblement décuplé, le chef de char allemand s'apprête à descendre la rue principale de la localité qui va maintenant s'offrir à lui. Jusqu'ici, rien n'a pu s'opposer à sa charge et l'effet de surprise a été total. La chance aussi ! Un réel obstacle va-t-il se présenter au Tiger *212 en* bas de la rue ?...

Entre-temps, le *Brigadier* Hinde a pu dans son scout car retraverser la ville à toute allure, sans

Publiée dans le magazine de propagande « *Signal* », cette photo ne semble pourtant pas issue des reportages PK déjà disponibles, ce qui laisse supposer la possible existence d'une pellicule supplémentaire non encore répertoriée dans les archives allemandes... Bien que ce cliché soit connu, le Cromwell n'avait jusqu'à présent jamais été correctement identifié et localisé. Il s'agit d'un des quatre chars du *RHQ*, plus précisément celui du *Colonel*, The Viscount Arthur Cranley, commandant du *4th CLY*. Ce dernier l'avait délaissé quelque temps avant l'entrée dans Villers au profit d'un scout car Humber plus commode pour ses déplacements. Lors de l'attaque de Wittmann, ce char est alors sous les ordres du *Major* Carr qui a pu le faire entrer dans un clos au sud de la Nationale. L'engin, noirci par les flammes de l'incendie qui l'a ravagé, est partiellement recouvert d'une couche de terre. En effet, plusieurs obus d'artillerie sont tombés à proximité après l'attaque de Wittmann comme en attestent les vues aériennes. Son "Census number" T-187567 est encore partiellement visible sur le côté gauche de la tourelle. Outre nos propres observations, l'identification de ce char a pu être définitivement établie grâce au listing des chars du *RHQ* / *4th CLY* et de leurs immatriculations conservé par le regretté *Lt.* John Thompson que nous a très aimablement fourni Daniel Taylor. (Signal/ Deutsche Verlag AG/DR.)

s'arrêter et avec force gesticulations lancer une première alerte assez confuse. A quelques secondes d'intervalle, le *Lieutenant* Pearce l'a suivi et, une fois la courbe passée, a pu lui aussi avertir le reste de la *Recce troop.* Celle-ci est composée de trois à quatre autres chars Stuart qu'il trouve là idéalement déployés et sur leur garde. Pearce fait stopper son Humber et s'entretient alors brièvement avec le *Captain* John Philip-Smith qui les commande et que, par ailleurs, il tient en haute estime: « *Je lui ai dit ce qui s'était passé avec le RHQ et qu'un Tiger approchait. Il m'a répondu qu'il avait craint d'être attaqué et qu'il allait déplacer les véhicules de la Recce car ils n'avaient aucune chance face à un Tiger. Le Tiger est alors arrivé dans le virage et j'ai redémarré sur les chapeaux de roues vers le bas de la rue en direction du B Squadron que j'avais escompté trouver à côté ou juste derrière la Recce troop. Cependant, j'avais eu tort et j'en ai conclu qu'il devait se trouver encore un peu plus loin. La rue s'étendait longuement devant moi et j'ai continué, et continué, dépassant la mairie désormais sur ma gauche et je ne voyais toujours pas le B Squadron... La rue était absolument vide et calme, il n'y avait personne et aucun véhicule en vue et en même temps qu'une impression de solitude absolue m'envahissait, je me suis dit que j'avais fait une terrible erreur. Je n'avais pas cessé d'essayer d'utiliser la radio pour prévenir le commandant du B Sqn de l'attaque sur le RHQ et du Tiger qui arrivait, mais la fréquence était inutilisable car le A Sqn était attaqué durement et sans interruption* ».

Les Stuarts ont à peine le temps de se sauver promptement dans les rues latérales que le Tiger apparaît dans le haut de la rue. Au moins deux véhicules sont en vue dans les périscopes des tankistes allemands. Tout d'abord un Sherman, immobile, à environ une centaine de mètres sur sa droite (non loin de l'Hôtel du Bras d'Or): il s'agit du OP Sherman M4A4 de la *K Battery* du *5th RHA*,

**Ci-dessus :** le même Cromwell IV T-187567 commandé par le *Major* Carr sous un autre angle. Bien que d'assez mauvaise qualité, ce document totalement inédit a le grand mérite de montrer également le Humber du *IO* (officier de renseignement) qui s'est réfugié près d'une haie un peu en arrière du char. Cette photo vient confirmer le témoignage du *Lieutenant* Charles Pearce qui a vu ce scout car suivre le Cromwell dans le champ peu avant l'arrivée du Tiger de Wittmann. (Collection auteurs.)

**Ci-contre :** photographie du *Sergeant* H. Ramsbottom, pourvoyeur dans le Cromwell du *Major* Carr, *4CLY, RHQ* lors de l'attaque de Wittmann. (Sharpshooters Yeomanry Association.)

Attaque du Tiger 212
Entrée est de Villers-Bocage
13 juin 1944 - 9h25
4th CLY
Stuart
T-213697
«Calamity
Jane II»
Lt R.Ingram
Stuart
T-213699
Sgt F.Fergusson
Cromwell
T-187577
Cpt P.Dyas
Cromwell
T-187592
Lt J.Thompson
Cromwell
T-187608
RSM G. Holloway
Tiger
Wittmann
212
Vers le
centre
Vers Caen
IGN
N

VILLERS-BOCAGE
ENERGIC

**En haut, à gauche :** schéma de reconstitution des destructions opérées par le Tiger 212 de Wittmann entre le Calvaire et le virage de la route de Caen et de la rue Clemenceau. La portion de la colonne anglaise était pourtant fortement dotée en chars avec 3 Cromwells et le Cromwell du *Major* Carr à proximité immédiate, mais l'effet de surprise et l'impossibilité de se déployer ont oblitéré les chances de succès d'une riposte efficace. (Montage F. Deprun.)

**En bas, à gauche :** image d'un film tourné par les Britanniques en août 1944 montrant la portion de route entre le Calvaire et le virage avant le centre-ville. Une vue qui nous offre une compréhension supplémentaire de la disposition des lieux. A l'arrière l'arrière-plan de l'image, l'absence du Cromwell du *RSM* (sergent-major régimentaire) dans la rue est à noter. L'épave a manifestement été déplacée entre temps. (Pathé Image.)

un char d'observation commandé par le *Major* Dennis Wells et doté d'un canon factice en bois, et donc sans moyen de défense lourd, mais cela Wittmann l'ignore. Le Tiger tire une première fois mais rate sa cible et l'obus percute le sol avant de s'écraser sur le bas du glacis du Sherman, au niveau de la transmission, sans dommage pour l'équipage qui a pu néanmoins en ressentir le choc. Le pointeur de Wittmann rectifie l'élévation du canon. Un deuxième obus part dans les secondes qui suivent et cette fois pénètre le côté droit de la tourelle ; le char s'enflamme, ce qui répand aussitôt une épaisse fumée noire dans la rue. Charles « Jock » Rae était son conducteur. Sorti peu de temps avant, il était retourné à son poste pour y chercher ses cigarettes. Tout à coup, le bruit de la canonnade lui fait lever la tête et la silhouette d'un char ennemi lui apparaît. Le réflexe du soldat est instantané et il attrape l'intercom pour avertir son chef : « *Char ennemi à douze heures, Sir !* » Aucune réponse. L'instant d'après, le Sherman est violemment secoué par le premier tir de l'Allemand. Au deuxième tir, Rae lâche écouteurs, micro et cigarettes et s'extrait par la trappe de secours située sous le char pour se mettre à l'abri. Il réussira plus tard à redescendre la rue et à rallier un poste de premier secours.

Contrairement à son sentiment, le conducteur n'était pas seul dans le char. Dans la tourelle, il y avait notamment un certain Vic Jones dont le témoignage a fait surface assez récemment seulement (11) : « *Nous sommes entrés dans le village et il y avait le « A Sqn » du 4th CLY et le HQ troop. Un des Troop commanders était là aussi : le Captain Paddy Victory. Lui, il avait son Cromwell juste un peu plus bas dans la rue par rapport à nous. Notre char était un Sherman. Il avait de l'allure mais, malheureusement, le canon était en bois. Cela s'expliquait par le fait qu'il était nécessaire d'installer deux appareils radio dans la tourelle du char : l'un était utilisé pour communiquer avec l'artillerie, et l'autre servait à être en relation avec l'unité dont nous étions le soutien, en l'occurrence ici le 4th CLY. Tout était paisible et la fréquence radio était peu sollicitée. Brusquement, il y a eu une série de « boums » et nous ne savions pas ce qui se passait. Bon, je savais que c'était des tirs de canons bien sûr, mais j'ignorais d'où ils provenaient. Et puis le char fut touché, juste à l'avant de la tourelle. Par chance, je ne crois pas que l'obus soit réellement entré dans la tourelle, mais si cela a été le cas, je ne l'ai pas vu... Et je n'ai pas cherché à savoir non plus ! Je portais alors ce que l'on appelait « une veste de conducteur », en cuir, et quand l'obus a tapé, il a projeté des éclats à travers la tourelle et ensuite j'ai pu voir que ma veste avait des marques sur les parties exposées. J'imagine que ces éclats n'étaient pas mortels, mais ils pouvaient faire pas mal de dégâts quand même. Quoiqu'il en soit, au moment où nous avons senti l'impact sur le char – ce qui a fait un très gros bruit soit dit en passant – le Battery Commander a dit d'évacuer en hurlant. En le faisant lui-même, il a sauté sur les barreaux d'une grille et, comme je l'ai appris plus tard, il s'est bles-*

Photographie du *Lieutenant* Charles Pearce qui accompagnait le *RHQ, 4CLY*, et qui réussit à s'enfuir avec son scout car en direction du centre du bourg et du *B Squadron* durant l'attaque de Wittmann. (Sharpshooters Yeomanry Association.)

Vue rapprochée du Stuart (T-213699) du *Sergeant* Ferguson, déjà aperçu sur la page précédente. Après avoir évacué son tank, Ferguson s'est immédiatement porté au secours de l'équipage du Cromwell du *Major* Carr détruit par Wittmann à seulement quelques dizaines de mètres sur sa droite. (Wontorra.)

Schéma sur une vue aérienne du virage de l'axe principale de Villers-Bocage montrant l'emplacement des Cromwells du *4CLY, RHQ* détruits ou abandonnés suite à l'attaque de Michael Wittmann le 13 juin 1944. A côté du char de J. Thompson, on peut remarquer les traces probablement laissées par le passage du Cromwell de Dyas qui lui a pu reculer bien plus à l'écart de la rue, échappant ainsi à l'observation de Wittmann. (Montage F. Deprun sur vue aérienne de la RAF de juillet 1944.)

*sé. C'était le Major Wells. « Badgie » (Leonard John) Norman, qui avait le même grade que moi, lui a été tué par une rafale de mitrailleuse quand il est sorti de la tourelle* (12). *J'ai sauté à l'arrière du char et, une fois au sol, j'ai tourné vers ma droite et me suis éloigné de ce type qui nous avait tiré dessus. »*

Jones s'enfuit à toutes jambes par les ruelles à l'écart de l'artère principale et, après un long périple vers l'arrière, rejoindra les canons du *5th RHA*, son unité.

Sur sa gauche, le second véhicule que le pointeur de Wittmann cible ensuite dans son viseur est probablement le half-track médical du médecin militaire, le *Captain* Mc Lean, qui lui aussi est stationné sur un des côtés de la rue. Faute d'avoir pu s'échapper, le véhicule est à son tour touché. Par chance, l'équipage seulement blessé se dégage de l'engin et s'enfuit se mettre à l'abri.

Tout cela semble décidément beaucoup trop facile pour le Tiger. Jusqu'à présent, aucun grain de sable n'est en effet venu contrarier l'incursion de Wittmann en territoire ennemi. C'est alors qu'un intrépide chef de char britannique va tenter de rebattre les cartes et d'introduire une nouvelle donne dans cette bataille à sens unique. Il s'agit du *Captain* Patrick Dyas. Ainsi, comme nous l'avons vu, celui-ci a pu reculer hors de la route à l'instar du *Lieutenant* Thompson, mais contrairement à ce dernier, lui n'a pas été détecté dans la confusion ambiante. Si dans ses grandes lignes l'épisode est bien connu car déjà maintes fois relaté, certains faits n'ont pourtant jamais pu être tota-

**Ci-dessus :** char Cromwell T-187592 du *Lieutenant* John Thompson (plus connu sous son nom civil de John Cloudsley-Thompson) qui appartient au *RHQ Troop* du *4th CLY*. Ce *Lieutenant* a produit un long récit de son expérience à Villers-Bocage ce 13 juin. Ce char a été touché de face par un seul tir du Tiger de Wittmann à une distance de seulement quelques dizaines de mètres, alors qu'il se trouvait à l'arrêt, bloqué par le mur d'enceinte de la ferme Lemonnier. Selon certains Villérois encore présents dans la localité le 13 juin, plusieurs Tiger sont entrés dans celle-ci en coupant à travers les champs et enclos au sud de la route N175 peu avant l'attaque de l'après-midi. L'impact sur le flanc droit de la tourelle est très certainement l'œuvre d'un tir de l'un des Tiger de la *1.Kompanie* du *Hauptsturmführer* (capitaine) Rolf Möbius qui, passant au sud de la route nationale et voyant le char pour la première fois, a voulu ainsi s'assurer que le char anglais ne représentait plus une menace potentielle.(BA.)

lement éclaircis et donnent toujours lieu à de vifs débats dans les cercles d'historiens. Le consensus général reste néanmoins le suivant : embusqué en retrait de la route à la suite de sa reculade, Dyas a pu voir passer le char Tiger mais s'est trouvé à cet instant dans l'incapacité de faire feu. Après un bref moment, le chef de char anglais a alors décidé de se lancer aux trousses du blindé allemand dans l'espoir de le surprendre par l'arrière. C'est effectivement ce qu'a confirmé Thompson qui vient juste d'évacuer indemne son Cromwell à quelques mètres de là (voir l'extrait précédent) : « *Le Tiger est passé en vrombissant et après une courte pause, Pat l'a suivi dans la rue avec son Cromwell. J'ai retiré mes écouteurs que j'avais toujours autour du cou et je lui ai fait signe* ».

La séquence qui suit est maintenant celle qui nous apparaît comme la plus logique, sinon la plus probable. Partant du postulat que tout l'intérêt de la manœuvre de Dyas réside dans sa rapidité d'exécution - puisqu'il n'est évidemment pas question pour lui d'attendre un hypothétique retour du Tiger et risquer une confrontation frontale absolument suicidaire pour l'Anglais -, nous ne pouvons en conclure que ce dernier a dû démarrer sa poursuite à peu près dans la minute suivant le passage de l'Allemand. Une analyse qui s'accorde aussi fort bien avec les termes choisis par Thompson : « *après une courte pause...* » De même, et comme l'a fait remarquer feu Henri Marie dans son ouvrage « *Villers-Bocage – Normandy 1944* » paru en 2004, puisque la distance entre la ferme Lemonnier, près de laquelle Dyas avait trouvé refuge, et sa destination finale dans le virage de la rue Clemenceau est de seulement une centaine de mètres

Portrait du *Captain* John Philip-Smith, commandant du *RHQ Troop*, *4th CLY.* (Sharpshooters Yeomanry Association.)

Portrait du *Lieutenant* John Thompson du *RHQ Troop, 4th CLY.* Portrait de celui qui fut le *Lieutenant* John Thompson au sein du *RHQ, 4th CLY* en juin 1944, vu ici au Soudan en 1964. Après-guerre et sous le nom de John Cloudsley-Thompson (qui associe celui de son épouse), il deviendra un professeur de zoologie et un naturaliste respecté et publiera pas moins d'une cinquantaine de livres sur divers sujets, et notamment sur la faune en milieu désertique. (Sharpshooters Yeomanry Association.)

**Ci-dessus :** très intéressante vue des deux Cromwells détruits par Wittmann dans le virage de la rue Georges Clemenceau le 13 juin vers 9h20 / 9h25. Au premier plan, gît le le Cromwell du *Captain* Pat Dyas, *4CLY,* alors qu'un peu plus loin, au deuxième plan, est visible la masse sombre du Cromwell du *RSM* Gerald Holloway, *4CLY*. Les deux tanks britanniques ont été détruits à courte distance l'un de l'autre mais pas de manière similaire. Alors que le Cromwell d'Holloway est touché en reculant, celui du *Captain* Dyas a tenté de riposter après voir pourchassé sur quelques centaines de mètres le Tiger qui aurait ensuite fait pivoter sa tourelle à 180° pour détruire le tank anglais. (IWM.)

**Ci-dessous :** photomontage resituant l'endroit exact de la destruction du Cromwell T187577 commandé par le *Captain* Patrick Dyas, *4CLY,* devant la ferme Guéroult, même si la configuration des murs de la cour du bâtiment a quelque peu évolué depuis 70 ans. (Montage F. Deprun.)

environ, nous pouvons raisonnablement supposer que le Cromwell a pu couvrir cet espace dans un temps tout aussi bref. (13)

Entre-temps, alors que Dyas était toujours hors de la route, le char allemand a déjà pu atteindre et négocier le virage et se positionner dans le haut de la rue d'où il va pouvoir commencer à ajuster une à une ses prochaines victimes que nous avons détaillées plus haut. Rapidement parvenu à son tour dans la courbe, et comme il a pu l'espérer, Pat Dyas peut alors engager le Tiger dans son dos à très courte distance et, selon ses dires, lui administrer au moins deux coups de 75 mm... Malheureusement pour lui, ses tirs sont sans effet et Wittmann, surpris, fait alors pivoter sa tourelle à six heures et riposte. Le canon de 88 ne laisse alors aucune chance au pauvre Cromwell, surtout à une distance qui devait être tout au plus de l'ordre de trente à cinquante mètres !

Le *Captain* anglais est projeté hors de sa tourelle par la puissance de l'impact mais peut se relever tant bien que mal et d'un bond se réfugier derrière le mur de la ferme Guéroult, une bâtisse qui se situe immédiatement sur sa droite dans le virage. Le *Corporal* Newell et le *Lance-Corporal* Lindrea réussissent à évacuer le Cromwell également. Les deux derniers membres d'équipage ont nettement moins de chance : le *Signal Officer* Taylor et le *Lance-Corporal* Stephenson sont abattus alors qu'ils tentent de s'extirper de la masse métallique gisant au milieu de la route.

Alors que le Tiger de Wittmann s'éloigne, Dyas traverse alors la rue sous le feu de soldats ennemis embusqués et rejoint le char du *RSM* Holloway qui se trouve de l'autre côté de la rue. En dépit des flammes qui s'échappent vivement de sa carcasse, il se saisit des écouteurs et du micro qu'il trouve pendants à l'une des écoutilles et cherche alors à alerter les *B* et *C Squadrons* qu'il sait plus

**A gauche :** à quelques mètres de l'emplacement du Cromwell détruit de Pat Dyas a été accroché, sur un poteau de clôture en béton, une petite croix en bois très émouvante. Ce petit morceau de bois commémore la mort du *Signalman* Norman « Buck » Taylor, *4CLY, RHQ,* tombé le 13 juin 1944 à cet endroit autour de 9h20. (Photo auteurs.)

**Ci-dessous :** photographie du Cromwell T187608 commandé par le *RSM* Holloway, *4CLY,* détruit par un tir du Tiger 212 au début du virage de la rue Clemenceau. On note que la mitrailleuse Besa et sa rotule à l'avant gauche de la caisse du char ont disparu, ce qui nous permet d'en déduire que c'est là qu'a frappé l'obus de 8,8 cm du Tiger de Wittmann. Le conducteur, le *Lance-Corporal* (caporal suppléant) Trevor-Roper n'a pas survécu à la confrontation et a été enterré provisoirement non loin de là (voir photo au bas de la page 71). Nous n'avons pas connaissance d'autres victimes pour cet équipage. (BA.)

Emblème du *4th County Of London Yeomanry* (« *Sharpshooters* »). (Sharpshooters Yeomanry Association.)

**Ci-contre :** portrait en pied du *Captain* Pat Dyas du *4CLY*. (Sharpshooters Yeomanry Association.)

en arrière. Il longe ensuite les maisons et réussit à s'enfuir : « *J'ai sauté une haie et je suis entré dans un jardin. Une jeune femme était là et elle m'a dit :* « vous êtes blessé, venez avec moi », *et nous nous sommes cachés dans une porcherie. Elle m'a expliqué qu'elle connaissait toutes les petites rues du coin et qu'il était possible de trouver mes amis* ». Thompson, qui se trouve encore à proximité de son char défait non loin de la rue principale, l'a d'ailleurs aperçu à cet instant : « *Alors que nous allions nous mettre en chemin, j'ai vu au loin Pat qui était à pied. Il avait espéré attaquer le Tiger par l'arrière mais ses tirs avaient ricoché.* » Les deux hommes se font signe mais se perdent vite de vue car les tirs des tireurs allemands reprennent de plus belle dans la rue et ils s'en éloignent prestement. Ce n'est qu'un au revoir et non un adieu pour les deux amis (14) , chacun ayant eu le bonheur de survivre non seulement à cette bataille, mais à la guerre toute entière.

## Le dernier round de Wittmann

Toujours plus confiant dans son matériel et plus résolu encore dans son entreprise, l'*Obersturmführer* Wittmann s'enfonce alors plus avant dans la rue. Celle-ci est largement emplie des épaisses volutes de fumées grasses que le Sherman précédemment touché laisse généreusement s'échapper désormais. Le Tiger 212 a pratiquement dépassé les premières rues latérales qui se présentent juste après le OP Sherman lorsque, en jetant un œil dans la rue sur sa droite (rue Curie), son commandant aperçoit un nouveau Cromwell en travers de celle-ci. Ayant fait légèrement reculer son blindé et virer sa tourelle à quatre-vingt-dix degrés, son ordre de tirer claque quelques secondes plus tard et aussitôt le char anglais est définitivement immobilisé. Cette nouvelle victime n'est autre que le second char d'observation du *5th RHA*, celui-ci sous les ordres du *Captain* Paddy Victory. Encore aujourd'hui, il est difficile d'être catégorique quant à sa localisation précise au moment où l'Allemand s'est présenté au sortir du virage en haut de la rue. Selon Vic Jones cité plus haut, cet OP Cromwell se trouvait bel et bien dans la rue Clemenceau, à quelques encablures derrière l'OP Sherman M4A4 de Wells et l'on peut supposer que ce char serait parvenu à emprunter la rue perpendiculaire sans être ainsi repéré par Wittmann. A l'inverse, interrogé à ce sujet il y a quelques années lors d'une réunion anniversaire des *Sharpshooters* à Villers-Bocage à laquelle nous assistions, le conducteur de l'OP Sherman, Charles Rae, dont nous avons déjà également relaté le rapport, a émis de sérieux doutes à ce sujet, n'ayant lui-même aucun souvenir de l'avoir aperçu lors de sa halte en ces lieux. Sa mémoire est-elle ici défaillante ? Il faut cependant noter qu'à l'appui des réminiscences de Rae, l'on peut émettre certaines réserves quant au bien fondé de placer deux chars d'observation à la suite l'un de l'autre sur le plan tactique. De fait, il a été suggéré que Victory était en réalité sur le point de rejoindre le haut de la rue principale après avoir emprunté un itinéraire alternatif, possiblement via la rue Saint-Martin (au nord et parallèle à celle-ci), peut-être après s'être un moment égaré lors de l'entrée dans Villers, ou encore à la suite d'un ordre précis en ce sens. Toujours est-il que Victory et ses hommes ont eux aussi eu la frayeur de leur vie : alors que leur engin tentait de faire demi-tour dans l'étroite rue Curie, leur Cromwell s'est trouvé tout à coup totalement bloqué. En effet, une fois au sol pour vérifier l'état du train de roulement, le chef de char constate qu'un pavé s'est trouvé malencontreusement pris entre le barbotin et la chenille. En se retournant, le *Captain* voit alors le canon du Tiger apparaître au bout de la rue et, impuissant face à la très fâcheuse situation, ordonne à son équipage d'évacuer en urgence. Le groupe a tout juste le temps de le faire (15) qu'un obus de 88 vient frapper leur tank. Tandis que la tourelle du Tiger tourne à nouveau pour ramener le canon dans le sens de la marche, Victory, qui simultanément a vu le Tiger encore statique depuis le pas d'une porte toute proche, retourne dans son char afin de tenter un tir de riposte. Alors qu'il est parvenu dans la tourelle du Cromwell, il ne peut que constater que, consécutivement au tir ennemi, cette dernière est irrémédiablement coincée. Il l'évacue une nouvelle fois, non sans avoir auparavant pris soin de fracasser l'équipement radio de sorte que les Allemands ne puissent avoir connaissance des fréquences utilisées si le char venait à tomber entre leurs mains. Puis il retrouve ses hommes avec lesquels il va filer vers l'ouest pour rejoindre son régiment, ce qu'ils feront tous avec succès.

A l'instar du *Lieutenant* Pearce quelques minutes plus tôt, Michael Wittmann descend maintenant l'artère principale de Villers et, aussi loin que peut porter son regard, tout semble désormais parfaitement calme et désert. Cela fait maintenant un bon moment qu'il ne peut plus compter sur le sou-

Photographie du M4 Sherman OP du *Major* Dennis Wells du *5RHA* détruit par un seul tir du Tiger 212 dans le haut de la rue Clemenceau par le Tiger de Wittmann. Ce char possède la particularité d'avoir un faux tube de canon en bois en lieu et place du 75 mm habituel pour permettre l'ajout de matériel de radio additionnel et une table à cartes à l'intérieur de la tourelle. On remarque le trou créé par le premier obus décoché par le Tiger de Wittmann qui, après avoir percuté le sol, est venu ricocher sur le bas de la caisse du char, au niveau de la transmission (voir texte en page 81). (BA.)

tien des autres chars de sa *2. Kompanie*, et ce choix de s'enfoncer seul encore davantage dans Villers peut surprendre, voire même provoquer quelque incrédulité. S'il est naturellement impossible d'être catégorique quant aux intentions précises de Wittmann, il est cependant légitime de supposer que, conforté dans sa décision d'attaquer en solo par ses succès répétés depuis son départ de l'ancienne route de Caen, l'officier a voulu en avoir le cœur net : les éléments auxquels il s'est trouvé confronté jusqu'à maintenant formaient-ils une simple avant-garde isolée ? Quelle est l'étendue réelle de la force ennemie dans le secteur ?...

A la phase offensive succède donc maintenant celle de la reconnaissance pure et l'Allemand va

**Ci-contre :** une autre photographie de l'engin prise par un *WL Kriegsberichter* montre deux officiers de la Luftwaffe inspectant l'engin et s'essayant à replacer le tube en bois dans son emplacement originel. La perforation nette faite par l'obus de 8,8 cm du Tiger de Wittmann est très visible sur la tourelle et l'équipage a eu la chance que le projectile ne provoque pas leur mort. Les marquages indiquent « 76 » pour le *5th Royal Horse Artillery (5RHA)* avec l'insigne de la *7th Armoured Division* au-dessus. Le « X » blanc dans un carré indique le Tank de commandement de la *K Battery* alors que le « 33 » se réfère à une classification de pont. (BPK.)

**Ci-dessous :** cette photographie tragique d'un soldat anglais tombé au pied du Sherman OP (probablement le *Signalman* 'Badgie » Leonard John Norman – cf. récit de Vic Jones), nous rappelle la nature inhumaine et insupportable de la guerre. La rue Pasteur au fond de l'image est enveloppée d'un nuage de poussière et de fumée et les patrouilles allemandes évoluent dans une sorte de no man's land. Ce cliché a été pris par Arthur Grimm le 14 juin et il semble que la partie ouest du bourg soit l'objet de tirs d'artillerie, vraisemblablement une action de couverture et de protection des Anglais repliés sur Livry au sein de leur « *Brigade Box* ». Les dernières vues du reportage du KB Grimm s'arrêtent peu avant la place de la mairie ce qui indique qu'il n'a pas jugé sûr de s'aventurer plus loin. (BA.)

ainsi progresser dans la rue principale de la ville, passant de la rue Clemenceau à la rue Pasteur qui se trouve dans son prolongement, balayant sans nul doute chaque intersection rencontrée de son puissant canon dans l'hypothèse où d'autres blindés et véhicules ennemis s'y seraient embusqués... Mais non, rien n'apparaît place Richard Lenoir sur sa droite. Le square de la Mairie, un peu plus loin sur sa gauche, est maintenant atteint. Là, le Tiger 212 a pu tirer un obus, peut-être en direction d'un des Stuarts du groupe de *Lieutenant* Philip-Smith qui s'y serait réfugié, ou plus simplement pour « tâter le terrain » (16) . Et c'est à peu près au moment où le Tiger va ramener son canon « à douze heures » puis reprendre sa course qu'il est brutalement secoué par un obus

impactant la plaque blindée du glacis avant ! Cette fois, le choc est inhabituellement rude pour l'équipage allemand qui selon toute vraisemblance a dû « encaisser le coup ».

En effet, à l'insu de Wittmann, un Sherman Firefly du *B Squadron – 2 Troop* vient de prendre avantageusement position dans le bas de la rue, place Jeanne d'Arc, et a pris instantanément le Tiger pour cible. Son commandant, le *Sergeant* Stan Lockwood, a produit un long témoignage au sujet de son engagement à Villers-Bocage qui fut plus tard repris sous une forme assez désincarnée dans une édition de la « *Kent & Sharpshooters Yeomanry Newsletter* » de 1989. Nous en livrons maintenant l'extrait suivant : « *Le calme fut interrompu avec fracas par le bruit de mitrailleuses et le claquement sec d'un « 88 » tandis que le Tiger Wittmann descendait lentement dans la ville. Wally Allen retourna à toute vitesse à son tank pour s'y réinstaller et, au même instant, un scout car est revenu vers le B Squadron par la rue principale avec son occupant qui faisait de grands signes* (17). *Le Tiger venait sans doute de tirer car, lorsque le Firefly dépassa légèrement la maison au coin de la rue, tout ce que l'on pouvait voir c'était un voile de fumée et de gaz d'échappement. Alors qu'il se dissipait, Lockwood vit le char de Wittmann à peine à deux cents mètres de là – naturellement, il ne savait pas qu'il faisait face au meilleur chef de char allemand, qui avait le même âge que lui, et qui était récemment revenu du front russe.* Le Firefly, « *au nom de code « 2 Charlie », remarqua que le Tiger avait son canon tourné à 90° au niveau d'une intersection* (18), *et que de fait le Sherman avait probablement l'opportunité de tirer deux coups avant que l'Allemand ne puisse braquer son canon sur le char de Lockwood. Le souffle du premier tir de Lockwood a ébranlé le mur de la maison auprès de laquelle il avait pris position. Le frein de bouche du canon n'était qu'à environ un mètre cinquante de l'immeuble et une partie de l'étage s'est alors effondré* (19). *Quelques fantassins du* (7th) *Queens s'étaient faufilés entre le char et la maison et l'on ne pouvait espérer qu'ils avaient pu entrer dans une habitation juste avant que le char n'ait fait feu. Un sniper allemand, lui, n'eut pas cette chance et fut projeté au sol en même temps que les ardoises et la charpente du toit, avant d'être enseveli sous les décombres juste à côté du Sherman. Après que la fumée et la poussière soulevée se sont un peu dispersées, l'on pouvait voir maintenant le canon de Wittmann pivoter vers l'avant et se diriger lentement mais inexorablement vers son agresseur, le char britannique. Bob Robson, un boucher de Liverpool et pointeur dans le char de Lockwood, expédia sèchement un second obus vers le Tiger et quand la vue se dégagea à nouveau, l'équipage anglais put voir quelques flammettes et un peu de fumée s'échapper de sa caisse. Robson décocha deux nouveaux obus et Wittmann riposta par deux fois également, mais les projectiles de ce dernier ratèrent leur cible et allèrent s'encastrer dans l'immeuble déjà partiellement démoli, faisant s'écrouler encore davantage de débris sur la pile de gravats déjà présente* ».

Lockwood s'étonnera plus tard que le Tiger ait pu manquer son propre char à si faible distance. A la réflexion, il avancera plusieurs raisons pour expliquer ce fait : d'une part, son Firefly était assez peu visible puisque, selon ses précisions, son engin était en partie dissimulé derrière le mur d'une maison à l'angle de la place Jeanne d'Arc et de la rue Pasteur et avec son canon pointé à dix heures, seule l'avant du Sherman se trouvait ainsi exposé (20) . D'autre part, la quantité de poussière soulevée par l'effondrement d'une partie de la maison contre laquelle il se trouvait a certainement dû considérablement perturber la vision du pointeur de Wittmann.

Le *Sergeant* Lockwood reprend : « *Le Tiger a alors abandonné la lutte (...). Le choix d'effectuer un repli stratégique de la part de Wittmann peut se justifier par le fait qu'il ne pouvait alors compter sur aucun soutien blindé, bien que de l'infanterie allemande se trouvât déjà dans la petite ville. De plus, la puissance des tirs de son opposant l'a probablement surpris car c'était la première fois qu'il devait faire face à un tank équipé d'un armement de calibre similaire au sien (...)* (21). *Afin de ne pas*

**Ci-dessus :** écusson de l'emblème du *5th Royal Horse Artillery* en 1944. (RHA.)

**Ci-contre :** portrait du *Cpl.* Vic Jones, l'un des tankistes qui était à son poste dans la tourelle du Sherman OP de la rue Clémenceau lors de l'attaque de Wittmann et qui parvint à échapper à la capture. (Pen & Sword, BHTV.)

**Ci-dessous :** emblème de la *7th Armoured Division* et sa Gerboise au-dessus du numéro tactique d'unité visible à l'arrière du Sherman OP et filmé par les Allemands après les combats. (Deutsche Wochenschau.)

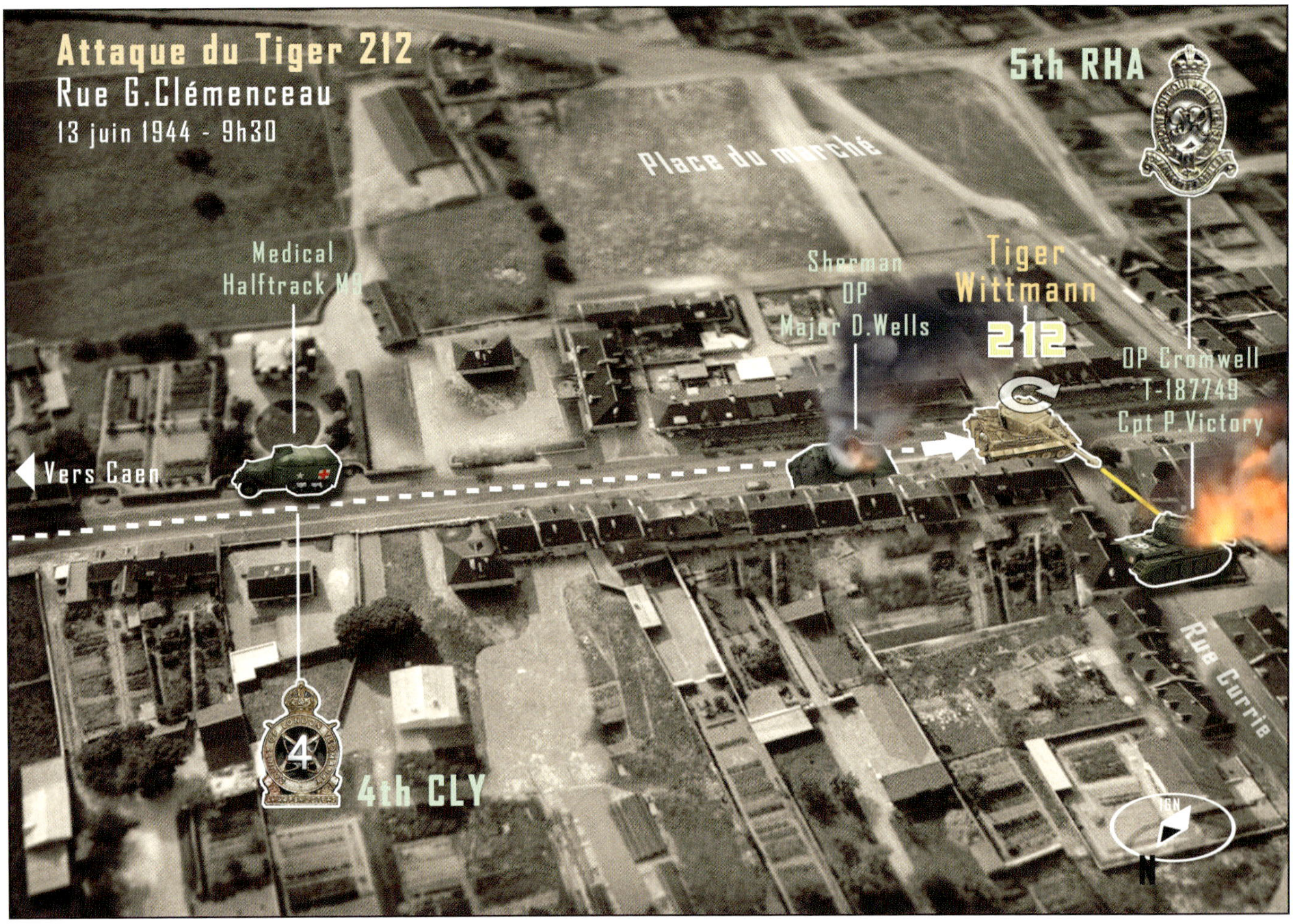
Attaque du Tiger 212
Rue G.Clémenceau
13 juin 1944 - 9h30
5th RHA
Place du marché
Medical
Halftrack M3
Sherman
OP
Major D.Wells
Tiger
Wittmann
212
OP Cromwell
T-187749
Cpt P.Victory
Vers Caen
Rue Currie
4th CLY

T187749

**En haut, à gauche :** schéma de représentation de la progression du Tiger 212 dans la rue Clemenceau entre 9h15 et 9h30, le 13 juin à Villers-Bocage. Après avoir abordé le virage en haut de la rue, Wittmann aurait détruit un half-track médical des *Sharpshooters* commandé par le *Captain* Mc Lean (aucune photographie n'a fait surface) et ensuite tiré dans la tourelle du Sherman OP du *Major* Dennis Wells devant lui sur sa droite, avant de découvrir un OP Cromwell sur le même côté en pleine manœuvre dans la rue Curie. (Montage F. Deprun.)

**En bas, à gauche :** photographie du Cromwell OP du *Captain* P. Victory calciné en travers de la rue Curie (ancienne route de Saint-Louet). L'engin a été conçu avec une marche arrière très lente et s'est trouvé en difficulté, bloqué dans cette rue étroite au moment de sa rencontre avec Wittmann. Il a certainement reçu un obus près du garde-boue avant gauche ce qui l'a immédiatement stoppé. La combustion de l'engin s'est propagée au bâtiment qui a lui aussi reçu un projectile. Il n'est pas impossible que le Cromwell ait été incendié par la suite au regard du jerrycan gisant au pied de l'engin. (BA.)

*exposer son flanc, le Tiger est ensuite reparti en marche arrière ».*

Si l'échange a été relativement bref, la puissance des tirs adverses et l'impossibilité de pouvoir identifier précisément la nature de son adversaire embusqué (voir texte en page 89) - encore moins de le neutraliser - auront suffi à contraindre Wittmann à sagement rebrousser chemin. Estimant après quelques dizaines de mètres s'être suffisamment éloigné des lieux de ce duel, et profitant sûrement d'un écran de fumée et des nuages de poussière en suspension dans l'air, Wittmann fait ensuite demi-tour pour tenter de rejoindre ses lignes. Le sentiment d'avoir déjà bien forcé le destin a pu l'effleurer. C'est alors que selon toute vraisemblance, le Tiger 212 est brusquement devenu difficile à contrôler et a peiné à avancer.

La témérité a un prix : Wittmann sait maintenant qu'il va lui falloir abandonner son char et il ordonne aussitôt à son conducteur d'amener le Tiger sur le côté de la rue afin de le garer au plus près des bâtiments, ce que ce dernier parvient à faire malgré son handicap.

Par sécurité, il fait arroser une nouvelle fois les épaves anglaises situées en haut de la rue par ses mitrailleuses de bord, se saisit de ses cartes et de sa boussole, et donne ensuite l'ordre d'évacuer. En quelques bonds l'équipage allemand est dehors, pistolets et PM (22) bien en main. En d'autres occasions, et ainsi que le règlement le prévoit en cas de perte en territoire ennemi, l'officier aurait sans nul doute sabordé son char, mais comme selon son rapport il escompte alors pouvoir le récupérer plus tard, il n'en fait rien. Ce choix s'avérera malheureux, tout comme les choix tactiques ultérieurs de son unité lors des combats de l'après-midi dans la localité.

Isolé à une distance d'environ un kilomètre et demi de sa petite formation de Tiger restée en arrière, Wittmann sait qu'il n'est plus question pour lui et son équipage de retourner à leurs positions de départ au pied de la Côte des Landes, pas plus qu'il lui est immédiatement loisible de coordonner un nouvel assaut sur le bourg : « *Je n'ai pas pu faire venir à moi ma compagnie car je n'avais plus de liaison radio. Mes chars n'ont pu me rejoindre parce qu'ils n'étaient pas encore prêts à le faire ».* Ainsi qu'il l'a également précisé, il choisit alors de rejoindre à pied le QG de la *Panzer-Lehr-Division*, qu'il sait être à Orbois (23) , pour sonner l'alarme et chercher du renfort. Le groupe de cinq hommes traverse la rue maintenant redevenue silencieuse et se dirige prudemment vers la route de Saint-Louet-sur-Seulles au nord de Villers. Depuis l'hospice situé rue Saint-Martin, un

Photomontage situant l'endroit exact de l'abandon de l'OP Cromwell dans la rue Curie. Les lieux ont bien changé aujourd'hui. (Photomontage F. Deprun)

**Ci-dessus :** photomontage illustrant la progression du Tiger 212 de Wittmann dans la rue Clémenceau vers 9h25/30 avant que celui-ci n'aborde le niveau de la place Richard Lenoir puis la descente vers la rue Pasteur. La destruction de l'OP Cromwell situé perpendiculairement à son axe de progression dans la rue Curie a certainement contraint Wittmann à la plus vive prudence en approchant de cette trouée sur sa droite. (Montage F. Deprun.)

**Ci-dessous :** représentation de la fin de la rue Clémenceau et la descente de la rue Pasteur à travers la lunette de visée du Tiger 212 de Wittmann le 13 juin 1944 vers 9h25/30. Il est à noter que Wittmann perçoit à ce moment le départ de tirs mais ne parvient pas à en identifier la source. (Montage F. Deprun.)

jeune villérois a pu voir l'équipage allemand passer le kiosque à musique et traverser la Place Richard Lenoir en courant...

Nous aborderons, dans la seconde partie de cette bataille de Villers-Bocage, les conditions de l'abandon du Tiger 212 et de l'incursion du Tiger 211 dans la localité. Un chapitre nous amènera à faire un bilan de la matinée pour les forces engagées. Ainsi, nous pourrons dresser des hypothèses sur l'action de chacun dans la période de temps qui conduit de la matinée à l'attaque de l'après-midi dans le centre de Villers-Bocage par le groupe de Tiger de la *1.Kompanie* de la *s.SS-Panzerabteilung 101*.

(1) Voir plus loin.

(2) Le témoignage du *Lt.* Pearce est ici un peu imprécis car il ne précise pas que le Cromwell est parvenu à entrer dans le clos sur sa droite, ce qui est désormais parfaitement établi (voir pages 78 et 79).

(3) Voir précédemment.

(4) Surnom affectueux, que l'on peut traduire par « un amour », donné par les Anglais aux chars légers Stuart M3 de fabrication américaine depuis les combats d'Afrique du Nord. La version a changé depuis (les modèles en juin 1944 sont des M3A3), mais le sobriquet est resté.

(5) Il doit s'agir du *Lieutenant* Rex Ingram. Voir photos en pages 75, 76 et 77.

(6) Il faut noter qu'à une distance aussi courte (quelques dizaines de mètres seulement séparaient le char de Carr du Tiger de Wittmann), les obus de 75mm du Cromwell pouvaient tout à fait pénétrer le blindage latéral d'un Tiger, si les conditions étaient favorables ; contrairement à une croyance très largement répandue chez les troupes alliées à l'époque qui voulait que seule la plaque blindée arrière pouvait être éventuellement percée par un tel calibre (et que de fait un tir de front ou latéral serait resté sans effet), cette dernière était en réalité de la même épaisseur que celle de la partie supérieure des flancs (80mm). Dans le cas présent, on ne peut en conclure que l'angle de tir devait être trop oblique pour que les obus du Cromwell puissent avoir une chance de pénétrer la caisse du Tiger.

Vue de côté du Tiger 212 dans la montée de la N316 près de Bézu-la-Forêt le 7 juin, lors du trajet de progression vers le front de Normandie via Paris. Le char officiellement commandé par l'*Uscha.* Bobby Woll aura connu un destin hors du commun à Villers-Bocage, et en fin de compte une fin prématurée avec un bref engagement au combat d'une demi-heure au contact de l'ennemi. Le char a, selon toute vraisemblance, été incendié par le *Lieutenant* Cotton juste après les combats en fin d'après-midi du 13 juin, au moyen de couvertures enflammées et jetées par les écoutilles du conducteur et du radio, ce qui de fait a rendu le char irrécupérable. Ce Tiger finira par être remorqué par les Allemands eux-mêmes à l'extérieur de la ville, près du passage à niveau et du petit bois en lisière de Maisoncelles-Pelvey, le long de la route d'Aunay selon les dires de M. de Clermont-Tonnerre, où il servit de leurre pour l'aviation alliée. Un cliché (Photo en partie 2) montre que certaines parties extérieures ont été prélevées par les Allemands pour servir de pièces de rechange : couronne d'entraînement du barbotin, patins de chenilles, coffre de tourelle (« *Rommelskiste* ») etc. (BA.)

(7) Comme nous l'avons déjà indiqué, les Sextons du *5th RHA* sont en position à l'ouest de Villers, au nord de la route départementale 71.

(8) Plus connu sous le nom de John Cloudsley-Thompson. « Cloudsley » était le nom de sa femme et le couple avait choisi d'associer leurs noms de famille respectifs après leur mariage. Bien que déjà marié en juin 1944, c'est encore sous le nom de « John Thompson » que sont rédigés ses états de service.

(9) Soit à peine plus de trois kilomètres à l'heure seulement.

(10) Comme indiqué précédemment, Rose se trouvait alors dans le char commandé par Carr.

(11) Documentaire « *Wittmann vs Ekins* » – édité par PEN & Sword Digital mai 2010 – *interview de Vic Jones.*

(12) Voir photo au bas de la page 88.

(13) Même à seulement dix Km/heure, une vitesse assez faible pour un char aussi rapide que le Cromwell, il faut effectivement une soixantaine de secondes.

(14) Dyas était le témoin de mariage de Thompson.

(15) Dans sa hâte, le conducteur passera même à travers la porte vitrée d'une maison.

(16) Voir le témoignage du *Sgt* Lockwood en page 89.

(17) Il devait s'agir du scout car du *Brigadier* Hinde.

(18) En fait la Place de la Mairie, selon notre analyse.

(19) Il est permis de douter que le souffle du tir du Firefly ait été suffisant pour provoquer de tels dégâts. Plus vraisemblablement, cela a dû être la conséquence des tirs du Tiger de Wittmann.

(20) Voir schéma en haut de la page 94.

(21) Il peut sembler surprenant qu'aucun des tirs de Lockwood n'ait pu percer le blindage du Tiger à une si courte distance lorsque l'on sait que le canon de 17 livres équipant le Sherman Firefly pouvait percer un blindage de 140mm d'épaisseur à 500 mètres avec la munition perforante APCBC, et encore davantage avec l'obus perforant de type APDS, soit 209mm à la même distance (il est cependant hautement improbable que les Fireflies du *4th CLY* aient été dotés de cette dernière munition qui n'a commencé à être livrée en quantité qu'à l'automne 1944). Ici encore, il semble que l'angle de tir ait été particulièrement défavorable en raison de l'inclinaison de la pente dans la rue principale de Villers qui est de surcroît assez forte dans sa partie basse, précisément là où se situaient le char de Lockwood et, selon notre analyse, celui de Wittmann également.

(22) Outre leur arme de défense personnelle (souvent à cette époque un Walther P38 de 9mm – il semble cependant que Wittmann portait un Walther Model 2 ou Model 5 en 6,35 mm), les membres d'équipage d'un Tiger disposent également d'un pistolet-mitrailleur MP40. Par ailleurs, les photos de l'épave du char de Wittmann montrent que le MG34 de l'opérateur radio/mitrailleur n'a pas été démonté. Il n'est cependant pas possible d'établir si celui de la tourelle (co-axiale) l'a été, encore moins de savoir si l'équipage allemand a pu l'emporter.

(23) C'est en effet là-bas qu'il a envoyé l'*Ostuf.* Wessel recueillir des informations sur la situation du front aux premières heures de la matinée, peu de temps avant l'arrivée de la colonne anglaise sur la route nationale 175.

Profil du Tiger I Ausf. E de la *2.Kompanie* de la *s.SS-Pz.Abt. 101* numéroté 212. Il s'agit d'un engin dit de « production tardive » dont cette *Kompanie* est entièrement pourvue. (Montage F. Deprun.)

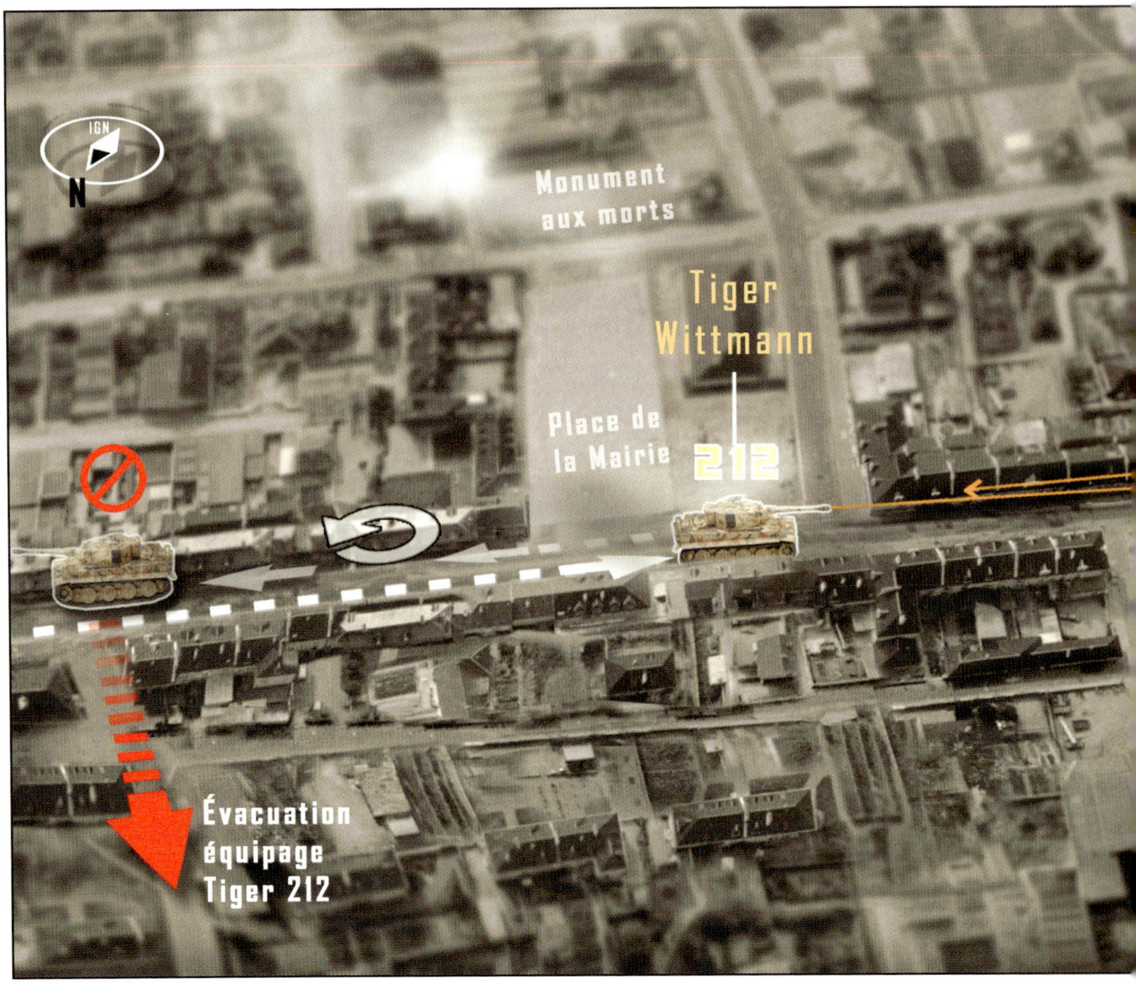


**En haut :** photomontage illustrant l'emplacement du Sherman Firefly du *Sergeant* Lockwood en position à l'angle du bas de la rue Pasteur, dans un environnement proche de celui de juin 1944. (Montage F. Deprun.)

**Ci-dessus :** photographie du *Sgt.* Stanley Lockwood, (vu ici au début de la guerre), chef de char dans le Sherman Firefly du *2 Troop* du *B Squadron, 4CLY* de la *22nd Armoured Brigade,* en juin 1944. (DR.)

**Ci-contre :** schéma de reconstitution des échanges de tir entre le Tiger 212 de Wittmann et le Sherman Firefly du *Sgt.* Lockwood dans les rues Clémenceau et Pasteur le 13 juin 1944 vers 9h20/9h30. (Montage F. Deprun.)

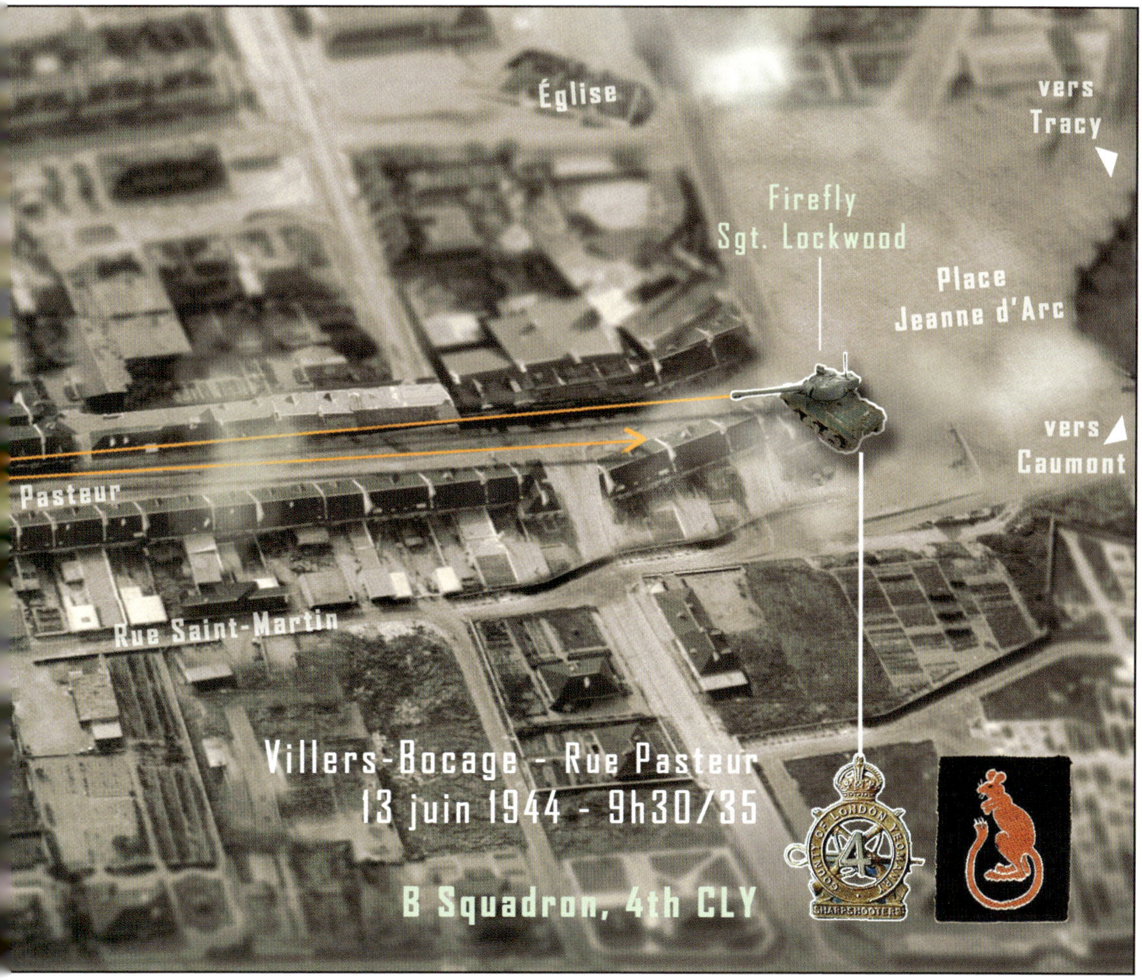


**Ci-dessus, à gauche :** représentation de la rue Pasteur à travers la lunette de visée du Firefly du *Sgt.* Stan Lockwood le 13 juin 1944 vers 9h20. Il nous semble certain que la déclivité et la courbure de la rue ont empêché empêché un bon aperçu de la cible pour le chef de char anglais au milieu de la fumée des tirs. Aussi le haut de la tourelle du Tiger 212 a été d'abord aperçu avant la manœuvre de Wittmann, et peut-être le haut de la caisse pendant quelques secondes avant que le Panzer ne disparaisse un peu plus haut dans la rue. (Montage F. Deprun.)

**Ci-dessus :** détail du Tiger 212 photographié dans la même rue peu après les combats. Le schéma de camouflage bien visible à l'avant gauche de la caisse a beaucoup aidé pour permettre l'identification du numéro tactique de ce Panzer. Les trappes d'évacuation sont ouvertes et l'équipage a réussi à quitter la rue sans encombre, une fois le Tiger rangé sur le bord de la chaussée. (BA.)

Photomontage situant l'endroit exact de l'abandon du Tiger 212 dans la rue Clémenceau en 2014. La configuration des bâtiments a totalement changé en raison des destructions dues aux lourds bombardements alliés du 30 juin 1944. La rue est plus large aujourd'hui et la place de la Mairie remplace les façades de commerces derrière le Tiger. La photographie de juin 1944 en superposition montre des soldats de la *4.Kompanie* de la *s.SS.Pz.Abt. 101* en patrouille dans la rue. (Montage F. Deprun.)

Cette vue intéressante et inédite montre la même rue prise dans l'autre sens quelques jours après les combats par un *Kriegsberichter* de la Luftwaffe. Le document présenté est le détail central d'une image plus large isolant des soldats qui descendent la rue devant un groupe de femmes à proximité de l'épave du Tiger 212. Le Panzer, toujours garé le long des bâtiments, donne à voir sa face arrière criblée d'impacts. La partie claire visible au-dessus de la caisse correspond à l'arrière de la tourelle désormais dépourvue de sa « *Rommelskiste* », exposant ainsi la couleur de base *dunkelgelb* non camouflée et immaculée. La localité vient de subir des bombardements qui ont certainement projeté des éclats qui ont touché l'épave. A considérer que le *Sgt.* S. Lockwood dans son Firefly positionné en bas de la rue Pasteur le 13 juin vers 9h30 ne pouvait plus voir le Tiger en raison de la déclinaison du terrain, nous ne pouvons cependant pas exclure que l'arrière et le côté gauche du Panzer ont pu subir des tirs de source précise inconnue après son abandon. (Collection Houttemane.)

# Des Renforts allemands pour Villers-Bocage

# 6

## L'échappée de Wittmann vers Orbois

La première phase de la contre-attaque allemande sur Villers-Bocage conduite par l'assaut du Tiger 212 de l'*Obersturmführer* Wittmann pourrait sembler faire une pause avec l'abandon du char dans la grande rue de la ville. Nous verrons dans les annexes (1) de l'ouvrage que la riposte allemande de 9 heures du matin le 13 juin ne se résume pas simplement à l'action de Wittmann. C'est effectivement une progression destructrice du Tiger 212 sur près de 2 kilomètres qui a été réalisée en secteur ennemi en moins d'une demi-heure par l'officier allemand. Celle-ci s'est conclue autour de 9h30 par l'abandon provisoire d'un seul *Panzer* pour l'anéantissement d'une colonne blindée ennemie à l'arrêt! L'action de l'*Obersturmführer* et de ses Tiger s'achève avec réussite, mais il devient désormais vital pour Wittmann de sortir du guêpier de cet isolement en territoire hostile qu'est devenu Villers-Bocage. En effet, il est **9h30/35** dans la localité lorsque l'équipage de Wittmann évacue rapidement le Tiger 212 sur défaillance mécanique après avoir garé l'engin à contre-sens de son attaque, le long d'un trottoir, dans l'espoir de le récupérer. Pour comprendre le déroulement de cette action, nous pouvons penser que le groupe d'hommes a cherché très vite à se mettre à couvert dans une rue adjacente, ou à l'abri d'un bâtiment, pour décider d'un axe de repli à emprunter. L'évacuation du Tiger a été certainement effectuée sans panique et Wittmann, en officier chevronné, a immanquablement emporté une boussole et une carte pour se repérer sur ce territoire qu'il ne connaît pas. Le château d'Orbois, QG de la *Panzer-Lehr-Division* où l'*Obersturmführer* Wittmann a envoyé le matin même l'*Obersturmführer* Wessel, a sûrement été pointé sur la carte. La traversée du bocage à pied pour

**Ci-contre :** représentation de l'emblème de la *s.SS-Panzer-Abteilung 101* (celui du *I.SS Panzer-Korps* également), les clefs croisées dans un écu sur feuilles de chênes. L'insigne a été peint à la peinture blanche sur les 45 Tiger de l'*Abteilung*, à l'avant et à l'arrière de chaque *Panzer*. Les 3 *Kompanien* utilisent parfois des couleurs de fond différentes : celle de la *1.Kompanie* est toujours verte ; l'emblème a été peint au pochoir dans un espace rectangulaire découpé dans la pâte « Zimmerit » qui recouvre les parois verticales de l'engin, comme celles de tous les chars allemands produits entre septembre 1943 et septembre 1944. (Dessin F. Deprun.)

**Ci-dessus :** panneau indicateur routier endommagé situé à l'entrée de Villers-Bocage, symbolique à la fois des combats durant la bataille de Normandie mais également révélateur du niveau de destruction qu'a subi la localité lors des différents bombardements. (BA.)

**Ci-contre :** photographie expressive de l'*Obersturmführer* Michael Wittmann prise le 13 juin dans l'après-midi qui suit son engagement dans les combats de Villers-Bocage du matin. Le photographe, le *Kriegsberichter* Karl-Arthur Petraschk, immortalise pour la propagande allemande le moment où l'officier raconte sa folle matinée à son supérieur hiérarchique, le *Sturmbannführer* (commandant) Heinz von Westernhagen, *Kommandeur* de la *schwere SS-Panzerabteilung 101* (ici non visible). (BPK.)

**Ci-dessus :** photographie prise dans le parc du château d'Orbois le 13 juin 1944 au soir ou dans la journée du 14 juin, après les combats de Villers-Bocage. Nous distinguons de gauche à droite le *Major i.G.* Kauffmann, *Ia* de la *Panzer-Lehr-Division*, l'*Obergruppenführer* (général de Corps d'armée) Sepp Dietrich, commandant du *I.SS-Panzerkorps*, le *Generalleutnant* (général de division) Fritz Bayerlein, *Kommandeur* de la *Panzer-Lehr-Division* ainsi que le *Hauptsturmführer* (capitaine) Hermann Weiser, *Korpsadjutant* du *I.SS Panzer-Korps*. Le petit comité semble avoir pris la pleine mesure des événements des dernières heures dans le secteur de la *Panzer-Lehr-Division* et espère une stabilisation du front. (Coll. Ritgen.)

**Ci-contre :** portrait du *Leutnant* (sous-lieutenant) Hellmuth Henke, détaché auprès de l'unité de commandement de la *Panzer-Lehr-Division* et de l'état-major du *Generalleutnant* Fritz Bayerlein comme agent de liaison et interprète en langue anglaise en juin 1944. L'officier allemand présent au château d'Orbois lors de l'arrivée de Wittmann en fin de matinée du 13 juin est certainement celui qui a supervisé l'interrogatoire des prisonniers de la *7th Armoured Division* capturés la veille. Bayerlein a gardé à ses côtés le *Leutnant* Henke jusqu'en 1945 en raison de ses compétences et de ses conseils avisés. (Henke.)

**Ci-dessus, à droite :** panneau indicateur routier situé sur l'angle d'une ferme à l'entrée de Feuguerolles-sur-Seulles, une information qui aura pu aider Wittmann et son équipage à se situer et pouvoir rejoindre plus facilement Orbois. Les hommes de la *Panzer-Lehr-Division,* qui occupaient au matin du 13 juin 1944 largement le village, ont certainement permis aux cinq tankistes SS de continuer leur trajet dans un véhicule de l'unité. (Photo auteurs.)

l'équipage se profile désormais. Celui-ci a-t-il progressé à travers champs jusqu'à rencontrer la première unité allemande afin de bénéficier de l'aide d'un véhicule, pour ensuite rejoindre Orbois ? Ou bien les cinq soldats SS ont-ils dû parcourir les 7 kilomètres plein nord qui les séparent du château par leurs propres moyens ? Si une fuite depuis Villers-Bocage a pu être décidée par Wittmann au mieux vers 9h35, et sachant que, sur la foi du témoignage du *Hauptmann* Ritgen, le *Major i.G.* Kauffmann a été informé de la grave menace au sud par l'arrivée de l'officier SS au château d'Orbois peu avant 11 heures, cela représente un trajet de près d'une heure et demie à travers champs pour 7 kilomètres en devant contourner des positions de chars ennemis. Wittmann rapporte qu'il aperçoit des blindés britanniques en chemin, mais qu'il ne peut les détruire sans l'armement de combat rapproché adéquat. Il paraît plus probable que le groupe à l'uniforme de tankiste SS - se faisant connaître en chemin - ait été conduit rapidement au château dans un véhicule. Aperçus sur la route en arrivant à Feuguerolles, à mi-chemin du PC de la *Panzer-Lehr-Division,* en raison de la forte présence de soldats de la *Panzer-Lehr-Division* autour du village, les cinq hommes ont dû bénéficier aussitôt de l'aide d'un officier proposant un transport pour achever leur trajet. L'objectif du château d'Orbois atteint, Wittmann, qui a largement mis en danger la vie de ses hommes dans cette action plus que téméraire, peut bénéficier d'un répit pour conduire enfin son équipage en lieu sûr.

### La *Panzer-Lehr-Division* en alerte

Au même moment, la fulgurante percée anglaise dans les lignes arrière de la *Panzer-Lehr-Division* n'est assurément pas passée inaperçue au niveau de l'état-major de la *Division* et du *I.SS-Panzer-Korps.* Les reconnaissances de la *Panzer-Aufklärungs-Abteilung 130* avec ses rapides engins blindés à 8 roues, ont permis au *Kommandeur* d'être renseigné dès 10 heures du matin, voire plus tôt encore, sur la nature de la menace ennemie. Le face à face entre les «*Sharpshooters*» de la *7th Armoured Division* abordant Villers-Bocage vers 8 heures du matin et les observateurs allemands s'était conclu par la fuite de leurs blindés Sd.Kfz 232 à travers les vergers de la route de Saint-Louet. Aussi, la colonne blindée britannique en mouvement avait été observée dès l'aurore et en détail par les éclaireurs et autres soldats allemands en position de flanc de la colonne britannique, les patrouilles du *8th Hussars* et du *11th Hussars* ne réussissant pas à détruire ou capturer la plupart des intrus. Le fracas de la bataille qui s'amplifiait d'heure en heure en direction du bourg ne pouvait que renseigner les officiers de la *Panzer-Lehr-Division* présents au nord de Villers-Bocage. Ceux-ci n'ont certainement pas manqué d'alerter les états-majors d'unités sur l'urgence de la situation dès 9h30. Le *Generalleutnant* Bayerlein semble avoir quitté très rapidement son Quartier Général du château d'Orbois pour venir se porter avec sa voiture de commandement à Villy-Bocage, au nord de Villers, afin d'apprécier la situation avec ses officiers. Ce sont très probablement les bruits d'échanges de tirs de mitrailleuses, de mortiers et d'antichars qui ont décidé Bayerlein à déployer une force d'opposition en urgence. Cependant, la mise à disposition d'une force d'interposition blindée conséquente issue de son *Panzer-Regiment* montre que le général connaissait assez bien la situation et la nature de la menace ennemie.

Des dispositions pour former dès 10 heures un groupe blindé d'intervention sont prises au sein de la *Panzer-Lehr-Division*. Il devient absolument urgent pour Bayerlein de venir s'opposer aux troupes anglaises au combat dans Villers-Bocage. Le danger est immédiat car le secteur d'attaque de la colonne blindée anglaise se trouve au cœur des lignes arrière de sa Division. Il est alors prélevé dans les forces de réserve du jour la *6. Kompanie* du *Panzer-Regiment 130,* commandée par le *Hauptmann Ritschel,* qui va fournir la masse blindée du groupe d'opposition. En effet, cette *Kompanie* de Pz.Kpfw. IV stationne en réserve du front de Lingèvres/Tilly depuis quelques heures et a été camouflée en attente dans les bois autour de Sermentot. Une fois l'alerte générale déclenchée, la colonne de Pz.Kpfw. IV a pu très vite s'organiser pour se mettre en mouvement et débuter sa progression vers le sud pour rejoindre les secteurs de déploiement en lisière nord de Villers-Bocage. Les rapports du *Hauptmann* Ritgen (2), qui commande depuis peu la *II./Panzer-Regiment 130,* indiquent qu'entre 12 et 15 Panzer IV ont été réunis. Il semble peu probable en ce 13 juin 1944, après les lourds combats entre Bayeux et Tilly-sur-Seulles, qu'une *Kompanie* de *Panzer* de cette Division soit encore à effectif plein. Ainsi, les *5.* et *8. Kompanien* de la *II./Pz-Rgt.130* sont au même moment engagés au nord de Sermentot, alors que la *7.Kompanie* se trouve la veille encore sur Lingèvres. Il est impossible à cette heure pour la *Panzer-Lehr-Division* de faire décrocher en si peu de temps tout ou partie d'une unité blindée de sa ligne de front principale. A bien regarder la provenance des *Panzer* présents au nord de Villers-Bocage, Il semble que ce soit en grande partie la *6. Kompanie* et quelques éléments de la *5. Kompanie* qui ont pu être regroupés en réserve du front, au matin du 13 juin. L'estimation que nous pouvons faire de 8 Pz.Kpfw. IV de la *Kompanie* Ritschel, 2 Pz.Kpfw. IV de la *5. Kompanie* et 3 Pz.Kpfw. IV de la *Kompanie* d'état-major pourrait être très proche de l'effectif présent à Villy-Bocage. Nous savons par ailleurs que les Pz.Kpfw. IV numérotés «4» et «6» de l'*Aufklarungs*-Zug du *Stab/Panzer-Regiment 130* ont participé à l'attaque ; nous y reviendrons plus loin dans le texte.

**Ci-contre :** représentation de l'emblème de la *Panzer-Nachrichten-Abteilung 130* de la *Panzer-Lehr-Division* dont les véhicules *(1. (FE) Staffel)* présents sous les frondaisons des bois du château d'Orbois ont pu être mis à disposition à la fois à l'*Ostuf.* Wittmann pour qu'il puisse rejoindre le PC du *I.SS-Panzer-Korps* à Baron-sur-Odon en début d'après-midi, et à son équipage ainsi qu'à l'*Ostuf.* Wessel (lui-même déjà présent à Orbois) afin que ceux-ci soient en mesure de retrouver les éléments de la *2.Kompanie* à l'est de Villers-Bocage. (F. Deprun.)

### La formation de la *« Kampfgruppe Ritgen »*

Pour bien saisir les détails de la chronologie des évènements, nous devons retourner au château d'Orbois où, depuis 11 heures, Wittmann fait son rapport au Q.G de la *Panzer-Lehr-Division* et doit souffler un peu au terme de sa folle aventure. Le *Major i.G.* Kauffmann, *Ia* de l'état-major, après avoir écouté le récit de l'*Obersturmführer* Wittmann, prend aussitôt la mesure de la réalité des combats dans Villers-Bocage. Les détails ont dû être transmis le plus rapidement possible au *Generalleutnant* Bayerlein. Nous pouvons estimer qu'à **11h15**, celui-ci est informé que la colonne blindée britannique est sectionnée en plusieurs tronçons, et qu'un écran blindé antichar défend l'entrée

**Ci-dessous :** carte du trajet suivi par l'*Obersturmführer* (lieutenant) Michael Wittmann et son équipage entre Villers-Bocage et le château d'Orbois le 13 juin 1944 de 9h35 à 11 heures environ. (Schéma F. Deprun sur carte alliée.)

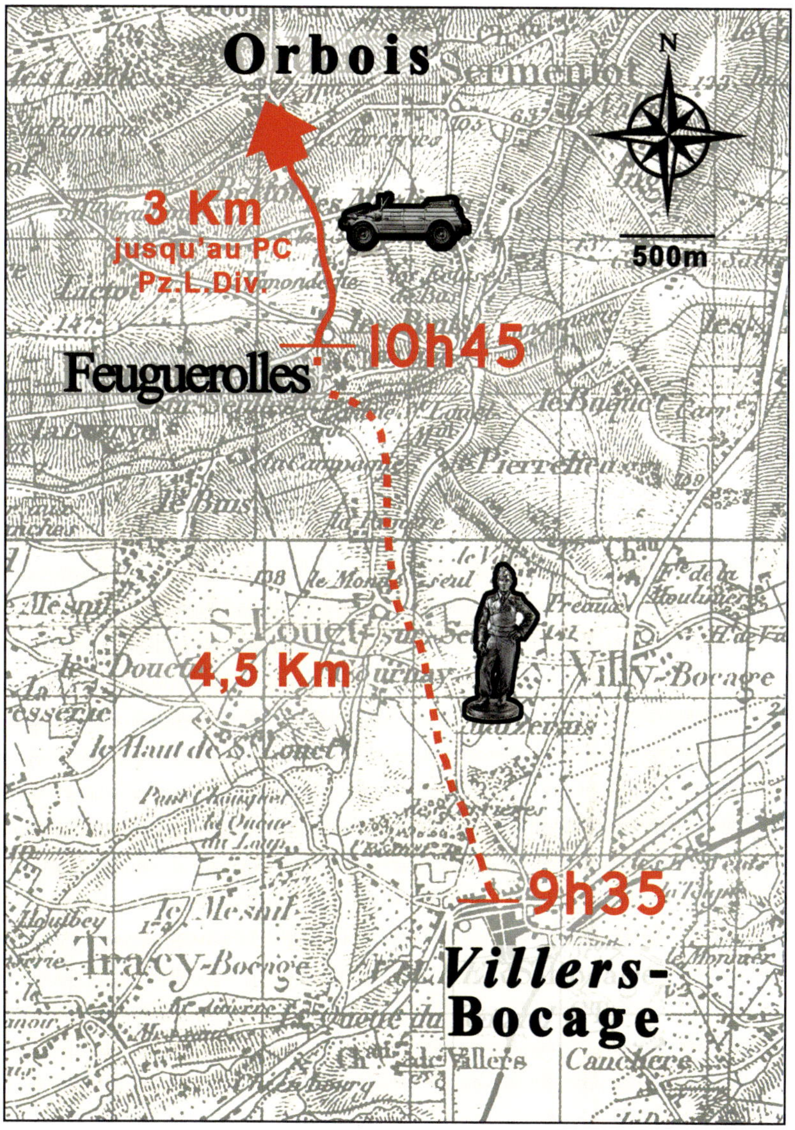

Photographie de deux capitaines du *Panzer-Regiment 130*, le *Hauptmann* Ritschel à droite et le *Hauptmann* Fritz Lex à gauche de l'image, respectivement chef de la *6.Kompanie* et chef de la *5.Kompanie* de la « *Pzkpw. IV Abteilung* » de la *Panzer-Lehr-Division*. (Coll. Ritgen.)

ouest de la localité. Les blindés britanniques (3), que Wittmann et son équipage ont aperçus sur le chemin de repli vers Orbois, ont certainement été décrits en détail. Une information qui va jouer un rôle certain dans le choix de la direction de la première attaque de Bayerlein.

De plus, une autre donnée cruciale du rapport sur l'état du front va pouvoir entrer en ligne de compte dans le déploiement des forces d'opposition. Celle-ci réside dans une jonction souhaitée avec les Tiger de la *2.Kompanie* de Wittmann qui sont toujours en position de défense à la ferme des Hauts-Vents. L'articulation des forces allemandes en présence sur l'arc nord/ nord-est de Villers-Bocage doit pouvoir permettre sur le papier de mettre en place une réaction efficace. Le groupe d'intervention en cours de formation que nous allons nommer la «*Kampfgruppe Ritgen*», avec ses 13 Pz.Kpw. IV, associée aux 5 Tiger de la *2./s.SS-Pz-Abt.101,* doit pouvoir peser activement sur la menace britannique. Sans compter sur le fait que l'*Obersturmführer* Wittmann a pu préciser qu'il partait au plus vite rejoindre la *1.Kompanie* de la *s.SS-Panzer-Abteilung 101* pour la diriger en direction de Villers-Bocage. Le *Kommandeur* de la *Panzer-Lehr-Division* peut ainsi précisément mesurer l'étendue et la nature de cette nouvelle ligne de front et quantifier les forces disponibles pour les organiser et les articuler. Ce que le *General* ne connaît pas en revanche, c'est la composition exacte des unités de la *7th Armoured Division* qui lui sont opposées et leur positionnement précis, malgré les rapports d'interrogatoires de prisonniers anglais.

Les *Kradmelder* (estafettes motocyclistes) d'état-major de la *Panzer-Lehr-Division* ont été très certainement requis pour sillonner le secteur et alarmer les différents officiers d'unité de la « *Lehr* » répartis dans les villages et les hameaux dans le rectangle Orbois, Aunay-sur-Odon, Parfouru-sur-Odon et Monts-en-Bessin. Du personnel d'état-major, prélevé dans les annexes du château d'Orbois, est rapidement réquisitionné pour doter en infanterie le futur groupe d'attaque. Il en va de même pour des hommes de la *I.Staffel* de la *Panzer-Nachrichten-Abteilung 130* installée à Orbois. Est également engagé du personnel combattant plus compétent face aux situations

Photographie prise en mai 1944 sur les routes près du camp d'Auvours, près du Mans, lors de manœuvres de la *6.Kompanie* de la *II.Panzer-Regiment 130* du *Hauptmann* Ritschel. Le Pzkpw. IV Ausf. H numéroté 624 sera l'un des chars composant la *Kampfgruppe Ritgen* au combat dans Villers-Bocage. L'engin sera abandonné à la mi-juillet 1944 dans le secteur de Pont-Hébert. (Ritgen.)

d'attaque comme quelques *Panzergrenadiere* de la *Panzer-Lehr-Begleit-Kompanie*, des éléments de la *9. Kompanie* du *Panzer-Grenadier-Regiment 902* (dont 2 automoteurs Grille), une batterie du *Panzer-Artillerie-Regiment 130,* et une batterie de deux canons de Flak de 8,8 cm qui servaient de protection à l'état-major d'Orbois. La *Kampfgruppe Ritgen* ne constitue pas pour l'heure une force d'opposition apte à repousser les troupes d'élite britanniques de la *7th Armoured Division* en raison de son déficit en unités d'infanterie. En ce qui concerne le nécessaire appui blindé, comme nous l'avons vu, la mise à disposition d'une *Kompanie* reconstituée sur les réserves du *Panzer-Regiment 130* est toutefois un atout pour les Allemands. Les Pz.Kpw. IV de la *II./Panzer-Regiment. 130* permettent d'entrevoir pour la *Panzer-Lehr-Division* une possibilité d'action en profondeur dans les lignes britanniques. Mais, encore une fois, dans le paysage de bocage de Villers-Bocage, les chars vont manquer d'espace pour se déployer, les routes provenant du nord convergeant vers la bourgade étant depuis 8 heures bloquées par les antichars britanniques. Il est nécessaire pour le *Major* Ritgen de déployer son groupe d'attaque sur un front le plus large possible et de répartir ses Pz.Kpw. IV et sections pour un assaut coordonné sur des axes parallèles.

**La réquisition des *Pz.Kpw. IV* du *Hauptmann* Lex**

Des appels radios, télé-cryptés ou téléphoniques, sont manifestement passés à partir de 10 heures ce 13 juin 1944 aux différents postes de commandement de la *Panzer-Lehr-Division*. Une activité de transmission en direction des unités réparties autour du château d'Orbois depuis le début de matinée est lancée pour un appel à réquisition de toute unité motorisée et mécanisée disponible. Nous pouvons facilement imaginer un début de panique au sein de l'état-major au vu de l'allongement sensible de la ligne de front dévolue à la *Panzer-Lehr-Division*. Le château de Parfouru-sur-Odon a très certainement été lui aussi contacté. Kauffmann et Bayerlein s'étaient déplacés rapidement dans le village la veille au soir pour participer aux obsèques du *Major* Prinz Wilhelm von Schönburg-Waldenburg (4), tué dans l'une des premières contre-attaques de la Division au nord-est de Tilly-sur-Seulles. Dans Parfouru, très proche du poste de commandement de la *2./s.SS.Pz-Abt.101,* a été installé depuis quelques jours un atelier de maintenance (1er échelon) pour les Pz.Kpw. IV défectueux de la *II. Abteilung* du *Panzer-Regiment 130*. Des historiens de la Division comme Ritgen rapportent le nombre de 10 chars présents dans les ateliers camouflés sous les arbres du parc et dans les bois du village. Le château abrite également le poste de commandement du *Hauptmann* Fritz Lex (ex- *5./Pz-Rgt.130*) désigné comme officier responsable de la *Versorgungskompanie II./130* depuis la veille, en remplacement du *Hauptmann* Ritgen qui commande désormais la *Pz.Kpfw.IV -Abteilung*. Le *Hauptmann* Lex est présent à Parfouru en fin de matinée et il peut former dès 11 heures un *Panzer-Zug* avec 5 chars Panzer IV en les prélevant sur le matériel en ordre de marche ou en voie d'être réparé. Ces 5 chars de la *5.Kompanie* du *Panzer-Regiment 130* ont participé à la malheureuse attaque du 10 juin 1944 sur Ellon plus au nord, et stationnent pour maintenance depuis lors à Parfouru. Une inconnue se pose alors pour connaître la direction première que va prendre ce *Panzer-Zug*. Quel ordre le *Hauptmann* Lex a-t-il reçu de la part du *Major i.G.* Kauffmann ? Se pourrait-il qu'il ait dû accomplir la mission de rejoindre le nord de Parfouru au niveau de la Nationale 175 pour se faire connaître du groupe de Tiger de la *1./s.SS-Pz.Abt.101* de Möbius ? Cela parait peu probable car ni Wittmann, ni Kauffmann ne connaissent l'existence d'un groupe blindé britannique sur la cote 213 et ne peuvent localiser exactement la position de Tiger de la *1.Kompanie* entre 10 heures et midi. Il parait plus probable qu'un ordre ait été donné au *Hauptmann* Lex de partir en reconnaissance sur Villers-Bocage pour préparer la venue de la *Kampfgruppe Ritgen* et entamer des recon-

Portrait du *Major i.G.* Kurt Kauffmann, homme de confiance du *Generalleutnant* Fritz Bayerlein et chef d'état-major de la *Panzer-Lehr-Division*. L'officier présent au château d'Orbois à son PC a reçu le rapport de l'*Obersturmführer* Michael Wittmann le 13 juin 1944, peu après 11 heures. Le jeune officier de la *Pz-Lehr-Div.* organise dans l'urgence, depuis plus d'une heure, le déploiement d'une *Kampfgruppe* prête à intervenir pour s'opposer aux forces britanniques présentes dans Villers-Bocage. (Ritgen.)

Fanion d'état-major du *Panzer-Regiment 130*, possiblement celui du *Major* Wilhelm Prinz von Schönburg-Waldenburg, *Abteilungs-Kommandeur* de la *II./Panzer-Lehr-Regiment 130,* récupéré en Normandie après la destruction d'une colonne de véhicules au sud-est d'Aunay-sur-Odon en juin 1944. (Coll. privée.)

Représentation du Pzkpw. IV Ausf.H numéroté 511 attribué au chef du *I.Panzerzug* de la «*Kompanie Lex*». Prélevé des ateliers de réparation de la *Panzerwerkstatt* de Parfouru-sur-Odon dans la matinée du 13 juin 1944, ce sera l'un des 5 chars de la *Gruppe* qui combattra au sud de Villers-Bocage dans le quartier de la gare notamment. L'engin ne possède pas l'emblème de la maison des Schönburg-Waldenburg. (F. Deprun.)

**Ci-contre :** monument aux morts de Villers-Bocage photographié par le *Kriegsberichter* (correspondant de guerre) Zwirner (*II. Zug* de la *LW.KB-Abteilung.b.Lfl.3*) dans le centre de la localité, à proximité de la Place de la Mairie, vers le 16 juin 1944. L'édifice a constitué un repère notable pour les colonnes allemandes en marche vers la HKL (*Hauptkampflinie*, ligne de front principale) au nord de Villers. Ainsi, il est resté habillé d'une série de panneaux indicateurs et de marquages qui avaient été fixés ou peints jusqu'au 12 juin au soir. (H. Marie - Heimdal.)

naissances peu profondes. Aussi, à l'état-major d'Orbois, on doit nécessairement s'inquiéter du devenir d'une unité sanitaire de la Division installée au château de Villers-Bocage depuis le 9 juin qui pourrait avoir été détruite ou capturée par les Anglais. Mais plus important encore, cette reconnaissance rapidement disponible *(Panzergruppe*

**Ci-dessous :** détail des panneaux indicateurs posés par les Allemands au pied du monument aux morts de Villers-Bocage. En (a), le triangle dans un cercle est l'un des marquages distinctif indiquant la route pour rejoindre le front (selon interrogatoires de prisonniers allemands) mais aurait été également celui de la *Panzer-Aufklärungs-Abteilung 2* de la *2.Panzer-Division*. Le panneau (b), emblème de la *Panzer-Lehr-Division,* est accompagné en (c) de la représentation du fanion triangulaire d'état-major de Division. (F. Deprun.)

**En bas :** photographie prise par le *Kriegsberichter* Arthur Grimm dans un village sur la route de Villers-Bocage le 14 juin 1944, avant de faire le fameux reportage sur la colonne anglaise détruite. Sur l'image, semble passer à toute allure un camion Borgward B3000S/Diesel d'une unité de la *Panzer-Lehr-Division*, identification possible au regard des vestes croisées que portent les équipages. Selon toute vraisemblance, le camion camouflé – et affublé d'un fer à cheval sur sa calandre - doit faire la liaison avec la ligne de front repoussée au nord-ouest de Villers-Bocage à cette date. (BA.)

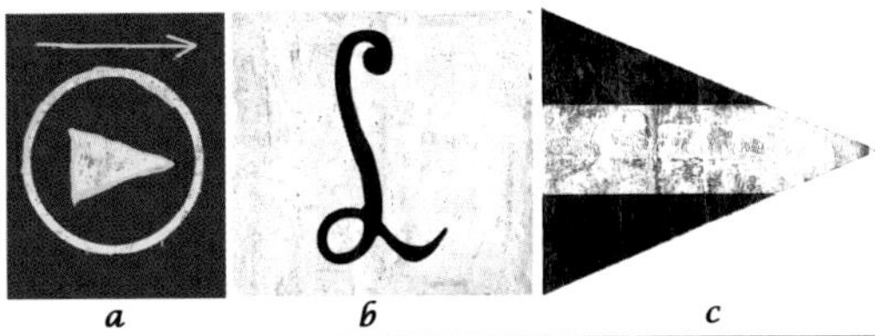

a b c

*Lex)* doit pouvoir préparer la venue de ce groupe d'attaque (*Kampfgruppe*) plus important en formation au même moment sous les ordres du *Major* Ritgen. À partir de 8 heures le 13 juin, l'accès pour atteindre le secteur de Villers-Bocage tenu par les Britanniques pour toute force arrivant par le sud ou le sud-est passe nécessairement par Epinay-sur-Odon et devant le secteur du château d'Epars. Nous connaissons ce lieu comme étant le poste de commandement originel de Wittmann et de la *2./s.SS-Panzer-Abteilung 101* installée là depuis la veille. Le château se trouve à moins de 2 kilomètres de Parfouru et le personnel SS de l'unité peut fournir, en plus d'informations, quelques éléments d'infanterie aux 5 Pz.Kpfw. IV qui accompagnent la voiture de commandement du *Hauptmann* Lex. Si la mise en route du petit groupe blindé a dû s'effectuer aux alentours de **11h30/midi**, selon Henri Marie nous retrouvons la trace d'un engagement de 4 Pz. Kpfw. IV abordant le secteur sud de Villers-Bocage autour de 13 heures. Un témoignage important est donné par celui du *Rottenführer* Walter Lau (5) de la *2./s.SS-Pz-Abt.101* lors de son retour à la ferme des Hauts-Vents autour de midi. Il dit avoir vu un groupe de Pz.Kpfw. IV arriver sur leur position et que le *Hauptmann* qui les commandait est venu s'enquérir de la situation auprès des équipages de Tiger, avant de repartir en direction de la partie sud de Villers-Bocage. Cela semble confirmer la prise de contact du *Hauptmann* Lex avec les troupes SS basées au château d'Epars ou présentes à Epinay-sur-Odon. L'officier de la *Panzer-Lehr-Division* a certainement reçu la confirmation et le détail de la présence d'une force ennemie dans Villers-Bocage et il a été invité à emprunter le chemin qui mène aux Hauts-Vents et qui est sous le contrôle des Tiger de Wittmann, avant de se porter en lisière sud-est du bourg par l'ancienne route de Caen. Il s'agit seulement de la deuxième force blindée allemande à venir en lisière de Villers-Bocage, près de trois heures après l'assaut du Tiger 212 de Wittmann et du Tiger 211. Nous verrons précisément plus loin ce qu'il est advenu de ce dernier Tiger.

### Les renforts attendus de la *2. Panzer-Division*

Les QG de la *Panzer-Lehr-Division* et du *I.SS-Panzer-Korps* savent que la *2.Panzer-Division* est localisée au matin du 13 juin 1944 en approche du front et qu'elle devrait pouvoir venir se porter rapidement dans l'après-midi dans le secteur sud de Villers-Bocage. Le secteur assigné à la « *Wiener Panzer-Division* » est compris en deçà d'une ligne qui passe par Caumont-l'Éventé et qui s'étire jusqu'à la route d'Aunay-sur-Odon/Villers-Bocage. Le *Generalleutnant* Bayerlein attend avec impatience les unités de *Panzergrenadiere* du *Generalleutnant* von Lüttwitz qui vont pouvoir faire leur jonction avec son flanc gauche très menacé, et aussi colmater la brèche qui existe entre Saint-Germain-d'Ectot et Caumont. Le dispositif de progression vers le front de la *2.Panzer-Division* est composé de trois *Kampfgruppen* de marche. La première arrivée sur le front est celle qui se porte sur Caumont-l'Éventé et atteint Foulognes le 12 juin à 16 heures. La *Kampfgruppe Heeren* ne pourra d'ailleurs pas conserver la hauteur de Caumont qui est déjà perdue le 13 juin au matin. La deuxième nommée *Kamfgruppe Schake* doit se porter sur le pivot de Cahagnes et doit se déployer dans le bocage entre Caumont et Torteval au matin du 13

**Ci-contre :** portrait de l'*Oberst* Brassert, *Kommandeur* du *Panzer-Grenadier-Regiment 2* de la *2. Panzer-Division* dont l'unité blindée doit venir s'opposer au plus vite le 13 juin 1944 à la *22nd Armoured Brigade* au sud de Villers-Bocage en s'articulant avec la « *Kampfgruppe Ritgen* ». (*Kameradschaft, 2.Pz-Div.)*

**Ci-dessous, à droite :** représentation officielle de l'emblème de la *2.Panzer-Division* pour les années 1943/45. (*Kameradschaft, 2.Pz-Div.)*

**Ci-dessous :** carte de situation des forces en présence dans le secteur de Villers-Bocage le 13 juin 1944 vers 11 heures. (Schéma F. Deprun sur carte alliée originale.)

juin. La troisième, qui intéresse Villers-Bocage, est la *Kampfgruppe Brassert* (*Panzer-Grenadier-Regiment 2*) qui suit depuis le sud du Calvados deux axes d'approche le long de la route de Vire et sur la route d'Aunay-sur-Odon, pour venir flanquer le plus au nord possible la *Panzer-Lehr-Division*. Le secteur assigné aux troupes du *Generalleutnant* Bayerlein est trop vaste pour être sécurisé et le secteur de Villers-Bocage se trouve quasiment vide d'Allemands au matin du 13 juin. Au cours de cette matinée, il semble, selon l'historien de la *2. Panzer-Division* Joseph Strauss, que le *Generalleutnant* von Lüttwitz a reçu un message pour qu'il hâte au maximum son approche, avec pour objectif de réinvestir Villers-Bocage par le sud en articulation avec la *Panzer-Lehr-Division* faisant pression par le nord. Il semble que ce mouvement d'attaque précipité de la « *Wiener* » *Panzer-Division* sur Villers-Bocage s'inscrive comme soutien dans le projet d'attaque de la *Panzer-Lehr-Division* pour la mi-

**Situation et mouvements d'unités autour de Villers-Bocage**
13 juin 1944 (entre 11h et 13h)

## Wittman rejoint sa hiérarchie

L'*Obersturmführer* Wittmann, que nous retrouvons au château d'Orbois après 11 heures ce 13 juin, a reçu l'ordre de rejoindre le *I.SS Panzer-Korps* et le poste de commandement de la *s.SS-Panzer-Abteilung 101* situé à Baron-sur-Odon le plus vite possible pour rendre compte à sa hiérarchie des évènements de la matinée. Le *Kommandeur* du bataillon de Tiger, le *Sturmbannführer* Westernhagen, présent au sein de l'état-major de Dietrich, poursuit en même temps l'installation et le déploiement de l'ensemble de son unité sur la ligne de front. Sans doute mis au courant du projet d'attaque de la *Kampfgruppe Ritgen* pour midi, l'*Ostuf.* Wittmann doit dans le temps imparti confirmer la mise en alerte du reste des Tiger disponible de l'*Abteilung*. En conséquence, il doit absolument trouver la *1.Kompanie* du *Hauptsturmführer* Möbius qu'il sait localisée depuis la veille quelque part au nord-est de son poste de commandement du château d'Epars. Il va ainsi rejoindre en Schwimmwagen (6) le quartier général du château de Baron-sur-Odon à une quinzaine de kilomètres d'Orbois, sans doute **avant 13 heures.** Par ailleurs, il est noté dans le rapport de Dietrich à propos de l'engagement de Wittmann le 13 juin 1944 que celui-ci aurait rencontré le *Hstuf.* Möbius et ses 8 Tiger de la *1.Kompanie* sur la route nationale 175, entre la cote 213 et Noyers-Bocage. Il est fort probable que Wittmann soit tombé nez à nez avec le groupe de *Panzer* camouflé sur le bas-côté de la RN 175 en longeant au plus près la lisière nord de la zone de combat par Villy-Bocage, puis par la route de

Photographies de l'*Obersturmführer* Michael Wittmann non officielles qui ne sont pas destinées à la propagande allemande. Les vues ont été prises en juin 1944 après les combats de Villers-Bocage. La ferme - qui n'a pas encore été localisée - accueille un homme qui paraît fatigué, soucieux et retranché dans sa réflexion. Nous pouvons penser que les lieux se trouvent sur le poste de commandement de la *2.Kompanie* de la *s.SS-Panzer-Abteilung 101,* quelque part entre Villers-Bocage et Baron-sur-Odon. Après le 14 juin 1944, Wittmann a reçu pour ordre de ne plus partir au combat et doit gagner Berlin pour rencontrer Adolf Hitler et recevoir sa récompense. En homme de combat et de terrain, l'officier allemand semble peu apprécier sa mise en disponibilité après une seule matinée de combat en Normandie. (Kameradschaft LSSAH.)

journée. Les premières troupes de reconnaissance de la *2.Panzer-Division* patrouillent **vers midi** sur l'axe de la route de Vire, entre Coulvain et Villers-Bocage. Ainsi la *2.Kompanie* de la *Panzer-Aufklärungs-Abteilung 2* sera la première unité de la Division de von Lüttwitz à atteindre la lisière sud de Villers-Bocage avec ses Sd. Kfz. 250, dont l'un sera accroché par l'infanterie du *1/7th Queen's* vers midi.

Monts-en-Bessin. Ainsi protégé par les éclaireurs de la *Panzer-Lehr-Division* déployés sur les principales bifurcations autour de la cote 213, l'*Obersturmführer* Wittmann a pu prendre la route de Caen jusqu'à la position de Möbius au niveau du Bas-des-Landes/Montbrocq. Le groupe de 8 Tiger du *Hstuf.* Möbius stationne alors à cet endroit depuis 11 heures dans un champ en bordure de la route en état d'observation et d'attente. Cet emplacement, le groupe de chars lourds allemands a réussi à l'occuper en coupant à travers les champs sans révéler le moindre indice de mouvement aux observateurs anglais situés sur la cote 213 à un peu plus de 1 000 mètres. Une vue aérienne présentée à la page 114 montre clairement des traces de chenilles dans l'herbage et à ses abords.

La nécessité pour un officier tel que Wittmann est de rétablir désormais la chaîne hiérarchique au sein de la *s.SS-Panzer-Abteilung 101*. Le fait de se retrouver isolé de ses hommes au plus fort des combats met en péril sa *Kompanie* qui se trouve privée d'ordre depuis trois heures. En effet, nous pouvons penser que l'officier allemand devait être très inquiet du destin des équipages de Tiger de sa *2.Kompanie* laissés aux Hauts-Vents face aux blindés britanniques. Même si Wittmann pense avoir détruit une bonne partie de la colonne anglaise, il a clairement vu des blindés anglais gravir la côte des Landes sur sa droite vers la cote 213, avant que son Tiger ne prenne la direction opposée en direction du Calvaire. Le récit des combats de la matinée rapporté par l'*Obersturmführer* Wittmann à son homologue Möbius et la nécessité immédiate de sécuriser la route nationale jusqu'à Villers n'ont pu que décider une mise en route immédiate des Tiger de la *1.Kompanie*. C'est donc bien Wittmann que l'on trouve à l'origine du deuxième acte de la bataille avec la mise en mouvement des Tiger de Möbius à partir de Noyers-Bocage, qui se finira tragiquement dans la rue Pasteur à Villers-Bocage trois heures plus tard. Nous pouvons penser sans trop nous tromper que la dimension héroïque de la chevauchée de Wittmann, parvenue aux oreilles de son homologue Möbius, ne l'aura pas laissé insensible. Peut-être aura-t-il mis en marche l'ensemble de sa colonne de Tiger dans l'espoir de renouveler l'assaut destructeur du chef de la *2.Kompanie* et parvenir au moins jusqu'à hauteur de son Tiger 212. Wittmann n'aura certainement pas omis de demander à Möbius de tout faire pour sécuriser son Tiger immobilisé - mais qu'il a jugé récupérable - au milieu du bourg, mais aussi d'agir au plus vite pour faire une jonction avec la *2.Kompanie* intercalée entre les forces britanniques.

**L'accueil du héros à Baron-sur-Odon**

C'est donc avec deux Schwimmwagen de la *Panzer-Lehr-Division* que l'*Ostuf.* Wittmann a quitté le PC du château d'Orbois, en compagnie de l'*Ostuf.* Wessel et de l'équipage du Tiger 212. On imagine que lors de sa rencontre avec Möbius sur la Nationale, Wittman a dû ordonner à Wessel et à son équipage de rester avec les quelques Tiger de la *1.Kompanie* afin de pouvoir ensuite retrouver les chars de la *2.Kompanie* situés au sud de la route, une fois la cote 213 conquise, et leur transmettre ses ordres. Puis il part au quartier général du *I.SS-Panzer-Korps* qu'il va atteindre autour de **13 heures**. Nous avons vu que s'articulent en son sein plusieurs unités indépendantes qui requièrent pléthore de personnel, de véhicules et d'estafettes motocyclistes pour pallier l'impossibilité des transmissions radio et relier les différentes unités étalées sur un large front. Dans les jardins et les dépendances du château de Baron-sur-Odon se trouve l'un des états-majors les plus importants pour les forces allemandes en Normandie, et c'est à partir de ce niveau hiérarchique que se décide les actions tactiques entre Caen et Caumont-l'Éventé depuis le 6 juin. Wittmann est conduit par un officier d'ordonnance de Dietrich, le *Sturmbannführer* Ewert, et quelques hommes de la *Sicherungskompanie* du *I. SS-Panzer-Korps* dans l'un des bâtiments ou se trouve le *Sturmbannführer* von Westernhagen. Wittmann doit lui faire un rapport détaillé des évènements du matin, dans le respect de la chaîne de commandement. C'est au cours de l'après-midi que se réunissent dans le parc du château von Westerhangen et Wittmann, devant l'état-major de l'*Obergruppenführer* Sepp Dietrich accompagné du *Hauptsturmfüher* Hermann Weiser, *Korps-Adjutant* du *I. SS-Panzer-Korps*. Chacun est alors impressionné par le déroulement et le résultat de l'engagement à Villers-Bocage alors que Wittmann vient juste d'arriver sur le front de Normandie. Sepp Dietrich annonce qu'il va pro-

Rare portrait en couleur de l'*Obersturmführer* (lieutenant) Michael Wittmann prise avant sa venue sur le front Normand. La décoration à son cou, la Croix de Chevalier de la Croix de Fer avec Feuilles de Chêne (*Ritterkreuz des Eisernen Kreuzes mit Eichenlaub*), n'a pas encore été remplacée par celle avec les Épées (*Schwerten*), mais Wittmann recevra cette récompense le 25 juin 1944 des mains du Führer et sera promu au grade de *Hauptsturmführer* (capitaine) pour son action à Villers-Bocage (initialement attribuée en date du 22 juin 1944). (BA.)

Représentation d'un VW 166 Schwimmwagen de la *1.(FE) Staffel* de la *Panzer-Nachrichten-Abteilung 130*. Deux véhicules de ce type ont servi à convoyer Wittmann et son équipage ainsi que l'*Obersturmführer* Wessel du château d'Orbois, PC de la *Panzer-Lehr-Division*, au PC du *I.SS- Panzer-Korps* à Baron-sur-Odon (Wittmann) et à la position de la *2.Kompanie* de Tiger de la *s.SS-Panzer-Abteilung 101* à l'est de Villers-Bocage (l'équipage de Wittmann et J. Wessel) le 13 juin 1944 entre midi et 13 heures. (F. Deprun.)

Photographie prise au château de Baron-sur-Odon au poste de commandement du *I.SS Panzer-Korps* le 13 juin 1944 en fin d 'après-midi. Nous pouvons voir sur l'image l'*Obersturmführer* Michael Wittmann en compagnie de l'*Obersturmführer* Weiser partager une coupe de champagne pour fêter la réussite des combats du matin. Une image assez étrange lorsque l'on considère que l'ensemble disponible des *1.* et *2. Kompanien* de Tiger de son unité font face au même moment à des combats meurtriers à Villers-Bocage. (KB Petraschk, BPK.)

poser Wittmann pour l'attribution des « Épées » à ajouter à sa Croix de Chevalier avec Feuilles de Chênes alors qu'il rédigera un rapport circonstancié élogieux dans la soirée. Après le départ de l'*Obergruppenführe*r, les différents officiers présents débouchent une bouteille de Champagne pour fêter l'évènement. L'*Ostuf.* Wittmann semble tout sourire sur les photographies du *Kriegsberichter* Karl-Arthur Petraschk, même s'il est épuisé par la tension des combats et la fuite à pied qui a suivi. Il nous paraît aujourd'hui intéressant de questionner le fait que l'*Ostuf.* Wittmann n'a pas cherché tout de suite à rejoindre son poste de commandement du château d'Epars et pour rejoindre ses hommes au plus vite à la ferme des Hauts-Vents. Il semble certain que c'est par la volonté de Dietrich d'utiliser l'officier allemand comme sujet de propagande du jour que Wittmann est contraint de rester à Baron-sur-Odon. Ainsi, l'officier de la *s.SS- Panzer-Abteilung 101* doit se rendre disponible pour répondre aux nombreuses questions des *Kriegsberichter* au service de Dietrich, et cette obligation demeure l'explication la plus logique de l'absence de Wittman à Villers-Bocage dans l'après-midi du 13 juin.

Après un moment de repos, Wittmann va être sollicité jusqu'au soir pour raconter son attaque à l'ensemble des officiers d'état-major de Dietrich et aux journalistes. En fin d'après-midi, Wittmann devient le centre d'intérêt exclusif des différents correspondants de guerre affiliés au *I.SS Panzer-Korps.* Le *Hscha.* Dieter Menninger, de la *SS-PK Standarte « Kurt Eggers »*, réalise une interview radiophonique (Voir Annexe G du livre) dans laquelle Wittmann essaye de décomposer de manière synthétique les différentes phases de son engagement. L'entretien se déroule face à un journaliste qui essaye de mettre en scène la discussion dans un ton dramatique. Le ton posé et monocorde de l'*Obersturmführer* Wittmann contraste avec la volonté insistante de la part du *Kriegsberichter* de transmettre une émotion et une dimension héroïque au récit, alors que dans le fond de la bande sonore on peut entendre le bruit de la canonnade ! Nous tenterons d'apporter dans l'annexe G de l'ouvrage quelques clefs de compréhension pour expliquer les conditions psychologiques dans lesquelles l'*Ostuf.* Wittmann a vécu cette journée particulière.

La remise de décorations pour le personnel des *1.* et *2.Kompanie* de la *s.SS-Panzer-Abteilung 101* s'est déroulée une semaine après le début des combats à Villers-Bocage, le 20 juin 1944, dans une ferme non localisée du secteur de Noyers-Bocage/Baron-sur-Odon/Evrecy. Une série de photographies prises lors de cette cérémonie mon-

**Ci-contre :** prise le même jour à Baron-sur-Odon, cette vue présente l'échange entre le *Kommandeur* de la *s. SS-Panzer-Abteilung 101*, le *Stubaf.* Heinz von Westernhagen et le chef de sa *2. Kompanie*, l'*Obersturmführer* Michael Wittmann. Les deux visages esquissent des sourires qui expriment de la satisfaction, mais également un sentiment de camaraderie. Les deux officiers gouttent les instants de victoire sans connaître encore la tournure plus sombre que prennent les événements pour les Tiger de la *1.Kompanie* alors engagés dans un âpre combat à Villers-Bocage. (Petraschk, BPK.)

tre notamment l'*Obersturmführer* Wittmann avec l'équipage au complet du Tiger 212, à savoir : l'*Uscha.* Herbert Boden (conducteur), le *Strm.* Günther Boldt (pourvoyeur), le *Strm.* Günther Jonas (radio) (7) et l'*Uscha.* Walter Müller (pointeur), ainsi que des membres d'un ou plusieurs autres équipages de la *2.Kompanie* que nous soupçonnons être une partie de celui du Tiger 211 avec le *Strm.* Julius Luscher (pourvoyeur), le *Strm.* Erich Ditl (pourvoyeur), le *Strm.* Johann Schmidtbauer et le *Strm.* Max Schulze. Chacun va pouvoir recevoir des mains du *Kommandeur* de l'*Abteilung*, le *Sturmbannführer* von Westernhagen, la décoration qui lui a été décernée pour récompenser l'action du 13 juin 1944 à Villers-Bocage. L'*Ostuf.* Wittmann, quant à lui, sera invité au Quartier Général d'Adolf Hitler du Berghof le 25 juin 1944 pour recevoir sa Croix de Chevalier avec feuilles de Chênes et les « Épées » (*Eichenlaub mit Schwertern zum Ritterkreuz des Eisernen Kreuzes).*

**La *1.Kompanie* de Möbius à distance de la cote 213 – 12h/13h**

Sans pouvoir dérouler une chronologie des évènements à la minute près, nous pouvons cependant faire commencer la seconde attaque allemande des Tiger de la *s.SS-Panzer*-Abteilung en direction de Villers-Bocage le 13 juin 1944 vers **midi et demi**, soit environ une heure avant celle déclenchée par la *Kampfgruppe Ritgen* de la *Panzer-Lehr-Division* à partir du Calvaire sur la RN 175, à la sortie de la localité.

Peu après 10 heures le 13 juin, les Tiger du *Hauptsturmführer* Möbius avaient été mis en alerte depuis leurs positions de la nuit autour de Noyers-Bocage. L'interrogatoire d'un membre d'équipage de l'un des Tiger de la *1.Kp.* (que nous supposons avoir été le Tiger 111), le *Strm.* Kallenbach (radio) (8) fait prisonnier le 13 juin à Villers-Bocage, nous donne quelques informations sur l'arrivée des Tiger et leur stationnement dans la région de Noyers-Bocage : « *Je ne me rappelle pas de grand-chose au sujet du voyage puisque je dormais la plupart du temps. Le trajet s'est déroulé sous couvert de l'obscurité sur les routes secondaires. Nous n'avons subi aucune attaque aérienne durant le voyage de 4 jours. Les Tiger roulaient à 150 mètres d'intervalle et étaient très bien camouflés. Au cours de la nuit du 12 au 13 juin, nous sommes restés sous la protection des arbres dans un bois où nous avons pu ravitailler les Tiger et vérifier l'état des engins. Aucun des Panzer n'a souffert d'avarie.* »

Le *I.SS Panzer-Korps* a certainement communiqué vers 10 h 30 avec le *Kompaniechef* Möbius par estafette pour l'informer du déroulement de l'attaque britannique dans le secteur faisant face aux Tiger de l'*Ostuf.* Wittmann. Nous ne connaissons pas le détail de la mission primaire de Möbius sur la RN 175 avant qu'il ne rencontre Wittmann. La mise en route des 8 Tiger s'est certainement effectuée dans une action de déploiement des forces de réserve du *I.SS-Panzer-Korps* en surveillance sur la route de Caen. C'est dans un deuxième temps, après que les informations ont pu être remontées dans la hiérarchie du *Korps*, que la *Panzergruppe* de Möbius a pu se focaliser sur la cote 213. Une alerte avait été également déclenchée au PC du commandant du *Panzer-Regiment de la 12.SS-Panzer-Division,* Max Wünsche, à Rauray au même moment. Un dispo-

Décoration *Ritterkreuz des Eisernen Kreuzes mit Eichenlaub und Schwertern* que recevra l'*Obersturmführer* Michael Wittmann le même jour pour son action à Villers-Bocage le 13 juin 1944, considérée comme particulièrement brillante et décisive par sa hiérarchie. L'officier sera le 71e récipiendaire dans l'ordre d'attribution depuis le 21 juin 1941. (Coll. privée.)

Deux photographies prises le 22 juin 1944 dans la cour d'une propriété du Calvados lors de la cérémonie de décoration de certains membres d'équipages des *1. et 2. Kompanien* ayant combattu à et dans le secteur de Villers-Bocage, entre le 13 et le 16 juin. Nous voyons ici les équipages du Tiger 212 commandé par l'*Obersturmführer* Michael Wittmann et celui d'un autre Tiger de la *2.Kp.* pour leurs actions le 13 juin au matin. Les Croix de Fer de 1re et de 2e classe (*Eiserne Kreuz 1.Klasse/2.Klasse*) ont été remises par le *Kommandeur* du bataillon en personne, le *Stubaf.* H. v. Westernhagen. Nous expliquerons dans les annexes C de l'ouvrage notre hypothèse en ce qui concerne le deuxième équipage. (Kameradschaft LSSAH.)

**Ci-contre :** photographie datant du début 1944 de deux officiers de la *s.SS-Panzer-Abteilung 101* lors d'un exercice en Belgique : le *Hauptsturmführer* Rolf Möbius à gauche et l'*Untersturmführer* Jürgen Wessel à droite (ce dernier sera promu *Obersturmführer* quelque temps plus tard). Ils font alors tous deux partie de la *Stabskompanie* de la *s.SS-Panzer-Abteilung 101*. Les deux hommes, qui ont joué un rôle très différent lors des combats de Villers-Bocage, se sont vraisemblablement retrouvés sur la route de Caen vers Noyers-Bocage en compagnie de Wittmann pour une brève réunion préparatoire à l'attaque en direction de la cote 213 et de Villers-Bocage. (Kameradschaft LSSAH.)

sitif de regroupement pouvait mettre à disposition les Panther de la *I./SS-Pz.Rgt.12* pour qu'ils puissent intervenir rapidement sur la RN 175. Ces dispositions furent annulées dès le déclenchement de l'attaque des Tiger du *Hstuf.* Möbius en direction de l'ouest. Les forces de la *Panzer-Lehr-Division* dans le secteur de Monts-en-Bessin ont elles aussi été alertées par l'état-major du *Generalleutnant* Bayerlein. Ont été très certainement dépêchées de l'infanterie et des antichars Pak 40 sur un arc de cercle nord-sud à l'est de la cote 213. A ce propos, des témoignages anglais rapportent la présence de mouvements ennemis que les soldats distinguent au loin sur la longue ligne droite conduisant à Caen tout au long de la matinée. L'historien américain Carlo d'Este note dans son ouvrage sur le 6 juin 1944 (9) : « *Les Anglais ont aperçu au loin plusieurs véhicules blindés allemands qui observaient les «Sharpshooters» : Cranley savait que l'information serait rapidement diffusée à toutes les unités allemandes opérant dans la zone. L'adjoint du Brigadier Hinde, le Major Lever, remarqua par ailleurs que Cranley était incontestablement prudent dans sa progression* ». Les Allemands ont pu, comme nous l'avons vu, compter sur les véhicules blindés de la *Panzer-Aufklärungs-Abteilung 130,* lesquels avaient suivi la colonne anglaise depuis la veille au soir à distance des hauteurs de Livry (voir également l'observation faite par le *Lieutenant* Charles Pearce que nous avons relatée en page 14 de cet

**Ci-dessous :** document britannique montrant l'arrière de la caisse du Tiger 334 de la *3.Kompanie* de la *s.SS-Panzer-Abteilung 101* capturé vers Rauray durant l'Opération Epsom à la fin juin 1944. Cette vue montre clairement et de manière très rapprochée l'insigne de l'unité peinte à même le Zimmerit du Panzer. Les Britanniques ne sauront pas avant le 18 juin (selon les rapports du renseignement *Intelligence summaries* ) le nom et la provenance précis de l'unité de Tiger qu'ils combattent depuis une semaine. A noter que cet insigne est ici peint sur un fond très foncé – très probablement noir – ce qui semble être caractéristique de certains Tiger de la *3.Kompanie* tels que les Tiger 304, 321, 324, 331 et 334 (mais pas du 305, ni des 311 et 314). (NARA.)

**Ci-dessus :** photographie de l'*Obersturmführer* Michael Wittmann en compagnie de l'*Obergruppenführer* Sepp Dietrich, commandant *du I. SS-Panzerkorps*. Le chef de la *2. Kompanie* de Tiger semble emprunté et raide dans sa vareuse de cuir, ce qui contraste avec la vue prise dans le même après-midi du 13 juin 1944 lorsqu'il sourit devant une coupe de champagne. L'image trahit le signe d'une certaine emprise de Dietrich sur Wittmann qui semble aller au-delà du lien hiérarchique au sein de la Waffen-SS. (KB K-A. Petraschk, BPK.)

ouvrage). Deux automitrailleuses à roues ont d'ailleurs été aperçues par le *Colonel* Cranley à travers ses jumelles aux alentours de 10 heures depuis la côte 213. Nous pouvons nous rendre compte que le calme relatif, décrit entre 10 et 11 heures dans les récits des survivants du groupe de Cranley, n'allait pas devoir durer face au renforcement du dispositif de contre-attaque allemand. Les Tiger, en position à distance de la cote 213, attendent qu'un ordre d'attaque soit apporté au *Hstuf.* Möbius. C'est peut-être Wittmann lui-même qui a transmis cet ordre du début de la contre-offensive. L'assaut imminent, qui a pour but de reprendre le contrôle de Villers-Bocage, va devoir suivre les traces du Tiger 212 pour achever ce que Wittmann avait entrepris avec son seul *Panzer*. L'attaque des Tiger de la *1.Kompanie* de la *s.SS-Panzer-Abteilung 101* sur Villers-Bocage commence bien sur la route de Caen au sud-ouest de Noyers –Bocage le 13 juin vers midi, et trouvera son terme à 17 kilomètres au nord-ouest de la localité le 16 juin 1944 au matin avec la mort de l'*Ostuf*. H. Philipsen.

(1) Voir Chapitre C des annexes du livre, « Le rôle des Tiger de Wittmann ».

(2) Voir «*The Western Front 1944, Memoirs of a Panzer-Lehr officer*», Helmut Ritgen, JJ Fedorowitz, 1995

(3) En suivant la route qui va mener l'équipage à pied du Tiger 212 à Feuguerolles, nous pouvons noter la hauteur de Gournay qui domine la vallée du Coudray au nord de Villers-Bocage, c'est certainement à partir de ce secteur que Wittmann a aperçu les blindés britanniques en surveillance sur la route d'Anctoville. Une unité qui va s'opposer plus tard aux Pz.Kpfw. IV de Ritgen progressant des hauteurs des Hauts de Saint-Louet.

(4) Le *Major* Prinz Wilhelm von Schönburg-Waldenburg était au moment de sa mort *Kommandeur* de la *II.Abteilung* du *Panzer-Regiment 130*. Il a été tué à l'intérieur de la tourelle de son Pz.Kpw. IV de commandement du *Nachrichtenzug,* le 11 juin 1944 vers 16 heures, au cours d'une tentative de contre-attaque hasardeuse au nord-est de Tilly-sur-Seulles sur la cote 103 face aux troupes britanniques. Il a été inhumé le 12 juin vers 22 heures à Parfouru-sur-Odon.

(5) P. Agte, «*Tiger*», Album Historique, Heimdal.

(6) Le témoignage d'un technicien d'un Funkwagen de la *I.Staffel* de la *Panzer-Nachrichten-Abteilung 130* stationné au château d'Orbois apporte la confirmation du prêt de deux Schwimmwagen à « un groupe d'officiers de Panzer SS » le 13 juin dans la matinée. *« Nos Volkswagen amphibies étaient garés sous les arbres ; le Leutnant Keitel a crié de lâcher les outils à un gars plongé la tête dans le moteur de l'un d'eux car il fallait donner les véhicules à un groupe d'officiers de Panzer SS ; ça bardait au sud ! »*

(7) Les *Sturmmänner* Jonas et Boldt avaient déjà été récompensés d'une *Eisernes Kreuz Klasse 2* sur le front de l'Est mais leurs décorations n'avaient pas été remises à l'époque. C'est pourquoi le 20 juin 1944, ils ont reçu à la fois l'EK.1 et l'EK.2.

(8) *Interrogation Report of POW A/433615(M) (371 –SIR 541)* par le service CSDIC(UK). NARA.

(9) *Histoire du Débarquement*, Carlo d'Este, Tempus, 2015.

**Ci-dessus :** voici comment a pu apparaître Caen à Villers-Bocage (cote 213) dans la visée monoculaire T.Z F.9c du pointeur d'un des Tiger de la *1.Kompanie* de la *s.SS-Panzer-Abteilung 101* le 13 juin, avant que les blindés anglais ne déclenchent leurs fumigènes et tentent une percée par cet axe vers 12h30. (F. Deprun.)

**Ci-contre :** détail de la photographie de la page 16 de l'ouvrage : il s'agit de la tourelle du Tiger 131 de l'*Ustuf.* Hahn, chef du *III.Panzerzug* (3e section) de la *1./s.SS-Panzer-Abteilung 101* lors de la progression de l'unité vers le front de Normandie le 7 juin 1944. L'engin est l'un des 8 Tiger venus se porter face à la cote 213 le 13 juin vers midi. Dans le cadre de la dotation réglementaire, chaque membre d'équipage recevait un casque d'acier. Les tankistes de la *1.Kompanie* avaient pour habitude d'accrocher leurs casques à l'extérieur de la tourelle de leurs engins, au niveau des fixations des patins de chenille de rechange qui offrent des points d'accroche bien pratiques. Au sein de l'*Abteilung*, cette pratique n'est pas observée sur les Tiger de la *2.Kompanie*. (BA.)

7

# La cote 213 et les redditions anglaises

## Une situation dramatique pour les Anglais

Les premières indications de l'« *Opération Perch* » sont apparues dans les notes du *War diary* du HQ 30 Corps « *G* » à partir du 9 juin 1944. (1) Les contacts initiaux du *XXX Corps* avec le *V US Corps* sont établis dans le secteur de Subles le 10 juin 1944 puis dans le secteur des hameaux de Le Bas et de La Butte le 11 juin 1944. Ces deux points en secteur américain se situaient sur l'axe d'attaque de « l'Opération Perch » pour permettre aux troupes britanniques de contourner les unités de protection qui flanquaient le secteur de la *Panzer-Lehr-Division*. La décision quant à l'objectif définitif de l'opération est établie le 12 juin au matin avec la convergence de la progression des unités de la *22nd Armoured Brigade* à travers Villers-Bocage en direction de Noyers-Bocage. Pour le groupe du *Colonel* Cranley en fin de matinée du 13 juin, l'objectif était quasiment atteint puisque la cote 213 était tenue et Noyers-Bocage se trouvait à 5 kilomètres au bout de l'axe de progression nord-est, à la fin de la longue ligne droite en direction de Caen. Toutefois, ce groupe blindé qui constitue l'avant-garde de l'opération est totalement isolé sur l'objectif, et en voie d'encerclement total.

Nous devons introduire ce chapitre en dressant l'état des lieux des forces en jeu sur la RN 175, aux environs de midi le 13 juin 1944. Le groupe de blindés anglais, commandé par le *Colonel* Cranley du *4th CLY,* stationne depuis 9 heures du matin en pointe de « l'Opération *Perch* » sur la cote 213, dominant à l'ouest Villers-Bocage et le Calvaire, et à l'est de la longue ligne droite conduisant vers Noyers-Bocage et Caen. La position est reliée de ses arrières par un étroit couloir constitué par la route nationale jusqu'à Villers-Bocage, jonchée d'épaves de véhicules et de blindés et en voie d'être coupée définitivement par les forces allemandes. Un encerclement se dessine irrémédiablement puisque des signes de regroupement d'unités d'infanterie se profilent sur le côté nord-est/est de la position. Au cœur du secteur de la *Panzer-Lehr-Division* et du *I.SS-Panzer-Korps*, le groupe britannique de 8 Tanks, 5 véhicules blindés, 2 ou 3 motos et environs 60 hommes patientent cependant en attendant des ordres et d'hypothétiques renforts.

Carte de position du face à face entre la *1.Kompanie* de Tiger de la *s.SS-Panzer-Abteilung 101* et le groupe composé d'une partie du *A Squadron* du *4th CLY,* d'un char du *5th RHA* et quelques éléments de la *A Company* de la *1st Rifle Brigade* isolés sur la cote 213, le 13 juin entre 12 heures et 13 heures 30. (Carte F. Deprun.)

### La cote 213 est un piège à rats

La situation peut être décrite ainsi sur la RN 175, entre le hameau du Bas-des-Landes et la cote 213, le 13 juin 1944 vers midi (voir schéma page 56) : le groupement isolé commandé par le *Colonel* Cranley *et* qui compte une partie du *A Squadron, 4th CLY*, un char du *5th RHA*, et quelques véhicules et hommes de la *A Company, 1st Rifle Brigade,* tient cette hauteur entre Villers-Bocage et Noyers-Bocage et est pratiquement encerclé par les forces allemandes.

- A l'ouest de la position se trouvent 4 Tiger de la *2. Kompanie* de la *s.SS-Panzer-Abteilung 101* qui surveillent la portion de la RN 175 conduisant à Villers-Bocage. Le secteur est renforcé progressivement par des petites unités d'infanterie allemande qui arrive du sud de la ligne de front. A proximité se trouvent 4 Cromwell et quelques dizaines de soldats isolés de la *7th Armoured Division* retranchés dans les vergers au bord de la route nationale (voir page 44, 45 et 55).

- Le côté nord de la cote 213 ne possède qu'une route, celle de Monts-en-Bessin située à trois kilomètres, qui irrigue le cœur des positions d'unités de la *Panzer-Lehr-Division*. Celles-ci ont déjà été prévenues de la percée anglaise et tiennent l'embranchement de la route de Villy-Bocage avec une position antichar Pak 40 et un dispositif d'infanterie léger qui interdisent aux troupes britanniques d'emprunter cet axe.

- Le sud de la cote 213 n'est relié à aucune route et les larges champs qui bordent la position sont ceinturés par le sentier de l'ancienne route de Caen et une voie ferrée. Des chemins agricoles bordent la RN 175 mais restent sans issue. Réussir à franchir ces barrières et c'est tomber en plein sur les ateliers de réparation de la *II.Abteilung* du *Panzer-Regiment 130* de Parfouru-sur-Odon.

- Le côté est de la cote 213 n'est qu'une longue ligne droite très dégagée conduisant sur 3 kilomètres à Noyers-Bocage. Un axe surveillé depuis 11 heures pas les forces allemandes de la *Panzer-Aufklärungs-Abteilung 130* (quelques blindés Sd.Kfz 250 et 232) et de la *1./s.SS-Panzer-Abteilung 101* (8 Tiger). La scène ainsi posée montre clairement que la soixantaine d'hommes et les quelques blindés du groupe de Cranley sont encerclés. A moins d'une fuite à travers champs, ils ne peuvent pas s'en sortir.

Représentation du numéro tactique de tourelle du Tiger 131. Chacune des trois *Kompanien* utilisait une combinaison de couleurs spécifique - voire deux comme dans le cas de la *2.Kp* (voir organigramme en annexe B). (F. Deprun.)

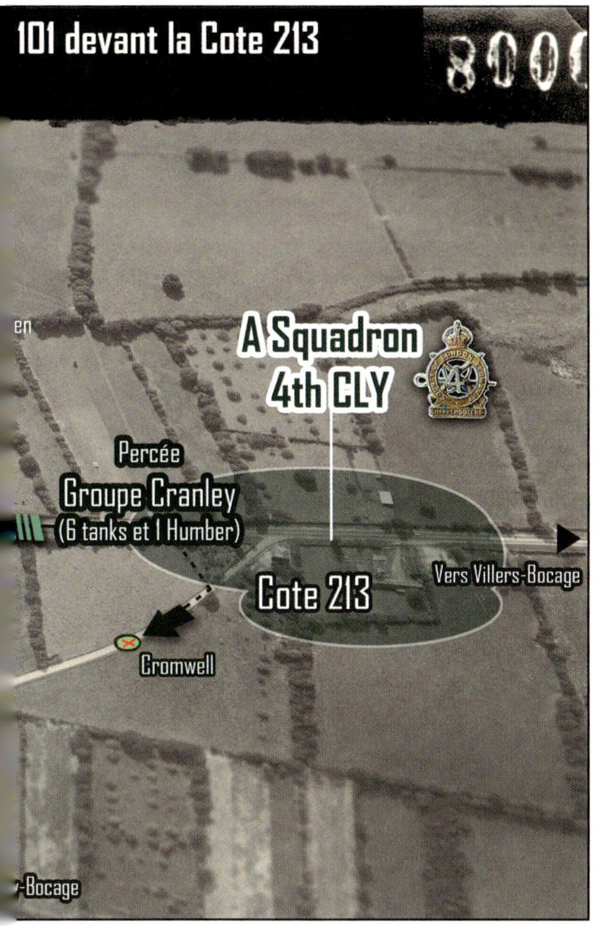


Une liste plus précise du groupe Cranley peut être établie pour servir de repère aux déroulements des opérations. Ainsi sur la cote 213, déployés en « Box » se trouvent les éléments suivants :

**Détail de la composition du groupe Cranley**

**Véhicules et chars (*A Squadron, 4th CLY*)** (2) **:**

- **1 Firefly** du *4 Troop*, celui du *Sergeant* Norman Jones,

- **4 à 6 Cromwells**, dont celui du *Major* Peter Scott (commandant du *A Squadron*) et qui avait pour conducteur le *Trooper* Arthur R. Kinge (dont nous publions le témoignage) et celui du *Lieutenant* Bill Garnett (voir pages 34 et 55), et dont au moins 2 Cromwells du *2 Troop* (le Cromwell «*Shufti Cush*» + le Cromwell détruit sur la route de Monts-en-Bessin, au nord de la cote 213).

- **1 OP Cromwell** (char d'observation) de la «*K Battery*» du *5th RHA*, celui du *Captain* Roy Dunlop.

- **2 à 3 Half-tracks M9A1** de la «*A Company*», *1st Rifle Brigade*, ayant servi à transporter les officiers et sous-officiers pour le briefing à l'avant de la colonne (voir page 34).

- **2 scout-car Humber**, dont celui utilisé par le *Colonel* Arthur Cranley (commandant du *4th CLY*) qui a laissé son Cromwell en arrière (alors pris en charge par le *Major* Carr, voir page 78).

- **2 à 3 motocyclettes** d'agents de liaison.

**Les hommes :**

***4th CLY*** :

- le *Colonel* Arthur Cranley (commandant le *4th CLY*)

- le *Major* Peter Scott (commandant le *A Squadron, 4th CLY*)

- le *Trooper* Arthur R. Kinge, conducteur dans le Cromwell de P. Scott (*4th CLY*)

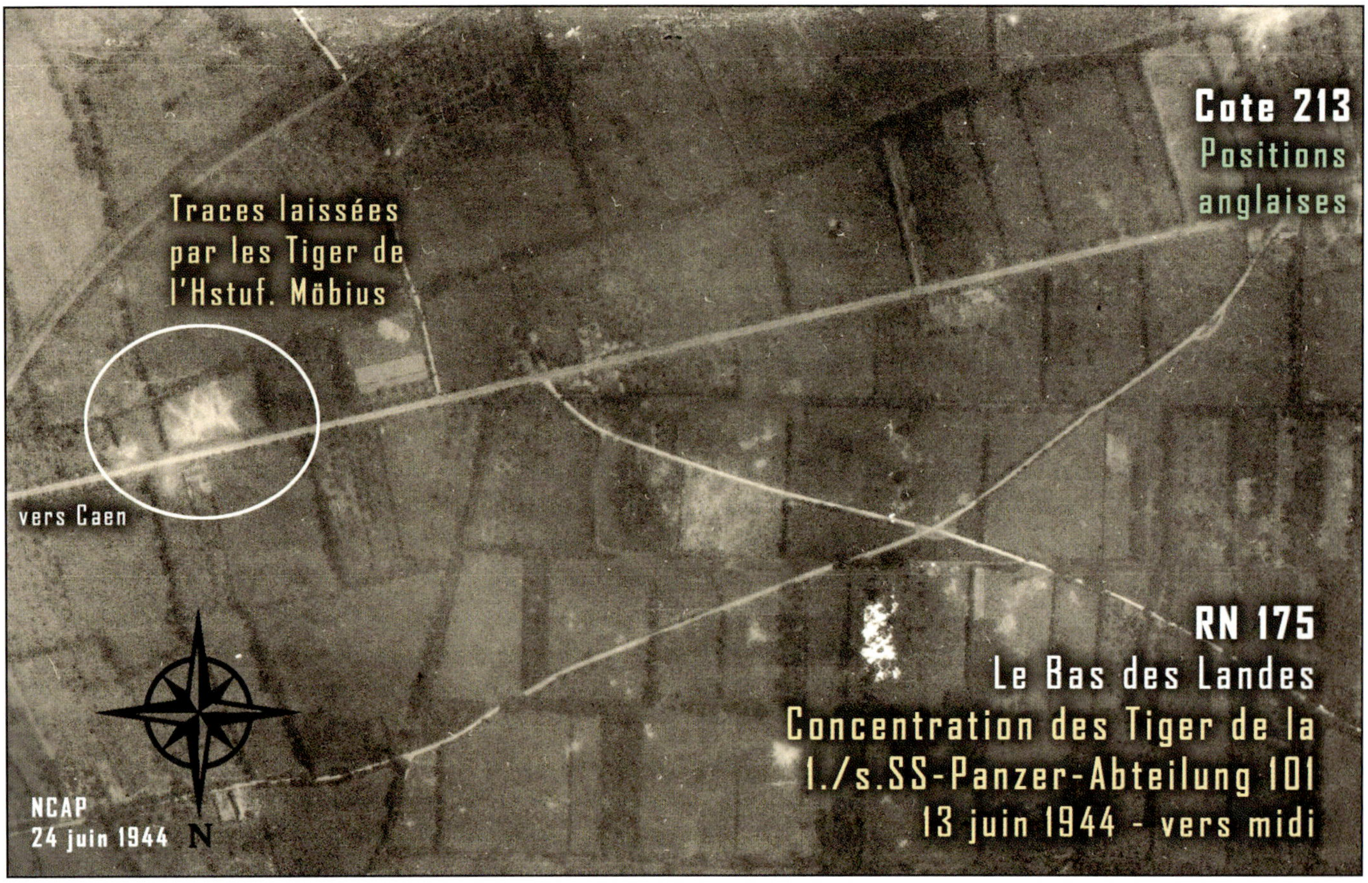


Vue aérienne du 24 juin 1944 de la route de Caen – Villers-Bocage, au niveau des Bas des Bruyères de Montbrocq et de la cote 213, même secteur que celui de la double page précédente. En dépit de la faible qualité de l'image, nous pouvons repérer à l'aide du cercle blanc le champ qui a accueilli les Tiger de la *1.Kompanie* du *Hauptsturmführer* Möbius le 13 juin 1944 avant midi. Celui-ci est recouvert de traces formées par les chenilles des 8 Tiger venus se mettre à couvert, en attente de déploiement avant l'attaque. Une position située à quelques centaines de mètres de l'intersection de la route d'où arriveront les Schwimmwagen de Wittmann. (NCAP.)

- le *Sgt* Norman Jones, commandant le Firefly «*Alla Keefek*» (*4 Troop/4th CLY*)
- les autres équipages des chars du *A Sqn* présents

*soit un total d'environ 35 hommes pour 7 chars (en comptant Cranley, Scott etc..) ou 25 hommes pour 5 chars.*

***5th RHA*** :

- *Captain* Roy Dunlop (*«K Battery» / 5th RHA*)
- les 4 autres hommes d'équipage de Dunlop

*soit un total de 5 hommes.*

***A Company /1st Rifle Brigade*** **:**

Les officiers et une partie des sous-officiers dont :

- *Major* James Wright (commandant la *A Company*)
- le *Captain* Christopher Milner
- le *Lieutenant* Bruce Campbell (chef de section / *Platoon*)
- le *Lieutenant* Butler (de la section antichar ; il n'était pas avec les deux *6 Pounder* près du Calvaire)
- le *Lieutenant* Peter Coop
- le *Lieutenant* Parker
- le *Sergeant* Gale (le chef de la section de mortiers de la *A Company*, seul sans ses hommes)
- le *Sgt* O'Connor (du *1 Platoon*)
- une section de 10 *Riflemen* dont le R*ifleman* Loveridge (sans doute *5 Platoon*) commandée par le *Corporal* Nicholson (soit 11 hommes au total)
- les conducteurs des 3 half-tracks (3 hommes)

soit un total d'environ 22 hommes de la *1st RB*.

+ les hommes d'équipage des Humbers + agents de liaison (sur motos), soit un total d'environ 6 à 7 hommes.

## Wittmann, Wessel et Möbius sur la RN 175 – 13 juin vers midi

A la sortie du château d'Orbois vers **11h30**, les deux Schwimmwagen de la *Panzer-Lehr-Division* convoient le groupe de 6 hommes de la *2.Kompanie* de la *s.SS-Panzer-Abteilung 101* : l'équipage du Tiger 212 avec l'*Ostuf.* Wittmann, l'*Uscha.* Boden (conducteur), le *Strm.* Jonas (radio), l'*Uscha.* Müller (pointeur), le *Strm.* Boldt (pourvoyeur) accompagnés de l'*Ostuf.* Wessel en direction de la RN 175. Le petit convoi quitte le poste de commandement de Fritz Bayerlein pour rejoindre les positions de la *1. Kompanie* de Tiger du *Hstuf.* Möbius, quelque part sur la route avant Noyers-Bocage. Les véhicules longent les positions mises en place par la *Panzer-Lehr-Division* sur la route de Monts-en-Bessin. L'*Ostuf.* Wittmann parvient à trouver les Tiger stationnant sous les frondaisons d'un herbage le long de la RN 175. Les informations rapportées par le groupe de la *2. Kompanie* pourraient s'avérer indispensables au déroulement de la future attaque. Les indications sur la nature de la percée ennemie peuvent être données par Wittmann, mais celui-ci ne connaît pas l'évolution de la situation entre le Calvaire et la cote 213 à cette heure. Il a effectivement détruit une colonne blindée britannique, mais les renforts anglais peuvent être arrivés sur zone et avoir fait la jonction avec la cote 213 depuis son assaut.

Le deuxième acte de la bataille de Villers-Bocage se trouve désormais dans les mains du *Hstuf.*

Photographies du plus avancé des deux Cromwells abandonnés par les Anglais au bas des Bruyères de Montbrocq. Le tank est visible dans deux positions différentes sur ces deux photographies. Il s'agit de l'OP Cromwell (char d'observation d'artillerie) du *Captain* Roy Dunlop immatriculé (T-187796) de la *K Battery, 5th RHA*, évacué par son équipage après des échanges de tirs avec les Tiger de Möbius. La première vue, prise le 13 juin en fin d'après-midi par le *Kriegsberichter* Karl-Arthur Petraschk, montre le tank abandonné au bord de la route après avoir effectué un demi-tour pour – on l'imagine – pour tenter d'échapper aux Tiger de la *1.Kompanie* arrivant de l'est. Les pots fumigènes ont été déclenchés par les Allemands à l'intérieur du tank pour produire un effet de destruction pour le photographe. Il est à noter que le canon est coincé entre les deux morceaux du tronc d'arbre explosé ce qui signifie que des tirs se sont produits après l'immobilisation ou l'abandon de l'engin. La deuxième vue, prise par le *Kriegsberichter* Grimm le matin du 14 juin, montre l'engin dans le sens inverse, donc tourné vers l'est - ce qui indique que les Allemands ont démarré l'engin. Un « K » (police d'écriture « *old english* ») est visible à proximité du « *census number* » sur la tourelle du tank comme signe tactique pour la *K Battery*. A noter que le corps de ferme visible en arrière-plan n'existe plus aujourd'hui. (photos KB Petraschk, BPK, et KB Grimm, BA.)

T18779C

T18779C
T187796

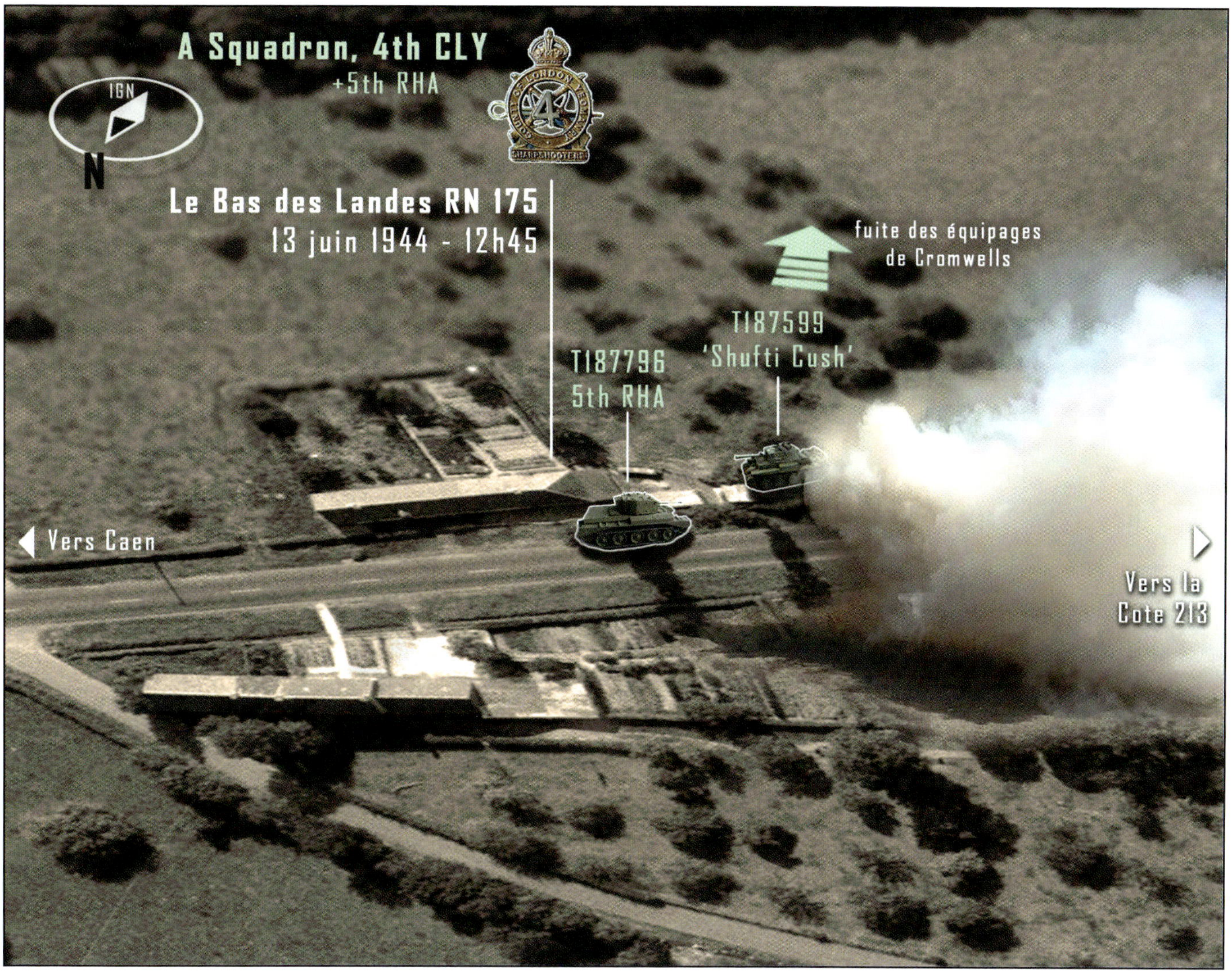


Möbius qui doit prendre le contrôle des opérations. Les éclaireurs de la *Panzer-Lehr-Division* ont été, certainement depuis 11 heures, envoyés pour observer et connaître le dispositif anglais sur la hauteur.

**Face à Face sur la RN 175 – 13 juin à 10h/12h**

Pour les Anglais sur la cote 213, de 10 heures à midi, l'atmosphère qui règne face aux troupes allemandes s'approchant irrémédiablement est bien retranscrite par le *Lieutenant* Bruce Campbell de la *A Company*, *1st Rifle Brigade* :

« *Parvenus au QG, James Wright* (le commandant de la *A Company* de la *1st Rifle Brigade) nous a donné l'ordre de nous tenir là où nous étions, moi, mon sergent* (le *Sgt* Gale déjà mentionné) *et cinq fusiliers, jusqu'à ce que les* Queens*, en route, nous tirent de là. Mais le* 1/7th Queen's *avait suffisamment à faire à 1500 mètres de là, dans Villers. La situation était alors la suivante : un groupe de 8 à 12 chars (3), dont un char d'observation du* 5th RHA*, deux Dingos, trois half-tracks et quatre motocyclettes étaient coupés du gros du groupe tactique. Et il était par trop évident que nous manquions cruellement d'infanterie. En comptant les officiers, mais pas les chauffeurs, il n'y avait là qu'un total de 22 hommes* (4).

*Un jeu de cache-cache mortel a alors commencé durant lequel Peter Coop a été gravement blessé. Là où nous étions, la confusion était totale et seuls des rafales intermittentes de "Spandau" et le grondement de chars qui semblaient se rapprocher de notre position nous donnaient une idée des mouvements de l'ennemi. Il me faut rapporter le travail magnifique réalisé par Christopher Milner qui s'est employé à sauver les blessés, tant ceux des Boches que les nôtres. Il a fait preuve d'un remarquable courage. Un peu plus tard, notre observateur d'artillerie, un grand type du nom de Bill Dunlop, nous a remonté le moral par la façon qu'il avait d'engager toute cible qui se présentait à lui, et plus d'une fois nous avons entendu nos propres obus siffler au-dessus de nos têtes en direction d'un groupe d'Allemands qui avait eu l'imprudence de se montrer.* »

Le *Lt.* Bruce Campbell indique clairement dans son témoignage que les Anglais entendent le bruit des Tiger du *Hstuf.* Möbius au loin mais ne les voient pas, et que des infiltrations d'infanterie essayent de reconnaître et de pénétrer le dispositif de défense du groupe Cranley, avec des échanges de tirs. Le Cromwell de Bill Dunlop a joué le rôle d'observateur d'artillerie défensive pour opérer des tirs de barrage et clouer les mouvements ennemis. Le *5th RHA* avait été déployé à proximité et de chaque côté de la route de Livry à Amayé-sur-Seulles. Il était en capacité de venir soutenir les troupes avancées de la *22nd Armou-*

**Page précédente :** ce photomontage permet de bien situer la position des deux chars Cromwell abandonnés au bas des Bruyères de Montbrocq après la tentative de dégagement d'une partie du groupe britannique isolé sur la cote 213. (Montage F. Deprun.)

**Ci-dessus :** schéma sur une vue aérienne de l'emplacement des deux Cromwells abandonnés sur la RN 175 le 13 juin 1944 entre 12h et 13h. (Montage F. Deprun.)

**Ci-dessus :** portrait du *Colonel (the Viscount)* Arthur Cranley, commandant du *4th CLY* et à la tête du petit groupe blindé britannique isolé sur la cote 213. Selon toute vraisemblance, l'officier et les quelques hommes qui l'accompagnaient seront fait prisonniers par les Allemands dans un bois entre la route nationale N175 et Parfouru-sur-Odon, le lendemain 14 juin 1944. (Heimdal.)

*red Brigade* sur la cote 213 grâce au FOO *(Forward Observer Officer*, l'officier d'observation avancée), le *Captain* Dunlop dans son Cromwell.

La situation après l'attaque de la matinée sur la route nationale entre la cote 213 et le Calvaire ne pouvait que provoquer de l'inquiétude aux yeux des hommes de Cranley. A 11 heures sur la RN 175, 130 minutes après le déclenchement de l'attaque de Wittmann, les véhicules de la 1st Rifle Brigade continuaient de brûler et de se consumer au milieu des bruits de chenilles de Tiger de la *2.Kompanie*, et des tirs d'armes automatiques épars. Les tanks projetaient de lourdes fumées noires avec les Universal Carriers et les Halftracks en feu qui explosaient leurs munitions de bord... Autour de 10 heures, il était déjà impossible d'envisager de faire demi-tour pour retraverser Villers-Bocage sans opérer une jonction avec des unités isolées sur le trajet. Mais les survivants de la colonne étaient définitivement dispersés.

Le *Lieutenant* Bruce Campbell poursuit :

*« Vers midi, la situation s'est détériorée. J'ai interpellé Roger Butler pour lui demander combien d'argent français il avait sur lui car j'ai pensé qu'il allait nous falloir nous cacher dans une ferme proche pendant quelques jours. Notre conversation fut interrompue par un échange de tirs brefs sur notre gauche qui s'est terminée par une grosse explosion et une gerbe de flammes : c'était encore un de nos précieux chars qui venait de sauter.* (5) *C'est là que j'ai vu Roger pour la dernière fois. J'ai appris plus tard de la bouche de Robert Brown du* 4thCLY *que Roger avait été touché par une rafale de "Spandau" alors qu'il guidait un groupe de Troopers du* 4thCLY *en tentant de repartir vers la ville. Il est mort plus tard à l'hôpital. J'ai alors rejoint James (NDA :* le *Major* James Wright, le commandant de la *A Company* de la *1st Rifle Brigade*) *au centre de notre position et il m'a dit d'aller dans une ferme distante d'environ une trentaine de mètres et de là, de surveiller une portion de terrain vague. Arrivés dans une sorte de petite grange, le* Rifleman *Loveridge et moi-même nous sommes installés dans ce qui s'est révélé être un excellent poste d'observation. »*

Le témoignage rapporte clairement que la situation à partir de midi était devenue intenable sur la cote 213 et que l'infanterie ennemie se rapprochait progressivement en provenance de toutes les directions. Il devenait suicidaire pour les Anglais de tenter une sortie à pied, même par petits

**Ci-contre :** chemin agricole par lequel un petit groupe d'hommes menés par le *Colonel* Cranley a certainement tenté de fuir la nationale 175, avant de devoir abandonner un véhicule à roues (probablement son Humber scout-car) dans le champ au fond de l'image situé près de la voie ferrée Caen/Villers-Bocage. (Photo auteurs.)

Schéma sur une vue aérienne du 24 juin 1944 du trajet probable du *Colonel* Cranley et de son petit groupe lors de leur fuite au sud de la cote 213 et du bas des Bruyères sur la RN 175, le 13 juin 1944 entre 12 h 30 et 13 heures. (NCAP 24 juin 1944)

groupes, car les Allemands avaient cadenassé toutes les possibilités de dégagement qui leur restaient.

Le témoignage (6) du Colonel Cranley, tiré de son livre «*Men and Sand*», restitue ses dernières actions avant qu'il ne soit capturé :

« *Le 13 juin, nous sommes tombés dans une embuscade à Villers-Bocage et l'ensemble du* A Squadron *et de la* A Company *de la* 1st Rifle

**Ci-dessous :** vue du second Cromwell (T-187599) surnommé « *Shufti Cush* » du *2nd Troop* du *A Sqn, 4th CLY,* abandonné au bord d'un champ du bas des Bruyères après la tentative de fuite avortée vers l'est de la majeure partie du groupe de blindés anglais à partir de la cote 213. Nous pensons que ce char s'est retrouvé coincé dans le fossé après avoir tenté de sortir de la nationale quand les Tiger de la *1.Kp* ont ouvert le feu. On ne peut pas non plus écarter l'hypothèse que les Allemands l'aient mis dans cette fâcheuse posture après en avoir pris le contrôle et fait un tour avec pour le tester, comme ils le feront avec au moins un autre Cromwell sur la cote 213, car ce modèle de char leur était jusqu'alors inconnu. (BA.)

**Ci-dessous :** photographie de l'OP Cromwell (T-187796) du *Major* Roy Dunlop, *K Battery du 5th RHA,* laissé le long de la nationale par les Allemands. Le second Cromwell abandonné à cet endroit est partiellement visible à l'arrière-plan et de la fumée s'en échappe. Sur quelques autres photos du *Kriegsberichter* Grimm, on peut voir un tankiste de la *s.SS-Panzer-Abteilung* y mettre le feu, sans doute parce que ce tank ne peut plus alors être aisément récupéré par l'unité pour son usage propre. Cette vue date du 14 juin. (KB Grimm, BA.)

Composition du groupe de Tiger de la *1.Kompanie* du *Hauptsturmführer* Rolf Möbius lors de l'attaque sur la cote 213 le 13 juin 1944 entre 12 et 13 heures. Nous avons établi celle-ci sur la base de l'identification des épaves de Tiger que cette *Kompanie* a perdu entre le 13 et le 16 juin dans et à l'ouest de Villers-Bocage, ainsi que sur les rares témoignages allemands disponibles. (Schéma F. Deprun.)

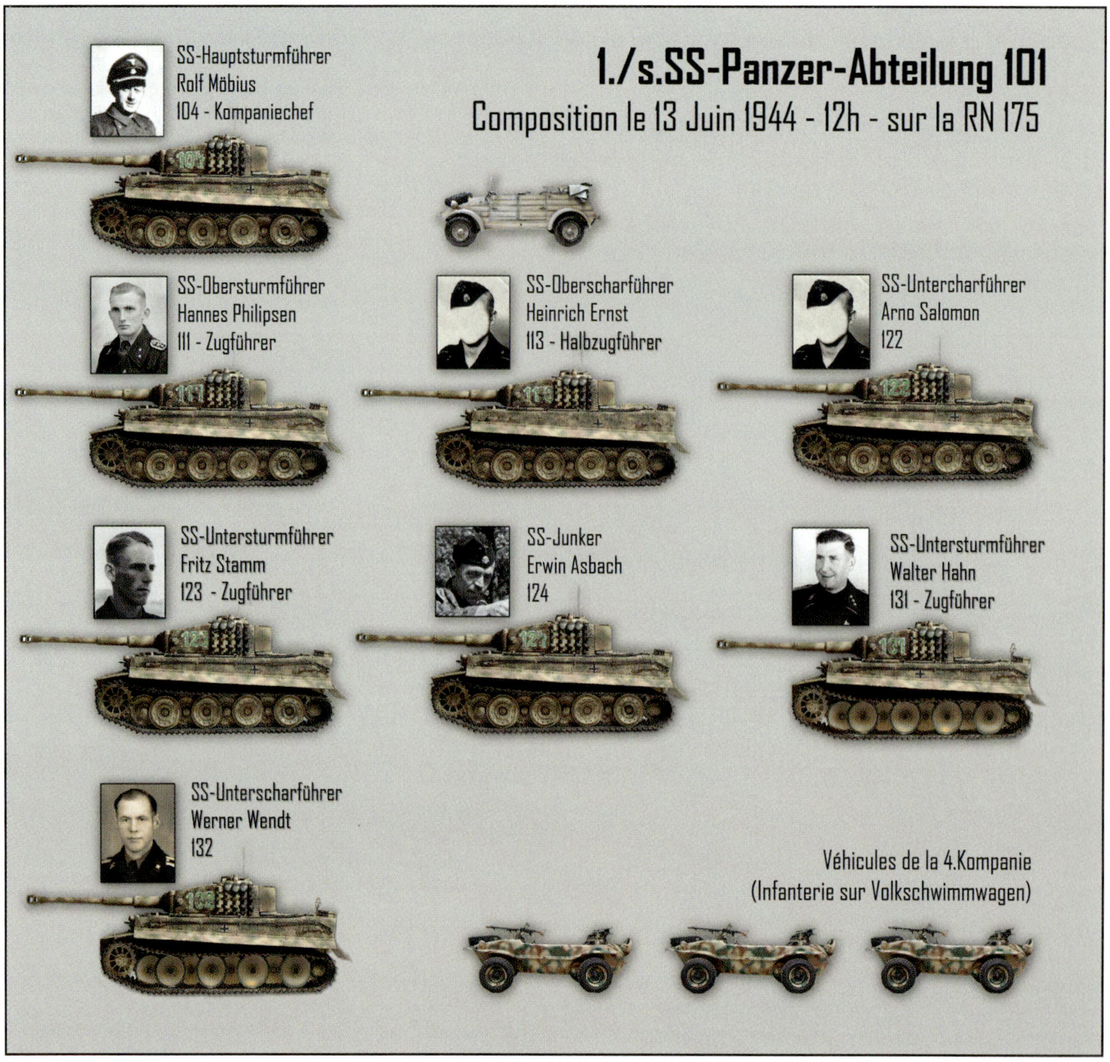


Illustration sur photo aérienne de la capture par le groupe de Tiger du *Hauptsturmführer* Rolf Möbius de la cote 213 et trajet de fuite du *Captain* Christopher Milner. (Schéma F. Deprun sur notice des auteurs.)

*mettre en danger nos blessés, et j'ai aussi ordonné à tous les hommes qui en étaient encore capables de tenter de fuir à pied par petits groupes en profitant de la couverture de fumigènes que j'avais pu faire tirer par notre artillerie juste avant que ma radio ne soit détruite. Ce plan a fonctionné au début, mais lors de notre tentative pour rejoindre le gros du régiment, nous sommes tombés pile sur le quartier général de la division allemande qui était habilement dissimulé dans un bois, et mon groupe et moi-même avons été faits prisonniers. A partir de ce moment-là et jusqu'à la fin de la guerre, mon lien direct avec le régiment a été rompu.* »

Dans une édition de la *Newsletter* des *Sharpshooters* de 1989, il est rapporté ce qui suit : il est 12h30 et le *Colonel* Cranley se trouve alors quelque part au sud-est de la cote 213, mais plus en lien direct avec son *Squadron* :

« *Le colonel est parti avec son scout-car faire une reconnaissance vers la voie de chemin de fer, mais sans succès et, peu de temps après, il fut capturé. Les dernières paroles de Lord Cranley qu'on a pu entendre sur la radio exprimaient toute sa colère, son dépit et toute sa frustration de guerrier vaincu. Roy Akers, un pointeur du* B Sqn *et vétéran du désert, se rappelle très bien du dernier accès de colère de Cranley. Comme d'autres équipages de char, Roy était confiné dans son char depuis des heures et il n'avait aucune vue vers l'extérieur, à l'exception de ce qu'il pouvait voir à travers le périscope du pointeur. Il comptait sur son commandant, le* Sgt. *Bob Moore pour lui donner quelques nouvelles et sur ce qu'il pouvait entendre sur la radio du bord. Et c'est ainsi qu'il se souvient très bien d'avoir entendu les jurons proférés par Cranley en direction de son conducteur de scout-car :* "Où sont mes putains de bottes ?! Bordel, je ne vais sûrement pas me taper la route jusqu'à cette merde de Berlin sans mes putains de bottes !"».

*Comme le fit remarquer Akers : « Ça, c'était Cranley tout craché ! »*

Le colonel Cranley annonce donc à ses hommes que tout est perdu pour le groupe vers **12h30**. Il propose que chacun tente un repli individuel ou par petits groupes et il part avec son conducteur peu après dans son Humber en direction du sud-est de la cote 213. Le blindé commence par progresser sur la RN 175 en direction de l'est sous couvert de tirs fumigènes et emprunte le premier chemin agricole qui conduit vers le sud. Son blindé aborde un large champ et engage une première tentative pour se rabattre vers l'ouest ; un demi-tour est effectué, sans-doute en raison d'une présence allemande. Un second essai est tenté le long de la voie ferrée un peu plus loin sans plus de succès. C'est alors que Cranley se rabat en direction du sud, mais il ne peut progresser plus avant en raison de la présence des unités du *Panzer-Regiment 130* dans le verger face à lui. Le Humber revient sur ses traces et l'engin est sans-doute abandonné dans le couvert d'un dénivelé, car l'équipage a dû entendre à ce moment les explosions sur la cote 213 et le bruit des Tiger en marche vers la hauteur. Se réfugiant dans les bois à proximité, le *Colonel* sera capturé quelques heures plus tard par le ratissage effectué par les Allemands. (Voir plan page 116).

## Tentative de dégagement des encerclés de la cote 213 – 13 juin à 12h40

Les informations manquaient pour connaître le déroulement des évènements avant la reddition finale britannique sur la cote 213. Le récit de l'action du Colonel Cranley nous a éclairé sur son action personnelle de repli, mais nous n'avions pas de précision sur les tentatives des tanks et des autres blindés du groupe. Il faut noter que l'ordre de Cranley d'incendier les blindés n'a pas été suivi d'effet par le reste du groupe. Au contraire, nous avons désormais pu établir que quelques tanks vont tenter une percée vers l'est. Une section de 4 à 5 chars (3 à 4 Cromwell et 1 Firefly) tente la percée en direction de l'est autour de 12H40. L'ordre de tirer des fumigènes sur la RN 175 a été reçu à 12h35 au niveau du *5th RHA* et celui d'incendier les véhicules et de tenter de fuir a été entendu au même moment sur les ondes captées par les unités du *4th CLY*, en arrière de Villers-Bocage.

Portrait du *Captain* Christopher Milner, *2ic* (l'officier en second) de la *A Company, 1st Rifle Brigade,* qui a pu s'échapper de l'encerclement sur la cote 213 au moment de la reddition britannique le 13 juin 1944 vers 13 heures. (Coll. Merlin Milner.)

**Ci-contre :** photographie du Cromwell du *2nd Troop, A Sqn, 4th CLY*, détruit par l'un des 8 Tiger du *Hauptsturmführer* Rolf Möbius sur la petite route de Monts-en-Bessin, à une centaine de mètres de l'embranchement de la cote 213. Soit le char était en surveillance lors de la tentative de repli du groupe de Cranley, soit celui-ci a tenté une courte sortie vers le nord de la cote 213 avant d'être stoppé par un Tiger. Le trou causé par ce qui semble être un obus de 8,8 cm est très visible sur la plaque avant de la caisse ; le Cromwell a totalement brûlé. (Coll. auteurs.)

Vue panoramique des chars britanniques abandonnés sur la cote 213 le 14 juin 1944, déjà aperçus en page 52 et 53 de cet ouvrage. Nous pouvons nous rendre compte de la position particulière du Sherman Firefly avec sa tourelle dirigée vers l'arrière. Le tank est retourné à son point de départ sur la cote 213 après la tentative infructueuse de fuite le 13 juin entre 12 et 13 heures, en couvrant ses arrières. Sur la gauche, on constate que le canon de 95mm du Cromwell VI (T-187661) a été ramené vers l'avant sur l'image. Elle est à rapprocher de la photo de ce même engin prise le 13 juin, juste après les combats, par le *KB* Petraschk, et qui à l'instar du Firefly, avait également fait pivoter son tube vers l'arrière (voir page 52). Au centre et en arrière-plan se trouve le troisième et dernier char du *A Squadron, 4th CLY*, Il s'agit d'un Cromwell IV équipé du canon de 75mm (T-187632). Là encore, la photo du *KB* Petraschk en date du 13 juin nous l'avait fait découvrir tourné dans l'autre sens, vers Villers (voir en page 52). Cela nous amène à conclure que ces trois chars faisaient vraisemblablement tous partie du petit groupe de blindés ayant tenté de percer vers l'est peu avant 13 heures, avant de devoir rebrousser face aux tirs des Tiger de Möbius déboulant en sens inverse sur la nationale. (Grimm, BA.)

1

2

3

**1.** Photographie tragique du *Major* Peter Scott, commandant du *A Squadron* du *4th CLY,* gisant dans un fossé de la cote 213 après les combats. L'homme est partiellement recouvert d'une bâche de blindé britannique et ses effets personnels ont été répandus au sol après une fouille minutieuse par les Allemands. (Grimm, BA.)

**2.** L'une des nombreuses photographies prises à Villers-Bocage quelques jours après les combats par un éclaireur de la *SS-Panzer-Aufklärungs-Abteilung 12* de la *12.SS Panzer-Division*, l'*Oberscharführer* Harry Wontorra. Celle-ci a l'avantage de bien nous montrer la longue ligne droite qui relie l'embranchement du Calvaire à la cote 213 de Villers-Bocage. C'est du fond de l'image (cote 213) que les 8 Tiger du *Hauptsturmführer* Möbius vont venir se porter à l'entrée de la localité vers 14 heures, en longeant la colonne anglaise détruite pour attaquer dans le centre et dans la partie sud de Villers-Bocage. (H. Wontorra.)

**3.** Ce cliché pris sur la cote 213 par le *Kriegsberichter* Zwirner (*II. Zug. de la LW.KB-Abt.b.Lfl.3*) est postérieur aux photos du *KB* Grimm puisque pris entre le 15 et le 17 juin. Les Waffen-SS ont quitté les lieux et le Sherman Firefly « *Alla Keefek* » abandonné est maintenant inspecté par des hommes d'une unité de la Luftwaffe (probablement du *III. Flakkorps* de la *Luftflotte 3*). (BA.)

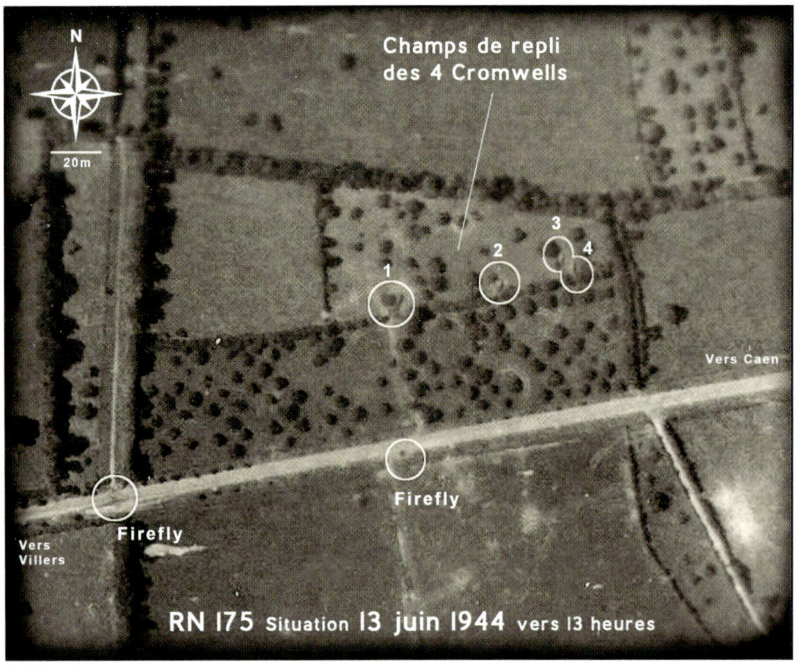


Plan de situation sur vue aérienne du 15 juin 1944 du champ du Maudray, lieu de repli des 4 Cromwells du *A Squadron, 4th CLY* au nord de la RN175 entre le Calvaire et la cote 213. (Montage F. Deprun sur photo via D. Taylor.)

Voici un extrait tiré du *Royal Armoured Corps Journal* basé sur le témoignage du *Major* Ibby Aird, commandant du *B Squadron, 4th CLY* :

*« Etant donné que les communications étaient toujours possibles entre le* A Squadron *et le* B Squadron, *le* Major *Aird a décidé de prendre le commandement des opérations. Il s'était rendu compte que les chars allemands avaient dû prendre à revers le* A Sqn *et qu'ils occupaient maintenant fermement le terrain entre celui-ci et le reste du régiment. Ainsi, avec une partie des half-tracks et*

**Ci-dessous :** photographies de deux des quatre Cromwells laissés dans le champ du Maudray par les Britanniques. Les deux tanks en position de défense derrière des branchages ont été partiellement incendiés avant la reddition de leurs équipages. Les Waffen-SS de la *4.Kompanie* de la *s.SS-Panzer-Abteilung 101* semblent avoir été ceux qui ont investi en premier le verger peu après 13 heures, le 13 juin 1944 à la suite de la capitulation spontanée du groupe d'Anglais qui s'y trouvait piégé. (Zwirner/BA.)

Vue de la volée du canon de 75 mm («Ordnance QF 75 mm») d'un Cromwell A27M et son large frein de bouche.

*des antichars de la* 1st Rifle Brigade*, le* A Squadron *était désormais complètement isolé. Le colonel, qui se trouvait avec eux, décida de partir en reconnaissance vers la voie de chemin de fer afin de mieux appréhender la situation et, si possible, de trouver un moyen de revenir en arrière.»* (c'est ce que Ibby Aird a dû entendre à la radio)

Il semble que la situation juste avant l'attaque des Tiger ait été assez confuse. Les blindés du groupe Cranley se sont mis en marche pour tenter un dégagement sur la longue ligne droite, en direction de l'est, peut-être sans avoir consulté une partie du groupe. Les possibilités de contourner les lignes allemandes sur la route nationale étaient nulles. La pression ennemie exercée sur la cote 213 venant des autres directions a dû sembler trop forte pour que le groupe entreprenne une résistance. Le Firefly Sherman *« Alla Keefek »* a dû se porter en tête pour ouvrir le chemin, suivi des Cromwell puis du reste des véhicules sous couvert de fumigènes. Les Allemands, surpris, n'ont pu que riposter au hasard en tirant avec les Tiger sur la zone enfumée. Mais dès que celle-ci s'est dissipée, ils ont pu voir que deux Cromwells étaient abandonnés à proximité de la ferme du Bas-des-Landes, les équipages britanniques avaient fui dans les champs sous l'intensité du tir de barrage des Tiger et des éclaireurs de la *Panzer-Lehr-Division*. Les deux ou trois tanks qui restaient ont pu se replier sur la cote 213 vers 12h45, tourelles tournées vers l'arrière et ainsi subir le triste de sort de la capture en baissant les armes plus haut.

## La reddition sur la cote 213 13 juin - 13 heures

Peu avant 13h00, les Tiger de la *1.Kompanie* du Hstuf. Möbius arrivent en colonne en vue de la cote 213, le Tiger 111 de l'*Ostuf.* Philipsen ouvrant le chemin. Après quelques obus explosifs dirigés sur les arbres bordant la position et un bref échange de tirs, c'est la reddition finale des Britanniques. Il a toujours été dit que le *Major* Peter Scott, commandant le *A Squadron*, avait été tué cinq minutes avant la fin par des tirs d'artillerie, mais il est aussi possible que sa mort soit due aux tirs de Tiger lors du bref échange durant l'investissement de la hauteur ...

Retrouvons le *Trooper* Arthur R. Kinge du *A Squadron, 4th CLY* (Kinge est le conducteur du Cromwell du *Major* Peter Scott qui commande le *A Squadron*) :

*«Après en gros une heure, les Allemands ont contre-attaqué ; ils n'y sont vraiment pas allés de main morte. Nous nous battions avec des Cromwells de 27 tonnes contre des Tiger de 60 tonnes. Nos canons de 75mm ne pouvaient pas détruire un Tiger, au contraire de leur 88mm qui pouvaient nous anéantir à plus de 800 mètres sans problème. Quelques fantassins sont arrivés pour nous apporter du soutien, mais de toute façon il était impossible de voir qui nous tirait dessus – les Allemands étaient partout mais de toute évidence, ils étaient dans des chars. Ils allaient monter jusqu'à nous par la route sans que nous puissions les arrêter ; ils sont arrivés droit sur nous.*

*Avant qu'ils n'arrivent, le colonel* (Cranley, commandant du 4th CLY) *nous a dit que la situation était désespérée, qu'il n'était pas possible de contenir l'ennemi et que désormais chaque homme devait se débrouiller seul pour essayer de retourner en arrière. A ce stade, mon commandant – Scott – avait été tué, comme beaucoup d'autres, et alors nous avons tenté de nous enfuir le long d'un fossé ; mais je ne suis pas allé bien loin – des balles sifflaient juste au-dessus du fossé où nous nous trouvions – je me suis dit que c'était fini ; on s'est arrêté et nous avons été faits prisonniers. J'ai cru qu'ils allaient tous nous abattre, mais ce ne fut pas le cas. Comme plusieurs d'entre nous, je n'avais pas peur. Les Allemands faisaient juste leur boulot. J'étais tout en haut de la colline. Mon commandant n'était pas avec moi car il était parti voir le colonel et il fut tué. Le premier char* (Tiger) *a descendu la côte vers 1 heure de l'après-midi – je le sais car c'est à ce moment que nous avons été informés par radio que nous étions coupés du reste de notre unité pour de bon et qu'il fallait que chacun se débrouille pour essayer de s'échapper. Je suis sorti de mon char et, rapidement, je me suis frayé un chemin en suivant un fossé, je n'avais pas le choix. Et puis les Tiger sont arrivés ; le feu de leurs mitrailleuses balayait les bords de la route à mesure qu'ils avançaient. Je me suis baissé car les balles déchiraient l'herbe juste au-dessus de ma tête. Le premier Tiger s'est arrêté tout en haut de la côte pour observer vers le bas de la pente Ce fut le premier char à descendre, le premier Tiger, et ça s'est passé à 1 heure de l'après-midi. Il n'y avait là personne pour l'en empêcher et il a descendu la côte sans problème.»*

Le témoignage de Christopher Milner, commandant en second de la *A Company* de la *1st Rifle* Brigade, reprend la chronologie un peu plus tôt. Nous nous trouvons lors de la destruction d'un

Cliché inédit réalisé par le *Kriegsberichter* Petraschk le 13 juin 1944 dans l'après-midi de soldats anglais gisant dans les fossés de la RN 175 ; ces mêmes victimes seront également photographiées par le *KB* Arthur Grimm le lendemain. Le nettoyage par les Allemands du secteur entre le Calvaire et la cote 213 a fait l'objet d'échanges de tirs ne laissant que peu d'options aux Britanniques encerclés face aux Tiger et *SS-Panzergrenadiere* arrivant pour renforcer la contre-attaque allemande. (BPK.)

des Cromwell du groupe venu se porter sur la route de Monts-en-Bessin à environ cent mètres du carrefour vers 12h30. Lorsque le tank est apparu au débouché du virage qui précède une ligne droite, il a été atteint d'un obus probablement tiré par l'un de Tiger du *Hstuf.* Möbius bloquant cet axe de repli possible. Les mots de Milner sont poignants : *« Un char du CLY, qui s'était avancé vers le virage dans mon chemin, a été touché et l'équipage l'a évacué, sauf le conducteur qui a été tué. Ces hommes avaient l'air d'être cloués au sol et j'ai alors rampé le long du chemin et je les ai aidés à revenir à une petite maison, un endroit qui par comparaison offrait davantage de sécurité. Je suis retourné m'allonger en restant aux aguets, armé*

**Ci-dessus :** photographie prise début août 1944 sur la cote 213 par le *Lieutenant* Bill Cotton. Les lieux désormais vides d'épaves de chars britanniques sont intéressants à appréhender dans leur configuration d'époque. Nous pouvons voir le groupe de bâtiments ayant assez brièvement servi de poste de commandement au groupe du *Colonel* Cranley le 13 juin 1944, et la sorte de belvédère que représente le haut de la côte (au fond de l'image) donnant sur l'ensemble du théâtre des combats de Villers-Bocage. (Coll. Bill Cotton via Michael Kenny.)

**Ci-contre et ci-dessous :** photographies prise par le *Kriegsberichter* Grimm le 14 juin 1944 montrant un Tiger de la *1.Kp.* camouflé au début de la route de Monts-en-Bessin sur la cote 213. La position choisie par l'*Uscha.* Werner Wendt, commandant le char, permettait qu'il se place en sentinelle pour surveiller la hauteur et rester sur les arrières de la *1.Kp.*, prêt à intervenir en cas d'urgence. La route derrière le Tiger est bloquée par l'épave d'un Cromwell, et les équipages peuvent vaquer à leurs occupations quotidiennes. Une boite de bonbons à la menthe et crème anglaise trouvée dans un des chars anglais est visible au pied du Tiger que les Allemands n'ont pas oublié de vider. L'identification de ce Tiger n'est pas simple en raison de la profusion de branchages qui le recouvrent, une impérieuse nécessité tant l'aviation alliée était alors maîtresse des cieux. Après une analyse minutieuse, il est possible de relever plusieurs indices, par exemple ce char possède des extensions de caisse droites, Il est donc permis de fortement soupçonner qu'il s'agit là d'un des Tiger de «milieu de production» présents au sein de la *1.Kompanie*. Dans son manuscrit original, l'*Uscha.* Wendt indique clairement être arrivé à Villers le 13 juin avec son propre char, le 132, puis d'avoir dû évacuer ce char le 15 juin après avoir été touché au combat à l'ouest de la localité. Il est ainsi fort probable que l'*Uscha*. Wendt a utilisé un autre Tiger entre-temps, le 134 arrivé en renfort en fin de journée le 13 juin. (BA.)

**Ci-contre :** les mêmes lieux en 2014 alors que la route est devenue une impasse, coupée par le passage de l'autoroute A84. (Photo Y. Jouault.)

*de ma Sten, mon pistolet et pour autant que je m'en souvienne, d'un Luger allemand sans aucune de ses munitions.*

*Tout à coup, il y a eu un grondement de chars venant de l'est et alors que je fonçais vers l'avant de la maison, je fus surpris de constater que les tirs semblaient avoir cessé et que quelques officiers avec des bérets noirs étaient en train de discuter avec un ou deux de nos officiers, au milieu de la route principale. Etant donné que ça ne tirait plus et que tout le monde avait l'air très amical, j'ai pensé qu'il s'agissait de membres du* Royal Tank Regiment *et je suis sorti pour me joindre à la conversation. C'est alors que je me suis arrêté net lorsque j'ai compris qu'il s'agissait en fait de tankistes allemands.*

*J'ai tout de suite fait demi-tour mais au lieu de retourner à l'endroit d'où j'étais parti, je me suis jeté dans un jardin et j'ai couru derrière une haie en direction de l'ennemi, et non pas vers notre unité. Toujours derrière la haie, j'ai franchi un petit portail au bout du jardin tandis qu'un des officiers allemands courait le long de la route parallèlement à moi en criant : «Rends-toi, l'Anglais, rends-toi, l'Anglais !» Par chance il s'est arrêté après une cinquantaine de mètres et a parlé avec un autre officier qui venait d'arriver du côté allemand en Volkswagen.*

*J'ai alors décidé qu'il était vraiment temps que je meure en héros ; je me suis levé et j'ai mis en joue les deux hommes avec ma Sten par-dessus la haie, pratiquement à bout portant. J'ai pris le temps de bien viser et j'ai appuyé sur la détente. Mais bien sûr, comme bien d'autres Stens, la mienne a refusé de fonctionner ce qui a eu pour effet de me faire reprendre mes esprits ! Je me suis dit que, tout compte fait, ce n'était peut-être pas une si bonne idée que d'attirer l'attention sur moi de cette façon-là ; je suis parti sur ma gauche et je me suis faufilé discrètement le long d'une haie qui remontait plein nord jusqu'à ce que j'aperçoive avec effroi une botte qui dépassait de cette haie. J'ai cru que mon heure avait sonné. Cependant, en continuant d'avancer, je fus à la fois soulagé et décontenancé de découvrir que cette botte appartenait à un soldat allemand mort !*

*Tout en restant baissé derrière la haie (qui comme souvent dans le bocage était plantée sur un talus de deux mètres de haut), j'ai viré à droite vers la lisière nord de ce petit champ de foin ; j'ai trouvé une trouée et pris la décision que le mieux à faire était d'essayer de me tirer de là car j'avais mémorisé la carte de cet endroit. Si je pouvais traverser ce chemin (c'était celui que j'avais surveillé quelque temps avant), j'aurais alors pu rejoindre nos lignes en passant par le grand bois qui s'étendait au nord. Avec prudence et les pieds en avant, je me suis laissé glisser vers le bas du talus ; j'ai jeté un œil sur ma droite et c'est là que j'ai vu que je me trouvais à environ vingt mètres du frein de bouche du canon d'un char allemand qui, si j'avais pris la peine de réfléchir un peu mieux, devait être celui qui avait détruit le Cromwell dont j'avais aidé l'équipage à se sauver un peu plus tôt. Par chance (et ce ne fut pas la dernière ce jour-là), personne ne sembla me remarquer et en me hissant, je suis alors remonté sur le talus. »*

Nous reprenons le fil des témoignages en retrouvant le *Lieutenant* Bruce Campbell de la *A Company, 1st Rifle Brigade,* aux alentours de 12h30 :

*« A partir de là, c'est le* Major *Peter Scott (MC)* du 4th CLY *qui a semblé prendre le contrôle des opérations* (NDA : à ce moment-là, le *Colonel* Cranley a dû partir en reconnaissance vers la voie ferrée). *Je n'avais jamais vu un homme avec un tel sang-froid et un aussi bon commandant. Malheureusement, il a été tué par les éclats d'un obus environ cinq minutes avant la fin, alors qu'il donnait à tous*

Plan de position du Tiger de l'*Uscha.* Werner Wendt route de Monts-en-Bessin à deux pas de l'embranchement de la cote 213 sur vue aérienne alors qu'il est chargé d'y monter la garde à partir du 13 juin au soir. (Montage F.Deprun sur IGN.)

Portrait de l'*Unterscharführer* (sergent) Werner Wendt. Bien que n'ayant pas participé au combat dans Villers-Bocage puisqu'il avait reçu l'ordre de rester en arrière pour contrôler la route nationale entre la cote 213 et l'entrée de Villers dans l'après-midi du 13 juin, son témoignage et les informations présentées dans son manuscrit documentant l'historique du bataillon – et en particulier l'engagement de la *1.Kompanie* à et autour de Villers-Bocage du 13 au 16 juin, nous auront été très précieux. (Coll. privée.)

Photographie prise également le 14 juin 1944 sur la cote 213 par Arthur Grimm, en mission pour le compte du célèbre magazine de propagande «*Signal*», mais sans doute également sur l'insistance de l'*Obergruppenführer* Sepp Dietrich, commandant le *I.SS-Panzerkorps*. Divers soldats allemands – dont une partie de l'équipage du Tiger de l'*Uscha.* Wendt, inspectent le Sherman Vc (Firefly) surnommé *« Allakeefek »* du *4 Troop, A Squadron, 4th CLY.* La volée impressionnante de son canon de 17 livres (Ordnance QF 17-pounder) n'a certainement pas laissé indifférent ces hommes qui découvrent cette version pour la première fois. Comme sur la photographie de la page suivante à Villers-Bocage, un soldat de la *Panzer-Lehr-Division* monte la garde au niveau de l'embranchement avec la route de Monts-en-Bessin. Le Firefly capturé attire toute la curiosité des tankistes, mais aussi celle de soldats allemands de passage sur la nationale. Nous distinguons trois des hommes de l'*Uscha.* Wendt sur l'image, ainsi qu'un homme qui ressemble beaucoup au *Rottenführer* Walter Lau de la *2. Kompanie* de Tiger passant derrière le Firefly. Dans quelques minutes, la cote 213 sera traversée par deux Tiger, à savoir le 222 récemment arrivé sur les lieux, et dont l'*Uscha.* Sowa a repris le commandement, pour remorquer depuis la ferme des Hauts-Vents le 231 de l'*Oscha.* Lötzsch, engin handicapé par un problème de barbotin puis endommagé lors de l'échange de tirs au départ de l'action de Wittmann le matin (voir récit de la page 48 à 54 – également chapitre en Annexes de l'ouvrage). (BA.)

*l'ordre d'incendier nos véhicules et de nous replier.*

*Une vingtaine de minutes avant notre reddition, les Allemands ont commencé à bombarder notre position en tir direct à partir de positions abaissées. En rejoignant le groupe principal qui comprenait environ une douzaine d'hommes, nous avons été la cible de tirs de Spandau particulièrement désagréables qui ne manquèrent pas de nous faire baisser la tête. Entre-temps, forts de leur expertise en la matière, les artilleurs allemands n'ont cessé d'envoyer des obus dans les arbres bordant la route provoquant une pluie d'éclats qui nous fit passer un sale moment ! C'est au cours de ce pilonnage que Peter Scott trouva la mort et que le jeune Peter Coop fut à nouveau touché. Puis les armes se turent, annonçant ainsi la reddition des douze à quinze hommes composant le groupe principal. Nos positions ont été rapidement envahies par de l'infanterie et des chars allemands – Dieu seul sait d'où ils pouvaient tous sortir car je doute que chacun d'entre nous ait aperçu plus de deux ou trois Allemands à la fois, ce qui en dit long sur leur parfaite maîtrise des techniques de camouflage. Et il fallait voir comment nos Cromwells avaient l'air frêle par rapport aux énormes chars boches !*

Après un ratissage énergique, c'est environ une quarantaine de nos hommes – dont certains souffraient de blessures sérieuses aux jambes - qui se sont retrouvés sous la garde de soldats. »

## Les Allemands nettoient le terrain jusqu'au Calvaire : 13 juin – 13h/14h

Nous avons vu que les équipages des trois tanks anglais et l'infanterie répartie autour sur la cote 213 se sont rendus sans combattre lorsque les Tiger sont arrivés, car résignés devant l'écrasante supériorité allemande et surtout par l'impasse dans laquelle ils se trouvaient pour trouver des solutions de repli.

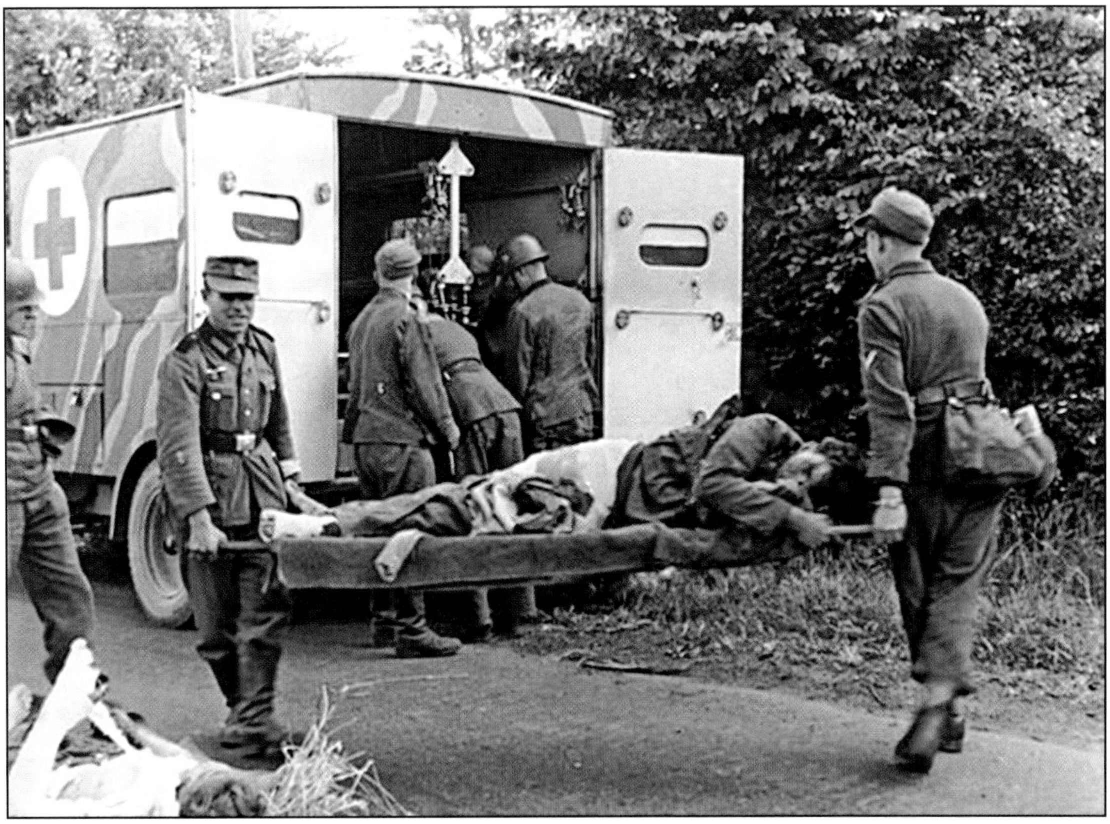

**Ci-contre et ci-dessous :** série de photographies prises sur la nationale 175, entre Noyer-Bocage et Villers-Bocage, le 13 juin 1944 en fin d'après-midi. En route depuis le PC du *I.SS-Panzer-Korps* pour venir photographier les exploits de Wittmann, le photographe allemand tombe sur une ambulance d'une unité de la Wehrmacht. Les infirmiers transportent des blessés sur des civières jusqu'à un camion sanitaire. Une attaque aérienne semble avoir touché des équipages de char d'une unité de la SS. Nous ne savons pas s'il s'agit d'hommes de la *12.SS Panzer-Division* ou de la *s.SS-Panzer-Abteilung 101* qui sont ramassés dans le fossé. Un tankiste avec une veste camouflée M44 typique est déposé délicatement sur un brancard. Sa blessure est impressionnante puisqu'un projectile lui a emporté la fesse gauche, et l'homme est couvert de sang. Des scènes très similaires ont dû se dérouler près du calvaire et sur la N175 à l'entrée de Villers-Bocage quelques heures plus tôt lorsque les blessés de l'attaque sur la ville furent recueillis dans les ambulances. (KB Petraschk, BPK.)

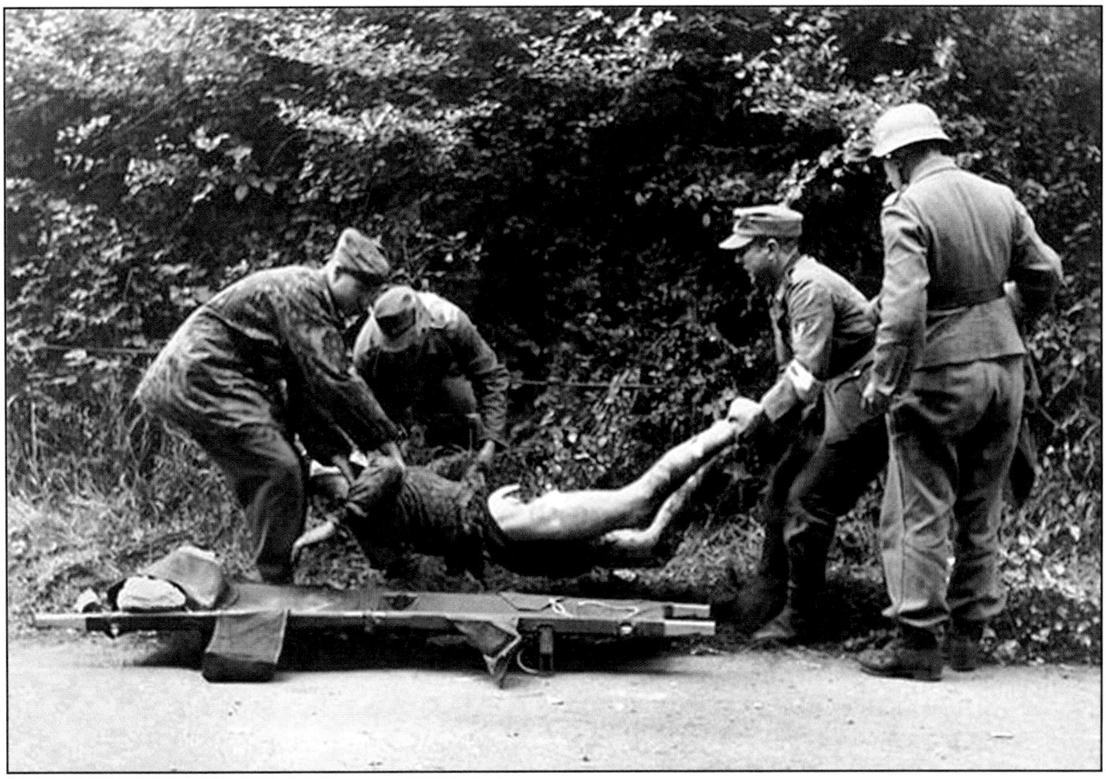

L'*Ustuf.* Walther Hahn se trouvait dans la colonne de la *1. Kompanie* avec le Tiger 131 ; il résume l'investissement de la hauteur ainsi :

*« Dès le premier combat que nous ayons sur le front d'Invasion, Hannes Philipsen obtient un très beau succès. Le 13 juin 1944, il participe à l'attaque sur Villers-Bocage avec son char en tête, il détruit 8 blindés qui voulaient sortir de la ville pour entreprendre une attaque blindée et arrête cette action lui-même. »*

**Ci-dessus, à droite :** portrait de l'*Hauptsturmführer* Rolf Möbius, *Kompaniechef* de la *1.Kompanie* de Tiger de la *s.SS-Panzer-Abteilung 101* depuis le printemps 1944. Cet Autrichien de 32 ans avait été chef de section à la *7.Kp* de la *Leibstandarte* lors de la campagne des Balkans, puis chef de batteries de Flak toujours au sein de la *LAH* de 1942 à 1943, avec un certain succès puisqu'il y gagnera la Croix Allemande en Or. Ayant par la suite échoué au concours de l'école d'état-major de l'Armée de terre, il est muté au *I.SS-Panzer-Korps en* septembre 1943, puis au bataillon de chars lourds 101 deux mois plus tard en tant que chef de la compagnie de commandement, et suit une formation sur *Panzer* avant d'être nommé chef de la *1.Kompanie* de la *schwere SS-Panzer-Abteilung 101* en mars 1944. Ainsi à son arrivée en Normandie, son instruction sur Tiger est purement théorique car cet officier ne dispose d'aucune expérience du combat de chars. (Kameradschaft LSSAH.)

Photographie prise autour du 16 juin 1944 sur la cote 213 : des soldats britanniques gisent au sol devant une des maisons de l'embranchement, tués par des projectiles explosifs allemands et des échanges de tirs possibles avec l'infanterie de la *s.SS-Panzer-Abteilung 101*. (KB Zwirner, BA.)

Portrait de l'*Ostuf*. Dr Wolfgang Rabe de la *Sanitätsstaffel* de la *s.SS-Panzer-Abteilung 101*. L'officier sera présent lors de l'exploitation du terrain après la progression des Tiger de Möbius sur Villers-Bocage et le nettoyage des champs aux alentours. Il sera crédité de la capture des quatre Cromwells et de leurs équipages sans avoir tiré un coup de feu. (Kameradschaft LSSAH.)

*Le récit de Hahn interprète l'attaque allemande en donnant le seul crédit au chef de section, l'*Ostuf. Philipsen, qui ouvrait la colonne et qui se trouve alors le plus gradé après le *Hstuf.* Möbius. Nous avons vu qu'il existe d'importantes différences entre la réalité des faits et les interprétations données a posteriori, ce qui est le cas de ce témoignage. Les habitudes de la Waffen-SS pour ce qui concerne le mérite sont qu'un chef de groupe emporte avec lui tous les honneurs, même si une grande part de l'action victorieuse est due à ses hommes.

La chasse aux derniers prisonniers s'active sur la cote 213 entre 13 heures et 13h30 avant que les Tiger ne reprennent leur progression vers le Calvaire, puis Villers-Bocage. Le point de vue plongeant et panoramique de la cote 213 sur le secteur de Villers-Bocage a peut-être permis au *Hauptsturmführer* Möbius de déjà répartir ses groupes d'attaque pour reprendre le centre de la localité. En attendant l'assaut final, l'axe vers le Calvaire doit être sécurisé par les Allemands et le déferlement des huit Tiger vers l'est aura certainement aidé à contraindre les soldats anglais isolés à se rendre.

### L'action du Hstuf. Dr. Wolfgang Rabe

Le 13 juin 1944, le *Kommandeur* de la *s.SS-Panzer-Abteilung 101* consigne dans son rapport l'action d'exploitation du terrain par l'infanterie d'accompagnement de son unité entre la cote 213 et le Calvaire de Villers-Bocage :

« *Le 13 juin 1944, Rabe, en tant que médecin du bataillon, a accompagné l'attaque de la* s.SS-Panzer-Abteilung 101 *sur Villers-Bocage dans son Kfz. 81. Resté en arrière de la* Kompanie *pour soigner les blessés, Rabe s'est soudain trouvé face à face à quatre tanks du type Churchill* (en réalité des Cromwell, mais à ce moment ce type de char n'est pas connu de l'unité allemande) *entourés par des fantassins. Rapide comme l'éclair, accompagné de son seul chauffeur, Rabe armé d'un pistolet-mitrailleur fonce sur les fantassins complètement surpris et exige leur reddition et celle des tankistes. Il a fait 62 prisonniers. Par cette action, ce grave danger, qui se préparait dans le dos de la Kompanie se trouve éliminé.* »

Avis de disparition de la Croix-Rouge pour le *Sturmmann* (caporal) Eduard Kastl de la *4.Kompanie* de la *s.SS-Panzer-Abteilung 101*. Un des soldats allemands présents le 13 juin 1944 dans les combats de Villers-Bocage. (Kameradschaft LSSAH.)

Nous présentons maintenant l'extrait du témoignage de Werner Wendt issu de son manuscrit, qui est à mettre en parallèle avec la soi-disant action héroïque du Dr Rabe qui aurait avec son chauffeur capturé tant de combattants et de blindés britanniques.

*Werner Wendt raconte :*

*«Cinq Cromwells se trouvaient derrière une haie et sous des arbres, à environ une centaine de mètres au nord de la route nationale. Leurs équipages se sont rendus sans combattre lorsque les Tiger de la 1. Kompanie sont arrivés.»*

Les cinq Cromwells représentent une petite vingtaine d'hommes. Même si nous doutons qu'il y eut 60 hommes dans le verger près des chars britanniques, il est possible que quelques soldats de la *1st Rifle* Brigade aient rejoint les blindés dans le champ, après avoir fui et quitté leurs véhicules. La chasse aux hommes isolés de la *7th Armoured Division* va se poursuivre dans l'après-midi et la soirée, voire encore le lendemain.

Les hommes de la *s.SS-Panzer-Abteilung 101* sont désormais partout entre la cote 213, le château d'Epars et la RN 175. Les combats s'achèvent dans ce secteur avec une totale déroute britannique qui a lieu sur près de trois kilomètres entre les Cromwells des Bas-des-Landes, la cote 213, le Calvaire et la place Richard Lenoir dans Villers-Bocage. L'après-midi va se dérouler dans cette zone pour la *2.Kompanie* de Wittmann entre surveillance des prisonniers à la ferme des Hauts-Vents, fouille des blindés britanniques et réparation des Tiger. Le témoignage d'un habitant d'Epinay-sur-Odon nous livre le souvenir d'une scène d'après combat qui s'est jouée au bas de la ferme des Hauts-Vents le 13 juin 1944, entre midi et 16 heures impliquant des hommes de la *s.SS-Panzer-Abteilung 101* :

*« Nous mangeons vite fait un casse-croûte en début d'après-midi, ça tonne toujours sur Villers. Je me trouvais dans la cuisine quand, tout à coup, la porte d'entrée s'ouvre avec fracas et deux Boches entrent : ils sont habillés de noir avec calot de SS à tête de mort. Le plus grand, un officier, me colle son revolver sur la poitrine, quand Louise arrive derrière moi en criant :*

*« Que voulez-vous ? »*

*« A manger Madame, Schnell, vite. » et il brandit son revolver sur elle.*

*Inutile de discuter. On aperçoit dans son regard des lueurs meurtrières, et je suis certain qu'il nous tuerait sans sourciller ! Louise va dans la pièce à côté chercher des œufs et du beurre, le grand type la suit, toujours le revolver à la main ; dans la petite salle, il y a le piano de Gisèle. La tension baisse tout à coup, l'officier range son arme et dit :*

*« Vous permettez, Madame ? » en désignant le piano.*

*Il s'assied et se met à jouer. Décidément, on aura tout vu ! J'en profite pour regarder son compagnon ; il est mal en point, sa veste est toute brûlée dans le dos, il souffre et je ne pense pas qu'il apprécie tellement la musique de son chef. Au bout de quelques minutes qui ont paru une éternité, ils s'en vont. L'officier remercie la patronne pour les œufs, le beurre et le pain que l'autre a piqué sur la planche de la cuisine. »*

**Ci-dessus :** cliché montrant l'avant droit du Cromwell détruit du *Captain* Dyas au niveau du virage de la rue Clémenceau. Deux soldats de la *Panzer-Lehr-Division* de la *KG Ritgen* discutent et fument après la fin des combats du 13 juin 1944 dans le village. L'un des deux est bandé à la main et est vêtu d'une combinaison de motocycliste. Le canon du Pz.kpfw. IV Ausf.H du *Panzer-Regiment 130* avec le numéro 634, est visible à l'arrière de l'image, derrière le char anglais calciné. La présence de ces soldats allemands au niveau du virage de la rue Clémenceau indique que la position reste essentielle au déploiement de la défense allemande. (Grimm, BA.)

(1) Directives trouvées dans le numéro 8570 de l'*Op Instruction N°2*.

(2) Il est à préciser que le décompte des véhicules se base sur une option théorique car ceux dont on trouve effectivement trace après la bataille sont moins nombreux. A cette liste, 2 Cromwells, 1 half-track M9 et 1 Humber et deux motos n'apparaissent pas sur les images d'après combat des *Kriegsberichter*. Il faut tenir compte des possibilités de capture de véhicules intacts par les Allemands, disparus avant les prises de vue et des tentatives individuelles britanniques de fuite à travers champ comme nous l'expliquons avec la tentative du *Colonel* Cranley.

(3) En réalité, si le groupe isolé à la cote 213 a été rapidement encerclé et a été par intermittence sous le feu ennemi, l'arrivée des Tiger n'est survenue que près de trois heures après qu'il ait été séparé du reste de la colonne par l'attaque de Wittmann.

(4) On peut supposer qu'il s'agit de quelques hommes de la *1st Rifle Brigade* surpris à mi-pente lors de l'assaut de Wittmann et qui ont pu rejoindre à pied la hauteur, tels le *Lieutenant* Campbell et le *Sergeant* Gale.

(5) La gerbe de feu aperçue par Bruce Campbell est le résultat de la destruction d'un des Cromwells du groupe sur la route de Monts-en-Bessin, détruit par un tir de char allemand.

(6) Extrait d'une édition du *«Royal Armoured Corps Journal»* sur le récit de la bataille, sur la base du récit de ce que le *Major* Ibby Aird a entendu par radio depuis son poste de commandement à la sortie ouest de Villers-Bocage.

# 8 Contre-attaque de la Panzer-Lehr-Division

**Ci-dessous :** photographie anglaise du *Lieutenant* « Bill » Cotton, chef du *4 Troop, B Squadron, 4th CLY*, prise après les combats de Villers-Bocage, le 17 juin 1944. Ce cliché fait partie d'un petit reportage destiné à illustrer son attribution de la *Military Cross* (Croix Militaire). L'officier pose avec ses hommes devant son Cromwell « *Ordnance QF 95-mm tank howitzer* ». Un face à face est créé par le photographe entre Cotton et le dessin d'un comics de l'époque nommé « *Old Bill* » le représentant sur l'avant du tank. Le cartoon peint sur le blindé vient souligner la qualité de soldat aguerri du *Lieutenant*. (IWM.)

**Ci-contre :** dessin encré du fameux «*Old Bill*», personnage de bande-dessinée crée en 1914/15, sorte d'archétype du « Tommy » ancestral crée par le caricaturiste Bruce Bairnsfather. Le personnage rencontrera un grand succès auprès des troupes anglaises sur le front grâce à son caractère trempé, ce qui participera à forger un bon moral dans les tranchées. A noter le geste irrévérencieux des deux doigts sur la moustache... (Coll. privée.)

## La défense anglaise s'organise dans Villers-Bocage

### Le *1/7th Queen's* se déploie dans Villers-Bocage : 13 juin, de 10h30 à 13 heures

Un témoignage du *Major* Ibby Aird, commandant du *B Squadron, 4th CLY*, témoigne de l'installation de l'infanterie britannique dans Villers-Bocage, une heure après l'assaut de Wittmann dans la ville: (NB : Aird parle de lui à la troisième personne !)

«*Depuis son scout-car, le* Brigadier *Hinde a dit qu'il fallait tenir la ville à tout prix. Le* Major *Aird a ensuite entrepris d'organiser cette défense. Quelques éléments de l'infanterie du* Queen's *sont arrivés avec des canons antichars et ceux-ci, ainsi que des chars, furent déployés sur les routes menant à la place* » (NB :Place Jeanne d'Arc).

Nous reprenons maintenant le récit du *Lieutenant* Charles Pearce qui, après avoir traversé la place Jeanne d'Arc en contrebas de la rue principale, est à son grand soulagement tombé sur le *Firefly* du *Sergeant* Lockwood qu'il a pu alerter. Une fois informé de la menace qui se profile, ce dernier a fait avancer son engin au coin de la rue et, comme décrit plus haut, a aperçu et engagé le Tiger aussitôt. (voir pages 88 et 89).

Sur les indications de Lockwood, Pearce rejoint maintenant avec son scout-car *Humber* la sortie ouest de la localité :

« *En approchant du PC du* B Squadron*, je me suis rendu compte qu'il n'y avait, à mon sens, aucun signe de commandement au niveau régimentaire, ni aucun lien avec la Brigade en arrière ; de plus, j'étais sidéré de constater que le* B Squadron *ne semblait pas avoir été entièrement déployé. Il me semblait qu'à l'exception du* Sgt *Lockwood, le Tiger n'aurait rencontré aucune opposition jusqu'au bas de la ville. Quand je suis arrivé au poste de commandement du* B Sqn*, j'ai vu le* Major *I.B.* (Ibby) *Aird assis dans la tourelle de son Cromwell ; il n'avait absolument pas l'air d'être sur ses gardes et paraissait tout à fait satisfait. J'ai alors grimpé sur son char et je l'ai salué. Je lui parlé du sort du RHQ, du Tiger, et que j'avais vu le* Sgt *Lockwood. En retour, il m'a complètement ignoré. Je lui ai ensuite raconté l'attaque contre le* A Squadron *mais il devait déjà être au courant. Je lui ai dit de mettre en alerte son* Squadron *car il n'y avait plus rien entre lui et le* A Squadron *quelque un mile et demi en avant. Je lui ai également proposé d'alerter son* A Sqn *pour lui avec ma radio mais il n'a toujours pas pipé mot, ne me donnant aucune réponse. J'étais à bout et ne savais plus du tout quoi faire.* (1)

*C'est alors que sans crier gare, le* Major *Peter McColl* (le commandant de C Squadron) *est arrivé et a voulu savoir ce que signifiait l'arrêt du* B Sqn *et aussi celui du* C Sqn *qui bloquaient la route menant à Villers-Bocage, empêchant ainsi l'entrée du bataillon des Queens dans la ville. J'ai alors sauté du char du Major Aird et j'ai raconté à Peter McColl ce que je venais de dire à Ibby Aird, et aussi que je n'arrivais pas à obtenir de réponse de sa part. Peter lui a dit sans ambiguïté de mettre en alerte et de déployer le* B Squadron*, et de le faire dégager de la route. A ma grande surprise, Ibby Aird s'est exécuté. Sous le commandement du* Major *Ibby Aird (qui avait l'avantage de l'ancienneté sur Peter), et avec pour commandant en second Peter McColl, un Quartier Général régimentaire (RHQ) provisoire fut constitué pour les* B *et* C Squadrons *et ce qui restait de la section de reconnaissance* (Recce)*. Je suis resté auprès de*

**Ci-dessus :** photographie inédite de prisonniers anglais du *4th CLY* et du *1/7 Queens* capturés par la *4.Kompanie* de la *s.SS-Panzer-Abteilung 101*. L'image prise par le *Kriegsberichter* Karl-Arthur Petraschk le 13 juin 1944 dans la soirée montre deux d'entre eux faisant le signe des deux doigts provocateur au photographe que l'Allemand n'a pas dû percevoir ou su interpréter. (BPK.)

Insignes de manche et d'épaule portés par les fantassins du 1/*7th Bn. Queen's Royal Regiment* (*131st Infantry Brigade*), composante du groupe présent à Villers-Bocage. (Coll. privée.)

*ce RHQ pour assurer diverses tâches car nous manquions sérieusement de personnel.»*

Entre-temps, un calme provisoire est revenu dans la Grand' rue. Le bref duel entre le Tiger 212 de Wittmann et le Sherman Firefly *«2 Charlie»* de Lockwood s'est achevé sans qu'aucun des deux chars ne puisse revendiquer de victoire l'un sur l'autre (voir aussi en annexe). Persuadé d'être parvenu à faire rebrousser chemin au Tiger qui a désormais disparu de son champ de vision, le chef de char anglais a alors vraisemblablement fait manœuvrer son engin à l'écart de l'axe principal, afin d'évacuer au plus vite les nombreux gravats recouvrant son Firefly. (2)

Dans un chassé-croisé aussi insolite que soudain, les autres chars du *B Squadron* pénètrent maintenant dans Villers sur l'ordre direct du *Major* Aird. Les équipages ont été alertés sur la présence d'un Tiger rodant dans la localité et la consigne d'éviter soigneusement d'emprunter la rue principale d'où a jailli l'ennemi a été donnée. Ainsi, de la place Jeanne d'Arc, deux tanks du *3 Troop* bifurquent à gauche dans la rue Saint-Martin qui file vers le nord-est, parallèlement à la rue centrale, et vont prendre position sur la place Richard Lenoir (voir le détail de cet épisode en annexe).

Le *Sergeant* Lockwood se souvient de ce branle-bas de combat en ces termes : *«Conscient du fait que le* A Squadron *était désormais isolé, le* Major *Aird a pris le commandement des deux* Squadrons *restants et a organisé la défense de la zone du croisement* (NDA : la place Jeanne d'Arc et alentours) *par le* B Squadron*, tandis que le* C Squadron *restait fixé sur la route d'accès à la ville. Walter Allen et le* 1 Troop (3) *est allé prendre position dans les rues latérales au nord du croisement, alors que d'autres chars ont traversé la place pour couvrir les routes d'Aunay et de Vire* (4)*. Le* 4 Troop*, commandé par le* Lieutenant *Bill Cotton, accompagné de quelques fantassins du* Queens*, fut envoyé vers le sud pour tenter de repérer un*

**Ci-dessous :** composition du *4 Troop* du *B Squadron* commandé par le *Lieutenant* Bill Cotton. (Schéma F. Deprun.)

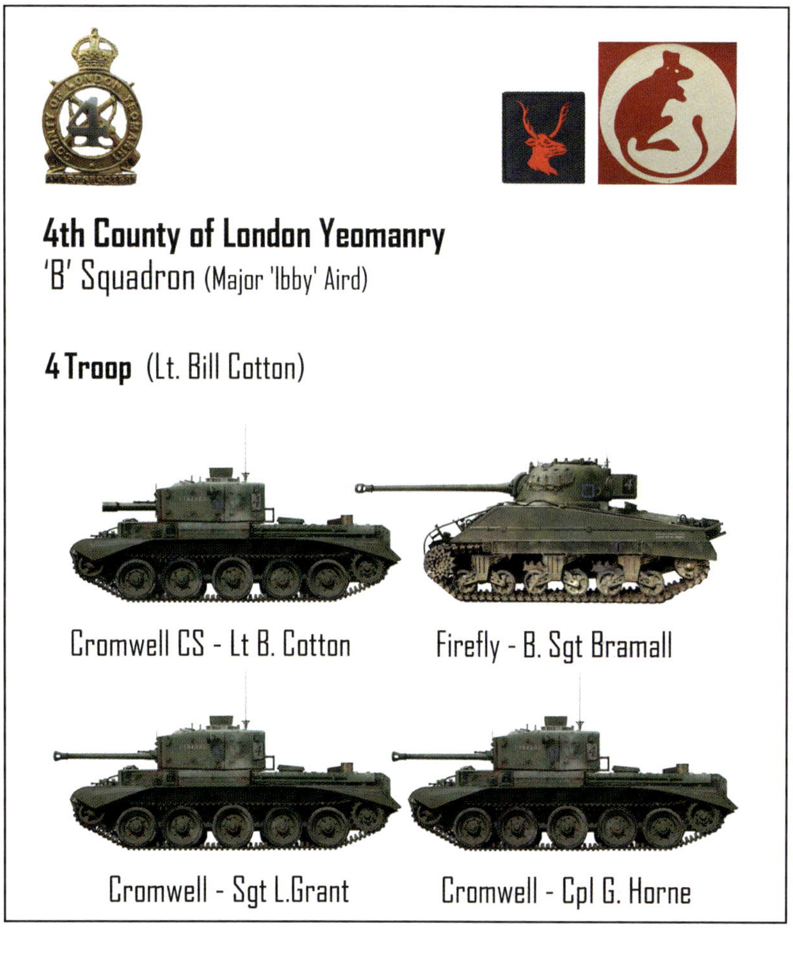

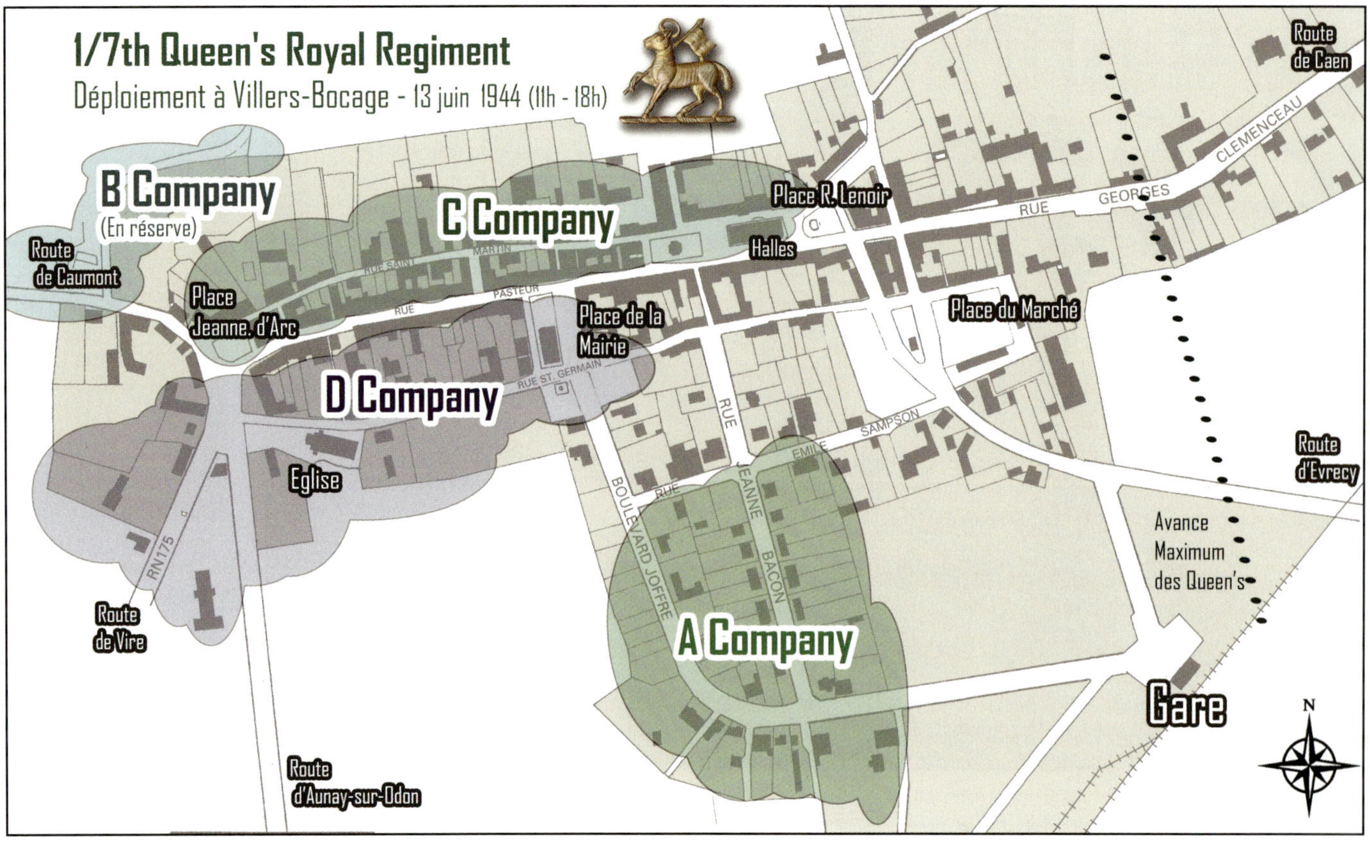

*itinéraire alternatif afin de pouvoir rejoindre le* A Squadron*, mais un remblai de la voie ferrée s'avéra être un obstacle infranchissable.»*

Cette mission n'est pas sans danger ; toute reconnaissance en territoire ennemi est par essence risquée, mais la menace est ici augmentée par la présence avérée d'un redoutable char Tiger, voire davantage. La plus grande prudence est de mise et, en conséquence, cette tentative va occuper le groupe de Cotton pendant plusieurs heures. Il a à sa disposition, outre son propre Cromwell CS (Cromwell VI) armé d'un canon de 95mm, les Cromwells IV du *Sergeant* Leonard Grant et du *Corporal* George Horne, tous deux armés d'un canon de 75mm. Enfin, Cotton peut également compter sur un précieux Sherman Firefly Vc (5) commandé par le *Sergeant* Bobby Bramall ; lui aussi se rappelle de ce mouvement :

**Ci-dessus :** plan de positions et mouvements des compagnies du *1/7th Queen's* dans le centre de Villers-Bocage entre la fin de la matinée et 18 heures. Au fur et à mesure des combats de l'après-midi du 13 juin, la coordination et la cohésion des *Companies* vont être de plus en plus difficiles à maintenir. Ce fait sera l'un des éléments qui contraindra le *Brigadier* (général de brigade) Hinde à devoir abandonner la localité en fin d'après-midi. (Plan auteurs.)

**Ci-contre :** série de cartes postales montrant la Mairie et l'église de Villers-Bocage, surplombée par son haut clocher, tels qu'ils existaient le 13 juin 1944. Sans avoir d'informations précises sur l'occupation anglaise de ces bâtiments, nous pouvons cependant être certains que les hauteurs sur la ville ont été occupées par des observateurs anglais à la recherche d'informations ou d'indices sur les mouvements allemands. La période d'accalmie relative dans le centre-ville entre 10 heures et 13 heures a permis aux soldats britanniques de se familiariser avec cette zone urbaine et d'organiser une défense en considérant les possibilités de contre-attaque allemandes. (Coll. auteurs.)

« *Le C.O.* (NDA : le colonel Cranley, commandant du *4thCLY,* alors bloqué à la cote 213 avec le *A Sqn*) *a cessé toute communication radio, et nous n'avions aucun contact avec la Brigade et notre artillerie, mais Ibby Aird a pris les choses en main. Nous étions tous sur la fréquence radio du Régiment et, de fait, il pouvait s'adresser à tous ceux d'entre nous qui étaient toujours opérationnels. Mon* Troop du B Squadron *a reçu l'ordre de partir contourner la ville par le sud pour, si possible, venir en aide au* A Squadron. *Nous nous sommes donc mis en route ; mon char était en tête au cas où nous rencontrions des Tiger. C'était le* Lieutenant *Bill Cotton qui nous commandait, un petit gars trapu et intrépide, une sacrée personnalité et un remarquable meneur d'hommes. Nous sommes tombés sur un groupe de half-tracks sur une route avant qu'un remblai au sud nous force à nous arrêter. Ce remblai n'existe plus aujourd'hui mais, en 1944, c'était un véritable obstacle ! Nous sommes alors peu à peu revenus vers le bourg.* »

Les semi-chenillés mentionnés par le *Sgt.* Bramall appartiennent à une unité sanitaire de la *Panzer-Lehr-Division*, vraisemblablement abandonnés en face du château de Villers-Bocage (*«in front of a big house»*) sur la Route d'Aunay. Bramall rapporte avoir ouvert le feu en les apercevant, mais aussi s'être ravisé promptement dès qu'il a repéré les croix rouges ornant les véhicules. En chemin également, une petite formation de fantassins allemands est surprise mais quelques mitraillages suffisent à la faire déguerpir. Peu après ces incidents, et ayant maintenant largement dépassé les dernières habitations au sud de Villers, les quatre chars de Cotton obliquent vers l'est pour tenter de se frayer un chemin vers la sortie nord-est de la localité et porter assistance au *A Squadron* en fâcheuse posture sur et à proximité de la cote 213. Après plusieurs tentatives, et constatant que la voie ferrée ne peut être franchie dans ce secteur, il leur faut se résoudre à regagner Villers.

L'itinéraire suivant n'a jamais été rapporté précisément, mais à n'en pas douter, le *Lt.* Cotton aura cherché à reconnaître la configuration d'une partie du bourg telle qu'elle s'est alors présentée à lui et à son groupe, à savoir la zone industrielle qui s'étend au sud de la Grand'rue entre le boulevard Joffre, la gare ferroviaire et la place du marché. Après ce repérage et avoir pris note de l'implantation des canons antichars et de l'infanterie des *Queen's* qui se sont déjà installés dans Villers, il choisit de positionner ces tanks sur la petite place du monument aux morts de la Guerre 14/18 qui jouxte celle de la Mairie. C'est d'ailleurs là que «vers 13 heures» une villéroise, Mme Thorel, a aperçu *«trois chars anglais et un canon antichar qui stationnaient près du monument aux morts»*. Quid d'un quatrième char ? On peut simplement supposer qu'un des engins du *Troop* de Cotton s'est positionné un peu à l'écart de ce groupe où, plus vraisemblablement, que le *Lt.* Cotton a déjà remisé son propre engin dans un garage attenant puisqu'il sait que son canon de 95 mm ne lui sera d'aucune utilité contre des chars allemands (6). Selon nous, ce témoignage civil est crucial dans la compréhension des événements suivants (voir encadré / schéma en page 147).

Photographie très célèbre du *Lieutenant* Bill Cotton prise après les combats de Villers-Bocage de la même série que sur une page précédente. L'officier anglais du *4 Troop, B Squadron* du *4th CLY* s'amuse avec une binoculaire allemande dans un moment de détente lors d'un bivouac. Il arbore accrochée à son blouson d'aviateur allemand une croix de fer ; l'aurait-il trouvée sur un prisonnier allemand ? Nous ne savons rien à ce propos, mais une seconde histoire de décoration allemande concernera le *Lieutenant* Cotton et l'*Ostuf.* Hannes Philipsen après les combats de Villers-Bocage. Nous la développerons dans les annexes de l'ouvrage. (IWM.)

## La *Kampfgruppe Ritgen*

### Les premières attaques avortées au sud d'Anctoville – 13 juin vers midi

La matinée du 13 juin 1944 se déroule dans une atmosphère d'urgence pour la *Panzer-Lehr-Division*. La nécessité immédiate est de pouvoir réunir assez d'hommes pour venir compléter une *Gruppe* d'attaque à déployer au plus vite au nord-est de Villers-Bocage. Ce n'est évidemment pas la seule préoccupation du jour pour le *Generalleutnant* Bayerlein qui doit en même temps contrer les assauts britanniques répétés plus au nord, sur le front de Tilly-sur-Seulles.

Nous pouvons ainsi apprécier la rapidité d'exécution de l'état-major de la *Panzer-Lehr-Division* pour qu'en moins de deux heures, une *Kompanie* de Pz.Kpfw. IV à effectif plein puisse venir se porter à hauteur de la percée anglaise de Villers-Bocage. Ainsi, la réaction allemande tente de contrer une tentative d'enveloppement par ses flancs en essayant de couper l'axe de progression de l'ennemi, en amont de la localité à partir de la route au sud d'Anctoville. Les effectifs sont malgré tout trop maigres pour garantir une réussite de l'opération, mais plus contraignante encore est cette route d'accès étroite et encaissée qui va empêcher un déploiement plus large des forces de la *Panzergruppe*.

**Ci-dessus :** photographie prise par les Allemands à la mi-juin 1944 au niveau du calvaire de Villers-Bocage montrant l'enfilade d'épaves britanniques formant des chicanes pour le passage des véhicules. Celle-ci illustre bien l'atmosphère « sans âme qui vive » qui régnait à cet endroit entre la fin de la contre-attaque des Tiger de Wittmann avant 10 heures, et le début de l'assaut dans Villers des Pz.Kpfw. IV de la *Kampfgruppe Ritgen* le 13 juin vers 14 heures. (Mitteilungsblatte 2.Panzer-Division.)

Insigne du *4th CLY* (*County of London Yeomanry*) de la *22nd Armoured Brigade*. (Coll. privée.)

Insigne du *1/7th Bn. Queens Royal Regiment (131st Brigade)*. (Coll. privée.)

Le *Hauptmann* Helmut Ritgen rapporte dans ses mémoires son engagement au nord de Villers-Bocage le 13 juin, entre 11 heures 30 et midi et demi :

*« Je reçois l'ordre du* Ia *de la* Panzer-Division *de bloquer les sorties nord de Villers-Bocage* (route des Hauts-de-Saint-Louet, route de Feuguerolles et route de Villy-Bocage) *et de me tenir prêt à la contre-attaque face à la percée profonde des Britanniques via Villers-Bocage, en direction de l'est. Les* Kompanien *qui combattent aux côtés du* Panzer-Grenadier-Regiment 901 *ne peuvent pas se dégager. Alors que je fais progresser mon groupe en direction de Villy-Bocage, le* Generalleutnant *Bayerlein me fait stopper et me donne des instructions. A partir de ce point, en compagnie du* General, *nous nous dirigeons vers l'ouest, au nord du ruisseau* (Le ruisseau du Coudray, à Saint-Louet-sur Seulles)*. Les murs de Villers-Bocage s'étendent au sud de nous, de violents tirs antichars proviennent de cette direction. Le* Stabsfeldwebel *Dobrowski* (7) *(Panzer IV numéro «4» de l'*Aufklärungs-Zug du Stab/Panzer-Regiment 130) *reçoit un coup au but. Son Panzer brûle. On ne distingue pas les pièces antichars britanniques. Sans l'appui des* Panzergrenadiere *et de l'artillerie, toute progression ultérieure à travers le bocage serait une folie. Le* Generalleutnant *Bayerlein ordonne le repli du groupe sur Villy-Bocage. »*

D'autres pertes vont être à déplorer par la *Panzer-Lehr-Division* au nord-ouest de Villers-Bocage, le 13 juin vers midi.

Le *War Diary* des *1st/5th Queens* le confirme. Engagée sur la ligne entre Livry et Anctoville, l'unité britannique engage et repousse une incursion par un autre petit groupe de Pz. Kpfw. IV de la *Panzer-Lehr-Division*, et un char allemand a été détruit. Il semble que des Pz.Kpfw. IV du *Hauptmann* Ritgen étaient déjà présents au nord de Villers-Bocage autour d'Anctoville depuis le matin. En effet, le rapport du *1 Troop, D Squadron* du *11th Hussars* indique qu'un Pz.Kpfw. IV immobilisé a été repéré juste à la sortie d'Anctoville déjà vers 7h30, le 13 juin. Le *Cpl*. Sambrooke a été projeté en l'air par l'explosion du piégeage par « Booby-Trap » de l'engin lorsqu'il l'inspectait, tout en restant indemne. Aussi, un Sd.Kfz. 251 tractant une antichar Pak 40 est détruit au moment de sa mise en batterie au sud des Hauts de Saint-Louet sur la route de Caumont. L'action est à mettre au crédit du *Sgt.* Addis du *3 Troop, D Squadron* du *11th Hussars*.

Malgré ce déploiement de force, les Pz.Kpw. IV du *Hauptmann* Ritgen doivent se déporter désormais entre Villy-Bocage et le croisement du Calvaire sur la RN 175 pour engager une attaque plus frontale dans Villers-Bocage, à revers de l'axe de progression de la *22nd Armoured Brigade*. Les positions allemandes initiales au nord de Villers-Bocage devaient être cependant tenues pour soutenir l'attaque des blindés du *Hauptmann* Ritgen par les routes d'accès de la localité.

Les engins blindés huit roues Sd.Kfz. 233 armés de 7,5cm à canon court de la *Panzer-Auflärungs-Abteilung 130* maintiennent le front. Ils patrouillent au même moment, et toute l'après-midi, sur cette lisière nord et empêchent le *8th Hussars* de progresser en direction de l'ouest et de la route de Villy-Bocage.

Le témoignage de Robert Pacary (8), un habitant de Villers-Bocage, nous donne un aperçu de la situation au nord de Villers-Bocage le 13 juin 1944 pour le début de l'après-midi :

« *Dans le haras* (9), *personne n'ose mettre le nez dehors. Nous sommes en fin de matinée. C'est alors que nous voyons apparaître sur cette petite route de Saint-Louet quelques véhicules allemands surchargés de troupes. Ce que nous ne savons pas, c'est qu'ils vont commencer à faire le ménage dans Villers, poursuivant les rescapés britanniques du massacre et brûlant quelques maisons au passage.* »

### La *Panzergruppe Lex* au sud de Villers-Bocage – 13 juin vers 12h30

La présence de 4 chars allemands Pz.Kpfw. IV aux abords est de Villers-Bocage est confirmée par plusieurs sources. Les mémoires de Helmut Ritgen indiquent elles aussi que les engins ont été prélevés de l'atelier de réparation et de maintenance de la *II./Panzer-Regiment 130* de Parfouru-sur-Odon par le *Hauptmann* Lex. Nous retrouvons l'officier allemand, récent *Kompaniechef* de la *5.Kompanie* transféré à la *Versorgungskompanie,* à la ferme des Hauts-Vents le 13 juin vers 12h30. Il est certain qu'une communication a été établie entre la *Panzergruppe Lex* et la *Kampfgruppe Ritgen* déployée au nord de Villers-Bocage car les *Kradmelder* (10) circulent entre Parfouru et Villy-Bocage depuis le milieu de la matinée. La reconnaissance des Pz.Kpfw. IV de Lex au sud de Villers-Bocage est coordonnée avec celle du *Hauptmann* Ritgen au nord-est vers la route de Caumont. Ce sont là les prémices de l'attaque principale de 13 heures.

Le témoignage de l'*Obergefreiter* Adalbert Knappe, de la *vers.Kp./Pz.Lehr.Rgt. 130,* nous éclaire sur la situation de la *Panzergruppe Lex* :

« *Le 13 juin 1944, nous avons continué notre travail de maintenance sur les camions du* Panzer-Regiment *arrivés la veille. Le mien avait un problème de démarreur qui aurait été vite réglé si nous n'avions pas sans cesse été appelés pour accomplir d'autres tâches. Un chargement de pneumatiques était arrivé au château et nous devions nous occuper de le stocker dans une grange. Nous avons entendu des explosions et tirs rapprochés au nord du village, comme si une attaque massive ennemie avait été lancée et ce fut l'alerte maximum. L'officier d'ordonnance nous a demandé d'aider les gars à remonter au plus vite un Panzer qui devait partir au combat. Cela s'agitait dans tous les sens. Le* Hauptmann *courait partout pour essayer de réunir son groupe d'attaque au plus vite. Alors sont arrivés dans le jardin trois Pz.Kpfw. IV en ordre de marche. Ils attendaient les deux autres et nous avons été une bonne dizaine à couper au plus vite des branchages pour les recouvrir à la demande des chefs de char. Le groupe de Panzer est parti vers l'ouest et nous avons entendu des combats toute l'après-midi. Au soir sont revenus deux des Panzer qui avaient besoin de révisions. Les gars nous ont expliqué que leurs camarades, dont un s'appelait Mathias, étaient morts dans leur char à Villers-Bocage, et qu'il leur fallait repartir pour en remorquer deux autres immobilisés dans la ville.* »

Un Pz.Kpfw. IV de la *Panzergruppe Lex* a été détruit à proximité de la gare de Villers-Bocage ; nous l'avons repéré sur les vues aériennes de la ville prises le 24 juin 1944. L'engin a été détruit par un tir d'antichar «6 pounder» de la *A Company* du *1/7th Queen's* embusqué dans un jardin. Les traces du char allemand - également visibles - montrent que celui-ci partant de la place devant la gare pour prendre le boulevard Joffre en direction de l'est a subitement bifurqué sur le terrain d'un entrepôt, et essayé de contourner les positions anglaises. Aussitôt était–il apparu écrasant un muret qu'il a été détruit. Cette tentative de progression au sud de Villers, nous l'inscrivons, comme nous l'avons vu, dans un mouvement de reconnaissance au moment où la *A Company, 1/7th Queen's,* est déjà déployée sur une ligne nord/sud dans Villers (Voir plan page 132).

### L'attaque des Pz.Kpw. IV de Ritgen dans la rue Clémenceau – 13 juin 13h/14h

Le point pivot de l'organisation de la défense allemande au nord de Villers-Bocage se trouve être le village de Villy-Bocage, situé sur l'axe principal menant vers le nord à Tilly-sur-Seulles. C'est à cet endroit que vont converger les forces qui vont constituer tout au long de l'après-midi de ce que nous nommons la *Kampfgruppe Ritgen*. Celle-ci

Unique portrait du *Major* Ibby Aird, Commandant du *B Squadron* du *4th CLY*. (« Carpiquet Bound » de W.D. Allen & R.F.H. Cawston, Chiavari Publ. 1997.)

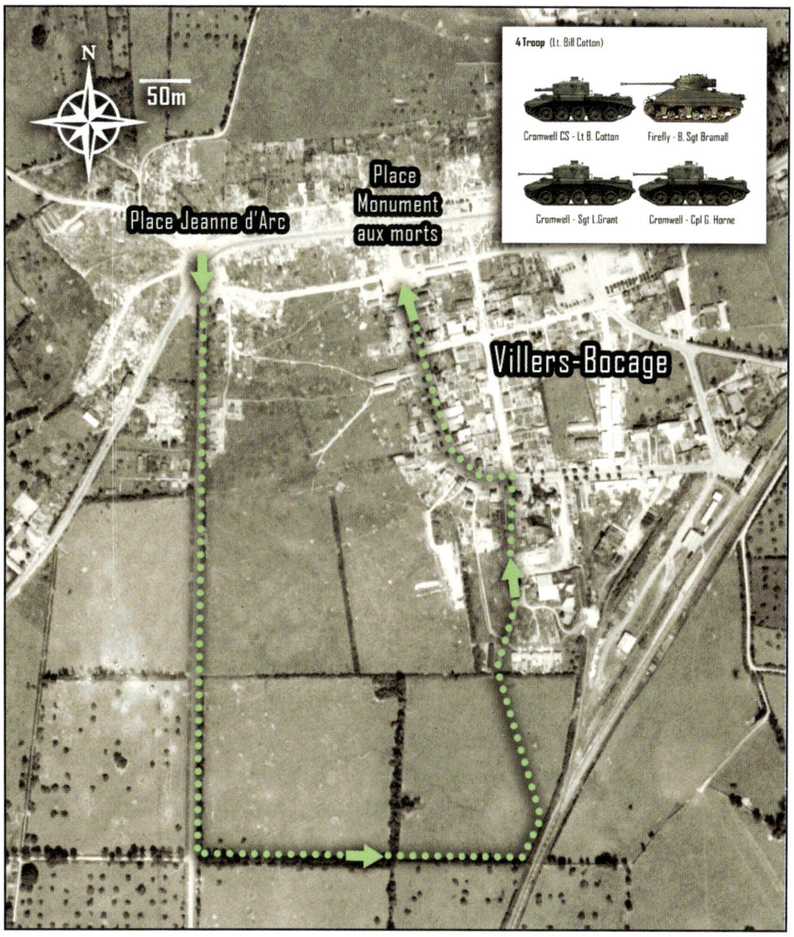


Schéma du déplacement de la petite unité blindée *(4 Troop, B Sqn, 4th CLY)* du *Lieutenant* Bill Cotton au sud de Villers-Bocage sur une vue aérienne de la localité le 24 juin 1944. (F. Deprun sur photo IGN.)

Localisation de la première attaque de la «*Kampfgruppe Ritgen*» au nord de Villers-Bocage vers 11h30 au Haut de Saint-Louet. Ce premier mouvement offensif de la *Panzer-Lehr-Division* est important puisqu'il a tenté de couper l'axe de progression britannique à l'entrée de Villers-Bocage dans l'idée d'un encerclement. L'attaque a échoué face à l'écran antichar de la *7th Armoured Division* et le *Generalleutnant* Bayerlein a fait le choix de ne pas poursuivre en raison de l'étroitesse de la route vers la localité. (NCAP-24 juin 1944.)

**Schéma de l'attaque des PzKpfw. IV de la Kampfgruppe Ritgen**
Haut de Saint-Louet, 13 juin 1944 (entre 11h30 et 12h30)

Portrait du *Hauptmann* Helmut Ritgen, nommé *Kommandeur* de la *II. Abteilung* du *Panzer-Regiment 130* le 11 juin 1944 peu avant la bataille de Villers-Bocage. Le *Kommandeur* Bayerlein le chargera, dès 10 heures le 13 juin, de conduire une *Kampfgruppe (KG Ritgen)* pour s'opposer aux Anglais présents dans Villers-Bocage, à partir d'une force de combat de deux *Kompanien* incomplètes de Pz.Kfpw. IV. L'officier allemand a été le principal historien de la *Panzer-Lehr-Division* en laissant après son décès plusieurs incontournables ouvrages. (Heimdal.)

a déjà tenté de couper l'axe d'écoulement britannique et essayé de prendre pied dans le bourg, et va désormais pousser pour expulser les éléments de la *7th Armoured Division* de leurs positions défensives.

Un groupe de chars sans soutien ne peut rien dans le développement d'une attaque, il lui faut absolument pouvoir compter sur de l'infanterie et de l'artillerie pour pouvoir se déployer. L'idée du *Generalleutnant* Bayerlein de tenter de couper l'axe de progression de la *22nd Armoured Brigade* au sud de la route de Livry n'avait aucune chance de pouvoir réussir face à l'écran antichar britannique déployé en lisière nord-ouest de Villers-Bocage. Si les Allemands ont bénéficié d'éclaireurs sur engins blindés, il en va de même pour les Britanniques qui verrouillent depuis 10 heures tout accès au nord de la localité, interdisant ainsi toute tentative d'infiltration dans leurs lignes. Les Allemands redéployent leurs *Panzer* au sud de Villy-Bocage dans l'heure et constatent une cristallisation de leurs positions avant de pouvoir recevoir le renfort des groupes de soutien de la *Panzer-Lehr-Division*. C'est de retour à Villy-Bocage vers midi et demi, après la tentative d'attaque aux Hauts de Saint-Louet, que le *Generaleutnant* Bayerlein demande à son chef d'état-major, le *Major i.G.* Kauffmann d'accélérer le regroupement d'une force complète d'opposition. Celle-ci doit s'organiser pour tenir fermement la ligne de front au nord de Villers-Bocage, ce qui permettrait de « flanc-garder » une nouvelle attaque commandée par le *Hauptmann* Ritgen. Nous pouvons être certains que Bayerlein connaît l'existence du groupe de Tiger de Wittmann qui est toujours en position défensive à l'est de Villers-Bocage, et les détails de l'engagement du Tiger 212 à cette heure. Mais il sait que cette petite unité de chars lourds est trop faible pour intervenir.

En attendant, c'est l'agrégat de troupes hétéroclites de la *Kampfgruppe Ritgen*, composé d'unités éparses, qui va jouer le rôle une fois renforcé d'une *Kompanie* d'infanterie prête à s'infiltrer de maison en maison pour repousser les Anglais.

Entre 13 heures et 13h30, dans le cadre d'une première mesure de préparation à l'assaut, la *Panzer-Lehr-Division* a installé des batteries de mortier de

8,14 cm Granatwerfer 34 dans les vergers au nord-ouest du Calvaire qui pilonnent les abords de l'embranchement de la route d'Epinay-sur-Odon. Dans les champs situés au sud du virage de l'avenue Clémenceau jusqu'à la gare sont avancés les soldats les plus en pointe de la *A Company, 1/7th Bn, QRR*. Le secteur doit être nettoyé au plus vite pour que les forces blindées d'attaque puissent se déployer et élargir leur base de départ. Jusqu'à 13h30, les Pz.Kpfw. IV étaient restés moteurs en marche à occuper les bas-côtés de la route de Tilly, au sud de Villy-Bocage, en attendant l'ordre de progression ; mais l'ordre est donné de s'avancer à l'entrée de la ville.

Le témoignage du *Gefreiter* Leo Enderle de la *6.Kompanie* de Pz.Kpfw. IV de la *II./Pz-Lehr-Rgt 130* nous éclaire sur le début de l'attaque de la *Kamfgruppe Ritgen* vers 13 heures :

*« Quand le moment de la contre-offensive arrive, nous avançons jusqu'à la route nationale. Là gisent sur des kilomètres de long des épaves de blindés et de véhicules de transport. En sortant ma tête du panzer, je vois aussi des cadavres. Un agent de liaison motocycliste était sorti d'un chemin creux et est tombé sur la route en freinant trop brutalement, d'effroi. L'attaque sur Villers va être retardée d'au moins une demi-heure jusqu'à ce que les panzers se soient disposés à gauche et à droite de cet axe d'attaque. Quelques panzers se sont placés à gauche et à droite de la localité pour capturer les troupes se trouvant là ou celles qui tenteraient de s'enfuir. Nous pénétrons dans la localité. Deux Tiger gisent à un carrefour, détruits par une pièce automotrice qui était postée dans la rue de gauche. »*

Diapositive couleur des Pz.Kpfw. IV Ausf. H du *II.Panzerzug* de la *5. Kompanie* du *Panzer-Regiment 130* du *Hauptmann* Lex prise en Hongrie, au printemps 1944. Quelques chars de cette unité ont participé aux combats dans le secteur de Villers-Bocage le 13 juin 1944. Cette authentique image couleur nous donne un aspect de la peinture de camouflage de ces chars allemands rendant une tonalité gris-verte aux engins. (Coll. privée.)

Photographie prise entre le 8 et le 12 juin 1944 dans le secteur d'Aunay-sur-Odon/Villers-Bocage par le *Kriegsberichter* Koll. Un Kübelwagen d'une unité de la *Panzer-Lehr-Division* patiente sur le bord de la route en croisant une colonne de camions venant dans le sens inverse. Les routes d'accès à Villers-Bocage sont des points névralgiques pour la répartition des unités blindés remontant vers le front de Tilly-sur-Seulles et celui du Mesnil-Patry. (BA.)

**Schéma du déploiement de l'attaque allemande dans Viller**

Char allemand détruit — Char allemand immobilisé — Positions anti-tank

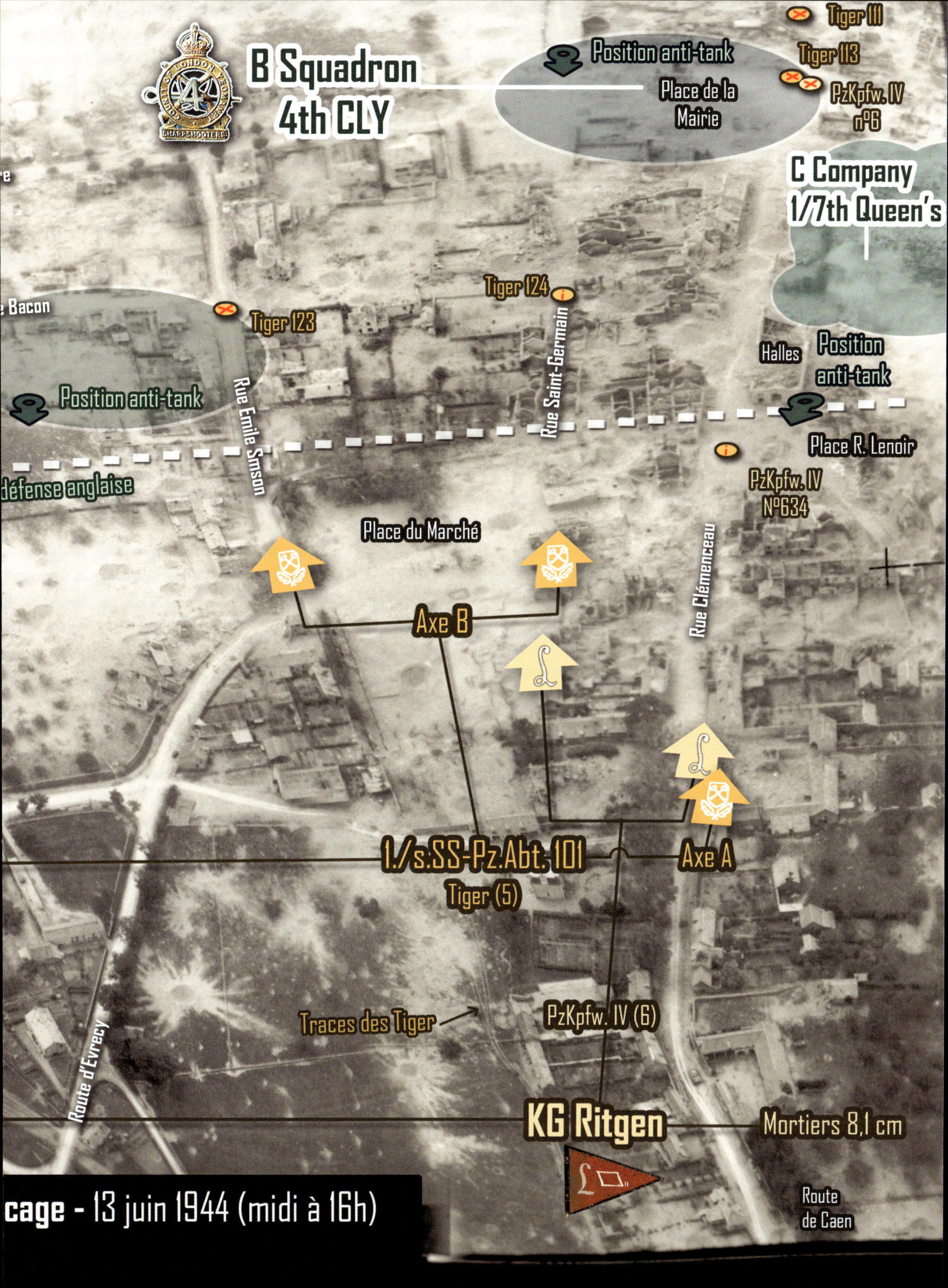


Carte de position des attaques allemandes au sud de Villers-Bocage entre 17 et 18 heures le 13 juin 1944. La pression allemande en direction du nœud routier à l'ouest de Villers (Place Jeanne d'Arc et alentours) est manifeste et va en grande partie contraindre les troupes anglaises à évacuer la localité en fin de journée. (Montage F. Deprun.)

Schéma d'organisation de la *Panzergruppe Lex* le 13 juin 1944 dans la matinée. (Schéma F. Deprun.)

Le Pz.Kpfw. IV du *Gefreiter* Leo Enderle arrivant de Villy-Bocage, avant son engagement au niveau du Calvaire, longe les deux Tiger, le 223 de l'*Oscha*. Brandt et le Tiger 211 stoppés le longe de la route, canons dirigés vers le nord. Nous pensons que le Tiger 211 immobilisé au Calvaire à 9h45 (Voir Annexe C de l'ouvrage) a été remorqué sur quelques mètres un peu plus tard dans la matinée par le Tiger 223. Les deux équipages sont autour de leurs chars et soignent visiblement les blessés. C'est ce que confirme le témoignage de Hans Burkhardt, pointeur dans le Pz.Kpfw. IV de l'*Unteroffizier* Rother de la *5.Kompanie* de la *II./Pz-Lehr-Rgt 130*, qui suit le char de Enderle ; il décrit également ce qu'il découvre :

*« En avançant à l'entrée de Villers-Bocage, nous sommes passés à côté d'une immense colonne de véhicules de transport, de half-tracks et de petites chenillettes détruits. La direction de marche de cette colonne détruite par l'unité de Tiger SS était à l'est. Avant Villers-Bocage, à gauche de nous, à la lisière d'un bois, je vois encore deux Tiger en position. L'un d'entre eux était de toute évidence détruit. L'équipage était encore là. Quelques-uns sont blessés et, malheureusement, l'un deux est mort. »*

Nous recevons là également la confirmation par ces témoignages que le secteur du Calvaire est totalement aux mains des Allemands à cette heure, et qu'il ne subsiste plus aucune résistance à proximité. Les véhicules de la *Kamfgruppe Ritgen* ont

Sur une vue aérienne de l'usine Edwige Edward's, dans le quartier de la gare de Villers-Bocage, localisation de l'épave du Panzer IV de la *Panzergruppe Lex* détruit probablement entre 13 heures et 14 heures par un antichar 6 Pounder anglais du *1/7th Queen's*. L'épave est visible (cercles rouges) sur une série de photographies aériennes audessus de la localité prise en juillet 1944. (Coll. auteurs et collection particulière via Michael Kenny.)

commencé à venir occuper les abords du Calvaire pour déployer l'infanterie et les mortiers, et les réseaux de transmission. Il faudra une demi-heure pour mettre en place les *Panzer* sur les trois axes de progression. Le premier le long du chemin de « la Fontaine-pourrie » avec la mise en place d'un char en surveillance, le deuxième au centre de l'attaque dans la rue principale avec quatre Pz.Kpw. IV (n°6, n°634, et ceux de Enderle et celui de Burkhardt), la troisième le long des jardins qui bordent le virage par le sud et qui aboutit à la hauteur de la place du marché.

Nous poursuivons le récit du *Gefreiter* Leo Enderle qui se situe au moment de l'attaque :

*« Nous faisons avancer à grande vitesse nos deux premiers Panzer vers le carrefour. Ils le traversent et, après avoir disparu de notre champ de vision par la courbe de la route, ils reçoivent le feu des antichars. Nous apprenons par radio que le premier a été détruit ; le second se replie et, bien qu'il ait été prévenu plusieurs fois de ne pas retraverser le carrefour, il est également détruit. Le coup pénètre par la gauche et ressort par la droite. Aucun n'en sortira vivant ; c'est ce que nous pensons. Cependant, la trappe du pourvoyeur s'ouvre peu après et un camarade bondit sur la rue la tête la première pour disparaître dans une rue latérale où, d'après d'autres témoignages, il va mourir en perdant son sang. »*

Le pointeur Hans Burkhardt de la *5.Kompanie,* dans le 4e Pz.Kpfw. IV en progression sur l'axe central, poursuit :

*« Après un court moment d'observation, nous entrons lentement dans Villers-Bocage. Après quelques centaines de mètres, nous arrivons à un carrefour. Lorsque notre premier panzer traverse ce carrefour, il reçoit un tir d'une pièce antichar placée sur sa gauche. Celle-ci est tellement éloignée du carrefour qu'on ne peut l'apercevoir qu'en étant au milieu du carrefour. Le panzer est mis hors de combat. Il en sera de même pour le second panzer. »*

Le Pz.Kpfw. IV 6 de tête, suivi du Pz.Kpfw. IV 634, ont réussi à franchir le piège de la place Richard Lenoir en passant entre les tirs du canon antichar 6 Pounder de la *C Company, 1/7th Queen's* embusqué derrière le Halles, à l'angle de la rue Saint-Martin (Voir page 156). Hans Burkhardt, qui ne voit pas la scène, pense que c'est l'antichar qui détruit le panzer de tête. Mais le Pz.Kpfw. IV N°6 aurait été stoppé par les tanks du *B Squadron* positionnés plus bas dans la rue, au niveau de la place de la Mairie (11). Le groupe du *Lieutenant* Bill Cotton a été pourtant surpris par l'arrivée du char allemand, mais le Cromwell du *Cpl.* Horne aurait réussi à suivre sa course pour lui décocher un tir sur l'arrière qui a pu atteindre le compartiment moteur. Le Pz.Kpw. IV 634, qui le suivait, a été touché également, transpercé de part en part par l'antichar 6 Pounder. Cette destruction s'est en toute logique opérée lorsque le char allemand a commencé à reculer dans la même rue pour se mettre hors de portée des chars anglais placés plus bas. Immobilisé au milieu de la rue centrale au niveau du monument de la place Richard Lenoir, le Panzer a été évacué par les membres d'équipage encore en vie. Nous allons retrouver plus tard le Pz.Kpfw. IV 634 immobilisé en cours de remorquage au niveau du virage, un peu plus haut dans la rue. Une première tentative de dégagement du char allemand a été très certainement effectuée dans la soirée, amis elle a échoué lorsque le char s'est trouvé coincé sur les rondins bordant le virage. C'est la raison pour laquelle la photographie page 146 le montre obstruant la rue Clémenceau sur les photos prises le lendemain. L'éclaireur Otto Henning de la *Panzer-Aufklärungs-Abteilung 130* (12) déclare dans un témoignage qu'il a inspecté l'intérieur du Pz.Kpfw.

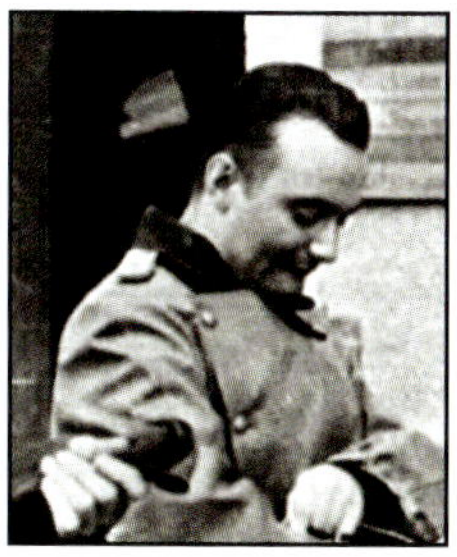

**Ci-contre :** photographie du *Hauptmann* Lex, *Kompanie-Führer* de la *5.Kompanie* de Pz.Kpfw. IV du *Panzer-Regiment 130* de la *Panzer-Lehr-Division,* avant qu'il ne prenne le 12 juin 1944 en responsabilité la *Werkstatt-Kompanie* de la *II./Panzer-Regiment 130* installée au château de Parfouru-sur-Odon. C'est à partir de ce village que l'officier va pouvoir lancer une première reconnaissance en direction des combats de Villers-Bocage au cours de la matinée. (Ritgen.)

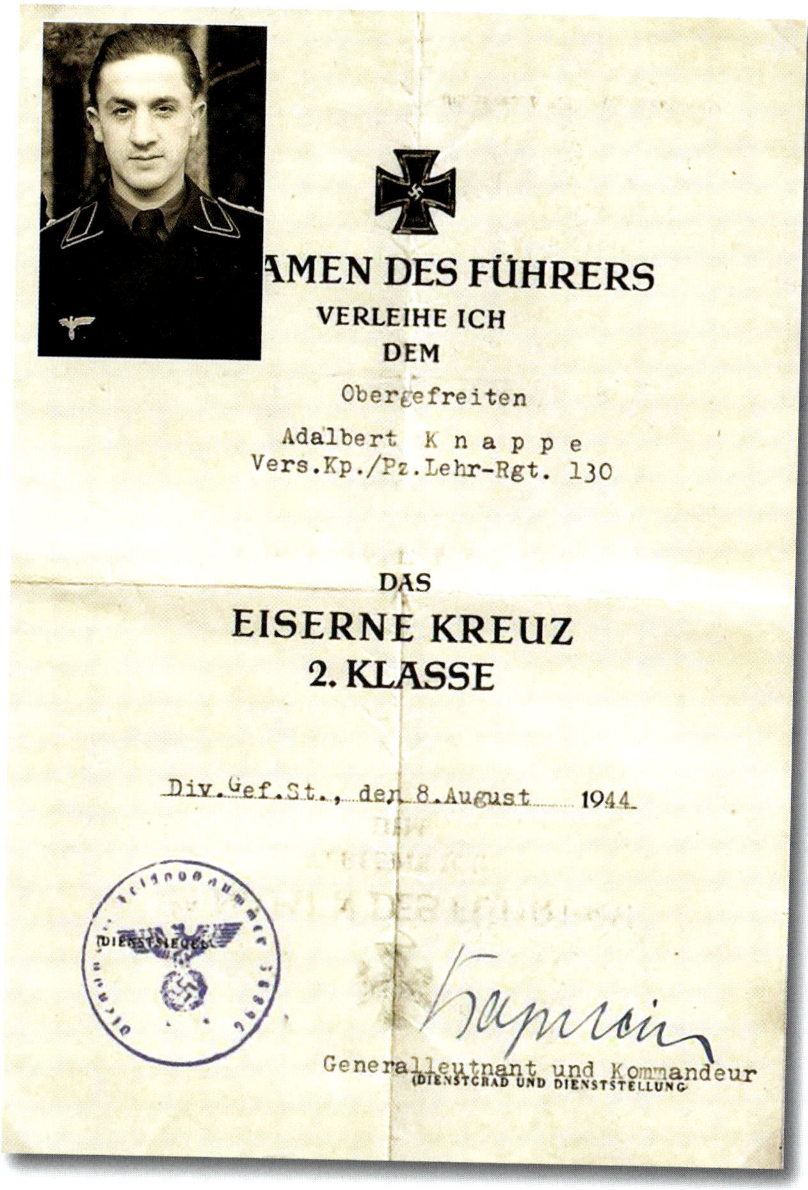

…MEN DES FÜHRERS
VERLEIHE ICH
DEM
Obergefreiten
Adalbert Knappe
Vers.Kp./Pz.Lehr-Rgt. 130

DAS
EISERNE KREUZ
2. KLASSE

Div.Gef.St., den 8.August 1944

Dienstsiegel

Generalleutnant und Kommandeur
(Dienstgrad und Dienststellung)

Certificat d'obtention du *Eiserne Kreuz, 2.Klasse* (Croix de Fer de 2e Classe) et portrait de l'*Obergefreiter* Adalbert Knappe de la *vers. Kp./Pz.Lehr-Rgt. 130* signé de la main du *Generalleutnant* Bayerlein. Le *Kommandeur* de la *Panzer-Lehr-Division* récompense ainsi le rôle particulièrement efficace du soldat dans la maintenance du parc blindé de l'unité dans le Calvados et la Manche. Knappe, qui était présent au château de Parfouru-sur-Odon le 13 juin 1944 au matin, a pu donner dans un court récit des indications sur la composition de la *Gruppe Lex* qui est intervenue au sud de Villers-Bocage vers 13 heures. (Coll. privée.)

1

2

**1.** Image tirée d'un film des actualités allemandes Deutsche Wochenschau montrant les Pz.Kpfw. IV de la *Panzer-Lehr-Division* progressant sur la route de Caen, en fin d'après-midi du 7 juin 1944. Nous pouvons nous rendre compte de la tentative de camouflage par ajout de feuillages sur l'engin numéro 524 de la *Kompanie* du *Hauptmann* Lex. Basés dans un bois prêt de Sermentot au soir du 12 juin, la mise en alerte rapide a permis aux chars les Pz.Kpfw. IV de se porter de Villy-Bocage aux portes de Villers très rapidement le 13 juin 1944 dans la matinée. (Deutsche Wochenschau.)

**2.** Détail d'une vue aérienne prise le 24 juin 1944 montrant le secteur du Calvaire de Villers-Bocage qui sera le lieu de regroupement de la force de contre-attaque de Ritgen, appuyée par celle des Tiger de Möbius. La zone recouverte d'épaves anglaises sera largement bombardée par les Anglais à partir de la mi-journée le 13 juin 1944. Nous pouvons discerner la trace blanche en forme de diagonale laissée par le passage de certains véhicules et blindés allemands qui, en contournant le centre-ville, se sont dirigés vers la partie sud de la localité. Une saignée dans les herbages qui suit exactement le tracé de 1947 pour l'avenue du 13 juin 1944. (NCAP-24 juin 1944.)

**3.** Photographie prise le 14 juin 1944 qui est très révélatrice du no man's land qui existait depuis le milieu de la matinée du 13 juin dans la rue Clémenceau, depuis l'abandon du Tiger 212 de Wittmann (au fond de l'image). L'opposition entre le OP Sherman détruit et l'épave de Tiger dans le fond de l'image produit une atmosphère sinistre, baignée dans la fumée et la poussière due aux tirs épars d'artillerie et de mortiers. C'est dans un climat similaire que les chars allemands vont tenter de repousser les Anglais retranchés dans la localité à partir de 13 heures 30. (KB Arthur Grimm, BA, via Daniel Taylor.)

**4.** Une seconde photographie du reportage du *Kriegsberichter* Grimm réalisé le 14 juin 1944 nous sert à illustrer les combats de la journée du 13 juin. Un *SS-Panzergrenadier* de la *4.Kompanie* de la *s.SS-Panzer-Abteilung 101* patrouille dans la rue principale. L'unité d'accompagnement des Tiger jouera un rôle crucial pour aider les Allemands à localiser les points de résistance anglais au sud de la ville. (BA.)

3

IV n°6 présent au niveau du virage, tôt le matin du 14 juin. Un obus était d'ailleurs coincé dans la culasse, une défaillance peut-être due aux effets du tir de l'antichar anglais ou des chocs encaissés plus tard par l'engin en roulant sur les troncs d'arbre.

La situation n'est pas brillante pour la *Kampfgruppe Ritgen* et son chef de *Kompanie*, le *Hauptmann* Ritschel, qui a commandé l'attaque. Les deux Pz.Kpfw. IV envoyés en tête sont détruits dans la rue principale de Villers-Bocage, sans qu'un seul gain de terrain n'ait pu être enregistré. Il s'agit du cinquième Pz.Kpfw. IV immobilisé ou détruit depuis midi pour la *Panzer-Lehr-Division* et la *Kampfgruppe Ritgen* ne dispose plus de force suffisante pour renouveler de telles attaques blindées sans dégarnir sa ligne de protection au nord de Villers-Bocage. Nous allons voir dans le prochain chapitre que l'arrivée des Tiger du *Hstuf.* Möbius de la *1.Kompanie* de la *s.SS-Panzer-Abteilung 101*, en provenance de la cote 213, va pouvoir permettre aux Allemands de reprendre l'axe de progression des Pz.Kpfw. IV dans Villers-Bocage vers 14h15.

La mission de la *Kampfgruppe Ritgen* sera considérée comme terminée le 13 juin 1944 dans la soirée par le *Generalleutnant* Bayerlein, qui pourra ainsi dissoudre le groupe en prévoyant un autre système d'attaque pour le lendemain sur le front d'Anctoville, face à la « *Brigade Box* ».

Le *Hauptmann* Ritgen conclue la journée ainsi dans ses Mémoires :

« *Les Panzer ne pouvaient pas attaquer plus avant à travers les haies épaisses du secteur sans l'appui des* Panzergrenadiere. *Le* Generalleutnant *Bayer-*

4

**Ci-dessus :** plan du déploiement de la *Kampfgruppe Ritgen* à l'entrée est de Villers-Bocage le 13 juin 1944 entre midi et 13 heures. (F. Deprun et auteurs.)

**Ci-contre :** photographie assez fantomatique du *Hauptmann* Ritgen et de son état-major en Normandie. Le fanion de la *II.Abteilung* du *Panzer-Regiment 130* est planté devant les officiers ; il porte le parallélogramme du signe tactique des *Panzer* avec le L de la *Panzer-Lehr-Division* ainsi que le blason de la maison *Fürsten* (Princes) *von Schönburg-Waldenburg*. L'image est accompagnée de la représentation du fanion. (Ritgen et F. Deprun.)

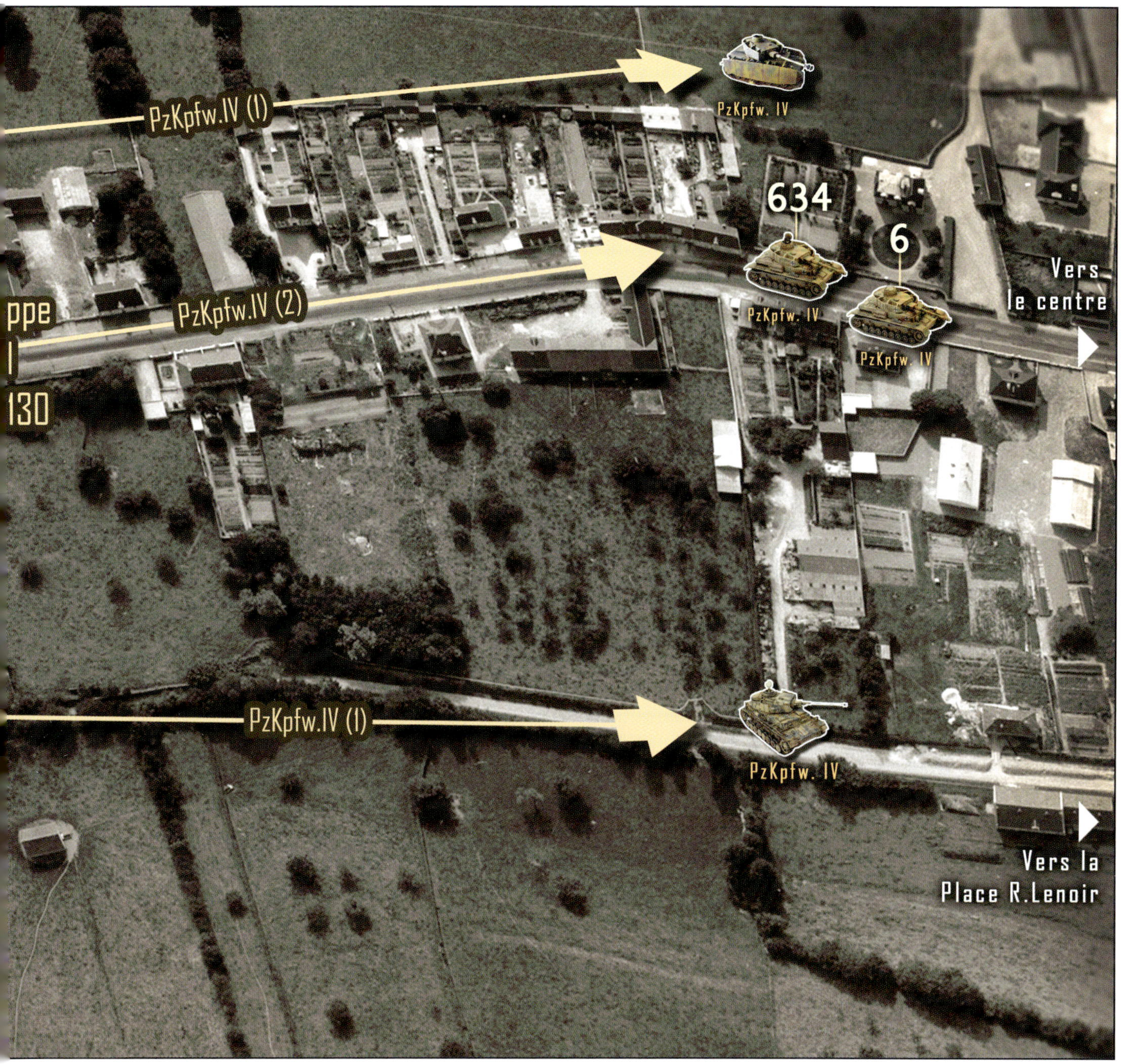


**Page suivante, en haut :** photographie prise dans la rue Clémenceau à Villers-Bocage le 14 juin 1944, par le *KB* Grimm. Le PzKpfw. IV 634 de la *Kampfgruppe Ritgen* est immobilisé au niveau du virage, à proximité du Cromwell du *Captain* Dyas détruit par Wittmann le matin. Le char allemand a été touché lors du premier assaut après 13 heures 30 la veille par un tir ennemi (peut-être celui d'un antichar *6 Pounder)* au niveau de la place Richard Lenoir. Un impact de projectile à déplacé le galet de rechange de son rack sur le côté de la caisse. Un morceau de métal bloque la chenille au-dessus du barbotin. L'engin parait, de toute évidence, hors de combat, ce PzKpfw. IV a été remorqué jusqu'au virage et est venu se ficher au milieu de troncs d'arbres découpés et entreposés au sol avant les combats. L'engin n'a pas brulé mais doit être récupér puisque le canon d'un second PzKpfw. IV apparait derrière le Cromwell pour tenter l'opération. La *Rommelkiste* (coffre) à l'arrière de la tourelle a été ouvert et les vêtements sont répandus au sol. Une fouille qui pourrait indiquer une recherche urgente d'outils ou de matériel médical pour soigner l'un des équipages touchés par les tirs ennemis. Il faut noter que le Cromwell calciné de Dyas a servi de protection pour l'infanterie, comme en témoignent les planches placées entre les chenilles ayant peut-être servi pour camoufler un ou plusieurs tireurs. (Grimm, BA.)

**Page suivante, en bas :** le second Panzerkampfwagen IV Ausf.H immobilisé dans la rue principale de Villers-Bocage le 13 juin, entre 13h30 et 14 heures, appartient toujours à la *Kampfgruppe Ritgen* et porte le numéro 6 : il s'agit d'un char de reconnaissance de la *Stabskompanie* du *Panzer-Regiment 130* issu de l'*Aufklärungszug*. Il a été détruit au début de la rue Pasteur, à la hauteur de la Place de la Mairie, par un obus reçu de l'arrière tiré par le Cromwell du *Corporal* Horne surgissant de la place de la Mairie ou bien par un antichar *6 Pounder* des *Queens* à proximité. L'explosion interne qui a soufflé l'intérieur et provoqué l'affaissement de la suspension de l'engin s'est produite bien après son immobilisation par un incendie volontaire provoqué par les Britanniques. La photographie prise par le *Lieutenant* Bill Cotton nous éclaire quelque-peu sur son état peu de temps après l'impact (voir page 156). (Zwirner, BA.)

634

*lein, qui nous avait accompagnés durant cette journée dans son véhicule de commandement, a donné l'ordre de cesser l'attaque et de tenir nos positions. A 22 heures, Villers-Bocage était dans nos mains, la mission était accomplie et les* Panzer *ont pu retourner sur leurs positions de départ. »*

(1) Rétrospectivement, le *Lt.* Pearce expliquera cette attitude par le fait que, selon lui, le *Major* Aird n'avait pas supporté qu'un officier subalterne vienne l'avertir de la situation et lui dise quoi faire.

(2) Comme nous l'avons vu précédemment, une partie de l'immeuble près duquel le Sherman se situait s'est effondré sur celui-ci consécutivement à l'échange de tirs avec le Tiger. Toutes trappes fermées, l'intérieur d'un tank est un endroit particulièrement confiné et la vue vers l'extérieur n'est possible que de façon relativement restreinte au moyen d'épiscopes. La chute importante de débris, de poussière, de briques et de ciment sur le Firefly devait selon toute vraisemblance constituer un handicap certain pour l'équipage anglais, le privant en grande partie de ses moyens d'observation vitaux. Ce repli nécessaire pour dégager le char, la configuration des lieux et la redistribution ultérieure des effectifs du *B Squadron* du *4th CLY* dans Villers-Bocage – dont le Sherman du *Sgt.* Lockwood – nous amènent à conclure que si ce dernier n'a pas revendiqué de victoire sur le Tiger de Wittmann, c'est qu'il n'a jamais été en mesure de le faire. Nous pouvons au passage affirmer qu'aucun char du *B Sqn* ne s'est aventuré à remonter la rue principale, faute de quoi le Tiger 212 de Wittmann aurait alors immanquablement été signalé.

(3) Comme indiqué précédemment, ce *Troop* ne disposait plus que de deux tanks, au mieux, en ce matin du 13 juin.

(4) Dont ceux de son *2 Troop* qui, par défaut, ont dû être envoyés prendre position à la lisière de Villers, route de Vire.

(5) Pour rappel, en dotation dans chacun des trois *Squadrons* du *4thCLY*, à raison d'un engin par *Troop*.

(6) En effet, l'obusier de 95mm qui équipe le Cromwell CS ne tire que des obus explosifs à usage antipersonnel ou pour la destruction de fortifications, sans effet sur le blindage de chars qui, pour être percé, nécessite l'usage de munitions perforantes.

(7) Le Pz.Kpfw IV détruit sur la route d'Anctoville a certainement reçu le tir d'un antichar britannique 6 Pounder du *1/5th Queen's*, l'unité de la *7th Armoured Division* déployée sur le flanc gauche de la *22nd Armoured Brigade*, au nord de Villers-Bocage. Nous ne pouvons cependant pas exclure que la position ait été également tenue par le *8th Hussars*.

(8) *La percée du Bocage*, Vol.1, Stéphane Jacquet, Heimdal 2015 (Page 38)

(9) Le haras dont parle Robert Pacary se situe à la sortie de Villers-Bocage route de Saint-Louet.

(10) Témoignage de Leo Enderle de la *5.Kp./II. Pz.Lehr.Rgt 130.*

(11) L'immobilisation du Pz.Kpfw. IV n°6 attribué au *Cpl* Horne n'est pas certaine, l'engin a pu finir sa course sur avarie due au tir de l'antichar 6 Pounder de la place Richard Lenoir. Le char n° 6 a été également la cible de tir des autres tanks *du B Squadron* de la place de la Mairie, lesquels n'ont pas atteint leur but.

(12) *Als Panzer-und Spähtruppeführer in der Panzer-Lehr-Division 1943-1945*, Otto Henning, Flechsig, 2006.

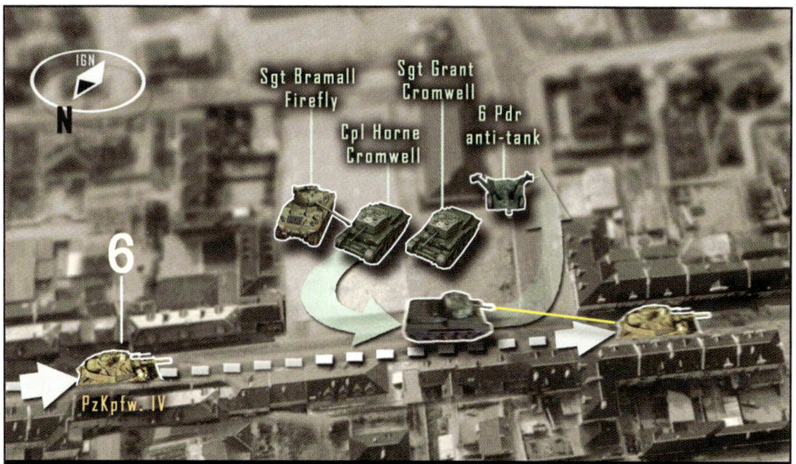


**Séquence de la destruction du PzKpfw. IV n°6 par le Cromwell du Cpl Horne**
Villers-Bocage - 13 juin 1944 (entre 14h - 14h30)

Séquence des mouvements des trois blindés du *4 Troop, B Squadron, 4th CLY*, sur la place de la Mairie de Villers-Bocage au moment de l'attaque du PzKpfw. IV n° 6 entre 13h30 et 14h30. (Montage auteurs)

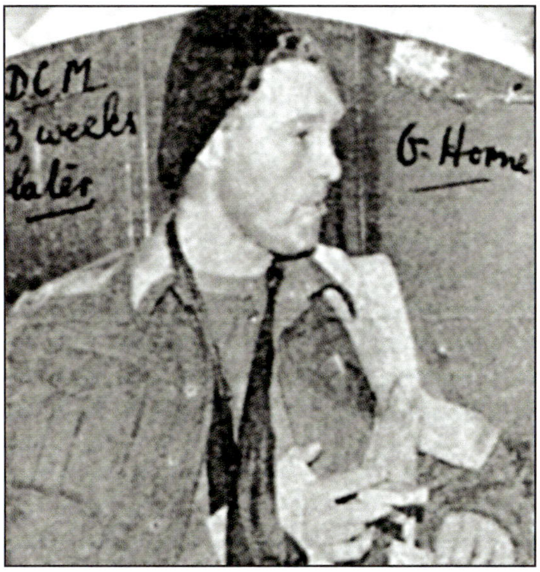

**Ci-dessus :** photographie du *Corporal* Horne du *4 Troop, B Squadron, 4th CLY*, prise à Edinburgh en juin 1944, alors qu'il se trouvait en convalescence et qu'il vient de recevoir la *DCM (Distinguished Conduct Medal)* qui lui fut décernée pour son coup d'éclat lors des combats dans Villers le 13 juin. (Collection Robert Wright via Alan Wright.)

**Ci-contre :** portrait photographique du *Sergeant* Leonard Grant du *4 Troop, B Squadron, 4th CLY*. (Museum Sharpshooters.)

# 9 L'assaut des Tiger dans le centre Villers-Bocage 13 juin - 14h15

## Un résumé de la situation

L'attaque des Tiger de la *1./s.SS-Panzer-Abteilung 101* dans la localité constitue l'un des plus célèbres épisodes de la bataille de Villers-Bocage, et plusieurs photographies de ces engins impressionnants détruits parsèment les livres des combats de Normandie. Nous allons pouvoir mesurer dans ce chapitre que cette phase désastreuse de la bataille pour les Allemands n'a, en fin de compte, rien apporté de bénéfique à la *Kampfgruppe Ritgen*. Les Britanniques ont réussi l'exploit d'une défense exceptionnelle face à des monstres d'acier de 57 tonnes avec quelques armes antichars (canons, PIATs), deux chars Cromwell et un Sherman (1) Firefly infligeant une sérieuse défaite pour les assaillants.

**Ci-dessus :** composition du groupe d'attaque de Tiger lancé dans les rues de Villers-Bocage le 13 juin 1944 à partir de 14 heures. Selon le manuscrit original de Werner Wendt (Tiger 132), seulement 8 chars Tiger – dont le sien – vont pouvoir à partir du secteur de Noyers-Bocage s'avancer et atteindre le secteur de Villers-Bocage en milieu de journée le 13 juin 1944. (F. Deprun.)

**Ci-contre :** détail d'une photographie prise le 22 juin 1944 qui isole l'une des rares vues du *Hauptsturmführer* Rolf Möbius, *Kompaniechef* de la *1.Kompanie* de la *s.SS-Panzer-Abteilung 101*, lors de la remise de décorations à certains équipages des *1. et 2. Kompanien* de la *s.SS-Panzer-Abteilung 101*. L'officier offre ici l'image d'un homme décidé au regard perçant. Avec l'*Ustuf.* Hahn et l'*Uscha*. Wendt, il sera l'un des trois chefs de char dont le Tiger ne sera pas détruit ou endommagé le 13 juin 1944 à Villers-Bocage. (Coll. privée.)

La deuxième phase de la bataille de Villers-Bocage commence progressivement vers midi pour s'étioler vers 16 heures de l'après-midi, et ainsi permettre à la phase d'attaque ultime par le sud de se déployer vers 17h30. La contre-offensive de la *Kampfgruppe Ritgen* s'inscrit dans une succession de tentatives pour prendre pied dans la localité, sous couvert de reconnaissance. Le prélude correspond à l'arrivée des premières forces blindées de la *Panzer-Lehr-Division* à partir de 11 heures du matin, au nord de Villers-Bocage. Des incursions en lisière du bourg semblent s'être succédées de manière répétitive sur la bordure nord et au sud de la localité à partir de midi. Elles se sont soldées par la perte de trois Pz.Kpw. IV avant qu'un autre essai plus en force ne soit tenté le long de l'artère principale, un assaut qui ne connaîtra pas plus de succès.

C'est dans les minutes qui ont suivi l'abandon du Tiger 212 que les Britanniques ont décidé de remonter à l'intérieur de Villers, parallèlement à la rue principale, pour exploiter le terrain face à eux et ne pas rester cantonné à l'entrée de la bourgade. Nous allons voir en détail que le dispositif anglais qui va y être déployé au cours de la journée, va offrir une résistance efficace lors de l'assaut des Tiger.

Nous avons essayé d'aborder de manière chronologique les premières mesures décidées par le *Generalleutnant* Bayerlein et le *Hauptmann* Ritgen pour concentrer le maximum de forces autour de Villers-Bocage. Le dispositif premier a été étendu sur un arc de cercle nord/nord-est qui court des Hauts-de-Saint-Louet, passe le long de la lisière nord de Villers-Bocage, se rassemble sur l'axe Villy-Bocage/embranchement du Calvaire à la sortie ouest du bourg pour se déployer un peu

Exceptionnelle photographie prise par le *Lieutenant* Bill Cotton au plus fort de la bataille de Villers-Bocage le 13 juin 1944, entre 15 et 17 heures. Le sujet est le Tiger 111 de l'*Ostuf.* Philipsen immobilisé et abandonné au milieu de la rue Pasteur. Il est venu s'échouer en percutant une façade de magasin après avoir été touché par un tir anglais, très vraisemblablement celui du Firefly du *Sgt.* Bobby Bramall, alors qu'il tentait de dépasser la Place de la Mairie tout en évitant le Panzer IV «6» déjà détruit dans la rue. Le chef de char et trois équipages ont réussi à l'évacuer mais l'écoutille du conducteur est visiblement restée fermée, ce qui indique quasiment à coup sûr que ce dernier a péri. L'engin ne fume pas et ne porte pas de trace d'incendie, mais a été détruit. Il sera incendié après l'inspection de l'intérieur de sa tourelle par l'équipe de Cotton. Il s'agit de la seule photo montrant le numéro de tourelle 111. (Coll. Cotton via Michael Kenny.)

Représentation du parallélogramme tactique des unités de *Panzer*, ici peint sur fond vert (couleur propre aux Tiger de la *1.Kompanie* de la *s.SS-Panzer-Abteilung 101),* situé dans une découpe de Zimmerit, revêtement contre les mines magnétiques. (F. Deprun.)

plus vers le sud jusqu'à l'intersection de la route d'Epinay-sur-Odon (dite d'Evrecy). Cet élargissement du front, déjà trop étiré pour la *Panzer-Lehr-Division,* est intenable dans l'état. Les forces blindées engagées pour reprendre le terrain perdu depuis le matin ne pourront pas bénéficier d'une force suffisante d'exploitation. Pour garantir le succès de l'assaut principal dans Villers, il faudrait aux Allemands des renforts en infanterie et en chars d'assaut. Avant que Bayerlein ne puisse compter sur l'arrivée des Tiger de la *1.Kompanie* de la *s.SS-Pz-Abt 101* au niveau du Calvaire, à l'entrée est du bourg, et il est impératif pour lui que la *2.Panzer-Division* articule ses deux bataillons de *Panzergrenadiere* promis pour peser sur la ligne d'infanterie que les Anglais ont disposé au sud de la localité.

## Les Tiger se regroupent au Calvaire – 14h00

Le groupe de 8 Tiger de la *1.Kompanie* de la *s.SS-Panzer-Abteilung 101,* commandé par le *Hstuf.* Möbius, se dirige vers Villers-Bocage autour de 14 heures, après le nettoyage de la cote 213 et des abords de la RN 175 pour prendre position face à la localité.

La *Panzergruppe Möbius* est articulée (2) en 2 groupes d'attaque : le premier groupe est la section *(Zug)* commandée par l'*Ostuf.* Philipsen dans son Tiger 111, et qui a pour binôme son *Halbzugführer* (chef de demi-section), l'*Oscha.* Ernst dans le Tiger 113 ; le deuxième est commandé par l'*Ustuf.* Stamm dans le Tiger 123, accompagné du *Junker* Asbach dans le Tiger 124 et du Tiger 122 de l'*Uscha.* Salomon. En réserve se trouve un *Zug* à deux Tiger conduit par l'*Ustuf.* Hahn dans le Tiger 131 et qui va rester un peu en arrière à disposition pour s'adapter aux conditions du déploiement d'assaut ; l'autre char sous ses ordres est le Tiger 132 de l'*Uscha.* Wendt qui lui a reçu pour mission de contrôler la portion de la nationale menant à Villers depuis la cote 213, et pour maintenir le contact avec les chars de la *2.Kompanie* situés aux Hauts-Vents depuis la veille au soir.

Le Commandant de la *1.Kompanie*, le *Hstuf.* Möbius dans le Tiger 104 (3) se tient en arrière pour superviser l'attaque, vraisemblablement depuis la place du Marché, et après s'être sans doute concerté avec le *Hauptmann* Ritgen au niveau du Calvaire. Le *Hstuf.* Möbius indiquait lui-même après les combats : *« J'ai engagé deux sections pour Villers-Bocage pour empêcher une percée des Anglais vers l'est en direction de Caen, et je suis dans la localité avec une section. Je n'ai pas d'idée de la force exacte des Anglais. »*

En consultant la liste des chefs de char donnée par l'*Uscha.* Wendt dans son manuscrit original, on constate que tous les chefs de *Tiger-Zug* sont présents : Philipsen, Stamm et Hahn. Ceci n'est évidemment pas dû au hasard et il est certain que, comme cela été le cas pour l'*Ostuf.* Wittmann au matin du 13 juin, le chef de *Kompanie* qu'était Möbius a voulu pouvoir compter sur tous ses chefs de section pour aborder au mieux le premier engagement en Normandie.

Portrait du *Sergeant* Bobby Bramall, commandant du Sherman Firefly du *4 Troop, B Squadron, 4th CLY*, qui a produit un assez long témoignage de son expérience des combats à Villers-Bocage. (Kent & Sharpshooter Yeomanry Museum via Daniel Taylor.)

**Localisation des photographies de tanks détruits dans Villers-Bocage le 13 juin 1944** (et numéros de page)

Vers Orbois
Page 90
Page 84
Page 85
Place
R.Lenoir
les Halles
ie
Page 87
Page 146
Page 166
Vers Evrecy
Page 140
Gare

Représentation de la visée monoculaire du *Richtschütze* (pointeur) du Tiger 111 de l'*Ostuf.* Philipsen lors de sa progression en direction du bas de la rue Pasteur à Villers-Bocage le 13 juin 1944, entre 14 et 15 heures. (Montage F. Deprun.)

Nous retrouvons maintenant le pointeur Hans Burkhardt de la *5.Kompanie* de la *II./Pz-Lehr. Rgt. 130* dans le 4ᵉ Pz.Kpfw. IV en progression sur l'axe central (voir chapitre précédent) qui voit passer les Tiger fonçant en direction du centre-ville ; il est 14h15 :

*« Le troisième Pz.Kpfw. IV s'en va vers l'avant et nous, dans le quatrième Pz.Kpfw. IV, venons tout juste de recevoir l'ordre de notre chef de fermer les trappes et d'avancer quand on nous ordonne par radio de rouler vers la droite. Un groupe de deux à trois Tiger nous dépasse alors. »*

## L'attaque du Tiger 111 – 14h15

En préambule, émettons un constat général sur le déploiement de la *1. Kompanie* de Tiger telle qu'elle se présente à cette heure : de toute évidence, le *Hstuf.* Möbius n'a pas choisi de mener lui-même attaque, mais est resté en arrière avec son Tiger. Cela se comprend car, s'agissant d'une zone urbaine avec de nombreuses rues et carrefours, on peut supposer qu'il n'a pas voulu prendre le risque de mener l'assaut en personne et ainsi risquer de se retrouver isolé du reste de ses forces ou pire, de se faire toucher rapidement et ne plus être en capacité de diriger les opérations. Il figurera d'ailleurs parmi les chefs de char dont l'engin n'a pas été touché lors des combats de cette après-midi du 13 juin 1944.

L'attaque des Tiger débute dans la rue principale avec la progression du Tiger 111 de l'*Ostuf.* Philipsen couvert par le Tiger 113 de l'*Uscha.* Ernst roulant tout de suite derrière. L'assaut est fulgurant, les deux Tiger empruntent la rue principale après le virage de la rue Clémenceau, l'*Ostuf.* Philipsen dans le Tiger 111 voit que la rue est obstruée par le Pz.Kpw. IV 634 qui est immobilisé devant lui. Il choisit de se décaler sur la place Richard Lenoir lorsqu'il se trouve à proximité de l'antichar *6 Pounder* embusqué. Le canon britannique est détruit par un tir du Tiger mais nous ne savons pas si le char allemand a été lui-même touché. Le *Major* French, commandant la *C Company, 1/7th Queen's,* a déclaré qu'un char allemand a tiré dans sa direction lorsqu'il se trouvait dans un immeuble d'angle (nous devons supposer que celui-ci devait donner sur la place Richard Lenoir), le blessant grièvement à la jambe (4). Il est probable que ce soit le Tiger 111 qui soit à l'origine de l'explosion sur sa position.

Philipsen poursuit sa progression en longeant le Tiger 212 pour atteindre la lisière de la place de la Mairie et voit clairement devant lui le Pz.Kpw. IV n°6 immobilisé. Nous pouvons penser qu'il sait

Photomontage évoquant l'emplacement du Tiger 111 après son abandon par l'*Ostuf.* Philipsen dans la rue Pasteur lors des combats de l'après-midi du 13 juin 1944. La rue, reconstruite après-guerre, est sensiblement plus large que celle de juin 1944. (F. Deprun sur photos BA et Y. Jouault.)

Photographie de l'*Obersturmführer* (lieutenant) Hannes Philipsen – *Zugführer* de la *1./s.SS-Panzer-Abteilung 101*. Comme tous les membres des *1.* et *2. Kp.* présents à Villers le 13 juin et déjà titulaires de la *EK.1* (Croix de Fer de 1re Classe), il n'obtiendra aucune décoration supplémentaire pour son action dans la localité. Ce n'est qu'après sa mort le 16 juin 1944, près de Briquessard – et à la demande du *Kommandeur* du bataillon, le *Stubaf*. Heinz von Westernhagen - que son nom figurera dans l'*Ehrenblatt* où sont cités les membres des forces armées allemandes s'étant distingués par leur courage au combat à plusieurs occasions. (Kameradschaft LSSAH.)

**Ci-dessus :** photographie du Tiger 111 abandonné dans la rue Pasteur, prise par le *Kriegsberichter* Zwirner quelques jours après les combats. Le Tiger immobilisé est toujours au même endroit, mais des bombardements ont fait s'écrouler des murs de maison sur sa plage moteur. La vue nous permet très clairement de voir le résultat de l'incendie provoqué par le *Lieutenant* Cotton et le *Sergeant* Bramall, notamment au niveau de la tourelle qui a été « chauffée à blanc » par la combustion. (BA.)

**Ci-dessous :** profil du Tiger 111 de la *1.Kompanie* de la *s.SS-Panzer-Abteilung 101* en juin 1944. Ce char est l'un des 9 Tiger de production tardive d'usine - essentiellement reconnaissables à leurs trains de roulement à roues sans bandage caoutchouc apparent - qui furent livrés à la *1.Kp.* à la fin avril 1944 en complément des 5 Tiger de milieu de production qui s'y trouvent déjà (voir organigramme du bataillon en Annexe B de l'ouvrage). Ce Tiger a encore les casques de l'équipage accrochés aux patins de chenille de rechange fixés sur la tourelle. (Illustration F. Deprun sur la base d'un modèle réduit monté et peint par Y. Jouault.)

Deux Photographies prises par un *Kriegsberichter* inconnu de la Luftwaffe autour du 16 juin dans la rue principale de Villers-Bocage montrent le Tiger 111 immobilisé au terme de son assaut. Le char de l'*Ostuf.* Philipsen, touché au niveau du train de roulement par le tir d'un des blindés de Cotton embusqués au niveau de la Mairie est devenu incontrôlable et va finir par s'écraser sur une façade de magasin dans la rue Pasteur. L'engin, aux insignes bien visibles, arbore un camouflage très contrasté avec des zébrures vertes et brunes très marquées. Il faut noter que le conducteur de l'engin a certainement trouvé la mort aux commandes de son Tiger, au contraire de son chef, l'*Ostuf.* Philipsen, qui a pu s'en extraire indemne et qui poursuivra le combat au sud-ouest de la ville en fin de journée. Nous n'avons cependant pas d'information précise concernant les autres membres d'équipage, à l'exception du radio, l'*Oberschütze* Kallebach qui a pu également évacué le char. (Coll. Houttemane via B. Leverrier.)

parfaitement qu'un danger mortel se trouve au coin derrière les bâtiments ! Mais est-ce un sentiment d'invincibilité, de l'arrogance, ou la volonté de se hisser au niveau de performance de l'*Ostuf.* Wittmann ? La prise sans écueil de la cote 213 et la vision de la colonne britannique détruite ont certainement conforté un sentiment de supériorité chez Hannes Philipsen qui l'a fait choisir de foncer devant lui. La progression jusqu'à la place de la Mairie s'est avérée être un rodéo pour les Tiger, avec toutes les chicanes provoquées par les épaves de chars détruits depuis le calvaire. Un repli précipité serait malaisé pour la section, avec des risques de croiser d'autres antichars sur leurs arrières. En accélérant brutalement, le Tiger 111 traverse la face exposée de la place de la Mairie et c'est alors qu'il reçoit un ou plusieurs tirs, dont l'un vient percuter la caisse, blessant mortellement le conducteur et possiblement aussi le pointeur. Le char lourd, hors de contrôle, continue sa route et vient heurter violemment la façade d'un magasin sur sa gauche un peu plus bas dans la rue.

En arrière du virage du haut de la rue, le pointeur Hans Burkhardt de la *5.Kompanie* n'a pu être directement témoin de l'action, mais il décrit ici très certainement la perte du Tiger 111 telle qu'elle lui est alors rapportée par radio :

*«Ces Tiger traversent le carrefour et détruisent le canon antichar. Je présume que le premier Tiger est alors détruit dans l'échange de tirs, mais je n'en suis pas sûr. On dira plus tard qu'un Tiger a écrasé l'antichar ennemi. Tout s'est passé très vite, tout s'est joué en quelques minutes.»*

Nous savons que l'*Ostuf.* Philipsen a réussi à sortir indemne de son Tiger pour s'échapper et réussir très vite à remonter vers la sortie est de Villers. Au moins un de ses membres d'équipage a été tué, peut-être deux. (Voir Annexe 10 pour plus de détails).

## Le Tiger 113 est détruit à son tour – vers 14h30 - 14h45

Le deuxième char, le Tiger 113 commandé par l'*Uscha.* Ernst, se trouve positionné juste derrière le Tiger 111 et avance à son tour quelques mètres en bordure de la place de la Mairie. Le chef de char n'a certainement rien manqué de la scène de la fin du Tiger 111 et a pu voir disparaître son chef de section en bas de la rue. La scène se rejoue : l'*Uscha.* Ernst se trouve devant le dilemme de continuer sa progression, ou bien de reculer. Il ne peut rester à attendre au milieu de la rue car son Tiger commence à être la cible de tirs d'armes légères, de grenades et de tirs de PIAT (lance-roquettes) provenant des étages au-dessus de lui. Reculer serait très difficile à ce stade car le Pz.Kpfw. IV n°6 obstrue la rue plus haut. Les conditions d'assaut et son rôle de soldat l'obligent à rejoindre son chef devant lui. C'est alors que le Firefly du *Sgt.* Bramall commence à tirer dans l'immeuble qui fait l'angle, et qui les sépare, avec son puissant canon *17 Pounder* pour agrandir son angle de vision en direction du Tiger 113. Un large trou s'est formé dans le mur qui va laisser entrevoir le Tiger lorsque celui-ci va reprendre sa progression. L'*Uscha.* Ernst demande de faire pivoter la tourelle à son pointeur sur sa gauche et tire dans la façade à son tour ; il accélère ensuite pour descendre le reste de la rue Pasteur, après la place. Il se déporte sur sa droite pour agrandir son espace de tir et cherche à se faufiler entre le *Panzer* détruit devant lui et le trottoir gauche. L'espace ouvert sur son flanc est mortel pour le Tiger 113, il reçoit alors une série d'impacts de la part du Cromwell du *Sgt.* Grant, du Firefly du *Sgt.* Bramall et sans doute aussi du canon *6 pounder*. Un projectile pénètre l'engin tuant le chef de char Ernst, et sans doute d'autres membres d'équipage. Le Tiger 113 finit sa course juste à côté du Pz.Kpfw. IV n°6 détruit auparavant. Un des impacts visibles sur les photographies de l'épave montre une pénétration de calibre 75 mm au niveau du bas de caisse, au-dessus des chenilles et des garde-boue explosés. La trappe d'évacuation du conducteur est relevée, indiquant que celui-ci a pu s'échapper mais ce n'est apparemment pas le cas des autres écoutilles. Le *Lieutenant* Bill Cotton rapporte après l'engagement du Pz.Kpw. IV et des deux Tiger le commentaire suivant:

« *C'est alors, qu'au bout de quelques minutes, il y avait trois Tiger de détruits. Les équipages ont réussi à s'échapper en raison du peu d'infanterie britannique disponible pour les faire prisonniers.* »

L'attaque de la section de l'*Ostuf.* Philipsen est un échec total : les deux Tiger sont détruits et obstruent désormais l'axe principal de contre-attaque. L'assaut des Tiger est compromis, et en quelques minutes le premier groupe a été anéanti. Mais portons-nous sur les abords adjacents de la rue principale pour décrire la manœuvre du second groupe d'assaut.

## Le Tiger 131 de Hahn

La localisation du Tiger 131 de l'*Ustuf.* Hahn a de l'importance pour expliquer le déploiement de l'attaque de 14h15 et définir sa position va aider à comprendre l'emplacement de l'ensemble du dispositif des Tiger de la *1. Kompanie.*

Représentation du numéro de tourelle du Tiger 111 de l'*Obersturmführer* (lieutenant) Hannes Philipsen de la *1.Kompanie* de la *s.SS-Panzer-Abteilung 101*. L'utilisation pour ses marquages de la couleur verte par cette *Kompanie* est désormais définitivement confirmée par un rapport britannique très détaillé en date du 17 juin (voir en annexes). (F. Deprun sur une notice de Y. Jouault.)

Le Tiger 131 se trouvait forcément isolé du fait que le deuxième Tiger de sa section était à l'extérieur du bourg (Comme nous l'avons vu, l'*Oscha.* Wendt dans le Tiger 132 a été placé en surveillance sur la RN 175). Par conséquent, et pour des raisons tactiques évidentes, l'*Ustuf.* Hahn ne pouvait se trouver en tête sur l'un des axes d'attaque car, contrairement à Philipsen ou Stamm, il ne disposait d'aucun Tiger sous son autorité directe. Par ailleurs, nous savons que le Tiger 131 de l'*Ustuf.* Hahn a survécu à l'attaque dans Villers-Bocage. Le chef de char n'a pas été blessé puisqu'il a ensuite fait partie du groupe de 3 Tiger sous le commandement de l'*Ostuf.* Philipsen jusqu'au 16 juin, en soutien d'éléments de la *2. Panzer-Division*. Ceci tend aussi à prouver que l'*Ustuf.* Hahn n'a pas été directement au contact des forces anglaises ou sous leur feu direct. Par ailleurs, Philipsen et Ernst ne pouvaient savoir que la rue qu'ils allaient prendre pour entrer dans la ville était encombrée d'une succession d'épaves de chars détruits. Ainsi, il est possible de supposer que l'*Ustuf.* Hahn a pu suivre les Tiger 111 et 113 de Philipsen et d'Ernst au moins jusqu'au virage de la rue Clémenceau, puis constatant que le reste de la rue principale était déjà bien encombré, il est resté en haut de la rue en couverture pour rejoindre le Calvaire. C'est à ce moment-là que le *Hstuf.* Möbius a pu lui demander de venir se porter vers la gare de Villers-Bocage, avec un groupe d'attaque de la *Kampfgruppe Ritgen*.

Portrait de l'*Ostuf.* Hannes Philipsen. Sorti indemne de ce premier combat le 13 juin, il trouvera la mort après une blessure mortelle le 16 juin 1944 près de Briquessard, au nord-ouest de Villers-Bocage (Voir Annexes de l'ouvrage). (Coll. privée.)

## La section de Tiger de l'*Ustuf.* Stamm

Pour expliquer la destruction et l'immobilisation des Tiger 123 et 124 qui ont, lors de l'attaque, progressé dans les rues secondaires de Villers-Bocage, nous ne possédons pas de témoignage direct venant décrire le déroulement des tirs antichars britanniques. Le début de l'assaut, lancé vers 14h15 par le *Hstuf.* Möbius depuis le Calvaire, au croisement de la nationale et de la route de Tilly-sur-Seulles, a réparti le deuxième groupe d'attaque pour qu'il vienne se porter sur la place du Marché, pour ensuite emprunter les rues dans son prolongement. L'assaut est donné alors que les trois Tiger 123, 124 et 122 quittent l'axe principal parsemé d'épaves pour suivre un axe de progression parallèle et contigu à travers les jardins des bâtiments de la rue Clémenceau. Les traces des Tiger sont d'ailleurs visibles sur les vues aériennes du 24 juin 1944. Le témoignage d'un habitant de Villers-Bocage, dans le livre d'Henri Marie, parle de Tiger passant à travers champs et jardins en écrasant tous sur leur passage. (5)

**Ci-dessus :** schéma de l'emplacement probable d'un antichar 6 pounder du *1/7th Queens* en position au coin de la place Richard-Lenoir et de la rue Saint-Martin et pointant vers le haut de la rue Clémenceau, le 13 juin 1944 vers 13 heures. Le canon britannique aurait été détruit par l'un des Tiger lors de leur assaut dans Villers après que celui-ci ait touché le Panzer IV 634 de la *II./Panzer-Regiment 130*, et peut-être aussi l'un des deux Tiger sans réussir à les stopper. (Montage auteur.)

**Ci-dessous :** autre photographie remarquable prise par le *Lieutenant* Bill Cotton le 13 juin 1944, entre 16 et 17 heures, du Pz. Kpfw. IV numéro 6 de la *Kampfgruppe Ritgen* et du second Tiger détruit dans la rue Pasteur commandé par l'*Oberscharführer* (adjudant) Heinrich Ernst. Le Tiger 113 a reçu lui aussi un ou plusieurs tirs provenant des tanks du *B Squadron, 4th CLY* sur son flanc au niveau de la place de la Mairie. L'échange n'a été aucunement une surprise pour les deux camps puisque le Tiger a été détecté avant son arrivé dans la fenêtre de tir britannique. Aussi, il a pu tourner sa tourelle en direction des Anglais dans une dernière action fatale. L'*Oscha*. Ernst est mort dans l'attaque. Il est à noter que l'écoutille pivotante du tourelleau du chef de char semble en position ouverte à travers la fumée. Le chef de char a-t-il tenté de s'extraire du char sans succès ou est-il retombé à l'intérieur après avoir été abattu ? Il se peut que Cotton et Bramall aient ouvert cette écoutille pour incendier le Tiger avant la prise de vue. Aucune autre trappe d'évacuation du Tiger 113 ne semble relevée sur l'image, à l'exception notable de celle du conducteur, ce qui peut signifier que ce dernier a peut-être été le seul à pouvoir évacuer l'engin. La photographie a très certainement été prise avant l'incendie volontaire du Panzer IV n°6 par Cotton et Bramall car nous distinguons sur sa tourelle des linges et des draps dépassant du tourelleau, possiblement déjà imbibés d'essence. Il faut noter également un casque allemand accroché bizarrement à l'angle de la plaque blindé de protection de tourelle au-dessus du canon. (Collection Cotton via M. Kenny.)

L'assaut de l'*Ustuf.* Stamm est coordonné avec celui de la rue principale mais il est presque certain que les Tiger 123 et 124 ont été stoppés après la destruction des Tiger 111 et 113. Les deux chefs de char Stamm et Asbach doivent certainement se douter qu'au bout de leurs deux axes, les Anglais sont embusqués et déployés pour les recevoir. Les trois engins commandés par l'*Ustuf.* Stamm abordent alors la grande place qui leur fait face, lorsque le chef de char ordonne par radio au Tiger 124 qu'il prenne la rue devant lui, à droite de cette place. Le chef de section emprunte quant à lui l'axe gauche de la rue Jeanne Bacon. Les deux chars ont probablement dû commencer à parcourir les deux rues sous les tirs d'armes légères de l'infanterie britanniques déployée tout autour, dans les maisons et les jardins. (Voir plan page 166).

Le Tiger 123 de l'*Ustuf.* Stamm reçoit l'impact de tir d'un PIAT ou d'un antichar au moment où il franchit le croisement de la rue Emile Samson. A ce jour, nous ne pouvons pas être certains de la provenance exacte du tir, mais nous notons que le Tiger 123 a fait pivoter sa tourelle légèrement sur sa droite, afin peut-être d'anticiper ou répondre à une menace proche. Nous ne pouvons pas exclure totalement l'hypothèse de Henri Marie concernant la présence d'un canon *6 Pounder* mis en batterie dans l'enfilade de la rue Emile Samson et ayant pris pour cible le Tiger de l'*Ustuf.* Stamm, même si nous considérons que la distance qui

Représentation du numéro de tourelle du Tiger 113 de l'*Oscha.* Ernst de la *1.Kompanie* de la *s.SS-Panzer-Abteilung 101*, détruit dans la rue Pasteur le 13 juin 1944. (F.Deprun sur une notice de Y. Jouault.)

séparait ce Tiger du canon antichar était peut-être un peu trop grande pour que le tir anglais occasionne de tels dégâts. (Nous reviendrons plus loin sur cette hypothèse pour décrire l'immobilisation du Tiger 122).

Dans son manuscrit, Werner Wendt de la *1.Kp.* indique que le Tiger détruit au croisement des rues E.Samson et J. Bacon était celui du *Junker* Asbach (Tiger 124). Le problème est que Wendt n'était pas présent dans le bourg au moment de l'assaut et son témoignage, très précis par ailleurs, n'a pu être rédigé à la lumière des dernières informations que nous possédons. Le Tiger détruit à ce croisement a été définitivement identifié comme le Tiger 123 de l'*Ustuf.* Stamm, puisque nous

Un photomontage nous éclaire sur la localisation exacte du Pz.Kpfw IV N°6 lors de sa destruction au début de la rue Pasteur, sur la base d'une photographie de la rue en 2014. Un moment figé de la bataille après que le Tiger 113 soit venu s'immobiliser à ses côtés quelques minutes plus tard. (Montage F. Deprun.)

**Ci-dessus et ci-contre :** autre jeu de photographies importantes permettant de décrire le Tiger 113 (char officiel de l'*Oscha*. Heinrich Ernst), avec notamment cette vue bien connue prise par le *Kriegsberichter* Zwirner à la mi-juin 1944 où l'on voit l'énorme épave immobile devant un officier de la Luftwaffe ; sur cette image, seule la boucle supérieure du chiffre 3 est encore visible, ce qui avait conduit jusqu'à maintenant les auteurs et observateurs de cette bataille à identifier ce Tiger comme étant le Tiger 112. Sur la seconde image, tirée d'un film des actualités allemandes et publiée ici pour la première fois, on distingue assez nettement le numéro 113 sur la tourelle de l'engin, ce qui par ailleurs est venu en confirmation de nos observations selon lesquelles au sein du *I.Zug* (1re section) de la *1.Kp.* seuls les Tiger 111 et 113 étaient pourvus de patins de chenille de rechange fixés sur la partie inférieure du glacis avant au contraire des Tiger 112 et 114. Par ailleurs, on note que, fort inhabituellement, le dernier chiffre (ici le 3) a été peint plus à l'écart des deux premiers chiffres. Un impact situé sur le côté gauche du Tiger 113 (face à l'officier) a pulvérisé une section des garde-boue latéraux pour pénétrer à l'intérieur de la caisse, comme nous pouvons le voir plus précisément sur l'une des images suivantes. C'est un tir de 75 mm qui pourrait avoir rompu également la chenille, par le choc de l'explosion dans la caisse. (BA et Deutsche Wochenschau.)

**Ci-contre :** image prise sur les lieux de la destruction du Tiger 113 à Villers-Bocage en août 1944, après la libération de la localité. Les soldats britanniques posent sous l'impressionnant canon de 8,8 cm devant la perforation bien visible de l'obus qui détruit le char. L'homme avec le bras sur le canon appartient à la *Royal Air Force*. Le paysage de destruction qui sert de décor à la scène est épouvantable, le bas de la localité ayant été littéralement rasé par les bombardements à haute altitude. Le Tiger n'a quasiment pas bougé depuis le 13 juin mais la tourelle semble avoir été légèrement soulevée par les explosions des bombardements, au contraire de l'épave du PzKpfw. IV au second plan dont la superstructure a été presque totalement disloquée et séparée du bas de caisse. (IWM.)

pouvons voir son numéro de tourelle sur les photographies de son épave prises après le 4 août 1944 (Voir Annexe F). Les photos montrent les traces d'un incendie important ayant ravagé le Tiger, et un témoin civil se souvient que ses munitions ont explosé pendant une partie de l'après-midi. Le Tiger 123 est à compter dans les pertes définitives puisque nous savons qu'il n'a jamais été récupéré par les Allemands pour être remis en état.

Le témoignage de Werner Wendt confirme qu'il a vu de ses propres yeux l'*Ustuf.* Stamm (6) revenir en arrière avec de graves brûlures, ce qui coïncide bien avec l'évacuation d'un char en feu :

*«Ça tirait dans tous les coins. Nous nous sommes bagarrés avec des antichars et de l'infanterie. Je revois encore aujourd'hui l'*Untersturmführer *Stamm quand il est revenu. Son Tiger avait été détruit en combat rapproché et il avait dû l'évacuer. Ses brûlures étaient effrayantes. En fin d'après-midi, tout ce cauchemar était terminé».*

Nous possédons peu d'informations sur le destin du Tiger 124 commandé par le *Junker* Asbach qui a vraisemblablement emprunté la rue très étroite située à droite de la place du marché (quand on avance vers l'ouest), parallèlement à la progression du Tiger 123. Le char allemand a certainement été touché par un antichar *6 Pounder* (les *Queens* devaient en posséder 8 à Villers-Bocage) dès qu'il a quitté la place. L'engin du *Junker* Asbach a manifestement été immobilisé par un impact sur la plaque avant ou l'une de ses chenilles, puisqu'il se présentait de face au canon anglais. Il est à noter qu'Asbach ne figure pas parmi la liste des blessés ou des tués établie par les rapports allemands d'après-combat, bien que son Tiger ait été touché. Nous le retrouverons dans les combats de fin d'après-midi, en compagnie de l'*Ostuf.* Philipsen dans une nouvelle *Panzergruppe* déployée au château de Villers-Bocage, aux commandes d'un autre Tiger de la *1.Kompanie*. Si dans la chronologie de notre récit les trois premiers Tiger détruits lors de l'attaque de 14h15 ont été abandonnés sur place par les Allemands, le Tiger 124 s'est vu vite remorqué, probablement dans la soirée ou le lendemain, comme le Tiger 122 l'a été.

## Le Tiger 122 force les positions du *1/7th Queen's* – 15h/16h

Dès son premier livre, l'auteur Henri Marie a indiqué qu'un Tiger avait été détruit dans la partie sud de Villers-Bocage, au croisement du boulevard Joffre et de la rue Jeanne Bacon. Selon lui, ce Tiger aurait constitué une perte définitive pour la *s.SS-Panzer-Abteilung 101*, ce que nous savons être faux aujourd'hui. L'explication avancée pour localiser cet emplacement n'est pas clairement donnée dans le livre ; le lecteur a dû simplement supposer qu'elle avait été établie sur la base de témoignages d'habitants. L'historien Patrick Agte a ensuite repris cette information d'un Tiger détruit à ce croisement donnée par Henri Marie, et l'a attribué à l'*Uscha.* Salomon dans le Tiger 122, sans fournir d'explication quant à ce choix. Nous allons maintenant essayer de suivre l'hypothèse de l'immobilisation de ce Tiger 122 présent dans l'attaque sur Villers-Bocage.

Nous avions laissé l'*Uscha.* Salomon sur la place du marché, dans une fourchette de temps qui se situe entre 14h20 et 14h30. Les deux Tiger 123 et 124 ont été détruits et immobilisés sur les deux axes d'attaque du *Tiger-Zug*, et obstruent les rues qui conduisent à la place du monument aux morts de Villers-Bocage. La seconde section d'assaut de Tiger est réduite à un seul char qui désormais doit trouver une autre rue pour se porter face à l'ennemi. Nous avons choisi d'illustrer la scène du Tiger 122 en attente le long de la place du marché avec le témoignage du *Lieutenant-Colonel* Desmond Gordon, commandant le *1/7th Queen's*, car elle semble bien s'accorder avec les probables actions de ce char. Voici donc cette anecdote :

*«C'en était trop pour moi ! J'ai un peu honte de le dire, mais j'ai pris avec moi un groupe d'hommes équipé de PIAT et nous nous sommes précipités à l'intérieur d'un magasin afin de voir si nous pou-*

Représentation du Tiger 113 de la *1.Kompanie* de la *s.SS-Panzer-Abteilung 101* en juin 1944. (F. Deprun.)

Photographie prise le 16 juin 1944 par un *KB* de la *Luftwaffe* inconnu dans la rue principale de Villers-Bocage montrant le PzKpfw.IV Ausf. H numéroté 6 et le Tiger 113 à l'état d'épaves au milieu des ruines. Il est à noter que l'arrière du Tiger 212 de Michael Wittmann abandonné plus haut dans la rue est visible à l'arrière-plan, juste au-dessus du canon du Tiger. Détail insolite dans cette scène de désolation ; le correspondant de guerre allemand a pris cette photo alors qu'il se tenait à l'entrée d'un magasin de matériel photographique dont les panneaux publicitaires sont bien visibles sur la droite de l'image ! (Coll. Houttemane via B.Leverrier.)

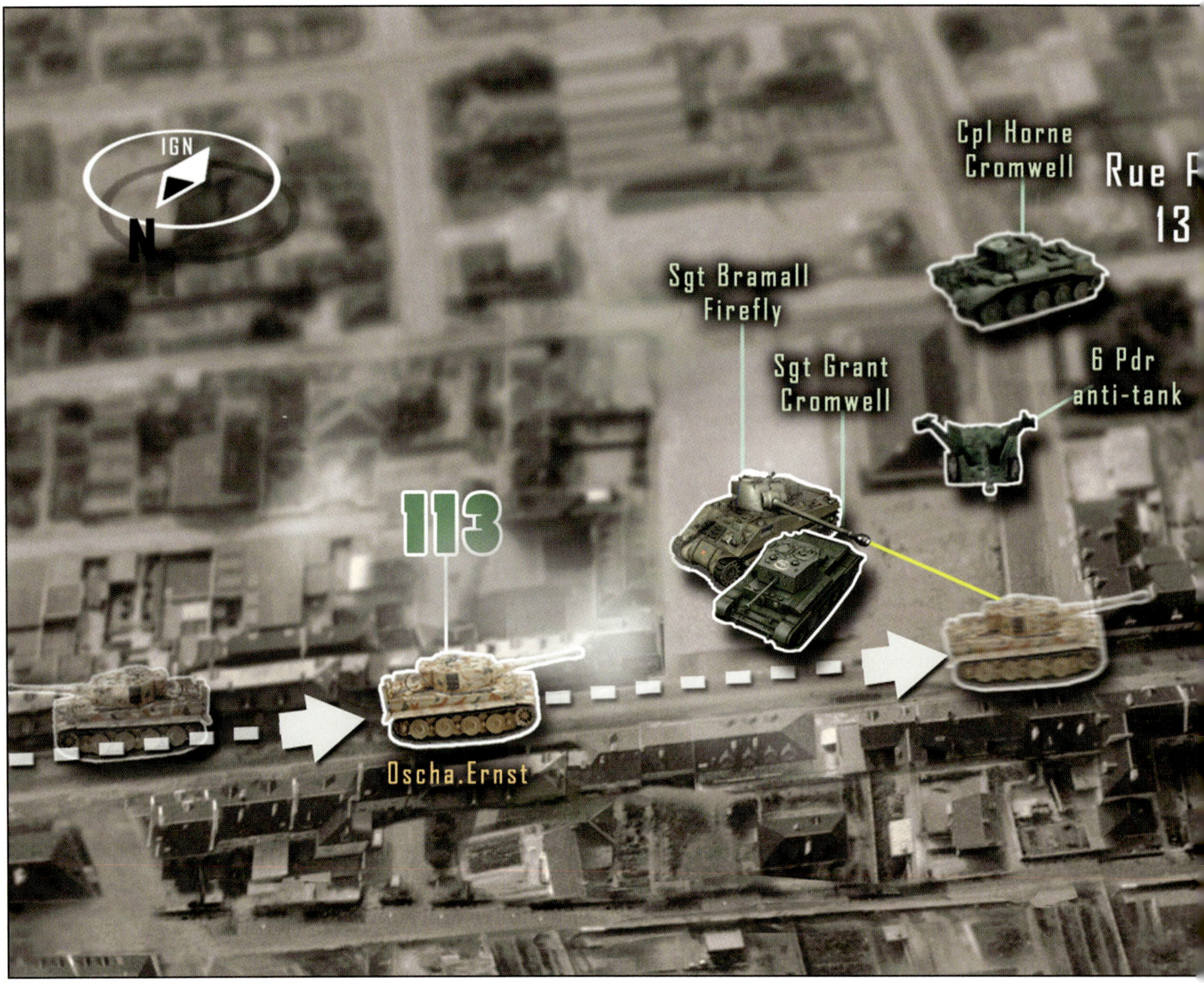


Schéma de l'échange de tirs entre les deux Tiger du *I.Zug* de la *1./s.SS-Panzer-Abteilung 101* et les tanks du *4 Troop, B Sqn, 4th CLY* du *Lieutenant* Bill Cotton qui a eu lieu à la place de la Mairie et dans la rue Pasteur le 13 juin 1944 à Villers-Bocage. (Montage F. Deprun sur base IGN et notice de Y. Jouault.)

*vions tirer sur un char Tiger depuis une fenêtre au premier étage – ce qui n'est pas vraiment ce qu'on attend d'un commandant de bataillon ! Je me souviens de la consternation qui se lisait sur les visages des propriétaires, en particulier lorsque nous avons tiré, ce qui a complètement ravagé leur chambre à coucher. Mais les PIAT n'étaient pas réputés pour leur précision et leur fiabilité, et notre tir n'a pas atteint sa cible. Nous nous sommes déplacés vers une autre habitation plus proche du Tiger qui semblait ne plus bouger à cet instant. Nous l'avons touché à deux reprises sans pour cela l'endommager le moins du monde ; c'était terriblement frustrant ! On a dû sans doute secouer un peu l'équipage et leur causer un mal de crâne quand même, car le char s'est mis à reculer avant de disparaître derrière la courbe de la rue."*

Le Tiger 122 de l'*Uscha.* Salomon quitte maintenant la place du marché par la courbe que formait la rue d'Evrecy pour rejoindre le Tiger 131 de l'*Ustuf.* Hahn, accompagnant des éléments de la *Kampgruppe Ritgen* aux alentours de la gare de Villers-Bocage (Voir plan pages 138 et 139). Le regroupement a dû s'opérer vers 15h, en plein préparatifs d'une future attaque d'infanterie le long du boulevard Joffre. Lorsque celle-ci s'est déployée un plus tard, les lignes de la *A Company, 1/7th Queen's* ont certainement été contraintes de reculer leurs antichars dans les lotissements situés en arrière des positions tenues depuis midi. Le Tiger 122 de l'*Uscha.* Salomon a pu bénéficier alors de la longue ligne droite du boulevard Joffre pour venir se porter à l'entrée de la rue Emile Samson, et venir voir ce qu'avait bien pu devenir son chef de section l'*Ustuf.* Stamm dans son Tiger 123. C'est en tournant dans cette rue que le Tiger 122 a dû recevoir le tir d'un des canons antichar *6 Pounder* de la *A Company*. L'*Uscha.* Salomon et son équipage n'auraient pas pu voir l'antichar venu un peu plus tôt se repositionner en arrière, dans une petite ruelle située dans l'enfilade de la rue Emile Samson. Une tâche sombre est visible à l'endroit de la destruction de ce Tiger sur la vue aérienne prise au-dessus de la rue le 24 juin 1944, ce qui confirmerait l'immobilisation du Tiger 122 avec incendie à cet endroit-là. Le Tiger a été remorqué par les Allemands dans la soirée ou le lendemain comme cela a été le cas pour le Tiger 124. La *1. Kompanie* avait achevé le mouvement de son assaut dans Villers-Bocage et celui-ci se concluait pas la perte de 5 Tiger en moins de deux heures sur les 7 engagés dans Villers. L'attaque était un terrible fiasco !

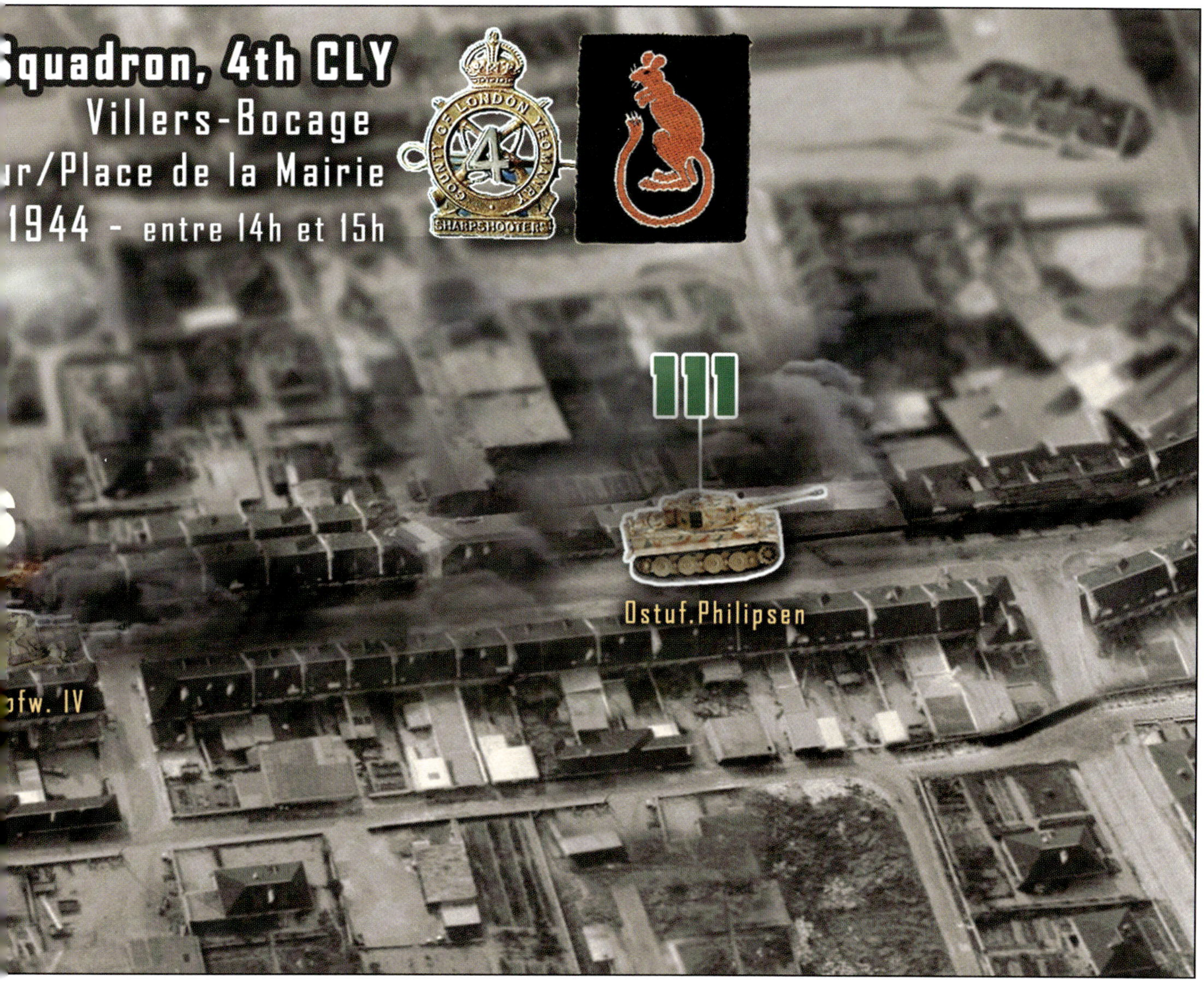

Vue peu fréquente de Villers-Bocage avec son clocher surplombant la ville, dans sa configuration d'avant juillet 1944. Le mur au premier plan délimite la lisière nord du bourg. (H. Marie - Heimdal)

**Ci-dessus :** photographie de la rue du Pied Fourchu qui est perpendiculaire à la rue principale et qui fait face à la place Richard Lenoir à Villers-Bocage. C'est au niveau de la pharmacie à l'angle de la rue Clémenceau, au milieu de l'image, que le premier danger a été rencontré par les chars allemands après le passage du Tiger de Wittmann, que ce soit le Tiger 211 puis les deux PzKpfw. IV suivis des Tiger 111 et 113. La rue principale possède une pente visible, encore plus accentuée à ses extrémités. (Coll. auteur.)

**Ci-dessous :** à la suite de la page 19, nous proposons ici un gros plan sur la seule vue disponible aujourd'hui du Tiger 124 tiré du journal collaborationniste *l'Œuvre* qui nous permet de visualiser le numéro de tourelle et d'apercevoir l'équipage du *Junker* (aspirant) Erwin Asbach ; cette photo a été prise le 7 juin en fin d'après-midi lors de la traversée de Paris par la *1.Kompanie*, à proximité des Champs-Elysées. Le 13 juin 1944 à Villers-Bocage, il semble que ce char ait été placé sur le flanc gauche du Tiger 123 de l'*Ustuf.* Stamm, sur l'axe qui, en partant de la Place du Marché, mène directement par une rue très étroite à la petite place située derrière la mairie, là où se trouve le monument aux morts de la Guerre 14/18. (Fonds France-Soir, via Nacho Roces.)

## Les positions d'infanterie anglaises – 13 juin, de midi à 14 heures

Un déploiement sur la partie ouest de Villers-Bocage avait permis aux troupes anglaises du *1/7th Queen's* de concentrer et de consolider leurs défenses dans Villers-Bocage. Ils pouvaient ainsi bénéficier de deux postes d'observation que sont les bâtiments industriels autour de la scierie et de la minoterie, au sud de la localité, et surtout le clocher de l'église qui domine l'ensemble du bourg. Ces positions favorables ont été de toute évidence un avantage pour les troupes anglaises.

Le premier mouvement d'installation des «*Queens*» semble s'être déroulé aux alentours de 11 heures avec les sections antichars. Les quatre compagnies d'infanterie du *1/7th Queen's* étaient équipées de deux canons antichars de 57mm chacune, tractés par des Loyd Carrier très mobiles. Les soldats anglais ont été délogés dès 13 heures des vergers longeant le bord sud de la rue Clémenceau par des tirs de mortiers lors des tirs préparatoires à l'attaque des Pz.Kpfw. IV de la *Kampfgruppe Ritgen* dans la rue principale (les impacts au sol de ceux-ci sont visibles sur une vue aérienne prise quelques jours après la bataille). Les lisières de jardin, clôtures et les haies partageant le sud de localité sur une ligne nord/sud semblent avoir été choisies un peu plus tard par la *A Company* pour camoufler deux de ces canons *6 Pounder*. La mise en batterie des antichars a très certainement été guidée par l'observation du mouvement des 4 Panzer IV du *Hauptmann* Lex autour de 13 heures, en action au niveau de la route d'Epinay-sur-Odon.

## Combats d'infanterie dans Villers – témoignages

Le Bataillon des *Queens* est mis en alerte vers 10h00 sur ordre du *Brigadier* (général de brigade) Hinde au *Lieutenant-Colonel* Gordon. L'infanterie, qui avait été transportée par camions jusqu'à Saint-Germain, près Amayé-sur-Seulles, a été obligée de mettre pied à terre et de continuer vers Villers en marchant. Ainsi, les premiers éléments des *Companies* du *1/7th Queen's* ne vont pas entrer dans Villers avant environ 11h00/11h30.

Le *Private* (soldat de 1re classe) Albert Kingston se souvient :

*«Nous étions dans le centre de la ville ; il y avait une petite place* (NDA : la Place Jeanne d'Arc) *et pas grand-chose d'autre. Je crois que quelques boutiques et cafés étaient ouverts. Nous étions là à attendre les ordres quand nous avons entendu des tirs venant de la route de l'autre côté de la ville. A entendre ce vacarme, il nous a semblé que ça bataillait ferme, et au même moment nous avons vu s'élever des nuages de fumée noire. Un de nos hommes nous a dit que des chars étaient en train de sauter. Tout à coup, nos sections antichars ont reçu l'ordre de prendre des positions et d'être prêtes à l'action. Des camions de munitions ont été positionnés dans des rues transversales et toutes les sections de* Riflemen *ont eu pour ordre de s'installer aux fenêtres des maisons du côté de la ville tenu par l'ennemi.»*

Le *Lance-Corporal* Jimmy Kay qui, à un moment donné, tirait avec son Bren depuis le clocher de l'église, a rapporté :

*«Nous sommes entrés dans la ville très silencieusement lorsque brusquement nous avons été bombardés et nous avons subi des tirs de «Spandau»* (7)*, qui ont fait des ravages parmi nos troupes. On entendait le claquement des ardoises se fracassant au sol ainsi que celui du verre qui se brise. Il semblait impossible d'arrêter les Tiger et les canons des chars Cromwell ne semblaient pas avoir d'effet sur ces géants. Ce fut une bataille éreintante et beaucoup de nos hommes y restèrent."*

Photographie prise par le *Kriegsberichter* Scheck du *Junker* Erwin Asbach lors de manœuvres de la Tiger-Abteilung dans les environs de Beauvais en mai 1944. Asbach sera officiellement le commandant du Tiger 124 à compter du 6 juin 1944. Le chef de char tend un objet en direction du bec d'un corbeau posé sur le tourelleau de son Tiger lors d'une séance photographique en avril 1944. A noter sa tenue M44 à camouflage « petits pois » (modèle destiné aux équipages de chars SS) encore immaculée car très récemment reçue, et au bas de sa patte d'épaule (similaire à celle d'un *Unterscharführer*, les barrettes typiques d'un *Junker* (aspirant). (KB Scheck, BA.)

Portrait de l'*Ustuf.* Walter Hahn, *Zugführer* (chef de section) du *III.Zug* de la *1.Kompanie* de la *s.SS-Panzer-Abteilung 101* en juin 1944. Dans son Tiger 131, Hahn restera en retrait de l'attaque du 13 juin 1944 dans le centre-ville comme Tiger de réserve ou de soutien. Nous ne connaissons pas le détail précis de son engagement dans la localité ce jour-là, mais il est probable qu'il ait dans un premier temps suivi à distance les Tiger 111 (Philipsen) et 113 (Ernst) sur l'axe principal. Le second char de la section de Hahn, celui de l'*Uscha.* Wendt, était resté en arrière sur la RN175 et ainsi n'était plus sous le commandement direct de Hahn. (Coll. privée.)

Le *Private* Kingston poursuit :

*«On a entendu de gros boums... C'était nos canons antichars de 6 livres qui tiraient. Et puis il y a eu une énorme explosion : un carrier transportant des munitions a sauté. Il nous a semblé que le fracas des armes s'étendait et l'infanterie boche était en train de progresser dans la ville. Il y a eu encore des tirs de chars, de mitrailleuses, et puis tout est devenu silencieux. Après un moment d'attente, nous avons vu que la rue était ravagée. Il y avait des briques et des décombres partout. A environ 200 mètres plus haut dans la rue se trouvait le char le plus gros que j'ai jamais vu ; il avait l'air intact* (NDA : le *Private* Kingston devait se trouver sur la place Jeanne d'Arc, en bas de la rue Pasteur. Le char devait être le Tiger 111 de l'*Ostuf.* Philipsen). *Juste en face de notre maison, un de nos antichars "6 pounder" avait été renversé sur le côté.»*

## Les combats route d'Aunay-sur-Odon

Un petit groupe de reconnaissance anglaise du *4th CLY* semble s'être retranché dans le bois au sud du château de Villers-Bocage, et n'a pu progresser plus loin en trouvant face à lui un groupe de *Panzergrenadiere* de la *7./Pz-Gr.Rgt.2* remontant de Maisoncelles-Pelvey. Des échanges de tirs de mortiers se sont déroulés, atteignant un véhicule allemand qui a explosé. La petite unité anglaise a dû certainement décrocher en direction de Villers-Bocage face à la pression croissante des Allemands. Aurait-il existé une poussée conjointe d'éléments d'infanterie allemands et de la *4./SS-Pz.Abt. 101* au niveau du château de Villers-Bocage vers 16 heures et 18 heures ? Nous pouvons le croire à la lumière des rapports d'*intelligence* britanniques, qui rapportent la capture d'un véhicule de l'unité SS à la lisière sud de Villers-Bocage route d'Aunay-sur-Odon. De plus, les mémoires du *Hauptmann* Ritgen indiquent que le *Hauptmann* Lex du *Panzer-Regiment 130* de la *Panzer-Lehr-Division* aurait mis à disposition de la *6./Pz-Gr.Rgt. 2,* déployée autour de Maisoncelles-Pelvey, ses deux derniers Panzer IV pour tenir les accès sud de Villers-Bocage. Nous pouvons ainsi réaliser que les défenseurs anglais de Villers-Bocage, déjà harcelés depuis la fin de la matinée par des forces d'infanterie croissantes et les assauts conjoints de Panzer IV et de Tiger, ont considéré vers 17 heures que leur présence dans le bourg deviendrait vite intenable.

## Le soutien de la *Kampfgruppe Brassert* par le sud – 16h/17h30

Il semble acquis aujourd'hui qu'au matin du 13 juin 1944, la *2. Panzer-Division* est l'unité de renfort la plus attendue pour enfin permettre aux Allemands de dessiner une ligne de front continue entre Saint-Lô et Caen. La mission de l'*Oberst* Brassert, *Kommandeur* du *Panzer-Grenadier-Regiment 2* est de réussir là où le *Hauptmann* Ritgen avait échoué vers 14 heures. Le mouvement d'enveloppement de la localité avait en effet débuté avec une tentative de percée blindée de la *Panzer-Lehr-Division* sur la route d'Anctoville. Mission avortée car la *Panzergruppe* a été prise de flanc par un écran antichar du *8th Hussars*.

Représentation de l'emblème de la *s.SS-Panzer-Abteilung 101* peint à l'arrière des Schwimmwagen d'accompagnement de l'unité de Tiger sur un fond sable foncé *(Dunkelgelb nach Muster – RAL 7028)* et des touches de peintures verte *(Olivgrün – RAL 6003)* et brun rougeâtre *(Rotbraun – RAL 8017)*, une combinaison de couleurs identique à celle des Tiger. (Coll. privée.)

Photographie du Tiger désormais identifié comme étant le Tiger 123 (voir en annexes), et qui a été détruit lors de l'attaque du 13 juin 1944 au carrefour de la rue Jeanne Bacon et de la rue Emile Samson, ce qui représente l'axe central de l'assaut des Tiger dans la partie sud de la ville. L'*Ustuf.* Fritz Stamm, commandant du char et très jeune officier de vingt ans, a été très gravement brûlé lors des combats dans la localité selon le témoignage formel et original de l'*Uscha.* Werner Wendt, ce qui ne fut pas le cas de l'*Uscha.* Salamon et du *Junker* Asbach dont les Tiger ont été touchés également. Ayant débuté son attaque logiquement en tête du *II. Zug* en suivant une rue parallèle à la rue principale, ce char allemand a probablement été d'abord stoppé par le tir d'un antichar 6 pounder, ou celui d'un lance-roquettes PIAT, positionné sur son côté droit (*A Company* du *1/7th Queen's*). D'autres tirs ont dû l'atteindre de plusieurs côtés par la suite et l'engin est devenu la proie des flammes très rapidement ; sa tourelle est totalement calcinée et, d'après un rare témoignage local, les munitions ont continué à exploser à l'intérieur pendant plusieurs heures dans l'après-midi. Il faut noter le canon en position de recul maximum. Photo prise autour du 16 juin 1944, soit un jour avant son remorquage par les Allemands vers la hauteur de Maisoncelles-Pelvey, sur la route d'Aunay, afin d'y servir de leurre pour l'aviation alliée en compagnie du Tiger 212 de Wittmann également enlevé ce jour-là (voir en annexes). (Zwirner, BA.)

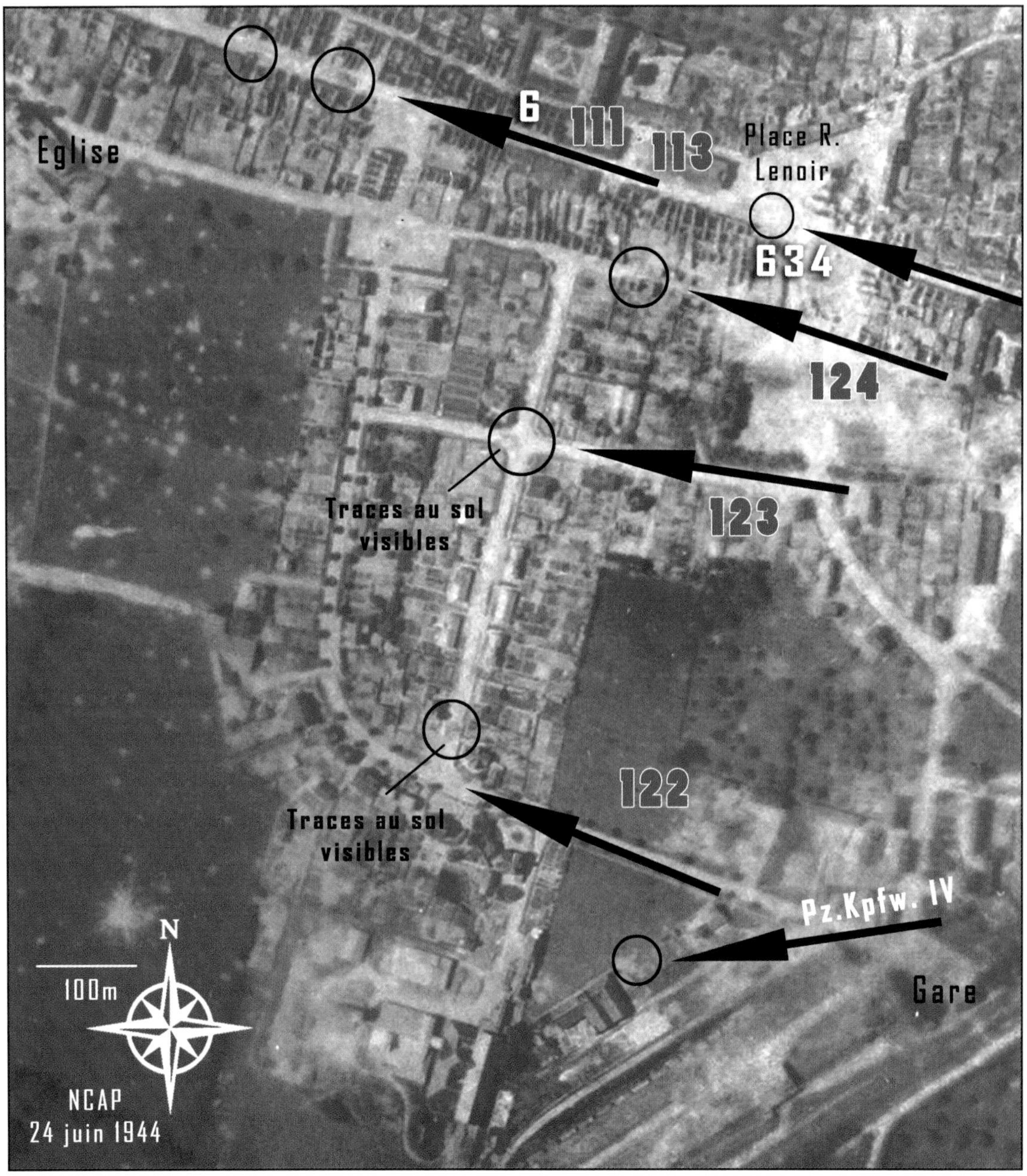


Schéma de direction des tirs et de positions des chars à la fin de l'attaque des Tiger dans Villers-Bocage vers 15 heures le 13 juin 1944. (F. Deprun sur NCAP-24 juin 1944.)

Après avoir forcés les abords sud-ouest de la localité, les *Panzergrenadiere* de la *Kampfgruppe Brassert* ont reçu pour mission de s'infiltrer jusqu'à la route de Caumont pour couper les axes d'écoulement de la *22rd Armoured Brigade*. Nous pouvons estimer que les premiers véhicules de tête de l'*Oberst* Brassert ont réussi à atteindre le hameau de La Poste, sur la route de Vire, aux environs de midi avec l'accrochage d'une unité du *4th CLY.* Nous allons y revenir dans le prochain chapitre.

Un dispositif d'occupation du terrain est mis en place, à peine les premières colonnes déployées de part et d'autre de la route d'Aunay-sur-Odon par la *2. Panzer-Division*. Une fois le poste de commandement avancé de l'*Oberst* Brassert installé en arrière, un ordre est donné pour les *5.* et *6. Kompanien* de se répartir sur une ligne de front qui court du château de Villers-Bocage et le long de la voie-ferrée, remonte au niveau de la gare de Villers-Bocage pour faire la jonction avec l'infanterie de la *Panzer-Lehr-Division*. Les Sd.Kfz. 251 sont laissés à bonne distance des premières lignes anglaises et les *Panzergrenadiere* commencent par occuper les points clés pour empêcher les Anglais de sortir de Villers-Bocage. Deux canons antichars Pak 40 sont rapidement mis en batterie en contre-bas du château de Villers-Bocage, route

Portrait de l'*Ustuf.* Fritz Stamm, commandant du Tiger 123 de la *1.Kompanie* de la *s.SS-Panzer-Abteilung 101* lors de l'attaque dans Villers-Bocage. (Kameradschaft LSSAH.)

**Ci-dessus :** représentation du Tiger 123 de *l'Ustuf.* Stamm de la *1.Kompanie* de la *s.SS-Panzer-Abteilung 101* de son état du 12 juin 1944. (Montage auteurs.)

**Ci-contre :** représentation du numéro de tourelle du Tiger 123 de l'*Ustuf.* Stamm de la *1.Kompanie* de la *s.SS-Panzer-Abteilung 101*. (F. Deprun sur notice de Y. Jouault.)

**Ci-dessus :** photomontage de la position du Tiger 122 de l'*Uscha.* Salamon stoppé par un antichar 6 pounder ou un PIAT dans la rue Jeanne Bacon, au débouché du Boulevard Joffre lors d'une tentative de débordement par le sud de la localité. Les lieux sont à peu près similaires à ceux de juin 1944, la place du photographe est un peu en avant de l'emplacement du canon anglais. L'immobilisation de ce Tiger reste une hypothèse évoquée par l'historien local Henri Marie, sans que des preuves irréfutables n'aient fait surface en dehors de la blessure de ce chef de char allemand et d'une tâche sombre (empreinte ayant pu être causée par un char endommagé) sur la rue à cet endroit, encore visible sur une photo aérienne prise le 24 juin. (Montage sur CP Marie – Heimdal.)

**Ci-contre :** représentation du numéro de tourelle du Tiger 122 de l'*Uscha*. Salamon de la *1.Kompanie* de la *s.SS-Panzer-Abteilung 101*. Ce sergent fera partie des quelques hommes de la *1.Kp.* décorés pour leur action à Villers. (F.Deprun avec une notice de Y. Jouault.)

de Vire, ainsi que sur la hauteur de Maisoncelles-Pelvey qui surplombe l'entrée sud du bourg. Les notes de l'*Oberst* Brassert pour la journée du 13 juin 1944 indiquent un début d'assaut prévu vers 17h30, précédé de salves de mortier sur la ferme à l'entrée de Villers-Bocage, route de Vire, et le secteur de la scierie occupé par les soldats du *1/7th Bn, D company, QRR*. L'assaut coordonné de deux *Kompanien* du *II./Panzergrenadiere-Regiment 2,* soutenu par une batterie légère du *Panzer-Artillerie-Regiment 74,* ne va laisser quasiment aucune chance aux éléments de la *7th Armoured Division* de rester dans Villers-Bocage. A l'entrée du manoir de la «Queue-du-Renard», situé à l'embranchement de la route de Vire et de celle de Tracy-Bocage, commencent à converger les transports de troupes allemands de la *2. Panzer-Division* qui déversent leurs *Panzergrenadiere* dans le parc du manoir. Les premières lignes de défense anglaises sont à moins de trois cents mètres à vol d'oiseau, et la route de Villers-Bocage en creux qui aborde la première ferme du bourg forme un couvert pour le déploiement allemand. Un chemin longeant le parc du manoir est lui aussi transformé par les Allemands en axe d'attaque pour tenter de se porter au niveau de l'entrée ouest de Villers-Bocage. Il est environ 17h30 : les *Panzergrenadiere* déferlent une première fois dans les herbages…

**Ci-dessus :** représentation d'un des canons antichar *Ordnance QF 75 mm gun «6 pounder»* utilisés par le *1/7 Queens* et, à n'en pas douter, impliqués dans l'immobilisation et la destruction de plusieurs Tiger à Villers-Bocage le 13 juin 1944. (F. Deprun.)

**Ci-contre :** photographie ici à Caen, d'un antichar *6 Pounder* mis en batterie dans une rue en enfilade durant la bataille de Normandie. Une image qui nous renseigne sur la position et le rôle de chaque servant britannique, sur la visée derrière le bouclier et sur le profil très bas de l'engin. Cette photographie vient parfaitement illustrer la nature urbaine du champ de bataille à Villers-Bocage. (IWM.)

(1) Ces 3 chars appartiennent tous au *4 Troop* du *B Squadron, 4thCLY* commandé par le *Lt.* Cotton. Aucune donnée ou témoignage ne vient confirmer d'autres coups au but sur des chars allemands par d'autres tanks de ce *Sqn.* pendant les combats de l'après-midi.

(2) Il nous faut préciser que cet ordre de bataille est basé sur le témoignage et les données fournies par Werner Wendt (Tiger 132) dans son manuscrit original.

(3) Concernant les Tiger utilisés par Möbius et par Stamm, de toute évidence leurs "montures officielles" (respectivement le 105 et le 121) devaient être indisponibles le 13 juin, probablement parce que ces Tiger étaient en panne et n'avaient pu rejoindre le front. Concernant les chefs de char Hahn, Asbach et Salomon, nous n'avons trouvé aucune indication qui nous permette de douter du fait qu'ils utilisaient tous leurs «montures officielles» (voir organigramme). Quant à Wendt, il a lui même confirmé être arrivé à Villers le 13 juin dans son Tiger 132. Nous retrouverons d'ailleurs ce char un peu plus loin en annexe.

(4) Il poursuivra néanmoins le combat, et recevra plus tard une mention élogieuse pour acte de bravoure en récompense pour son action le 13 juin 1944.

(5) Les témoignages d'habitants confirment bien que les Tiger participant à l'attaque dans la partie sud de la rue principale se sont d'abord regroupés sur la place du Marché avant de s'engager dans les rues aux alentours. Aucun antichar des *Queens* n'a donc été positionné autour de cette place.

(6) Pour une raison que nous ignorons, le témoignage original de Wendt n'a pas été respecté par l'auteur allemand Patrick Agte dans son ouvrage *«Michael Wittmann und die Tiger der Leibstandarte»,* paru en 1994 (puis en version française aux Editions Heimdal en 1995) : ainsi, l'auteur allemand a remplacé le nom de Stamm par celui de Lukasius. Il semble impensable que Wendt ait pu se tromper d'homme, et nous avons donc naturellement choisi de suivre son témoignage. Par ailleurs, il est indiqué dans son manuscrit que l'*Ustuf.* Lukasius faisait partie de la *3. Kompanie* et, que s'il fut bien blessé le 13 juin, c'était près de Falaise et non pas à Villers-Bocage !

(7) Appellation britannique pour nommer les MG 34 et MG42.

# 10 Réorganisation allemande au sud de Villers-Bocage

Le déploiement efficace et progressif des forces de la *Panzer-Lehr-Division*, qui tentent depuis midi ce 13 juin 1944 de créer un arc de rupture, doit se prolonger par le sud de Villers-Bocage. Une action qui doit venir s'articuler avec les renforts imminents de la *2.Panzer-Division*. La colonne de *Panzergrenadiere* est annoncée en vue de Villers-Bocage dès 16 heures, arrivant progressivement par la route de Vire. La pression convergente allemande sur tous les côtés de la localité va finalement contraindre les Britanniques à évacuer le bourg vers 18 heures en raison d'une situation devenue intenable. Le déploiement des Tiger de la *1.Kompanie* de la *s.SS.Pz-Abt.101* à la mi-journée du 13 juin s'inscrit à l'intérieur d'un plus vaste mouvement de réorganisation de la ligne de front allemande entre Cahagnes, Villers-Bocage et Epinay-sur-Odon. L'objectif immédiat du *I.SS-Panzer-Korps* est de récupérer Villers-Bocage le plus vite possible pour stabiliser le front et reprendre le contrôle de la route stratégique Caen-Vire, en créant enfin une ligne de défense continue.

## La reconnaissance du *4th CLY* à La Poste - vers midi

Le 13 juin au matin, les éléments de la *22nd Armoured Division* du *Brigadier* Hinde se sont partagés en deux forces à partir d'Amayé-sur-Seulles,

Différentes images d'un film tourné pour les actualités allemandes mi-juin 1944 au lieu-dit la Post, situé à trois kilomètres du centre de Villers-Bocage sur la route de Vire. Un petit groupe blindé du *RHQ Troop* du *4th CLY* de la *22nd Armoured Brigade* est venu se porter sur le petit carrefour en reconnaissance autour de midi le 13 juin, en vue de fixer un point de résistance à Tracy-Bocage. Le convoi a été détruit par une position d'un groupe avancé du *Panzer-Grenadier*-Regiment 2 de la *2.Panzer-Division* qui venait de s'installer. Un Stuart Honey, le half-track M9 baptisé « Irene » et une moto (non présente sur les images) ont été stoppés par des tirs de Panzerfaust, soutenus par un Geschütz Flak 2cm tracté qui a été détruit également. L'accrochage constitue pour les forces anglaises le signe annonciateur d'une pression plus importante sur le flanc droit de « l'Opération Perch ». (Wochenschau.)

l'une se portant sur Villers-Bocage, l'autre atteignant Tracy-Bocage. Mais, à mesure qu'avançait la journée, c'est l'infanterie qui faisait défaut à la force britannique pour conserver les deux positions.

La reconnaissance des troupes du *4th CLY* revêt une double importance pour la *7th Armoured Division* le 13 juin 1944, celle de s'assurer que Villers-Bocage n'est pas directement menacée sur son axe principal de progression, et le fait de pouvoir contrôler la bifurcation de Tracy-Bocage où la *22nd Armoured Brigade* compte s'établir en force. Le hameau de la Poste sur la route de Vire à Villers-Bocage près de Tracy-Bocage est le point le plus au sud atteint par les troupes du *4th CLY* et aussi par l'ensemble des forces alliées de l'opération en Normandie à cette date. Cette position latitudinale ne sera dépassée que le 27 juillet 1944 lors de l'« Opération Cobra » dans la Manche par la progression de la *2nd US Armored Division* vers Avranches. L'état-major du *XXX Corps* avait reçu des rapports *Intelligence summaries* qui montraient clairement que la *2. Panzer-Division* allait se porter sur le front de Villers-Bocage par cet axe. Le danger était clair pour les Britanniques : si la *2. Panzer-Division,* conduite par la *Kampfgruppe Brassert* (1), entreprenait au nord de couper la route qui mène de Villers-Bocage à Caumont, c'est le *B Squadron* du *4th CLY* qui subirait le sort du *A Squadron*. Il fallait donc s'assurer d'urgentes reconnaissances pour *la 22nd Armoured Brigade* lancées en direction du sud et sud-est, dans l'espoir de tenir des « *roadblocks* » provisoires.

**Ci-dessus :** photographie en 2014 des lieux qui n'ont absolument pas changé. (Photo auteurs.)

**Ci-contre :** photographie de l'automitrailleuse Sd.Kfz 222 de l'*Obergefreiter* Otto Damm de la *2.Kompanie* de la *Panzer-Aufklärungs-Abteilung 2, 2.Panzer-Division* au printemps 1944. L'éclaireur allemand se situait vers midi en patrouille sur l'axe Coulvain / Villers-Bocage placé en reconnaissance de la Gruppe déployée au niveau de la Poste. Un premier engagement pour ce soldat face au groupe blindé du *RHQ Troop* du *4th CLY*. (Coll. F. Deprun.)

Schéma du déploiement des atta

Schéma de l'attaque de la « *Kampfgruppe Ritgen* » le 13 juin 1944 à Villers-Bocage, entre 12 heures et 14 heures, sur un fond de vue aérienne de juillet 1944. (montage F. Deprun.)

Vue aérienne du château de Villers-Bocage appartenant à la famille de Clermont-Tonnerre, lieu pivot du regroupement allemand au sud de la localité en fin d'après-midi. La *4.Kompanie* et trois Tiger de la *1.Kompanie* de la *s.SS-Panzer-Abteilung 101* (chars placés sous le commandement de l'*Ostuf.* J. Philipsen) vont ici pouvoir faire leur jonction avec la *Kampfgruppe Brassert* de la *2.Panzer-Division* arrivant du sud-est. (Coll. auteurs.)

En se dirigeant justement sur la route de Vire **autour de midi**, le char du *lieutenant* Simmonds (2) du *Recce Troop* du *4th CLY*, qui se trouve à la tête d'un *Troop* de Honeys (chars Stuart M3A3) est détruit par un tir de mortier à la Poste, et son détachement est stoppé. Des paysans français réussissent à soigner les blessures de Simmonds qui peut plus tard regagner ses lignes. Le *Lance-Corporal* (soldat de 1re classe) Donald Hammacort, chauffeur du scout-car du *Lieutenant* Simmonds, raconte ainsi cet épisode :

*«Le 13 juin, le lieutenant Simmonds menait son char de reconnaissance et le scout-car que je conduisais était commandé par le caporal Cooke. Au moment où nous sommes arrivés au carrefour de la route principale* (3)*, un feu d'enfer éclatait devant nous à l'instant où un char allemand* (4) *engageait notre colonne à très courte portée. Dans la confusion qui suivait, le lieutenant Simmonds a manœuvré pour que la section recule vers la route que nous avions empruntée pour venir. Mon scout-car était le dernier des quatre véhicules. Malheureusement, le Honey était touché, prenait feu et un half-track qui le suivait était atteint lui aussi. Heureusement, en reculant, j'ai pu me réfugier dans un verger à la lisière du bourg. Nous étions sous le feu de mortiers et de tirs de snipers très actifs. J'ai été alors projeté hors de mon scout-car et je me suis réfugié sous un Honey. Après un temps qui me parut une éternité, il s'est produit une accalmie et ce qui restait de la section s'est mis en route pour retrouver les autres unités.»*

Le *Major* I.B Aird du *B Squadron, 4th CLY,* n'a donné aucune indication de temps pour le départ de ces patrouilles. Il est possible que ces détachements de reconnaissance aient été envoyés au moment où le *Major* Aird a fait déployer ses tanks *du B Squadron* dans Villers à la mi-journée. A noter que Simmonds a pu revenir au poste de commandement du *Major* dans l'après-midi à Villers avant le repli vers Amayé-sur-Seulles *(Brigade Box)*. Une partie du témoignage du *Lt.* Charles Pearce du *RHQ Troop, 4th CLY* concerne son retour dans la région de Villers-Bocage vers le 12 août 1944 (5) ; il nous décrit son arrivée à La Poste :

*« Nous sommes repassés près de Villers et nous avons vu le char de John Simmonds – un Honey – qui était complètement brûlé, et nous avons signalé la tombe du Trooper Fox. Il était étonnant de constater que Simmonds et son opérateur radio aient réussi à s'échapper. Par ailleurs, une des ambulances semi-chenillées du M.O. (Medical Officer,* officier médecin*) était carbonisée au même endroit* (6). »

## La pression sud de la *Kampfgruppe Brassert* – 17 heures

La pression de la *2. Panzer-Division* va croissante sur la route de Vire au cours de l'après-midi du 13 juin 1944. Les forces éparpillées de von Lüttwitz progressent conjointement sur les axes en direction de Caumont-l'Eventé, Cahagnes, Coulvain et Aunay-sur-Odon. Elles arrivent à marche forcée sur la ligne de front qui se trouve, dans l'après-midi du 13 juin, plus au sud que prévu sur les carnets de route des officiers. Le grand carrefour de « l'embranchement » près de Coulvain constitue le point pivot pour les répartitions des groupes de combat de la *2. Panzer-Division*. En fin de matinée du 13 juin, des éclaireurs de la *2./Pz.Aufkl.Abt. 2* ont lancé à partir de ce point clé des patrouilles sur la route de Villers-Bocage et Tracy-Bocage, pour venir se porter en lisère des localités occupées par les Anglais. C'est un groupe d'infanterie lourde de la *Kampfgruppe Brassert* qui a tendu une embuscade au détachement de Simmonds à La Poste, en début d'après-midi. L'*Oberst* Brassert reste très prudent dans sa progression malgré les appels répétés de la *Panzer-Lehr-Division* pour un soutien urgent au sud de Villers-Bocage. Les *Kompanien* de *Panzergrenadiere* doivent se déployer largement pour occuper la ligne de front, et il est hors de question pour le *Kommandeur* du *Panzer-Grenadier-Regiment 2* de foncer « tête baissée » dans une situation qu'il ne connaît pas. La *Kampfgruppe Brassert* aurait pu intervenir dès 16 heures au sud de Villers-Bocage mais c'est à **17h30** que l'attaque principale s'articule avec deux *Kompanien* de *Panzergrenadiere* et l'infanterie déjà regroupées près du château au sud de la localité. Un faible soutien blindé doit être intégré à la *Kampfgruppe Brassert* constituée par 2 Pz.Kpfw. IV de la *Panzergruppe Lex* et les trois Tiger de la *1./s.SS-Panzer-Abteilung* 101 commandé par l'*Ostuf.* Philipsen. L'*Oberst* a envoyé un officier de la *II. Abteilung* de son *Regiment* rencontrer le *Hauptmann* Lex à 17 heures, sur la route d'Aunay-sur-Odon, pour coordonner une attaque imminente sur Villers-Bocage.

## Les Tiger en soutien des *Panzergrenadiere* – 18 /22 heures

La situation a beaucoup évolué en lisière sud de Villers-Bocage le 13 juin 1944 dans l'après-midi. Le secteur vide d'Allemands au matin, en dehors de quelques ambulances et soldats isolés, s'est progressivement rempli de troupes de combat qui occupent désormais en force une ligne qui part de la route de Vire et s'étend en arc de cercle vers le nord-ouest jusqu'au Calvaire de la RN 175. Les deux *Kompanien* de la *Kampfgruppe Brassert* se déploient progressivement au sud de la ligne Villers-Bocage/Tracy-Bocage pour la franchir et venir couper la route de Caumont, en espérant encercler les Anglais (le *B Sqn.* du *4th CLY* et le *1/7th Queen's*) dans Villers-Bocage. Les combats sont rudes et chaque camp envoie sur l'autre une pluie de torpilles de mortier qui provoque beaucoup de pertes chez les Allemands. La concentration soudaine de *Panzergrenadiere* dans les haies et les chemins au nord et nord-est de la bifurcation de la Queue-du-Renard, route de Vire, est littéralement hachée par les tirs d'artillerie du *5th RHA*. Les soldats de la *D Company* du *1/7th Queen's* se battent pied à pied pour repousser l'attaque violente de la *2. Panzer-Division*. Des combats furieux se déroulent de 17h30 à 20 heures, alors que les Anglais se replient vers le nord-ouest, laissant en arrière-garde des nids de mitrailleuses.

Le groupe de 3 Tiger de la *1.Kompanie* de la *s.SS-Pz-Abt.101* a été envoyé sur ordre du *Hauptsturmführer* Möbius, et sans doute sur demande du *Generalleutnant* Bayerlein, en direction du château de Villers-Bocage, vers 17 heures. L'attaque désastreuse dans le centre-ville a certainement été bien prise en compte pas le Commandant de la *1.Kompanie* qui doit immanquablement se trouver dans l'obligation d'obtenir un bénéfice de cette journée avec la reconquête de Villers-Bocage. Ce transfert des Tiger disponibles est destiné à offrir un soutien à l'attaque d'infanterie qui se prépare routes de Vire et d'Aunay-sur-Odon, en direction de la sortie de la ville, au niveau de la route de Caumont.

Avec l'aide des renforts allemands, l'effort pour prendre Villers-Bocage se déplace donc vers le sud contournant la zone de résistance des *1/7th Queen's* toujours retranchés dans les bâtiments industriels, à l'ouest de la gare et dans les rues adjacentes. Les Tiger 104 de l'*Ostuf.* Philipsen (7), 131 de l'*Ustuf.* Hahn et le Tiger 132 commandé probablement par le *Junker* Asbach (8) sont réunis dans le parc du château de Villers-Bocage. Les trois engins tentent vers **18 heures** de couper à travers champs pour accéder à la bifurcation de la Queue-du-Renard, au nord-ouest sur la route de Vire, et rejoindre la base de départ de l'attaque des *Panzergrenadiere.*

Un rapport d'interrogatoire d'un prisonnier allemand (9) de la *2.Panzer-Division, Panzer-Grenadier-Regiment 2,* capturé lors de cette attaque, nous éclaire sur la situation au sud de Villers-Bocage vers 18 heures et la tentative d'attaque des Tiger de l'*Ostuf.* Philipsen :

« *Le 13 juin 1944 au soir, la 2.Panzer-Division doit recevoir un appui blindé pour soutenir son flanc gauche qui est attaqué par des unités anglaises sur la route de Vire à Villers-Bocage. De la hauteur de Maisoncelles-Pelvey ont été regroupés un Panzer-Zug composée de 3 Tiger, et de deux Pz. Kpfw. IV de la Panzer-Lehr-Division. Lorsque la contre-attaque commence, nous observons de loin les trois Tiger qui dévalent la longue pente d'une colline en direction de la route, mais, en raison de leurs canons trop longs, ils sont vite bloqués par la nature du terrain. Les Panzergrenadiere comprennent qu'ils ne pourront pas bénéficier de l'aide des Tiger, en raison de la longueur des canons. En effet ceux-ci se fichent dans le sol en traversant un champ au terrain meuble jonché de monticules et de trous boueux.* »

Malgré tout, les Tiger de l'*Ostuf.* Philipsen ont réussi à se sortir de cette situation fâcheuse en début de soirée.

Stephen Napier, historien de la bataille de Normandie, a extrait les notes suivantes du *War Diary* du *11th Irish Hussars* pour la fin de l'après-midi du 13 juin 1944 :

« *Dans l'après-midi, Ils* (le 11th Hussars) *stationnent à Tracy-Bocage, où ils sont attaqués en force par un assaut massif d'infanterie soutenu par un Tiger. Le B Squadron fait les frais de cette attaque et perd trois tanks et déplore quelques blessés. [...] Le 5th RTR occupait lui aussi Tracy-Bocage stationné en attente et en observation sans aucun ordre pour intervenir dans Villers-Bocage. Les Tiger ont commencé à apparaître dans le bois qui était devant nos positions plus tard dans la journée. L'un d'entre eux a été contraint de reculer en raison de la présence d'un Firefly. Cependant, un Cromwell a été endommagé et un autre détruit par les tirs des chars allemands. Quatre membres d'équi-*

**Ci-dessus :** positionnement du lieu de l'attaque des trois Tiger de la *s.SS-Panzer-Abteilung 101* en contrebas du château de Villers-Bocage à travers les lignes du *Panzer-Grenadier-Regiment 2* le 13 juin 1944 entre 17 et 18 heures. (Montage auteurs.)

**Ci-dessous :** photographie d'une section de la *7.Kompanie* du *Panzer-Grenadier-Regiment 2* prise durant les exercices de mai 1944 dans la région d'Arras. Ce sont ces hommes qui ont été opposés entre Tracy-Bocage et Villers-Bocage aux Anglais se repliant dans la *Brigade Box* à Amayé-sur-Seulles en subissant de lourdes pertes. (Collection F. Deprun.)

**Ci-contre :** photographie d'un véhicule blindé Sd.Kfz 251 de la *5.Kompanie* du *Panzer-Grenadier-Regiment 2* de la *2.Panzer-Division* lors d'un transfert ferroviaire de la région de Maubeuge vers celle d'Arras en mai 1944, après une période de manœuvres. Le groupe de soldat a été déployé en contrebas du château de Villers-Bocage dans le but de prendre l'entrée de Villers-Bocage jusqu'à la place Jeanne d'Arc le 13 juin, vers 17 heures. (Collection F. Deprun.)

**Au centre :** chemin de la queue du Renard en 2015, lieu de déchargement des blindés Sd.Kfz 251 chargés de *Panzergrenadiere* de la *2.Panzer-Division* qui partirent à l'attaque vers le nord en direction de la route de Caumont, à la sortie est de Villers-Bocage le 13 juin 1944 vers 17h. (Photo auteurs.)

**Ci-dessous :** *Sterbebild* (avis de décès) du *Panzergrenadier* Johann Geier de la *5./Panzergrenadier-Regiment 2*, tombé le 13 juin 1944 au soir (enregistré le 14 juin) devant Villers-Bocage sous les tirs de mortiers d'éléments du *1/7th Queen's* se repliant vers Amayé-sur-Seulles dans la « *Brigade Box* ». (Coll. F. Deprun.)

Christliches Andenken
an meinen einzigen, lieben,
unvergeßlichen Sohn
Johann Geier
Obergefreiter in einem Panzer-Gren.-Rgt.
Inhaber des EK. 2, Panzer-Sturmabz.,
Verw.-Abzeichens und der Ost-Medaille,
welcher am 14. Juni 1944 bei
dem großen Entscheidungskampf
westl. Villers-Bocage (Frankreich)
im 24. Lebensjahre den Heldentod fand.

Fern der Heimat in der blutigen Schlacht
Einsam und verlassen, hab' ich an euch gedacht.
In der Heimat sprach ich noch beim Geh'n:
Lebt wohl, lebt wohl, auf Wiederseh'n!
Ihr hofftet stets auf meine Wiederkehr,
Doch in die Heimat komm ich nimmer mehr.
Im fremden Land deckt mich die kühle Erde zu,
Als Held hab ich gefunden, dort die ewige Ruh'.
Trauere nicht meine liebe Mutter mein,
Ich darf ja jetzt ewig im Himmel sein
Und ich werd' zu Gott dem Vater fleh'n,
Daß wir bei ihm uns alle wiederseh'n.

*page de ce tank ont décidé d'abandonner leur char plutôt que de continuer le duel avec le Tiger.* »

Les bois dont parle l'historien Stephen Napier sont très certainement ceux qui bordent la partie ouest du parc du château de Villers-Bocage dont une portion est très visible de la route au sud de Tracy-Bocage, et encore plus depuis son clocher. A la lecture de ces rapports, il nous apparaît probable que les trois Tiger de la *s.SS-Panzer-Abteilung 101,* après avoir patrouillé autour de Tracy-Bocage vers 18h30 (10), sont remontés se positionner dans le parc du château sous les arbres en tirant à distance sur les chars anglais. En effet, l'intervalle de 1500 mètres mesuré entre le point haut du parc et les premiers herbages au sud de Tracy-Bocage suffit au canon de 8,8 cm du Tiger pour détruire tout blindé ennemi qui pourrait apparaître. C'est dans ce parc que la bataille de Villers-Bocage s'est achevée pour la *s.SS-Pz-Abt. 101*, après une journée de durs combats depuis le départ de Wittmann de la ferme des Hauts-Vents vers 9 heures du matin, avec une *1.Kompanie* décimée.

## La formation de la *Brigade Box* – 18/21 heures

Replaçons-nous avant 17 heures le 13 juin 1944 : lorsque les Britanniques ont perçu des signes de regroupement des blindés allemands, la demande a été transmise de commencer un repli en direction de Tracy-Bocage, à 3 kilomètres à l'ouest de la localité. Le décrochage des unités blindés et d'infanterie de la *22nd Armoured Brigade* devaient s'achever avant 18 heures car un tir de couverture d'artillerie allait être déclenché peu après au niveau de la place Jeanne d'Arc, et en bas de la rue Pasteur. A 17 h 30, il est décidé au sein de la *7th Armoured Division* et du *XXX Corps* d'accepter le repli des restes du *4th CLY* et du *1/7th Queen's*. Celui-ci devra s'effectuer une demi-heure plus tard sur des positions en arrière de Villers-Bocage préparées par le restant de la *22nd Armoured Brigade*. La position de recul a été signalée aux *Sharpshooters* et aux *Queens* sur la hauteur bordant Amayé-sur-seulles par l'est. Le *Sergeant* Stan Lockwood du *B Squadron* du *4th CLY* avait commencé à conduire son Sherman Firefly à travers la place principale pour décrocher définitivement de la ville, lorsqu'il est tombé en panne. Le *Sergeant* Bob Moore du même *Squadron*, qui le suivait, a réussi au milieu des tirs d'armes d'infanterie à attacher un câble de remor-

Blindé de reconnaissance britannique Daimler équipé du système «Little John» (permettant d'améliorer la capacité perforante des munitions tirées par le canon *QF 2 pounder*) du *C Squadron*, *11th Hussars*, photographié en juillet 1944. L'engin est très certainement l'un de ceux utilisés pour patrouiller sur le flanc gauche de la colonne de la *7th Armoured Division* depuis le 12 juin 1944 dans l'après-midi. Le *11th Hussars* aurait vraiment été utile en tête de la colonne après Villers-Bocage pour permettre d'élargir les reconnaissances de part et d'autre de la RN 175 jusqu'à la cote 213. (Coll. privée.)

quage au Firefly de Lockwood pour finir par le dégager juste avant que le bombardement ne débute. Il recevra la *Military Medal* pour cette action.

## Le retrait britannique de Villers-Bocage se déroule sans encombre

A 18h30, le repli s'achève avec succès même si, dans la précipitation, un Cromwell, un Bren-carrier et un canon antichar *6 Pounder* n'ont pu être récupérés place Jeanne d'Arc. Une première salve d'obus contenant des fumigènes avait été tirée (11) à 17 h 50 par les canons du *5th RHA*. Les emplacements ciblés se trouvaient au niveau de la rue principale et au début des routes de Vire et d'Aunay-sur-Odon, ce qui a permis de dissimuler la concentration de troupes britanniques sur l'axe de repli. Les tirs d'artillerie de couverture ont été réalisés 10 minutes plus tard sur les mêmes coordonnées, mais aussi dans les herbages bordant le chemin de la Queue-du-Renard, ce qui a provoqué quelques pertes chez les Britanniques. Les positions avancées de la *Kampfgruppe Brassert* ont été touchées et les Allemands ont eu à déplorer quelques tués et ont dû reculer pour un temps au niveau de la route de Vire. Le bas de la Rue Pasteur et la place Jeanne d'Arc ont été durement touchés par les tirs, entamant une suite de destructions malheureuses pour Villers-Bocage.

La *7th Armoured Division* se trouve depuis le matin du 13 juin dangereusement étirée le long d'une seule route menant de Livry à Villers-Bocage, et subit dans la soirée une pression sur l'ensemble de son flanc droit par le sud. Le *Major-General* Eskine décide de concentrer ses forces sur un secteur réduit pour former une « *Brigade Box* » qu'il espère voire résister jusqu'à la jonction prévue avec les forces de la *50th Division* venant du nord. C'est en raison des attaques successives de la *Panzer-Lehr*-Division, soutenues par les Tiger de la *1./s.SS-Panzer-Abteilung 101* et combinées avec des assauts de *Panzergrenadiere* de la *2. Panzer-Division,* que le *Brigadier* Hinde a pris la décision de reculer ses lignes avancées. Le secteur est bien défini sur la hauteur du hameau de Saint-Germain et dessine un rectangle défensif du style de ceux formés dans le désert en 1941/42. La *Brigade Box* s'étend sur une surface d'environ 1800 mètres d'est en ouest sur 1400 mètres du nord au sud. Cette étendue de 250 hectares est tenue par le *1/5th Queen's* sur le flanc sud et ouest, le *1/7th Queen's* sur l'est et la *1st Rifle Brigade* au nord. Le périmètre contient une grande part de la *22nd Amoured Brigade*, les *11th et 8th Hussars*, la *131st Infantry Brigade* et le *5th Royal Horse Artillery*. L'espace de réception de la *7th Armoured Division* n'est pas assez ample pour contenir l'ensemble des transports et véhicules si bien que les haies, les bois et les fermes sont congestionnés par les tanks, les blindés et les canons. Un tel dispositif constituerait une cible parfaite pour l'artillerie allemande. La chance est avec les Britanniques puisque la *2.Panzer-Division* n'a pas encore à sa disposition les batteries de son régiment d'artillerie. Le *Colonel* G.P Gregson, commandant le *5th RHA* qui appuyait directement la *22nd Armoured Brigade*, se rappelait que Hinde, après s'être retiré de Villers-Bocage, avait dû réduire son périmètre en raison de la pression exercée par l'ennemi dans le bocage. Le matin du 14 juin, une batterie britannique tomba sous le feu très précis d'un canon de 21 cm allemand du *Panzer-Artillerie-Regiment 74* de la *2.Panzer-Division*. Les lourds combats autour de la *Brigade Box* commençaient...

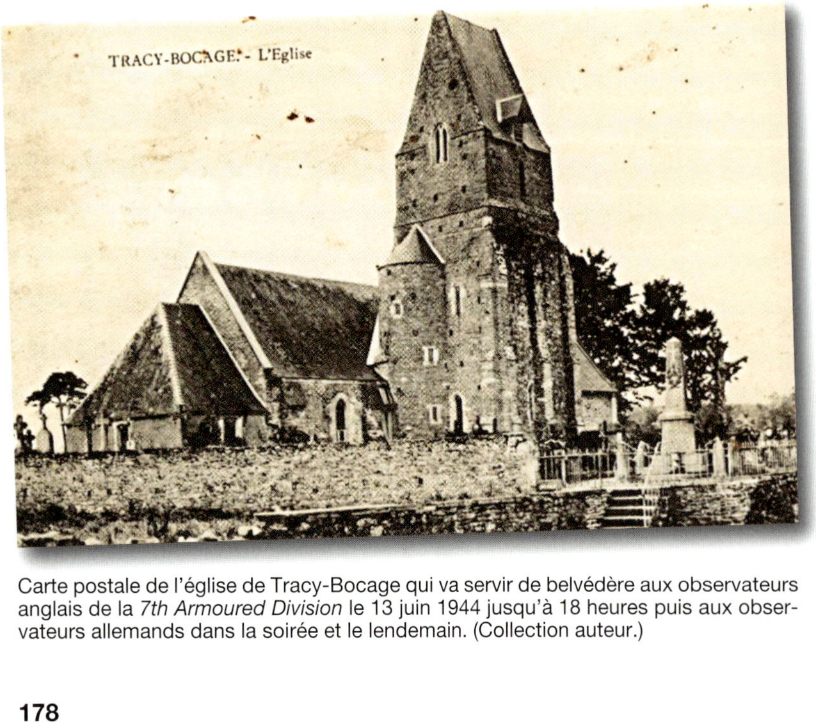


Carte postale de l'église de Tracy-Bocage qui va servir de belvédère aux observateurs anglais de la *7th Armoured Division* le 13 juin 1944 jusqu'à 18 heures puis aux observateurs allemands dans la soirée et le lendemain. (Collection auteur.)

## Villers de nouveau allemand – 19 heures

Nous voulons à travers ces courtes lignes laisser un habitant transmettre l'atmosphère qui règne à Villers-Bocage dans la soirée du 13 juin 1944, au milieu des rues vides de soldats et remplies d'épaves de blindés. Dès la fin des combats, quelques civils recommencent à sortir dans les rues ; c'est le cas d'un habitant d'Epinay-sur-Odon vers 20 heures, il raconte :

« *Dans la grande rue, juste à l'angle de la route de Saint-Louet, il y a un char anglais hors d'état ; à côté des chenilles, un cadavre de Tommy, il a sans doute été tué en s'échappant de son char qui brûlait. Il est sur le dos, le visage vers le ciel, les yeux grands ouverts* (voir photo au bas de la page 88). *Derrière le char gît un autre soldat anglais ; il a été écrasé par un char, on voit les marques des chenilles sur son corps, c'est horrible ! [...] En direction de Caen, il y a de nombreux véhicules blindés à moitié calcinés, certains brûlent encore et il y a des cadavres un peu partout. En allant vers le centre, tout brûle des deux côtés de la rue et des incendies gigantesques ravagent les magasins. Nous parlons avec Monsieur Martin lorsque, venant de la route de Caen, arrive une voiture allemande : un officier fringuant la conduit. Il s'arrête à notre hauteur ; sur le siège arrière il y a un magnifique chien berger allemand (lui aussi) ! Dans un bon français, cet officier nous demande où il peut trouver un salon de coiffure, car il cherche un peigne pour son chien ! On lui répond que les coiffeurs se trouvent plus bas dans le centre du bourg, là où les incendies font rage. Il nous remercie en riant et repart ; nous le suivons des yeux, il zigzague entre les débris de toutes sortes, des pans d'immeubles s'écroulent derrière lui dans le milieu de la rue, avec la fumée et la poussière, nous ne voyons plus notre Allemand. A-t-il trouvé son peigne ? Nous ne le saurons jamais ! Vraiment, je crois que nous n'avons pas encore tout vu !* »

Un Humber scout car en Normandie (ici du *3rd/4thCLY*). Ce type de véhicule était très utilisé pour les missions de reconnaissance et de liaison au sein des unités blindés britanniques. (IWM.)

Soldat britannique transportant un PIAT, une arme antichar de propulsion à ressort utilisée en Normandie contre les blindés allemands. Il est très probable que de telles armes aient été employées par le *1/7th Queen's* contre les Tiger de la *1./SS-Pz-Abt.101*, ainsi que contre les PzKpfw. IV de la *Panzergruppe Lex* avec l'immobilisation probable d'un char (récupéré plus tard) dans le quartier de la gare de Villers-Bocage en plus de celui détruit par un canon antichar 6 pounder. (DR.)

Photographies du Cromwell T-187603 du *1 Troop, B Squadron, 4th CLY*, vraisemblablement celui du *Sergeant* Walter Allen abandonné au pied de la rue Saint-Martin, sur la place Jeanne d'Arc de Villers-Bocage le 13 juin 1944 peu avant 18 heures avant l'évacuation de la localité par les troupes britanniques. La première image prise par l'*Oscha.* Harry Wontorra de la *12.SS-Panzer-Division* montre que le tank a été garé le long du trottoir. La seconde offre une vue sur le profil du char qui semble en bon état. D'après Allen, son Cromwell a été utilisé pour transporter des blessés de l'attaque du matin laissés autour de la place Richard Lenoir vers l'arrière, et il est possible que celui-ci ait ensuite subi une avarie fonctionnelle l'empêchant de continuer sa route. (Coll. H. Wontorra et Deutsche Wochenschau.)

**Ci-dessus :** photographie de la série du *Kriegsberichter* Grimm prise le 14 juin montrant la progression des Schwimmwagen de la *4.Kompanie* de la *s.SS-Panzer-Abteilung 101* dans le centre de Villers-Bocage, au lendemain de la fin des combats. Les motocyclistes de la *Panzer-Lehr-Division* attendent certainement le dépannage du Pz.Kpfw IV 634 à gauche de l'image. Les combats se sont déplacés vers l'est de la localité autour d'Amayé-sur-Seulles, mais le bas de Villers-Bocage demeure toujours sous la menace de l'artillerie britannique. (KB Grimm, BA.)

**Ci-dessous :** ce cliché présente le Cromwell CS avec son canon court de 95mm (T-187661) capturé par un homme de la *s.SS-Panzer-Abteilung 101* sur la cote 213 et remontant la nationale 175 en direction de Caen au lendemain de la bataille. Il est probable que cet exemplaire capturé ait été conduit, escorté de motocyclettes, vers le poste de commandement du *I.SS-Panzer-Korps* à Baron-sur-Odon pour être étudié en détail car ce modèle est inédit pour les Allemands à cette date. (KB Grimm, BA.)

Portrait du *Sergeant* Walter Allen, commandant du Cromwell T-187603 du *1 Troop, B Squadron, 4th CLY.* («Carpiquet Bound» de W.D. Allen & R.F.H. Cawston, Chiavari Publishing, 1997)

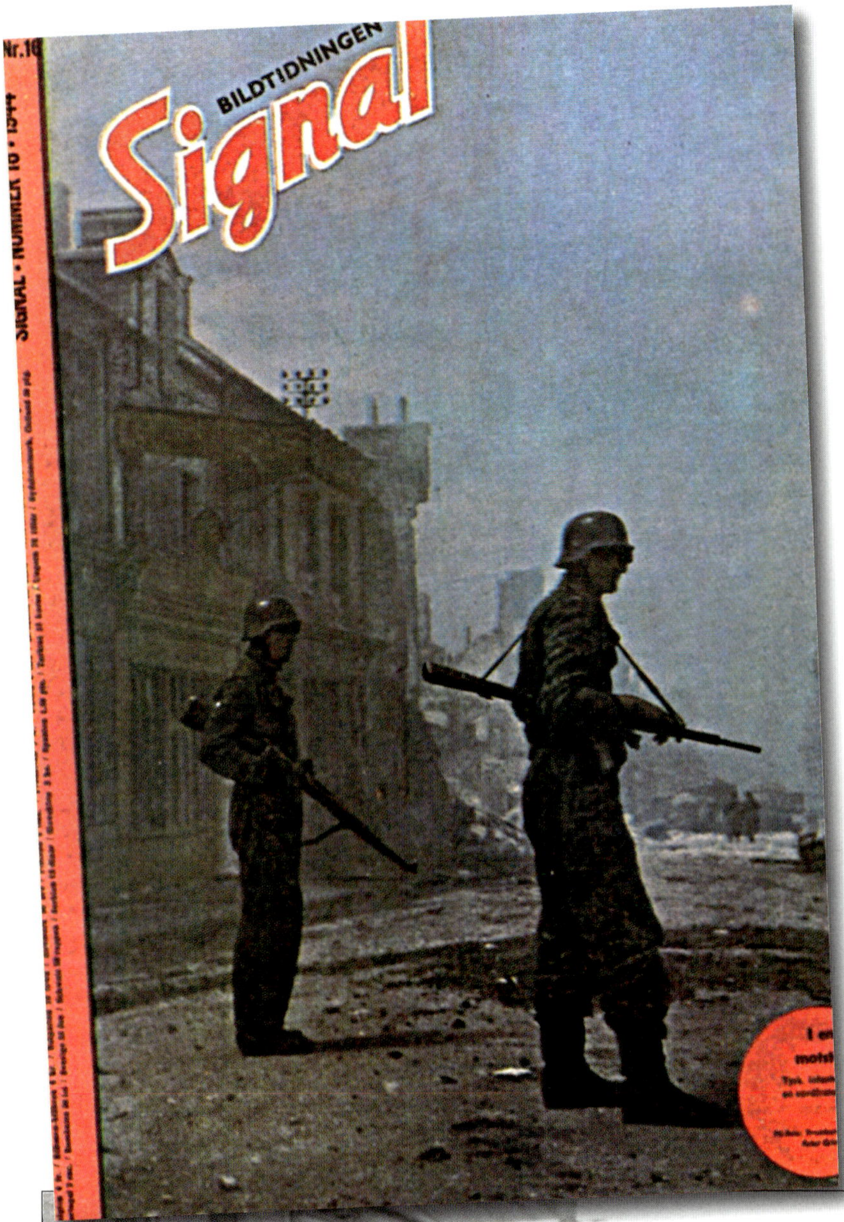


(1) La *Kampfgruppe Brassert*, du nom de l'*Oberst* commandant le *Panzer-Grenadier-Regiment 2* de la *2.Panzer-Division*, est composée le 13 juin à midi des quatre *Kompanien* de la *II.Abteilung du Pz.Gr.Rgt. 2*, d'une *Kompanie* de la *I.Abteilung*, de la *2./Pz.Aufkl.Abt. 2*, d'une batterie d'artillerie du *Panzer-Regiment 74* et de deux 8,8 cm Flakgeschütze. Un groupement qui va s'étoffer d'heure en heure dans la soirée du 13 juin et le matin du 14 juin 1944. (source : *2.Panzer-Division en Normandie,* Tome 1, Frédéric Deprun, Heimdal, 2016)

(2) Parfois écrit ''Simons''.

(3) Le croisement de la route de Vire et de la route de Tracy-Bocage à La Poste.

(4) Il ne s'agit pas d'un char allemand mais plutôt d'un semi-chenillé Sd.Kfz 251/9 et d'une antichar Pak 40 de la *Pz.Aufkl.Abt. 2* qui se trouvaient embusqués au niveau de l'embranchement.

(5) En août 1944, les épaves du Stuart et du M9 à La Poste étaient toujours présentes.

(6) Il s'agit du half-track M9 visible derrière le Stuart (Honey) à La Poste; son équipage avait pu fuir mais l'un de ses membres avait été capturé plus tard.

(7) L'*Ostuf*. Philipsen a récupéré le Tiger 104 dont se servait le *Hstuf.*Möbius dans l'après-midi pour continuer les combats après la perte de son Tiger 111, et ainsi pouvoir commander la *Panzergruppe* de la *1.Kompanie* dans la soirée. (Témoignage de W. Wendt et recherches Auteurs)

(8) Le *Junker* Asbach, après l'immobilisation de son Tiger 124, n'est pas noté comme blessé dans le décompte des pertes de la journée pour l'unité. Il a très certainement récupéré le Tiger 132 de l'*Uscha.* Wendt, lequel a reçu l'ordre de monter la garde à la cote 213 avec le Tiger 134 fraîchement arrivé là en fin de journée.

(9) *XXX Corps* - Reports of Interrogation German POW, June, 15 1944 – RG 165/179 BOX 660 Folder 4, NARA

(10) Une indication est donnée dans le *1/7th Queen's* War Diary de la présence d'un Tiger se déplaçant de la direction du sud, entre le hameau des Bruyères et Tracy-Bocage, vers 18h30.

(11) Voir *History of the Queen's Royal Regiment.*

**Page ci-contre, en haut :** couverture du Magazine de propagande allemande « *Signal* » à l'été 1944 reprenant une photographie prise le 14 juin 1944 dans la rue principale de Villers-Bocage par l'un de ses plus fameux correspondants, le *Kriegsberichter* Arthur Grimm. La photo d'origine en noir et blanc a été colorisée, une pratique assez fréquente dans ce magazine. Nous pouvons voir deux *SS-Panzergrenadiere* de la *4.Kompanie* de la *s.SS-Panzer-Abteilung 101* posant au milieu d'une rue endommagée, avec le Tiger 113 et le Panzer IV n°6 détruits au fond de l'image. A cette date, le bas de la rue est considéré encore comme zone de combat et le photographe allemand ne s'y aventurera pas. La vue nous montre pour une première fois la localité sous une éclaircie. (*Signal*, Coll. auteurs.)

**Page ci-contre, en bas :** photographie prise au même endroit mais à quelques minutes d'intervalle par rapport à la précédente. Nous voyons là deux autres *SS-Panzergrenadiere* accompagnés d'un sous-officier de la *4.Kompanie* de la *s.SS-Panzer-Abteilung 101* descendent la rue principale, en longeant le Tiger 212 de Wittmann immobilisé la veille. La fumée et la poussière dégagées par les destructions dues à l'artillerie alliée imprègnent l'atmosphère d'un sentiment lugubre. Le Tiger a été incendié par le *Lieutenant* Bill Cotton et s'avérera irrécupérable. Après prélèvements de quelques pièces (couronne de barbotin, patins de chenilles etc), ce Tiger sera remorqué au sud de la localité en compagnie du Tiger 123. (KB Grimm, BA.)

**Ci-dessus, à droite :** photographie de l'automoteur d'artillerie Sexton S-2346682 de la *Subsection H, Cbty, 5th RHA* de la *7th Armoured Division.* Les Sextons du *5th RHA* ont participé au tir de couverture à 18h le 13 juin 1944, peu avant l'évacuation de Villers-Bocage par les troupes britanniques. (Coll. privée.)

**Ci-dessous :** vue prise dans le secteur de la *Brigade Box* en août 1944, lors du début de l'Opération *Bluecoat*, entre Amayé-sur-Seulles et Villers-Bocage. L'infanterie britannique progresse sur l'image le long d'une route ou gît une épave détruite entre le 13 et le 15 juin 1944 par les troupes allemandes. Il s'agit d'un IRM M9 aux couleurs de la *7th Armoured Division* ; l'insigne est visible à l'arrière du semi-chenillé. (IWM.)

# 11 Un état des lieux à Villers-Bocage

## Situation de l'Opération Perch le 13 juin 1944 à minuit

Le 14 juin 1944, le général Montgomery abandonne l'idée de poursuivre « l'Opération Perch » dans son projet d'origine pour « *insuffisance de forces offensives sur les deux flancs* ». La défense articulée de la *Panzer-Lehr-Divison* et de la *2.Panzer-Division* avait pleinement joué son rôle entre le 13 juin au matin et le 14 juin au soir. La résistance allemande pouvait désormais compter sur une stabilisation du front au nord de Villers-Bocage, après avoir réussi à masser trois *Panzer-Divisionen* entre Caumont et Caen. Les chimères de contre-attaque s'étaient envolées pour Rommel car rien ne lui restait qui ne soit pas déjà engagé ou indispensable à maintenir le front en l'état. L'Allemand Hubert Meyer déplace le problème car il avance l'idée que l'« Opération Perch » a subi un revers en raison de l'incapacité de la *50th Division* de venir se porter en avant sur la pince sud de l'offensive, face à la *Panzer-Lehr-Division* et l'échec des attaques de la *51st (Highland) Infantry Division*. Les historiens britanniques insistent sur le fait que le facteur crucial de l'échec de « l'Opération Perch » se situe au niveau des états-majors de commandement de la *7th Armoured Division* et du *XXX Corps* britannique qui ont mal évalué les forces allemandes présentes sur l'axe de progression de la percée ouest et les renforts annoncés. En se plaçant à l'écart des considérations globales de la situation de la ligne de front normande, nous pouvons souligner quelques faits tactiques qui peuvent participer à l'explication de l'échec anglais.

Images de film tournées un jour de pluie de la mi-juin 1944 pour les actualités allemandes par un *Kriegsberichter* travaillant en collaboration avec le *KB* Zwirner, sur la portion de route de la colonne anglaise détruite près de Villers-Bocage. Une voiture Mercedes d'un état-major d'une unité de la *Wehrmacht* longe les half-tracks M9A1 de la *A Company, 1st Rifle Brigade* détruits. La deuxième image montre un camion Mercedes marqué 17 d'une unité de la Luftwaffe arrêté un autre jour pour tenter de récupérer de l'essence dans le réservoir du Sherman Firefly détruit nommé « *Blondie* ». Le manque d'essence commence à se faire cruellement sentir dans l'armée allemande, et chacun essaye d'en récupérer dans les véhicules détruits. (Deutsche Wochenschau.)

Au-delà de la mauvaise préparation de l'« Opération Perch » qui est décidée trop rapidement, alors que les services de renseignement alliés ne disposent pas encore de l'ensemble des données concernant les unités allemandes présentes sur le trajet ou en renfort :

- Une sous-estimation de la capacité de la *Panzer-Lehr-Division* à réagir sur une attaque de flanc et sur ses arrières.

- Un étirement trop prononcé des unités d'avant-garde qui n'ont pu bénéficier du soutien immédiat en blindés ou en infanterie, éparpillés sur l'axe de progression

- Un manque évident de reconnaissance sur l'axe et sur les flancs de la progression.

- Une mauvaise utilisation du terrain avec aucun élargissement minimum ou déploiement provisoire lors des phases transitoire de l'avancée.

- Un défaut criant en infanterie et en groupes antichars permettant de protéger les accès de Villers-Bocage et garantir la bonne progression de la colonne.

- Un attentisme au niveau des groupes isolés sur l'axe de progression qui n'ont pas esquissé la moindre tentative de regroupement.

- Une mauvaise répartition des renforts.

La bataille qui s'amorce le 13 juin 1944 au soir a été nommée the « *Island Position* » par le journal de la *22nd Armoured Brigade* .

Une fois Villers-Bocage évacué, c'est le *Major-*

**Ci-contre et ci-dessous à droite :** autres images tirées des actualités suivant le parcours d'un soldat allemand cherchant à récupérer de l'essence ou des objets près des mêmes Halftracks M9A1. Nous pouvons nous rendre compte que l'ensemble des véhicules britanniques de la colonne est totalement détruit ou calciné, que les roues encore utilisables ont été prélevées et que les jerrycans gonflés par la chaleur ont brûlé. (Deutsche Wochenschau.)

*General* Erskine qui demanda au *Brigadier* Hinde de tenir Tracy-Bocage avec les forces au complet. Il ne fait aucun doute que les intentions d'Erskine étaient au départ de se maintenir coûte que coûte à Villers-Bocage. Le registre d'écoutes de *la 7th Armoured Division* montre qu'Erskine fut très explicite quant à la nécessité de résister et de se battre ; on y retrouve ses propos *: « J'ai l'intention de bombarder et de harceler les routes qui traversent Villers-Bocage pour aider la 22nd Armoured Brigade. Cette position doit être tenue à tout prix. »*

Pour la phase secondaire de « l'Opération Perch », la *Brigade Box* ressemblait à un piège pour rat : la position était difficile à tenir, il n'y avait pas beaucoup de bons emplacements où faire s'enterrer les chars, des bois épais enserraient l'emplacement choisi sur les côtés se prêtant bien à des infiltrations de fantassins, et enfin des reliefs surplombaient la position. Une réorganisation sur une ligne plus au nord s'est avérée nécessaire pour les Britanniques pour ne pas subir plus de pertes dans leurs opérations de repli de la *Brigade Box*. La nouvelle ligne de front tracée par la fin des combats de Caumont-l'éventé et de l'Opération *Perch* va tenir 45 jours.

Nous retrouvons le *Lieutenant* Bruce Campbell de la *A Company, 1st Rifle Brigade*, sur la route de la captivité :

« *Nous avons été rassemblés pour être emmenés en arrière des lignes allemandes après avoir dû laisser sur place nos blessés, dont Peter Coop. C'est à ce moment que nos artilleurs ont décidé de lancer un écran de fumigènes... Précisément quinze minutes trop tard !*

Photographie prise en juillet 1944 en forêt de Cinglais de l'*Oscha*. Brandt, commandant du Tiger 223, posant devant l'un des half-tracks M9A1 capturés dans la colonne de la *7th Armoured Division* détruite à Villers-Bocage. La *2.Kompanie* de la *s.SS-Panzer-Abteilung 101* l'aura certainement récupéré intact lors du nettoyage de terrain sur la nationale pour le réutiliser comme véhicule de transport ou de logistique. A l'arrière-plan, on aperçoit l'*Uscha*. Ewald Mölly (Tiger 224) et l'*Oscha*. Georg Lötzsch (Tiger 231). (Kameradschaft LSSAH.)

**Page ci-contre et ci-dessus :** photographies prise par le *Kriegsberichter* Petraschk le 13 juin 1944 dans la soirée en suivant la route des premières colonnes de prisonniers anglais quittant la cote 213 en descendant la route de Caen **(Page ci-contre, en haut)**. Le groupe d'environ une cinquantaine de soldats commence son long chemin vers la captivité en direction de l'Allemagne. L'atmosphère est sombre et silencieuse, les visages sont défaits et marqués. Les prisonniers en rang par trois ont pu conserver leurs effets personnels et prendre leurs manteaux ; ils sont escortés par une poignée de Waffen-SS de la *4.Kompanie* de la *s.SS-Panzer-Abteilung 101,* accompagnés d'un Schwimmwagen roulant au pas derrière eux. La fin de la colonne est photographiée **(Page ci-contre, en bas)** alors qu'elle passe devant une ferme sur la même nationale et un camion de la *Panzer-Lehr-Division*. Le soldat de la Waffen-SS qui se retourne arbore un visage qui semble buriné par le soleil. Une autre photographie **(ci-dessus)** est prise dans un village un peu plus loin où une autre colonne de prisonniers, en rang par deux, défile devant des habitants silencieux ; certains d'entre eux sont blessés. (BPK.)

*Alors que nous nous mettions en route sur la nationale en direction de Caen, nos canons* (NDA : ceux du 5th RHA positionnés à l'ouest de Villers) *ont commencé à nous pilonner assez violemment ; et ce n'était vraiment pas drôle d'avoir à éviter nos propres obus, tout en nous demandant si nos gardiens allemands n'allaient pas nous tirer dessus en prenant nos brusques plongeons vers un quelconque abri pour des tentatives de fuite !*

*Plus nous avancions vers les arrières de l'ennemi et plus nous nous rendions compte de sa forte concentration dans la région de Villers. Par chance, l'opération aéroportée prévue n'avait pas été déclenchée. Après avoir marché pendant environ dix heures, ce qui fut très pénible, nous avons atteint un camp de transit allemand. Il y avait là une bâtisse de deux pièces pour accueillir le groupe d'environ 80 hommes que nous formions (nous avions été entre-temps rejoints par d'autres Riflemen qui avaient été capturés dans la ville).»*

Nous retrouvons également l'habitant d'Epinay-sur-Odon qui décrit sa rencontre le 14 juin 1944 avec des prisonniers anglais :

*« Après la traite des vaches, nous allons à Villers pour essayer de trouver de la farine. A l'entrée du bourg, nous croisons un camion allemand bondé de soldats anglais prisonniers, en passant, ils nous font le « V » de la victoire avec leurs doigts mais ils ne sont pas gais. pour eux, la guerre est finie. La bataille a repris sur la route d'Anctoville et au lieu-dit « la Queue-du-Renard », route de Vire. »*

## Bref bilan pour les forces allemandes

Le Bilan de « l'Opération Perch » pour les Allemands sur le terrain est mitigé : au niveau des pertes matérielles, à partir des forces engagées entre le 13 et le 16 juin 1944. Il ressort que c'est la *s.SS-Panzer-Abteilung 101* avec sa *1. Kompanie* qui sort perdante de l'engagement avec 50% de ses effectifs mis hors de combat en quatre jours. Cependant, peu de pertes en hommes et très peu de prisonniers de la *s.SS-Panzer-Abteilung 101* ont été enregistrés durant l'opération sur Villers-Bocage.

La *2. Panzer-Division* a joué un rôle majeur dans l'échec de l'opération. Premièrement, par un fait

Petit assortiment de vestiges trouvés au niveau de la colonne détruite de la *7th Armoured Division* à la sortie de Villers-Bocage. Au milieu de différents boutons britanniques et de boucles, nous devinons un rasoir de paquetage ayant appartenu à un l'un des soldats défaits par l'attaque des Tiger du 13 juin 1944. (Coll. privée.)

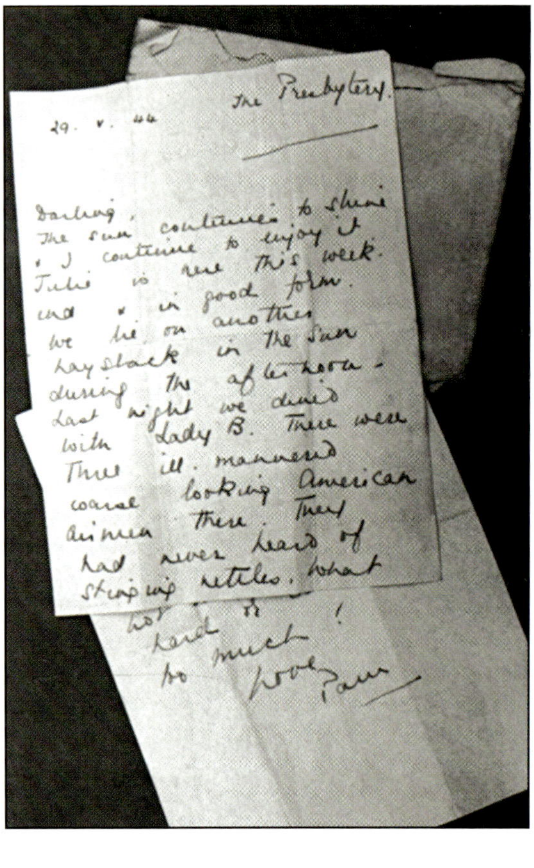

The Presbytery.
29. v. 44

Darling, the sun continues to shine & I continue to enjoy it. Julie is here this week and is in good form. We lie on another haystack in the sun during the afternoon. Last night we dined with Lady B. There were three ill-mannered coarse looking American airmen there. They had never heard of stinging nettles. What [illegible] ! So much love Pam

Photographie d'une lettre écrite par Pamela, l'épouse du colonel Arthur Cranley, et récupérée dans les effets personnels que l'officier commandant le *4th County of London Yeomanry* a dû abandonner dans l'urgence sur la cote 213, avant de tenter de s'enfuir dans son Humber à travers champs au sud de la hauteur le 13 juin 1944. (Arthur Grimm, BA, via M.Kenny.)

dissuasif dans les craintes exagérées de l'état-major de la *7th Armoured-Division* (Elle n'avait aucun char à opposer aux forces anglaises le 13 juin dans l'après-midi, et pendant les trois jours suivants). Deuxièmement, par un apport d'infanterie fraîche concentré sur les flancs de l'axe de progression britannique qui a pesé pour repousser les Britanniques sur trois secteurs d'ancrage durant ces quatre journées (Villers-Bocage, la *Brigade Box*, la *Briquessard Box*). La *Kampfgruppe Brassert* a cependant subi des pertes importantes lors des combats du 14 et du 15 juin face à la *Brigade Box*, mais a réussi à regagner une bonne partie du terrain perdu lors du déclenchement de « l'Opération *Perch* » le 12 juin.

La *Panzer-Lehr-Division* sort relativement épargnée par ces combats, tout en notant que près de 12 PzKpw. IV et 2 Panther ont été mis hors de combat durant les journées du 13 et 14 juin. Il faut souligner encore une fois la maîtrise dont ont fait preuve le *Generalleutant* Bayerlein, le *Major* Kauffman et le *Hauptmann* Ritgen dans la gestion de la crise sur leur flanc. La *Kampfgruppe Ritgen* composée dans l'urgence, le rôle majeur des éclaireurs de la division et la qualité de l'articulation des unités autour de Villers-Bocage ont permis de maintenir une pression permanente sur les unités de la *7th Armoured Division* engagées dans le secteur.

**Ci-dessus :** photographie choisie parmi les nombreuses vues prises par le *Kriegsberichter* Vennemann lors du transit des prisonniers de la *7th Armoured Division* capturés à Villers-Bocage dans le secteur d'Esquay-Notre-Dame/Feuguerolles. Le groupe doit être conduit dans un centre de rassemblement du *I.SS Panzer-Korps* au sud de Caen, puis vers le centre de tri de Rennes avant d'être transféré en Allemagne. Un *Rottenführer* (caporal-chef) avec une plaque de la *Feldgendarmerie* conduit la colonne ; deux bandes de bras sont visibles sur le bas de sa manche gauche : *« Adolf Hitler »* et *« Feldgendarmerie ».* Le groupe de prisonniers est composé d'un mélange provenant de la *A Company* et *Support (B) Company* de la *1st Rifle Brigade,* et du *A Sqn* et *RHQ Troop* du *4th CLY.* Les soldats anglais encore une fois sont traités avec dignité, ils n'ont pas été dépouillés de leurs insignes ni de leurs effets personnels et ne défilent pas les mains sur la tête pour le photographe. Grâce aux informations fournies par des vétérans et relayées par Daniel Taylor dans le magazine *«After the Battle* – N°132» (2006), nous avons que l'officier de grande taille et portant un béret, au centre de l'image, est le *Major* James Wright, commandant de la *A Company* de la *1st Rifle Brigade* et que l'homme sans couvre-chef, juste derrière lui, est le *Captain* Bernard Rose, l'*Adjutant* des *Sharpshooters* qui fut légèrement blessé dans le Cromwell du *Major* Carr détruit par Wittmann à l'entrée de la ville (voir pages 77 à79). (KB Vennemann, BA.)

**En haut, à droite :** plaque de cou de la *Feldgendarmerie* qui pouvait être remise à tout soldat désigné pour accomplir une mission de police sur les arrières immédiats de la ligne de front. (Coll. privée.)

## Résumé des pertes définitives de la *1.Kompanie* de la *s.SS-Panzer-Abteilung 101* – 13 juin/16 juin 1944

Un focus est nécessaire pour mettre en lumière un bilan précis concernant les Tiger de la *s.SS-Panzer-Abteilung 101* durant la bataille de Villers-Bocage et celle de la *Brigade Box*. Si la *2. Kompanie* de l'*Ostuf.* Wittmann sort quasiment indemne des combats entre le 13 et le 16 juin 1944, c'est que ses chars n'ont combattu qu'une demi-journée avec la perte de 2 Tiger - dont 1 seul définitivement -sur les 6 engagés ce jour-là. Il en a donc été différemment pour la *1.Kompanie* du *Hstuf*. Möbius qui enregistre comme pertes un total de 7 Tiger sur 8 engagés sur la même période.

1

2

3

- Dans Villers-Bocage - le 13 juin :

1- Tiger **111** *(Philipsen)*

2- Tiger **113** *(Ernst)* †

3- Tiger **123** *(Stamm)*

ce total de 3 pertes définitives dans Villers est d'ailleurs confirmé à la fois par Möbius et par Wendt, et nos propres constatations dans cette étude.

- A Greland (Route de Cahagnes – Villers-Bocage) – 15 juin :

4- Tiger **132** *(Wendt)*

- Au Quesnay – La Tringale (Route Cahagnes – Briquessard) – 16 juin :

5- Tiger **104** *(Philipsen)* †

**Pertes annexes (Tiger récupérés) :**

- Dans Villers-Bocage - le 13 juin (nos conclusions):

1- Tiger **122** *(Salamon)*

2- Tiger **124** *(Asbach)*

Les pertes définitives de la *1.Kp.* à Villers diffèrent selon les auteurs et les sources, mais nos recherches nous amènent à considérer les rapports de Möbius et de Wendt comme justes puisque nous avons la preuve que seules les épaves des Tiger suivants ont été trouvées :

- les 2 Tiger à Maisoncelles-Pelvey : désormais identifiés comme le **123** et le **212**

- les 2 Tiger dans le «champ aux épaves» près de la N175 : désormais identifiés comme le **111** et le **113**

**Bilan :**

la *1. Kompanie* a donc perdu un total de 5 Tiger entre le 13 et le 16 juin, soit un peu plus du tiers de ses effectifs d'origine, ce qui est catastrophique (ces engins ne seront jamais remplacés au sein de l'unité sur le Front de Normandie).

**Pertes Militaires le 13 juin 1944 à Villers-Bocage**

**Côté allemand :**

***s.SS-Panzer-Abteilung 101 :***

*Matériel* : 6 pertes de Tiger dont 4 définitives

3 Tiger de la *1.Kompanie* (111, 113 & 123)

1 Tiger de la *2.kompanie* (212)

1 Schwimmwagen de la *4.Kompanie* (+?)

2 Tiger touchés (les 122 et 124 récupérés plus tard)

*Hommes* : 14 pertes dont 10 morts, 13 blessés et 1 prisonnier

9 morts et 10 blessés à la *1.Kompanie*

au moins 1 homme de la *1.Kompanie* fait prisonnier par les Anglais

1 mort et 3 blessés à la *2.Kompanie*

pertes inconnues à la *4.Kompanie.*

***Panzer-Lehr-Division (II./Panzer-Regiment 130)* :**

Matériel 5 pertes de Pz.Kpfw. IV, dont 3 définitives

- 3 Pz.Kpfw. IV (le n°6 et deux autres près de la gare et route d'Anctoville)

- 2 Pz.Kpfw. IV touché (récupérés plus tard)

Quelques véhicules (dont 1 Sd.Kfz 251 + 1 Pak 40)

*Hommes* :

pertes inconnues (plusieurs dizaines de morts)

1 mort (au moins) dans l'équipage du Pz.Kpfw. IV n°634 (selon Enderle).

**Page précédente :** seconde image choisie du reportage de Vennemann montrant une pause à Amayé-sur-Orne lors du transfert de la même colonne de prisonniers anglais. Le soldat aux lunettes se désaltère avec ses camarades d'infortune dans une atmosphère calme mais emprunte de gravité. Nous répertorions ses insignes visibles ci-dessus. (KB Vennemann, BA.)

**1.** Insigne de béret de *The Rifle Brigade* marqué du nom des batailles antérieures comme celle de « Waterloo », et tel que porté par les éléments de la *1st Rifle Brigade* (*A Company* et *Support Company*). (Sharpshooters Museum archives.)

**2.** Ecusson de haut de manche de l'insigne de la *7th Armoured Division* version 1943/44. (Coll. privée.)

**3.** Ecusson du *«Regimental Signaller»* (spécialiste des transmissions) placé en bas de la manche de ce prisonnier appartenant à la *1st Rifle Brigade*. (Coll. Michael Kenny.)

Panoramique basé sur des photographies prises en septembre 1944 place Jeanne d'Arc où a été remorqué le Tiger 111 de l'*Ostuf.* Philipsen en attendant son transfert dans le dépôt d'épave route de Caen. (Coll. J.P Benamou)

Les deux chars allemands ; le Tiger 113 et le Pzkpfw. IV n°6 ont été photographiés devant un énorme trou de bombe à Villers-Bocage en aout 1944 au milieu d'une localité totalement ruinée par les bombardements. (IWM.)

***2. Panzer-Division (Kamfgruppe Brassert) :***

*Matériel* :

1 Sd.kfz 251, 1 Sdkfz 250, 1 Flak 2cm et quelques camions

Hommes : Plusieurs dizaines de morts, nombre inconnu de blessés et de prisonniers

**Côté britannique :**

***4th County of London Yeomanry (A Sqn, B Sqn & HQ Troop) :***

*Matériel* :

3 Humber scout cars (*HQ Troop*)

4 chars Sherman Firefly (tous du *A Sqn*)

15 Cromwells (10 du *A Sqn* + 4 du *RQ Troop* + 1 du *B Sqn*)

3 chars Stuart (dont 1 perdu à La Poste)

1 half-track (à La Poste)

NB : le *War diary* du *4th CLY* indique la perte de 20 Cromwells, mais nous n'en comptons qu'un total de 15, comme suit : 10 Cromwells du *A Sqn* + 4 Cromwells du *HQ Troop* + 1 Cromwell du *B Sqn.* Comme déjà indiqué précédemment, le *A Sqn.* avait perdu 2 chars Cromwell le 10 juin lors de tirs fratricides et nous savons par le témoignage du Rev. J. Fisher qu'un Cromwell a pu retourner à la *TAC Brigade* le soir du 13. C'est donc au maximum un total de 12 Cromwells qui pouvaient se trouver à Villers-Bocage ce jour-là. Il est possible que les 2 Cromwells manquants aient été évacués avant de pouvoir être pris en photo, mais la possibilité que le *A Sqn.* ait perdu 2 Cromwells supplémentaires avant l'arrivée à Villers (sans avoir eu le temps de consigner ces pertes) existe aussi.

En tout état de cause, le total de 20 Cromwells ne peut être atteint. A cela deux raisons possibles : il était habituel que les chars endommagés et ramenés à l'atelier pour une réparation de plus de 24 heures soient considérés comme «pertes» au même titre qu'un char détruit (le nombre était ensuite corrigé en fonction du retour des chars au combat) et cela a pu être le cas ici. Ou bien il est aussi possible qu'en raison du chaos généré pendant deux jours de combats ininterrompus (le 13 + le 14 juin), et le changement «d'Adjutant» au niveau du commandement du *4th CLY,* la transcription ait été faite dans la hâte, causant ainsi cette erreur dans le nombre de chars réputés «perdus».

*Hommes* :

Environ 12 hommes tués, dont 2 officiers : le *Major* Peter Scott (commandant le *A Sqn*) et le *Lt.* Ingram (commandant une section du *Recce Troop*)

Environ 86 hommes capturés dont 10 officiers et plusieurs blessés (nombre précis inconnu)

***5th Royal Horse Artillery***

*Matériel* :

1 OP Sherman M4A4

2 OP Cromwell

*Hommes* :

au moins 1 mort (photographié sur la route à côté du char OP Sherman)

nombre de blessés et de prisonniers inconnu

***1st Battalion, The Rifle Brigade :***

*Matériel* :

entre 9 et 11 half-tracks M9A1 (11 si on admet que 3 ont atteint la cote 213) de la *A Company*

1 à 2 canons antichars «6 Pounder» + 3 à 4 Loyd carriers de *la B Company (Support Company)*

*Hommes* :

9 morts (dont 3 officiers)

environ 85 prisonniers (dont plusieurs blessés – nombre précis inconnu)

***1/7th Queen's***

Matériel :

au moins 1 canon antichar «6 Pounder» + au moins 1 carrier (probablement davantage)

*Hommes* : pertes totales : 44 hommes dont :

21 morts (peut-être davantage)

au moins une section capturée près de la gare.

# Annexe A
# La 7th Armoured Division

**1.** L'une des représentations de l'emblème de la Gerboise (rouge sur rond blanc dans un carré rouge) utilisé par la *7th Armoured Division,* surnommée les *« Desert Rats »*, depuis sa création officielle en Egypte au début de l'année 1940. (Coll. privée.)

**2.** Monument érigé à Norfolk en Grande-Bretagne à la gloire de Dieu et des soldats de la *7th Armoured Division* durant le second conflit mondial, « d'Alamein à Berlin ». Le Cromwell, Baptisé *« Little Audrey »*, trône sur un socle imposant et porte les signes tactiques de l'unité. Le Cromwell est très proche de ceux qui ont combattu durant la bataille de Villers-Bocage. (Flickr – Nats.)

**3.** Petit renard des sables adopté par le *Lieutenant* John Thompson – plus connu sous son nom civil de John Cloudsley-Thompson - pris en photographie sur un blindé britannique au début de 1942 en Egypte. Le parallèle se fait évident avec le surnom de « Renard du désert » donné au *General der Panzertruppe* Rommel lorsqu'il commandait les troupes de l'*Afrika Korps* à la même période. (Coll. John Cloudsley-Thompson, « *Sharpshooter – Memories of Armoured Warfare 1939-45* ».)

**4.** Calot ayant appartenu au chef de char, le *Sharpshooter* et *Troop leader* John Thompson du *RHQ Troop, 4th CLY* de la *7th Armoured Division*. Thompson fut l'un de ceux qui ont perdu leur char Cromwell lors de l'attaque de Michael Wittmann, le 13 juin 1944 à Villers-Bocage. (Kent & Sharpshooter Yeomanry Museum, via Daniel Taylor)

**5.** Uniforme de soldat du *4th County of London Yeomanry* de la *7th Armoured Division*. (Coll. privée.)

2

3

5

4

Ecusson de manche de la *22th Armoured Brigade*, composante de la *7th Armoured Division* en juin 1944.

Plus connue sous le surnom populaire de *«Desert Rats»*, la *7th Armoured Division* est sans conteste l'une des plus célèbres et prestigieuses formations de l'armée britannique. Elle a participé à la plupart des grandes campagnes de la Seconde Guerre mondiale, et cela jusqu'aux derniers combats au cœur du Troisième Reich et la victoire finale sur l'Allemagne nazie.

**Mise sur pied**

En octobre 1938, le *Major-General* Percy Hobbart - le fameux théoricien de l'arme blindée britannique – est envoyé en Egypte pour y créer une division blindée. Arrivé à Mersa Matruh à l'ouest d'Alexandrie, il y trouve la *«Mobile Force»*, une petite unité organisée en brigade de cavalerie (1), qu'il va assez rapidement transformer en *«Mobile Division», puis en «Armoured Division»*. En l'espace d'un an à peine, Hobart va parvenir à en faire un outil de combat assez redoutable : les hommes sont désormais rompus aux techniques de la guerre mobile en milieu désertique et une partie de leur matériel a été renouvelée. Deux mois plus tard, le 16 février 1940, elle devient officiellement la «7e Division Blindée». C'est aussi à cette époque qu'elle adopte le surnom de «Rats du Désert» (2).

**Ci-dessus :** un Sherman Firefly d'un des *Royal Tank Regiments* de la *7th Armoured Division,* surpris au carrefour de Canteloup alors qu'il file en direction d'Aunay-sur-Odon, le 31 juillet 1944. Il s'agit d'un modèle Ic Hybrid. (IWM.)

**Ci-contre :** photographie du Stuart V (M3A3) (« Honey « pour les soldats britanniques) de la *7th Armoured Division* progressant sur une route poussiéreuse du front de Cahagnes le 15 juin 1944. L'engin porte encore sur le garde-boue avant droit les indications inscrites lors de l'embarquement en Angleterre. (IWM.)

## Face à l'Afrika Korps

De septembre 1940 à février 1941, la Division combat les troupes de Mussolini en Egypte puis en Lybie jusqu'à Beda Fomn, au sud de Benghazi, où elle contraint les forces italiennes à se rendre en masse. L'essentiel de la *7th AD* est ensuite renvoyé dans le delta du Nil pour se reconstituer. Elle ne reprendra le chemin des combats qu'au mois de mai 1941 face à l'*Afrika Korps* du *Generalleutnant* (3) Erwin Rommel.

En novembre 1941, désormais renforcée par la *22nd Armoured Brigade,* les *«Desert Rats»* participent à l'opération «Crusader» et aux batailles sanglantes autour de Sidi Rezegh, Birel-Gobi et du port de Tobrouk.

Elle ne retourne au combat qu'à partir du mois de mai 1942 pour participer à la défense de la Ligne Gazala, puis à la première bataille d'El Alamein et aux combats victorieux à Alam Halfa en septembre.

Après une nouvelle offensive décisive en novembre, les lignes de l'Axe sont définitivement enfoncées et les formations britanniques se lancent à la poursuite des forces allemandes et italiennes le long de la côte nord de Libye.Tripoli tombe le 23 janvier 1943.

En ce début d'année 1943, la *7th Armoured Division* se prépare à prendre part à la poussée finale qui doit expulser l'ennemi hors d'Afrique du Nord (4). On la retrouve sur la Ligne de Mareth en février où sa *22nd Armoured Brigade* (déjà commandée par le *Brigadier* Hinde) capture la ville de Médenine en Tunisie le 19 et où sa *131st Brigade* encaisse les contre-attaques de l'Axe au prix de pertes très élevées. En mars, lors de l'Opération «Pugilist», la *7th AD* soutient l'assaut du *XXX Corps* britannique sur les lignes de défense ennemies. Enfin, après avoir durement bataillé pendant tout le mois d'avril, son régiment de reconnaissance, le *11th Hussars,* peut entrer dans Tunis le 7 mai. Cinq jours plus tard, les combats cessent définitivement en Afrique du Nord et environ 275 000 soldats allemands et italiens se rendent aux forces alliées. La *7th AD* peut maintenant souffler et savourer un repos bien mérité.

## Préparations au débarquement

Après avoir été brièvement au combat en Italie à Salerne et Naples à l'automne 1943, l'unité prend le long chemin du retour vers le Royaume-Uni. A partir de février 1944, les éléments de la *Division* se retrouvent cantonnés, dans les baraquements « Nissen » au confort très sommaire du High Ash Camp à Brandon près de la forêt de Thetford (5) et du village de Mundford, ou encore aux alentours de la ville de Swaffham. Ils vont rester dans cette région de l'est de l'Angleterre pendant plusieurs mois afin de se réorganiser, s'entraîner et se rééquiper.

En ce début d'année, les défis auxquels la *7th AD* doit faire face sont aussi ardus que multiples. Pour commencer, il lui faut se familiariser avec de nouveaux matériels, au premier rang desquels figure le récent char Cromwell A27M (6) qui doit équiper tous les «tank regiments» de la *7th Armoured Division* (7) et qui est loin de faire l'unanimité, comme son commandant, le *General* George Erskine, l'a exprimé à l'époque : *«Nous devions complètement nous rééquiper car la division avait dû laisser tout son matériel en Italie. C'était un travail très conséquent. Ce fut d'autant plus dur à réaliser lorsque nous avons découvert que la brigade blindée devait être équipée avec des chars Cromwell dont nous ignorions tout. (...) Les régiments blindés devaient apprendre les procédures de tir et de maintenance sur un nouveau char que beaucoup jugeaient inférieur au Sherman. D'autre part, les régiments blindés durent aller en Ecosse (Kirkcudbright) pour effectuer des exercices de tirs – ce qui était absolument nécessaire – mais ce type d'exercice fastidieux aurait pu être évité si l'on nous avait donné des Shermans.»*

Au bas de l'échelle, la réaction n'est guère plus enthousiaste. Peter Roach, un tankiste du *1st RTR*, se souvient du mécontentement exprimé par son commandant à propos du Cromwell et qu'il avait même déclaré qu'il savait que *«beaucoup d'entre nous y laisseraient la vie car le char ne disposait pas d'un canon digne de ce nom»*. Roach ajouta : *«Tout le monde broyait du noir... Une fois de plus, nous allions être complètement surclassés en terme de puissance de feu, et après une période pendant laquelle nous avions fait jeu égal avec l'ennemi, ce fut un coup vraiment dur à encaisser»*.

Une solution de transition est validée en février 1944 : ce sera le «Firefly» (8) qui n'est autre que l'adaptation réussie de l'excellent canon Ordnance QF de 17 livres (76,2 mm) sur châssis de Sherman M4. La production est lancée dans la foulée mais, au 6 juin 1944, seuls 342 exemplaires pourront être livrés au *21st Army Group* du *General* Montgomery. Pour sa part, la *7th Armoured Division* reçoit au cours des mois d'avril et de mai un total de 36 Fireflies, c'est-à-dire de quoi équiper chacun de ses trois *tank regiments* (le *4th CLY*, le *1st RTR* et le *5th RTR*) à raison d'un Firefly par Troop seulement (9).

Avec l'arrivée de nouvelles recrues, l'unité perd en homogénéité ce qu'elle gagne en fraîcheur et en enthousiasme. Le *Sergeant* Stanley Lockwood, du *4th CLY*, note à ce propos : *«Les jeunes nouveaux arrivants qui nous rejoignaient avaient très envie d'en découdre. Ils allaient aller au combat pour la première fois et cela était une grande aventure pour eux»*.

Par contraste, une certaine lassitude a fini par gagner certains vétérans de la division qui ont été jusqu'à présent de tous les combats. Son commandant, le *Major-General* Erskine, n'en a lui-même pas fait mystère quand il note que *« (...) Le moral était comme toujours un facteur déterminant. La division comprenait beaucoup d'hommes qui en faisaient partie depuis 1941 et qui avaient participé à la Campagne d'Afrique du Nord et jusqu'à Salerne. Il y avait sans aucun doute le sentiment qu'il était temps que quelqu'un d'autre prenne sa part...»*.

Dans les premiers jours de mai, une partie de la *7th Armoured Division* se rapproche de la côte est de l'Angleterre pour se préparer à l'assaut. Lors de ces dernières semaines avant le départ, le secret est de rigueur pour tous et naturellement, seule la très haute hiérarchie a connaissance de la destination finale précise. Les hommes de la *7th AD* sont désormais totalement isolés de la population et tout contact avec leurs familles et amis est totalement proscrit.

## Sur le sol normand

Conformément aux plans, les premiers éléments (10) de la *Division* ne participent pas à la première vague de l'assaut (11) sur le continent mais sont, depuis leurs «LCT» (12), mis à terre dans le secteur de *«Gold Beach»* (13) le 7 juin seulement. Après regroupement, il leur faut se porter en soutien de

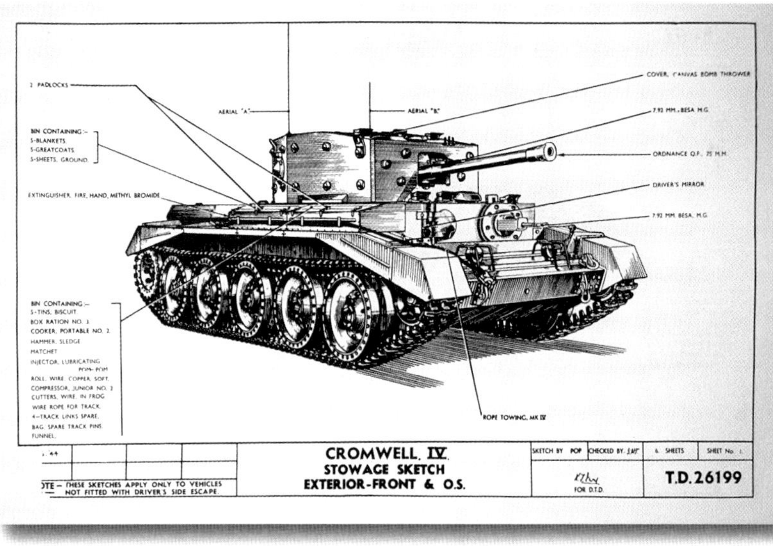


**Ci-dessus :** planche technique du Cromwell IV utilisé en Normandie pour la première fois en juin 1944 par les Britanniques, et notamment par la brigade blindée de la *7th Armoured Division* qui en est entièrement équipée. Le schéma décrit les éléments extérieurs visibles de l'engin. (NARA.)

**Ci-dessous :** nous voyons ici au centre de l'image le Roi George VI se faisant présenter un char Cromwell par le *Colonel* Arthur Cranley, lors de sa visite au *4th CLY* au High Ash Camp à Brandon, dans le Suffolk, au début de l'année 1944. Derrière eux se tient le *Captain* Bernard Rose (alors Adjutant) qui, comme Lord Cranley, sera plus tard fait prisonnier à Villers-Bocage.

**Ci-contre :** composition des éléments de la *7th Armoured Division* au matin du 13 juin 1944 à Villers-Bocage.

Elle est principalement établie sur la base de 1) le tableau de dotation réglementaire pour chaque unité, 2) le comptage et l'identification de toutes les épaves répertoriées (photographies in situ, ou après capture), 3) les pertes connues pour chaque unité antérieures à la journée du 13 juin et 4) les témoignages de vétérans. Toutes ces données ont été recoupées entre elles. Naturellement, dans certains cas, des incertitudes subsistent quant au nombre de véhicules réellement présents ; par exemple, le total des pertes rapporté officiellement au soir du 12 juin pour le *A Squadron* du *4th CLY* est de deux chars (tirs fratricides le 10 juin), et par ailleurs, sur la foi d'un témoignage d'un vétéran, nous savons qu'un Cromwell de ce *Squadron* a pu retourner à la *TAC Brigade* en fin de journée le 13, après s'être égaré lors de la progression vers Villers. De fait, sur un effectif plein de 15 Cromwells, c'est un maximum de 12 qui a pu atteindre la cote 213 au matin du 13 juin. Cependant, nous n'avons pu identifier seulement qu'un total de 10 de ces chars (auquel il faut ajouter 4 Fireflies bien identifiés) ; il est ainsi impossible, en l'état actuel de nos recherches, de savoir si les 2 Cromwells manquants ont été perdus avant les combats à Villers-Bocage (mais non mentionnés dans les rapports), ou s'ils ont également pu

la *50th (Northumbrian) Division* qui vient de pénétrer dans Bayeux et qui doit ensuite avancer vers Tilly-sur-Seulles. Le débarquement de la plus grande partie des éléments de la Division se poursuit jusqu'au 10 juin avec succès (14), à l'exception de quelques chars qui, surpris par le ressac, se sont enlisés dans les sables de la côte.

Entre-temps, le *5th Royal Tank Regiment (5th RTR)* a été la première unité à être engagée au combat dès le 8 juin en soutien de la *56th Infantry Brigade* et du *47th Royal Marine Commando*, notamment lors de la réduction des poches de résistance à Sully et Port-en-Bessin. Puis ce sera au tour du *1st Royal Tank Regiment (1st RTR)* et le *4th County of London Yeomanry (4th CLY)* qui combattent aux côtés de la *69th Infantry Brigade* près de Saint-Léger et de la *151st Brigade* au hameau de Jérusalem et à Chouain.

Depuis le 9 juin, la progression a encore été rendue plus difficile par l'arrivée dans ce secteur du front de la *Panzer Lehr* qui va considérablement renforcer les lignes allemandes composées jusqu'à présent d'éléments de la *352. ID*. Le 10, la *22nd Armoured Brigade* et la *56th Inf. Brig.* attaquent de concert en direction de Tilly-sur-Seulles. Sur la droite, le *5th RTR* se dirige vers Verrières mais subit des pertes sévères face aux Panthers et Panzer IV de la *II./Panzerregiment 130* et doit se replier. A gauche, le *4th CLY* soutenu par le *1st Battalion, The Rifle Brigade,* tente de percer vers Juvigny ; Bucéels est conquis pendant quelque temps, puis rapidement repris par les Allemands.

Jusqu'au 12 juin, les offensives vont se succéder et les unités blindés de la *7th AD* sont alors essentiellement engagées dans des opérations durant lesquelles le manque d'infanterie en nombre suffisant va se faire cruellement sentir. En dépit de la pression continuellement exercée, les forces anglaises regroupées autour de la *50th ID* butent encore et toujours sur les lignes allemandes solidement implantées autour de Tilly. Le *General* Montgomery n'a désormais d'autre choix que de modifier sa tactique. L'idée d'un contournement des positions allemandes se profile. Ce sera par l'ouest, avec en ligne de mire la localité de Villers-Bocage...

(1) Il s'agissait de la «*Cairo Calvary Brigade*» qui disposait alors de trois régiments blindés (le *7th Queen's Own Hussars*, le *8th King's Royal Irish Hussars* et le *11th Hussars*), auxquels venaient s'ajouter le *3rd Regiment Royal Horse Artillery*, une compagnie du *Royal Army Service Corps* et une unité d'ambulances. Son matériel vétuste et ses chars légers très faiblement blindés lui avait valu le surnom de «Farce immobile».

(2) Simultanément, le nouvel insigne de la *7th Armoured Division* apparaît sous la forme d'une grande gerboise égyptienne. Sa représentation sera définitivement choisie après une visite du *Major-General* O' Moore Creagh et de sa femme au zoo du Caire ;

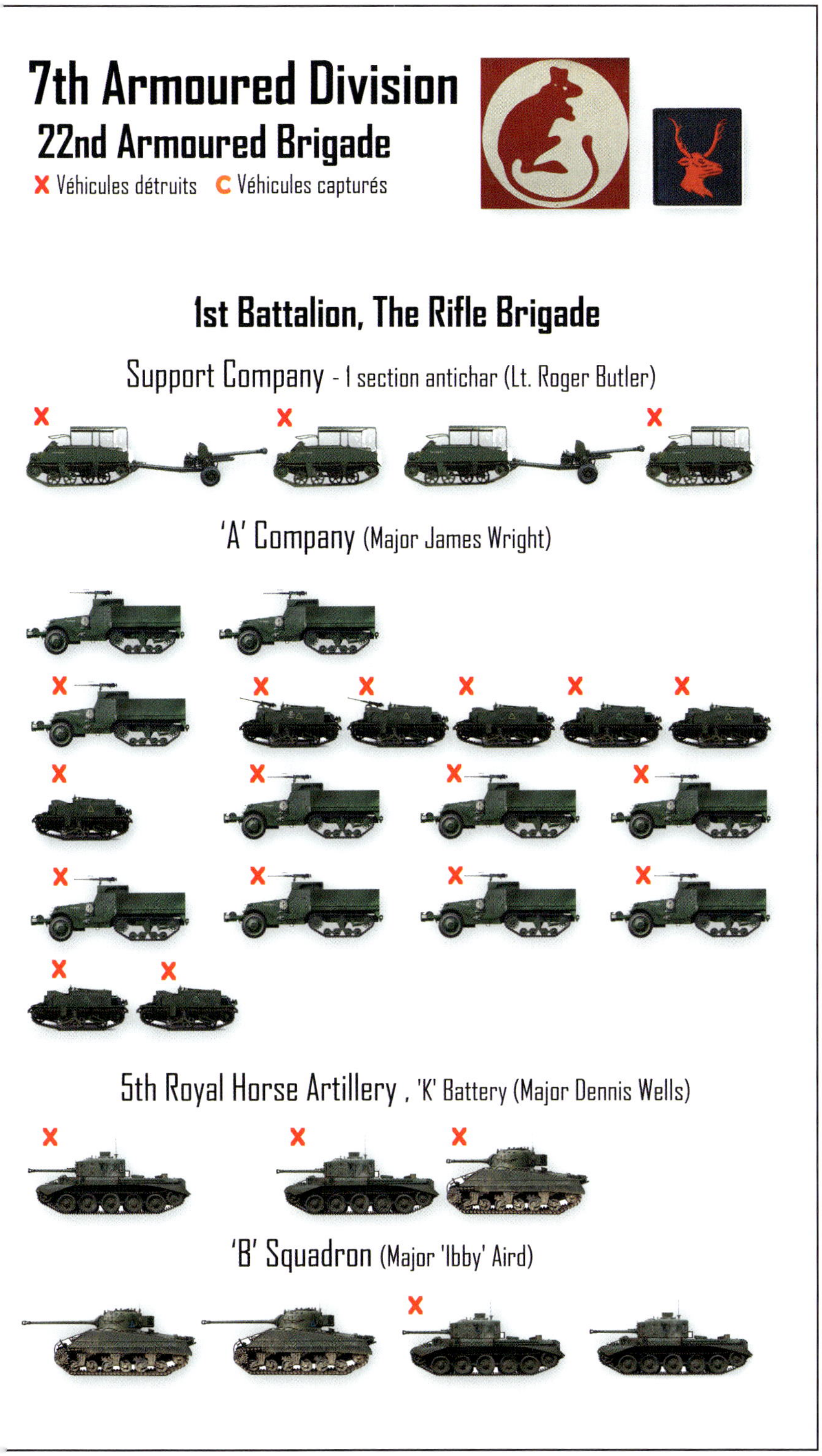


revenir en arrière lors de cette journée fatidique, ou bien encore s'ils ont été capturés et évacués des lieux avant que le premier reporter allemand ne puisse les photographier. La répartition des Cromwells détruits ou capturés par rapport aux *«Troops»* est aussi en partie spéculative pour la simple et bonne raison que les numéros de *Troop* de certains d'entre eux ne peuvent être formellement établis (ils sont soient absents, effacés ou simplement cachés). D'autre part, nous indiquons 3 Half-tracks M9A1 capturés pour la *A Company* de la *1st Rifle Brigade* et ceci sur la base des témoignages d'officiers et sous-officiers de l'unité ; en effet, il est dit que ces 3 véhicules ont servi à transporter ceux-ci vers la cote 213 pour un *«orders group»*, ce qui semble vraisemblable si l'on considère leur nombre avéré sur la cote 213. Il est toutefois regrettable qu'aucune photographie ne soit venue confirmer cette hypothèse. Seul un cliché d'un half-track capturé par la *s.SS-Panzer-Abteilung 101* permet de fortement supposer qu'au moins l'un de ces véhicules a pu rallier la hauteur le matin du 13, aux alentours de 9h00. La présence des 2 autres M9A1 reste donc à définitivement confirmer, aussi probable soit-elle. (F. Deprun sur une notice de Y. Jouault.)

celle-ci en produira un dessin qui sera ensuite stylisé par le *Trooper* Ken Hill du *1st RTR*. Jusqu'à cette époque, l'emblème de la 7th AD consistait en un simple rond blanc sur un carré rouge.

(3) Equivalent à Général de Division dans l'armée française. Rommel sera nommé *General der Panzertruppe* le 1er juillet 1941, puis *Generaloberst* (Général d'Armée) le 24 janvier 1942 et enfin fait *Generalfeldmarschall* (Maréchal) le 21 juin de la même année.

(4) La *7th AD* est une des composantes de la *Eighth Army*. Cette dernière, avec la *British First Army* à l'ouest, constitue le *18th Army Group* (qui comprend également le *US II Corps* et le *XIX Corps* français) sous le commandement conjoint du Britannique, le *General* Sir Harold Alexander, et de l'Américain, le *General* Dwight D. Eisenhower. Le *18th Army Group* sera dissous le 15 mai 1943 après sa victoire sur les forces de l'Axe en Tunisie.

(5) C'est le cas de la *22nd Armoured Brigade* avec les *1st* et *5th Royal Tank Regiments*, ainsi que du *4th County of London* et du *1st Battalion, The Rifle Brigade*.

(6) Successeur du Crusader, ce char de type moyen était équipé d'un moteur Rolls-Royce Meteor V12 capable de le propulser à plus de 50 km/h même à vitesse bridée, ce qui en fit le char britannique le plus rapide du conflit. Très agile grâce à sa très efficace suspension Christie, il souffrait néanmoins d'un faible blindage (équivalent à celui du Sherman, mais encore moins efficace car de forme carrée) et d'un armement insuffisant, l'Ordnance QF 75mm, une variante du déjà obsolète QF 6 conçue pour tirer des obus américains M3 de 75mm.

(7) Contrairement aux autres divisions britanniques, la *7th AD* est la seule à utiliser le Cromwell en tant que char principal.

(8) Bien que couramment utilisée, cette appellation (en français « Firefly » signifie « luciole ») ne figure dans aucun document officiel de l'époque, ce char étant simplement désigné « Sherman 17-Pounder » (ou 17-Pdr), ou encore « Sherman C ». Développé parallèlement au char A30 dans la seconde moitié de l'année 1943, notamment sous l'impulsion du *Major* G. Brighty et du *Colonel* G. Witheridge, sa mise au point rencontre plusieurs obstacles, notamment celui du fort recul du canon, ce qui contraint les ingénieurs anglais à déplacer la radio pour l'installer hors de la tourelle dans un coffre blindé greffé sur la nuque de celle-ci, et à modifier l'affût qui reçoit deux cylindres de recul. Une trappe d'évacuation pour le pointeur est aussi ajoutée, et le poste de mitrailleur dans la caisse est supprimé au profit de racks à munitions supplémentaires. Cette adaptation de l'excellent canon de 17 livres au Sherman – qui est capable de rivaliser, voire d'excéder les performances des canons allemands KwK 36 L56 (8,8 cm) du Tiger I et du KwK 42 L70 (7,5 cm) du Panther avec la munition APCBC - donne entière satisfaction lors des derniers essais réalisés en février 1944 et une commande pour 2100 unités est alors passée. La plupart des conversions seront réalisées sur Sherman V (M4A4), mais des versions sur MkI (IC) et MKI Hybrid (IC Hybrid) seront également produites.

(9) Soit 4 Fireflies par *Squadron*.

(10) En tête desquels se trouve la *22nd Armoured Brigade* du *Brigadier* R. «Loony» Hinde. Accompagné d'une section de reconnaissance, ce dernier les avait précédés à terre le 6 juin pour rechercher un lieu de rassemblement pour la *Division* ; ce sera le secteur de Sommervieu au nord-est de Bayeux.

(11) Interrogé à ce sujet par quelques officiers de la *7th AD* juste avant le *D-Day*, Montgomery avait répondu en faisant allusion au jeu de cricket : *«Vous n'envoyez pas votre meilleur batteur en premier !»*

(12) *Landing Craft Tanks*, ou engins / bâtiments de débarquement. L'équivalent américain est le LST (*Landing Ship Tank*).

(13) Plus précisément sur les plages d'Arromanches-les-Bains et Asnelles - Le Hamel.

(14) La dernière composante de la *7th AD* à atteindre la côte normande à cette date est la *131st Infantry Brigade*. Elle ne sera prête au combat que le jour suivant.

# Annexe B
# La s.SS-Panzer-Abteilung 101

Représentation de 1944 de l'emblème de la *s.SS-Panzer-Abteilung 101* (passepartouts croisés dans un blason sur feuilles de chênes et épées) à la gloire de la décoration du *SS-Obergruppenführer* Josef « Sepp » Dietrich reçue le 14 mars 1943 (26e dans l'ordre du mérite). Cet emblème du *I.SS Panzer-Korps* est à l'origine utilisé par les deux unités. (Kameradschaft LSSAH.)

L'histoire officielle a longtemps présenté la Wehrmacht – et en particulier sa composante blindée – comme un modèle de puissance matérielle et d'efficacité tactique sans égal, sa défaite finale n'étant alors principalement attribuable qu'à sa dispersion sur d'innombrables fronts et à l'écrasante supériorité numérique des Alliés. (1)

La réalité, cependant, est naturellement beaucoup plus contrastée. Les nécessaires révisions qui ont vu le jour, notamment ces dernières années, ont déjà permis de poser un constat d'ensemble bien plus objectif. Mais si l'idéalisation et l'abstraction tendent à s'estomper, certaines légendes ont encore la vie dure. A cet égard, la notoriété et la réputation de certaines unités, en particulier au sein des *Panzertruppen*, continuent d'être alimentées par des croyances aveugles et autres mythes préfabriqués. La *schwere SS-Panzerabteilung 101* – ou 101e Bataillon SS de Chars Lourds, renuméroté 501 le 22 septembre 1944 - est l'une de ces formations qui exercent toujours autant de fascination. Il faut dire que tous les éléments propices à celle-ci y sont concentrés : sa proximité avec le pouvoir hitlérien (une bonne partie de ses cadres est issue de diverses unités et régiments blindés de la *Leibstandarte Adolf Hitler*) lui confère ce caractère jusqu'au-boutiste, synonyme de tous les exploits et coups d'éclat possibles (2), et tant pis si au passage la propagande nazie y passe systématiquement son vernis. Et puis il y a le légendaire char Tiger dont ce bataillon est équipé, engin de combat affublé de tous les superlatifs, prétendue terreur absolue de tous ses adversaires, y compris pour ceux qui ne l'ont jamais rencontré. Enfin, on y trouve ses chefs de char aux tableaux de chasse aussi ahurissants que suspects, à commencer par l'*Obersturmführer* Michael Wittmann dont les succès et l'expertise revendiqués en ont fait une figure élevée au rang d'icône de l'arme blindée, et pas seulement allemande. (3)

Mais en ce début juin 1944, il manque encore à ce «brillant» tableau la prouesse ultime, le fait d'arme absolu. Ce sera Villers-Bocage, avec la naissance d'un héros... Wittmann !

**Ci-contre :** portrait du *Kommandeur* de la *s.SS-Panzer-Abteilung 101* en juin 1944, le *Sturmbannführer* Heinz von Westernhagen, vétéran du front de l'Est et ami de Michael Wittmann, né le 29 août 1911 à Riga en Lituanie. L'officier souffrira des séquelles récurrentes d'une blessure de guerre au crâne qui l'empêcheront de poursuivre son commandement en Normandie à partir du 10 juillet 1944 et sera remplacé par le *Hauptsturmführer* Michael Wittmann. Il reprendra du service en novembre 1944 pour finir par se suicider en Hongrie en 1945. (Kameradschaft LSSAH.)

## Genèse de la *schwere SS-Panzer-Abteilung 101*

En prévision des premières livraisons de Tiger, les bataillons de chars lourds avaient été créés dès le mois de mai 1942 avec la constitution des *schwere (Heeres) Panzer-Abteilungen 501*, *502* et *503* (4). Cette organisation va être ensuite bouleversée par la décision d'incorporer les chars lourds dans les *Panzer-Regimenter*, eux-mêmes endivisionnés. Ainsi, des *schwere Panzer-Kompanien* (compagnies de chars lourds) sont mises sur pied pour le *Panzer-Regiment Grossdeutschland* au sein du *Heer*, et pour les *SS-Panzer-Regiment 1*, *2* et *3* (divisions *Leibstandarte SS Adolf Hitler*, *Das Reich* et *Totenkopf*). Entre le mois d'avril 1942 et le mois de mars 1943, la composition des *schwere Panzer-Kompanien* va évoluer, notamment avec

**A droite :** représentation des armes de la famille von Westernhagen und von Bibra (Léopard lionné d'azur au lion d'argent) sur un écu coiffé d'un heaume. (von Westernhagen.)

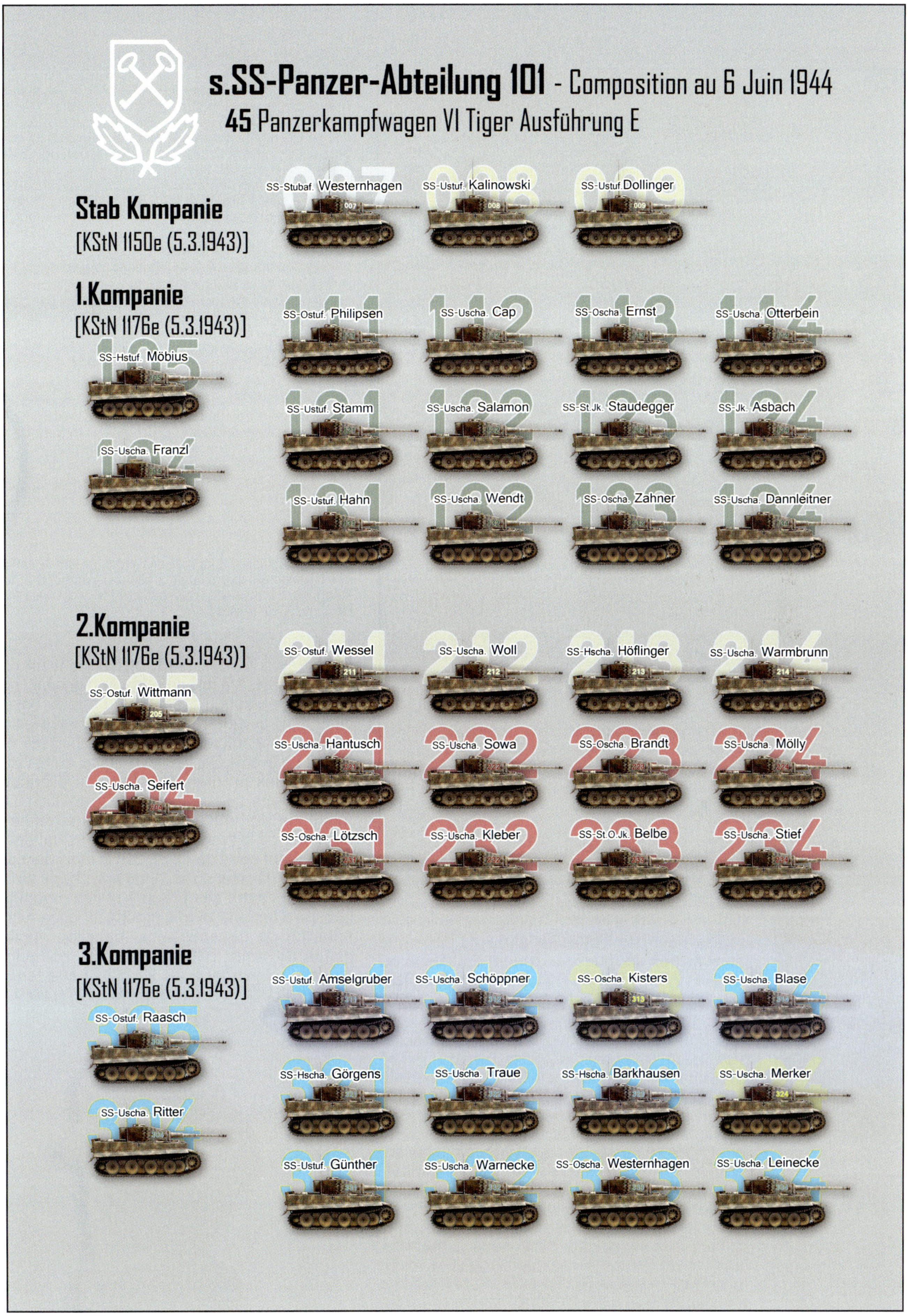


Composition du 101e bataillon de chars lourds SS à la date du 6 juin 1944. L'effectif total de 45 chars est réparti en 3 Kompanien de 14 Tiger («Panzerkampfwagen VI Ausführung E, Sd.Kfz.181») chacune selon le KStN 1176[e] et une *Stabs-Kompanie* de 3 Tiger selon le KStN 1150[e] (KStN en vigueur au moment de la création du bataillon). La *s.SS-Panzer-Abteilung 101* a reçu ses chars en trois livraisons principales sur une période d'environ six mois entre le 29 octobre 1943 et le 20 avril 1944, ce qui explique qu'une partie des Tiger sont encore équipés du premier type de train de roulement (19 Tiger avec roues à bandage caoutchouc apparent, livrés entre octobre et janvier 1944), tandis que les autres engins possèdent des trains de roulement du modèle tardif (26 Tiger avec roues à cerclage acier, engins fabriqués à partir du début février 1944 et livrés en avril de la même année).

**1.** Photographie prise au cours d'un exercice au printemps 1944 dans les environs de Beauvais du Tiger 009 de la *Stabskompanie* de la *s.SS-Panzer-Abteilung 101* commandée par l'*Ustuf.* Helmut Dollinger, lors d'une opération de ravitaillement en essence par pompage d'un fût de carburant. Les Tiger de commandement (*Panzerbefehlswagen Tiger Ausf.E*, Sd.Kfz. 267 ou 268) se distinguaient par un équipement radio plus conséquent dont la description sort du cadre de cet ouvrage. Nous notons ici simplement les fixations du mât permettant l'extension de l'antenne parapluie sur le côté droit de la caisse, l'une des caractéristiques de ce type d'engin. (BA.)

**2.** Présentation sur un mannequin de l'uniforme des *Panzertruppen* de la Waffen-SS porté par un *SS-Oberscharführer*, similaire aux uniformes encore portés par certains hommes de la *s.SS-Panzer-Abteilung 101*. La majorité des équipages du bataillon semble avoir néanmoins choisi de revêtir les tenues camouflées M44 dites «à petits pois», très largement distribuées au mois de mai 1944. (Coll. privée.)

**3.** Portrait du *Kommandeur* de la *s.SS-Panzer-Abteilung 101* en juin 1944, le *Sturmbannführer* (correspondant au grade de commandant) Heinz von Westernhagen (Tiger 007). Cet officier supérieur devra quitter le front de Normandie et sera remplacé par le *Hauptsturmführer* Michael Wittmann à compter du 10 juillet 1944. (Coll. privée.)

**4.** Le *Nachrichtenoffizier* (officier des transmissions) de la *s.SS-Panzer-Abteilung 101* en juin 1944 est l'*Ustuf.* Helmut Dollinger (Tiger 009). Bien que membre du *Stab*, l'officier était connu pour accompagner très fréquemment les attaques des Tiger avec son propre engin. Il sera blessé et son char détruit le 8 août près de Cintheaux lors de l'attaque désastreuse qui coûta la vie à Michael Wittmann et à son équipage. Il trouvera lui-même la mort le 24 février 1945 en Hongrie. (Coll. privée.)

l'intégration de Panzer III, ce qui permet de décharger les Tiger des tâches secondaires telles que les missions de reconnaissance, de liaison ou encore de surveillance de périmètres pour lesquels ces chars lourds ne sont pas conçus. (5)

Après trois ans de guerre, l'arme blindée allemande se trouve très affaiblie, ce qui rend nécessaire une profonde restructuration. Bien que tombé en disgrâce à la fin 1941 à la suite de son échec à prendre Moscou, le *Generaloberst* Heinz Wilhelm Guderian est nommé «*Generalinspekteur der Panzertruppen*» (Inspecteur Général de l'Arme Blindée) le 1er mars 1943 afin de superviser la remise sur pied des forces blindées du Reich. Ayant autorité sur l'ensemble des divisions blindées (y compris celles de la Waffen-SS), il participe à la refonte de ces unités et va encourager leur utilisation dans chaque situation critique. Ainsi, sous sa houlette, les *schwere Panzer-Abteilungen* – qu'elles soient nouvellement créées ou déjà existantes – vont être transformées en unités indépendantes et seront désormais fortes de quarante-cinq *Panzerkampfwagen (Sd.Kfz.181)* «Tiger I» chacune. (6)

La défaite d'El Alamein au début du mois de novembre 1942, et plus encore celle de Stalingrad, avec la reddition du *Generalfeldmarschall* Paulus le 2 février 1943, provoquent un choc considérable, à la fois au sein des dirigeants nazis et de la population allemande. Le pays bascule alors dans la «guerre totale» (7) et toutes les ressources disponibles sont alors mobilisées pour l'effort de guerre. Sur le plan militaire, outre l'accélération des programmes et de la production d'armements, cela se traduit par la création d'une multitude de nouvelles unités dans toutes les branches de la Wehrmacht et pour la Waffen-SS. Concernant cette dernière, dès le mois de mars il fut décidé de créer un second *Panzerkorps* (8) dont le noyau - outre ses propres unités organiques (groupe d'artillerie lourde, groupe de lance-fusées, bataillon de transmissions, bataillon médical, unités du train, batterie de Flak, compagnie d'accompagnement, etc.) – devait être formé à partir de la Division *Leibstandarte Adolf Hitler (LAH)*

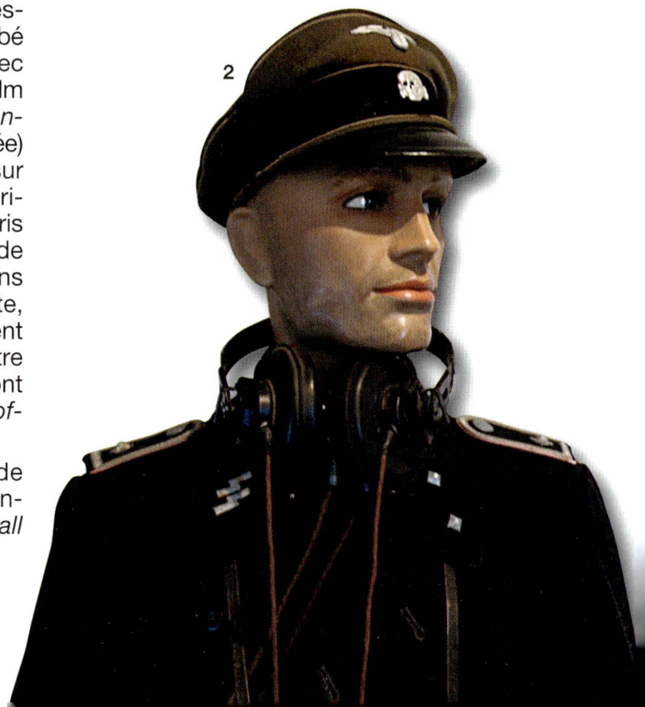

et de la future Division *Hitlerjugend* encore en cours de création. Ce nouveau corps blindé SS est officialisé sur ordre du *SS-Führerhauptamt* (SS-FHA) le 27 juillet 1943 sous la désignation *I.SS-Panzerkorps Leibstandarte Adolf Hitler* (9) et se trouve placé sous les ordres de l'*Obergruppenführer und Panzer-General der Waffen-SS* Sepp Dietrich qui commandait jusqu'alors la Division *LAH*. Le *Korps* reprend d'ailleurs au passage l'insigne de la *LAH* en le modifiant par l'ajout d'un deuxième passe-partout (10).

Peu de temps auparavant, le 19 juillet, le *SS-FHA* avait également donné l'ordre de constituer un bataillon de chars lourds pour le *I. SS-Panzerkorps*. Ce qui va devenir la *schwere SS-Panzer-Abteilung 101* (cette numérotation ne deviendra effective que le 22 octobre 1943 (11)) doit être formée en Allemagne au camp d'entraînement de Sennelager, près de Paderborn. C'est le *Sturmbannführer* Heinz von Westernhagen qui est pressenti pour en prendre le commandement, mais cette nomination ne sera effective que le 5 août (12). Comme il est prévu que la compagnie de Tiger *«13. (schwere) /SS-Panzer-regiment Leibstandarte Adolf Hitler»* doit rejoindre le bataillon intégralement pour y former la *3.Kompanie,* seules deux *«schwere Panzer-Kompanien» (1.* et *2.)* ainsi que l'état-major et la compagnie de commandement (qui inclut une section de reconnaissance, une section du Génie, une section de transmissions et de Flak) doivent être constituées.

Dès le mois de mai, la Division *Leibstandarte* avait envoyé des sous-officiers et hommes du rang au Sennelager (13) afin que ceux-ci puissent débuter leur entraînement sur les chars Tiger auprès de la *schwere Panzer-Ausbildungs und Ersatz-Abteilung 500* (14).

## Constitution de la *s.SS-Panzer-Abteilung 101*

L'unité a été officiellement mise sur pied le 19 juillet 1943 selon les nouvelles directives de l'arme blindée qui prévoient pour chaque *schwere Panzer-Abteilung* (existante ou nouvellement créée) une dotation de 45 Tiger, répartis en trois *Kompanien* fortes de 14 engins chacune, ainsi qu'une *Stabskompanie* (compagnie de commandement) composée de 3 chars (respectivement selon les KStN 1176e et 1150e du 5 mars 1943). A l'issue de la bataille de Koursk, l'ancienne *13.Kp.* de chars lourds du *SS-Panzer-Regiment 1 de la Leibstandarte* y est transférée en bloc afin de devenir l'une de ses *Kompanien.*

Avec tout d'abord la *SS-Panzer-Grenadier-Division Leibstandarte*, puis plus tard avec la *SS-Panzer-Grenadier-Division Hitlerjugend,* ce bataillon de chars lourds doit former le nouveau corps blindé SS – *le I. SS-Panzer-Korps Leibstandarte SS Adolf Hitler*, lui-même créé le 27 juillet de la même année. L'appelation *schwere SS-Panzer-Abteilung 101* ne sera cependant effective qu'à la date du 22 octobre 1943.

Entre-temps, l'évolution des événements a singulièrement bouleversé la formation de l'unité qui va devoir être scindée en deux parties pendant plusieurs mois. Ainsi, en raison du débarquement des Alliés en Sicile le 10 juillet, la Division *Leibstandarte* a été envoyée dans le nord de l'Italie. Rattaché à cette dernière depuis la fin juillet, le Bataillon y a dépêché deux *Kompanien* qui vont prendre leurs quartiers dans les environs de Reggio Nell Emilia au cours du mois d'août. C'est là qu'elles vont percevoir 27 Tiger flambant neufs, dont deux chars de commandement (15). Durant plusieurs semaines, les hommes du Bataillon se consacrent essentiellement à la récupération, à l'entraînement et à diverses tâches d'entretien des matériels. A la mi-octobre, les deux compagnies (*1.* et *2.*) sont envoyées sur le Front de l'Est et ce groupement reprend la dénomination de *13. (schwere) Kompanie/SS-Panzer-Regiment 1*. Après d'âpres combats dans les vastes étendues de l'Ukraine actuelle (16), la *13. Kompanie* est rapatriée à l'Ouest au début du mois de mars 1944, laissant derrière elles le reliquat de ses Panzers

**5.** Photographie de l'*Adjutant* de la *Stabs-Kompanie* de la *s.SS-Panzer-Abteilung 101* en juin 1944, l'*Ustuf.* Eduard Kalinowsky (Tiger 008). Cantonné à des tâches administratives, cet officier ne participera directement à aucun combat. (Coll. privée.)

**6.** Le *Hauptsturmführer* Rolf Möbius, *Kompaniechef* de la *1.Kompanie* de la *s.SS-Panzer-Abteilung 101* en juin 1944. Il semble que son char officiel, le Tiger 105, n'ait jamais pu atteindre la Normandie. C'est avec le Tiger 104 de son *Kompanietruppführer*, l'*Uscha.* Josef Franzl, qu'il arrivera sur le front de Normandie, et à Villers-Bocage le 13 juin. (Coll. privée.)

**7.** Cette très célèbre vue du *Kompanieführer* de la *2.Kompanie* de la *s.SS-Panzer-Abteilung 101* en juin 1944, l'*Obersturmführer* Michael Wittmann, a été prise en mai 1944. Indisponible lors des combats du 13 juin, son Tiger 205 lui survivra et sera l'un des très rares chars du bataillon à pouvoir franchir la Seine en août 1944, sans que nous ayons pu établir son destin final. (BA.)

**8.** En juin 1944, la *3.Kompanie* de la *s.SS-Panzer-Abteilung 101* a pour chef l'*Obersturmführer* Hanno Raasch (Tiger 305) qui a succédé depuis le début du mois d'avril 1944 à l'*Hauptsturmführer* Schweimer tombé malade. Raasch sera gravement blessé lors du terrible bombardement d'Evrecy dans la nuit du 14 au 15 juin, et son Tiger 305 complètement détruit. (Coll. privée.)

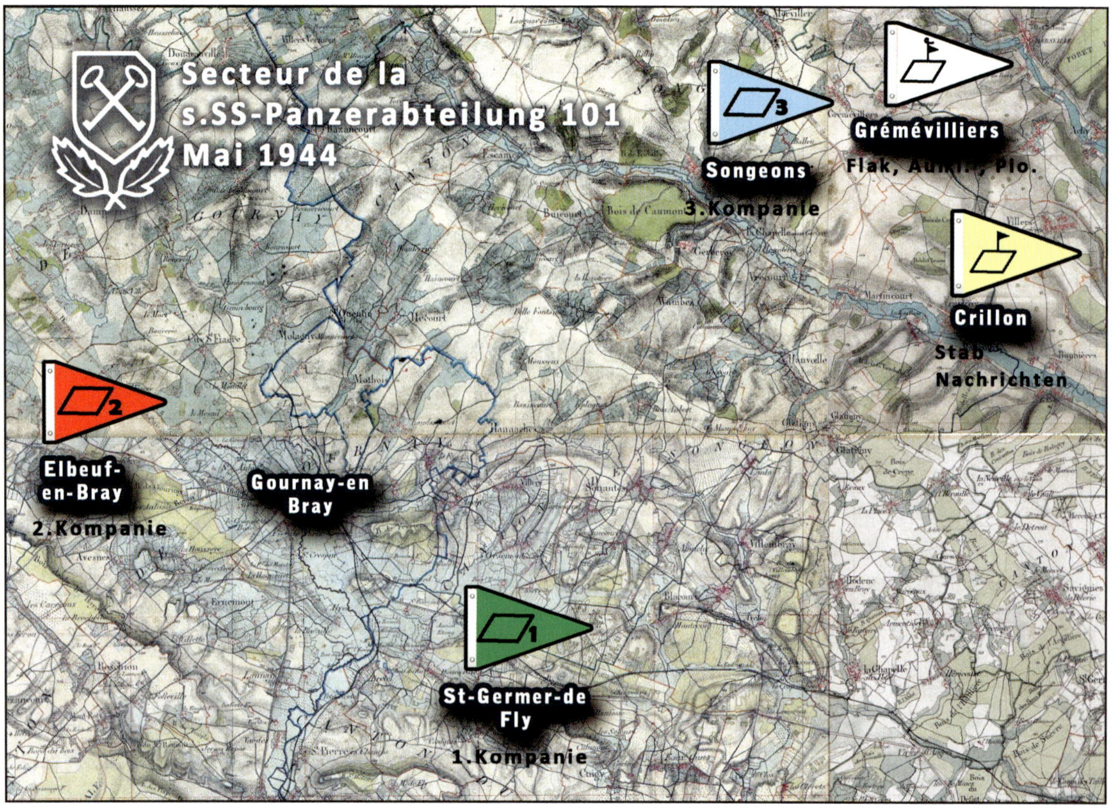


Schéma de localisation des différentes *Kompanien* de la *s.SS-Panzer-Abteilung 101* lors de leur stationnement en Haute-Normandie, autour de Gournay-en-Bray durant le mois de mai 1944. Ce secteur n'a pas été choisi par hasard car, à cette époque, le débarquement allié est encore attendu dans le Pas-de-Calais. (Schéma F. Deprun.)

et véhicules à roue, et retrouve la *3.Kompanie* (17) *(s.SS-Pz-Abt.101)* qui entre-temps s'est établie à Mons, en Belgique, depuis le mois de décembre 1943 et qui a déjà perçu une dizaine de Tiger. D'autres engins sont livrés en janvier 1944. Après une période de formation sur ces machines neuves, la *schwere SS-Panzerabteilung 101* est transférée en France en avril, aux alentours de Gournay-en-Bray près de Beauvais, en prévision du débarquement allié attendu dans le Pas-de-Calais. Là sont enfin réceptionnés les 26 chars permettant au Bataillon de disposer de son plein effectif de 45 Tiger et de former les *1.* et *2. Kompanien*. L'entraînement et la formation des équipages vont se poursuivre dans ce secteur jusqu'au 6 juin 1944. En dehors de grandes manœuvres à l'échelon du Bataillon dans le courant du mois de mai autour de Beauvais, la plupart des exercices seront effectués au niveau de chaque *Kompanie* et de leurs *Züge*.

### Les Tiger du bataillon

Sortis d'usine entre avril 1942 et août 1944 pour alimenter les bataillons de chars lourds de l'armée allemande, les chars Tiger I ont été soumis à des évolutions technologiques constantes. En général, ce que l'on peut considérer comme des améliorations ne se résument pas à de petits détails visuels : moteur, suspension, tourelleau ou encore la composition des roulements ont subi des changements qualitatifs, élaborés sur la base des retours d'expérience des équipages engagés sur les champs de bataille d'Afrique du Nord, d'Italie et de l'Union Soviétique. Certaines pièces de ce char ont aussi évolué en raison de la pénurie de matière première de l'industrie allemande. Pourtant, l'amélioration technologique n'est pas la priorité absolue qui reste pour les Allemands d'utiliser les stocks de pièces et de véhicules déjà construits. De la sorte, la dotation de la *s.SS-Panzer-Abteilung 101* semble à première vue composée d'engins similaires, alors que des différences plus ou moins notables existent. Les 10 premiers Tiger, fabriqués entre septembre et octobre 1943, sont intégrés au sein de l'*Abteilung* en Novembre 1943 ; selon la terminologie actuelle, ils sont de dits de « milieu de production » dans la chronologie industrielle de cet engin. Ils sont suivis de 8 autres Tiger du même type général (roues à bandages caoutchouc apparents) qui permettent au Bataillon de pouvoir aborder sa période de formation et d'instruction en Belgique avec 18 engins, tous alors versés à la *3. Kompanie* par défaut car celle-ci est alors la seule constituée (en sur-effectifs donc, avec 18 unités au lieu des 14 unités réglementaires). En avril 1944, l'*Abteilung* reçoit son complément de Tiger avec 26 unités équipées de roulements totalement en acier (18). Il est à noter qu'un Tiger, fabriqué dès la fin août

L'*Ostuf.* Michael Wittmann en compagnie de l'*Ostuf.* Gottfried Klein, *Kompaniechef* de la *Werkstatt-Kompanie* (compagnie atelier) de la *s.SS-Panzer-Abteilung 101,* à Mons en mars 1944. On aperçoit l'*Hscha*. Thomas Amselgruber à l'extrême gauche de la photo, qui sera chef du *1. Zug* de la *3.Kompanie* à partir du 6 juin 1944 (promu au grade de *Ustuf.*). (Kameradschaft LSSAH.)

1943, devait rejoindre le Japon qui s'en était porté acquéreur, mais n'ayant pas pu être embarqué à Bordeaux, il sera reconduit à la *1. Kompanie* de l'*Abteilung* à la charnière des mois d'avril et de mai 1944.

Ainsi la *s.SS Panzer-Abteilung 101* se voit dotée à plein de sa composition officielle avec 3 *Kompanien* (Compagnies) de 14 Tiger chacune, et une *Stabskompanie* (Compagnie de commandement) composée de 3 Tiger de commandement (Panzerbefehlswagen Tiger I- Sd.Kfz. 267 et 268 – Ausf.E, dotés d'équipements et d'antennes radio supplémentaires).

## A l'épreuve du feu

Avec ces 45 mastodontes, l'unité dégage une incontestable impression de puissance, mais celle-ci ne doit pas faire illusion ; en effet, la qualité des équipages est inégale au sein des trois *Kompanien* où se côtoient des chefs de chars très expérimentés (19) et d'autres qui sont des nouveaux venus à l'arme blindée et/au char Tiger, et dont les connaissances sont purement théoriques (20). De plus, plusieurs vétérans des combats sur le front Est souffrent encore des séquelles de blessures plus ou moins graves, ce qui entraînera le retour prématuré au pays d'une partie d'entre eux, à commencer par celui du *Kommandeur* lui-même, le *Stubaf.* (puis *Ostubaf.*) Heinz von Westernhagen le 10 juillet, ou encore le retour en Allemagne de l'*Uscha.* Bobby Woll - dès le 16 juin, après seulement 3 jours passés au front !

Par ailleurs, déjà réduite en effectifs lors du départ vers la Normandie le 7 juin au matin puisque seuls 37 Tiger sont en ordre de marche et 8 se trouvent encore à l'atelier, c'est avec retard et en ordre dispersé que l'unité va pouvoir rejoindre le front. La progression n'a pas épargné hommes et matériels, et des pertes sont déjà à déplorer avant même d'avoir pu livrer combat.

Dès la première action à Villers-Bocage le 13 juin 1944, les *1.* et *2. Kompanien* du Bataillon - amputées d'environ la moitié de leurs effectifs – sont jetées dans la bataille en urgence et sans aucune préparation sur le plan tactique, ni coordination véritable avec les autres unités sur le terrain. Il en résulte des pertes catastrophiques puisque 4 Tiger sont irrémédiablement perdus dans la ville. Un peu plus tard, 2 Tiger de la *1.Kompanie* seront aussi détruits à l'ouest de Villers, tandis que 3 Tiger de la *3.Kompanie* disparaîtront lors de l'effroyable bombardement d'Evrecy. A la date du 16 juin, le bataillon aura perdu en tout 9 chars en l'espace de seulement 72 heures, soit un cinquième de ses Panzer ! Ces chars ne seront jamais remplacés pendant le reste des combats sur le sol normand, et l'engagement de la *s.SS-Panzer-Abteilung 101* s'effectuera ensuite de manière dispersée, sans concentration des forces, en cantonnant ses éléments éparpillés à un rôle de pompier, au mieux seulement capables de retarder l'inéluctable.

*Kommandeur (s.SS-Panzer-Abteilung 101 de juillet 1943 à septembre 1944)* :

*Sturmbannführer* von Westernhagen : 19.07.43 - 08.11.43

*Obersturmbannführer* Leiner : 09.11.43 - 12.02.44

*Obersturmbannführer* von Westernhagen : 13.02.44 – 09.07.44

**Ci-dessus :** célèbre photographie de propagande prise en mai 1944 dans la région de Gournay-en-Bray montrant l'*Ostuf.* Michael Wittmann, commandant la *2.Kompanie*, entouré de la quasi-totalité des chefs de sa 1re section, à savoir de gauche à droite : derrière Wittmann l'*Uscha.* Karl-Heinz Warmbrunn (Tiger 214), puis le *Hscha.* Hans Höflinger (Tiger 213) et l'*Uscha.* Bobby Woll (Tiger 212) ; juste derrière Woll se tient l'*Oscha.* Georg Lötzsch, partiellement caché (Tiger 231) et à droite de l'image, l'*Uscha.* Kurt Kleber (Tiger 232). Ce dernier sera tué pendant une attaque aérienne lors de la longue marche vers le front. La vue offre un bon aperçu de la texture du revêtement Zimmerit qui recouvrait les parties verticales de tous les Tiger de l'unité, ainsi qu'un bon niveau de détail du barbotin de l'engin. (Kriegsberichter Scheck.)

**Ci-dessous :** photographie de la couverture d'un journal allemand nommé « *Neueste Nachrichten* » en date du 5 juillet 1944, publiant la célèbre photographie du *Kriegsberichter* Stöpfgeshoff montrant les Tiger de la *2.Kompanie* de la *s.SS-Panzer-Abteilung 101* sur le chemin du front de Normandie en juin 1944 (voir aussi en page 22). (Coll. privée.)

Neueste Nachrichten

für Mittelschwaben

Mitteilungsblatt der NSDAP. und Amtsblatt sämtlicher Behörden im Kreis Mindelheim und Amtsbezirk Buchloe

Nummer 155 — Mittwoch, den 5. Juli 1944

**Steigende Härte der Ostschlacht**

Neue Angriffe der Nordamerikaner im Süden der Cotentin-Halbinsel

In Italien wichtige Stellungen behauptet

**Das Oberkommando der Wehrmacht gibt bekannt:**

Photographie prise le 12 juin 1944 au poste de commandement du *I.SS Panzer-Korps* au château de Baron-sur-Odon où nous voyons l'*Obergruppenführer* Josef Dietrich discutant avec le *Kommandeur* de la *12.SS-Panzer-Division Hitlerjugend*, le *Brigadeführer* Fritz Witt. Ce dernier trouvera la mort à 36 ans, deux jours après, lors d'un bombardement naval sur son PC de Venoix. (Coll. auteurs.)

*Hauptsturmführer* Michael Wittmann : 10.07.44 – 08.08.44 †

*Hauptsturmführer* Dr. Wolfgang Rabe : 08.08.44 – 31.08.44

*Hauptsturmführer* Rolf Möbius : 01.01.44 – (20.11.44)

*La s.SS-Panzer-Abteilung 101 devient officiellement la s.SS-Panzer-Abteilung 501 à la date du 22 septembre 1944.*

(1) Le contexte de la Guerre Froide et de tension avec le bloc communiste, avec une Allemagne de l'Ouest (ancienne RFA) érigée en premier rempart face aux forces du Pacte de Varsovie, n'est sans doute pas étranger à cette conception.

(2) Les faits d'armes et autres acrobaties d'un Joachim Peiper ou d'un Kurt Meyer viennent immédiatement à l'esprit.

(3) Qui fait encore aujourd'hui l'objet d'un véritable culte.

(4) Respectivement les 10, 25 et 5 mai 1942 selon le K.St.N 1150b et K.St.N 1176 alors en vigueur. La *s.Pz-Abt 501* incorporait en fait deux « *Heerestruppe* » (unités de l'Armée indépendantes), à savoir les *schwere Panzer-Kompanien 501* et *502* préalablement constituées le 16 février de la même année.

(5) Initialement une schwere Panzer-Abteilung est constituée d'une *Stabskompanie* avec deux Tiger I, d'un Kompanie-Trupp avec un Tiger I et de quatre Züge avec chacun deux Tiger I, soit un total de onze Tiger I. Selon les K.St.N 1150d et K.St.N 1176d du 15.08.1942, six Panzer III sont alors également inclus dans la Stabskompanie, deux Panzer III dans le Kompanie-Trupp et deux Panzer III dans chaque Zug, soit un total de 16 Panzer III. Pendant les premiers mois engagement, cette organisation théorique ne sera pas toujours respectée, ce qui donnera lieu à de nombreuses combinaisons et permutations.

(6) K.st.N 1150e (Stabskompanie) et 1176e (*schwere Panzer-Kompanien)* à compter du 5 mars 1943. Désormais la *Stabskompanie* comprend trois Tiger (chars de commandement) tandis que chacun des trois Züge (sections) dispose de quatorze Tiger. Simultanément, les Panzer III sont remplacés par des semi-chenillés Sd.Kfz 250. Dans ses grandes lignes, cette organisation restera inchangée jusqu'à la fin de la guerre.

(7) Officiellement exprimée par le ministre de la propagande du III<sup>e</sup> Reich, Joseph Goebbels, lors de son célèbre discours au Sportpalast de Berlin le 18 février 1943. Dans les faits cependant, cette « guerre totale » est déjà largement en vigueur depuis plusieurs mois.

(8) Plusieurs autres suivront.

(9) Par anticipation, le «*SS-Panzerkorps*» déjà en activité (non numéroté, initialement désigné «*SS-Generalkommando*» à sa création le 28 mai 1942, puis rebaptisé «*Generalkommando SS-Panzerkorps*» le 14 septembre 1942) de l'*Obergruppenführer* Paul Hausser avait été renommé en *II.SS-Panzerkorps* le mois précédent. Jusqu'à la mi-juillet et l'arrêt de l'Opération»Zitadelle», cet unique *SS-Panzerkorps* regroupait depuis février 1943 les Divisions *LAH*, *Das Reich* et *Totenkopf* et était intégré au Groupe d'Armée Sud du *Generalfeldmarschall* Erich von Manstein, s'illustrant notamment lors de la défense de la ville de Kharkov, puis dans la contre-offensive qui lui succéda et enfin pendant la Bataille de Koursk.

(10) «*Dietrich*» en allemand familier.

(11) A cette date les *SS-Korps-Truppen* sont renommés en ajoutant le chiffre 100 au numéro de corps d'armée auquel ils appartiennent ; les bataillons de chars lourds SS suivent naturellement cette numérotation : *schwere SS-Pz-Abt.101* pour le *I.SS-Panzer-Korps*, *schwere SS-Pz-Abt.102* pour le *II.SS-Panzer-Korps* etc.

(12) En raison d'une grave blessure à la tête survenue le 6 juillet 1943, puis d'une longue convalescence, cet ancien chef du groupe de canons d'assaut de la *Leibstandarte* ne rejoindra sa nouvelle unité que bien des mois plus tard, le 23 février 1944 à Mons en Belgique. Le commandement sera assuré entre octobre 1943 et février 1944 par l'*Obersturmführer* Leiner.

(13) A l'instar du *Sturmbannführer* von Westernhagen, ces hommes sont pour la plupart issus de l'ancien groupe de canons d'assaut de la *LAH (Sturmgeschütze)*, tel le *Hauptscharführer* Alfred Günther qui est titulaire de la Croix de Chevalier depuis le 3 mars 1943.

(14) Le «500<sup>e</sup> Bataillon de chars lourds d'instruction et de dépôt» (unité de l'armée de terre) est en effet responsable de la formation de tous les effectifs sur char Tiger, qu'ils proviennent du *Heer* comme de la Waffen-SS.

(15) Les Tiger S05 et S04 ; c'est principalement avec ce dernier *Panzerbefehlswagen* que le *Ustuf.* Wittmann combattra en janvier 1944, et près duquel lui et son équipage seront photographiés dans une série de clichés bien connus, pris à l'occasion de l'attribution des Feuilles de Chêne à sa Croix de Chevalier. Le reste de la *Kompanie* est articulé autour de 5 *Züge* (sections), chacun équipé de 5 Tiger.

(16) C'est au cours de cette période, plus précisément entre le mois de novembre 1943 et le mois de janvier 1944, que Michael Wittmann est réputé avoir engrangé son plus grand nombre de victoires et que la propagande nazie va s'employer à lui forger son image mythique de guerrier héroïque. (voir en annexe).

(17) La compagnie de commandement (*Stabskompanie*) est également déjà constituée, mais contrairement à ce qui a été écrit, elle ne percevra ses 3 Tiger de dotation réglementaire qu'à la fin du mois d'avril 1944, lors de la dernière livraison de Tiger (tous du dernier type à cette époque). La *Werkstattkompanie* est aussi présente et en attente de matériel.

(18) Les roulements à bandages caoutchouc apparents (concaves et boulonnés sur les bords ) ou « acier » ( plats et boulonnés au milieu) permettent de bien différencier les engins. A noter que les roues « acier » disposent également d'un joint caoutchouc, mais ce dernier est inséré à l'intérieur (invisible depuis l'extérieur). Le bruit généré par le frottement des chenilles sur les roues « acier » atteignait un volume sonore non négligeable !

(19) Tels que, entre autres, les *Ostuf.* H. Philipsen, W. Hahn, T. Amselgrüber, A. Günther et bien sûr, l'*Ostuf.* M. Wittmann.

(20) C'est le cas par exemple de l'*Ostuf.* J. Wessel, de l'*Ustuf.* G. Hantusch, ou encore de l'*Ustuf.* F. Stamm.

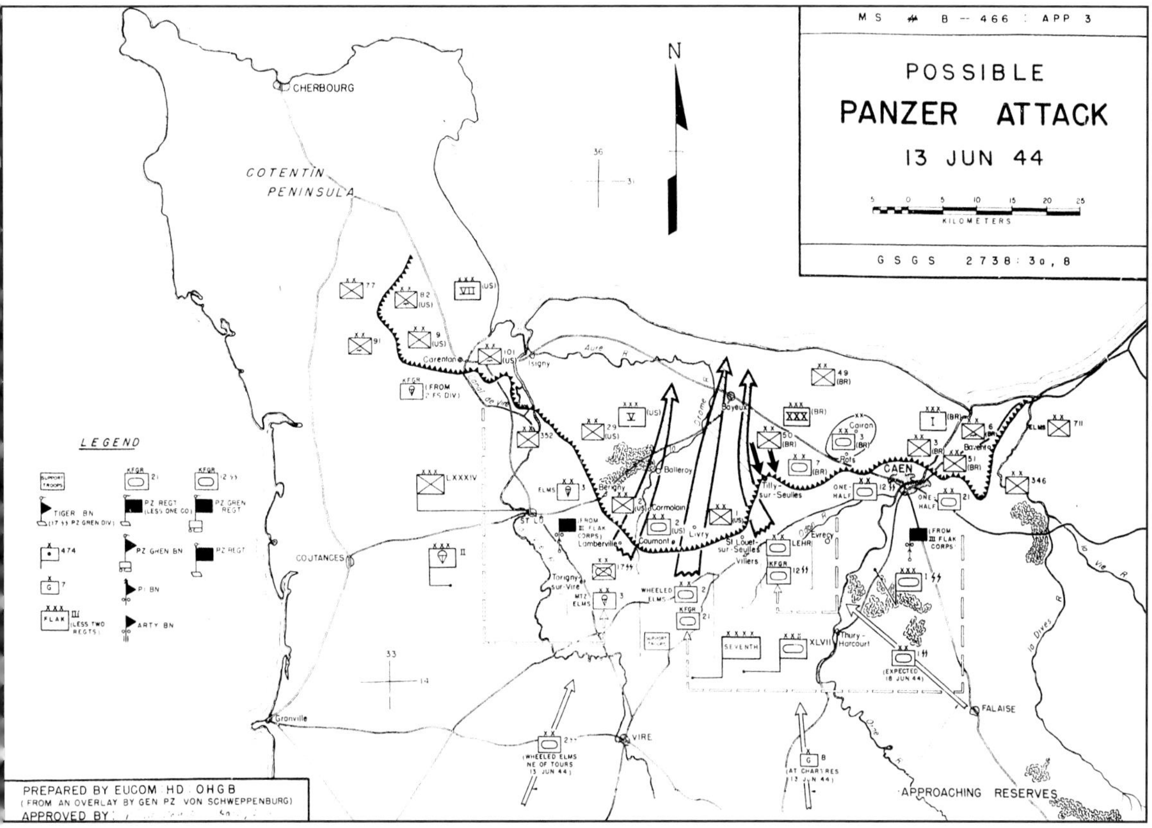


Carte dressée après l'interrogatoire du *General der Panzertruppe* von Schweppenburg en 1946 auprès des autorités militaires américaines, à propos de la contre-attaque hypothétique prévue par l'état-major de la *Heeres-Gruppe B* le 13 juin 1944. L'arrivée de la *2. Panzer-Division* devait constituer à cette date le fer de lance de l'offensive. Le déploiement de la *s.SS-Panzer-Abteilung 101* dans la région de Villers-Bocage et Noyers-Bocage à partir du 12 juin 1944 peut être évalué à la lueur de ce projet aléatoire. (NARA.)

Surpris lors d'un exercice en Belgique au début de l'année 1944, nous voyons ici le Tiger 312 (arborant encore des chiffres blancs provisoires) de la *3.Kompanie* de la *s.SS-Panzer-Abteilung 101* commandée par l'*Ostuf. Raasch*, laquelle n'est pas concernée par les combats autour de Villers-Bocage, en raison du retard pris pour son engagement sur le front. L'unité sera réduite durant le bombardement du 15 juin 1944 sur Evrecy, mais constituera ensuite avec la *2.Kompanie* le cœur de l'unité de chars lourds après le départ de la *1.Kompanie* au début du mois de juillet 1944. La *3.Kompanie* était intégralement équipée de Tiger produits entre septembre et décembre 1943, notamment reconnaissables à leurs roues à bandage caoutchouc apparent. (Collection auteurs.)

## Marquages tactiques des Tiger des 1. et 2.Kompanie de la s.SS-Panzer-Abteilung 101 (juin 1944)

Marquage face avant de la caisse pour la 1.Kompanie

Rhomboïde et s (schwere)

Emblème sur fond vert

Marquage face avant de la caisse pour la 2.Kompanie

Emblème sur fond sable

Pas de marquage

Marquage face avant de la caisse pour la 2.Kompanie

Emblème sur zimmerit

Pas de marquage

Marquage du numéro de tourelle (face droite)
2.Kompanie, 1.Zug

Croix allemande
sur le côté droit

Schéma des signes tactiques pour les *1.* et *2.Kompanie* de la *s.SS-Panzer-Abteilung 101* en juin 1944.

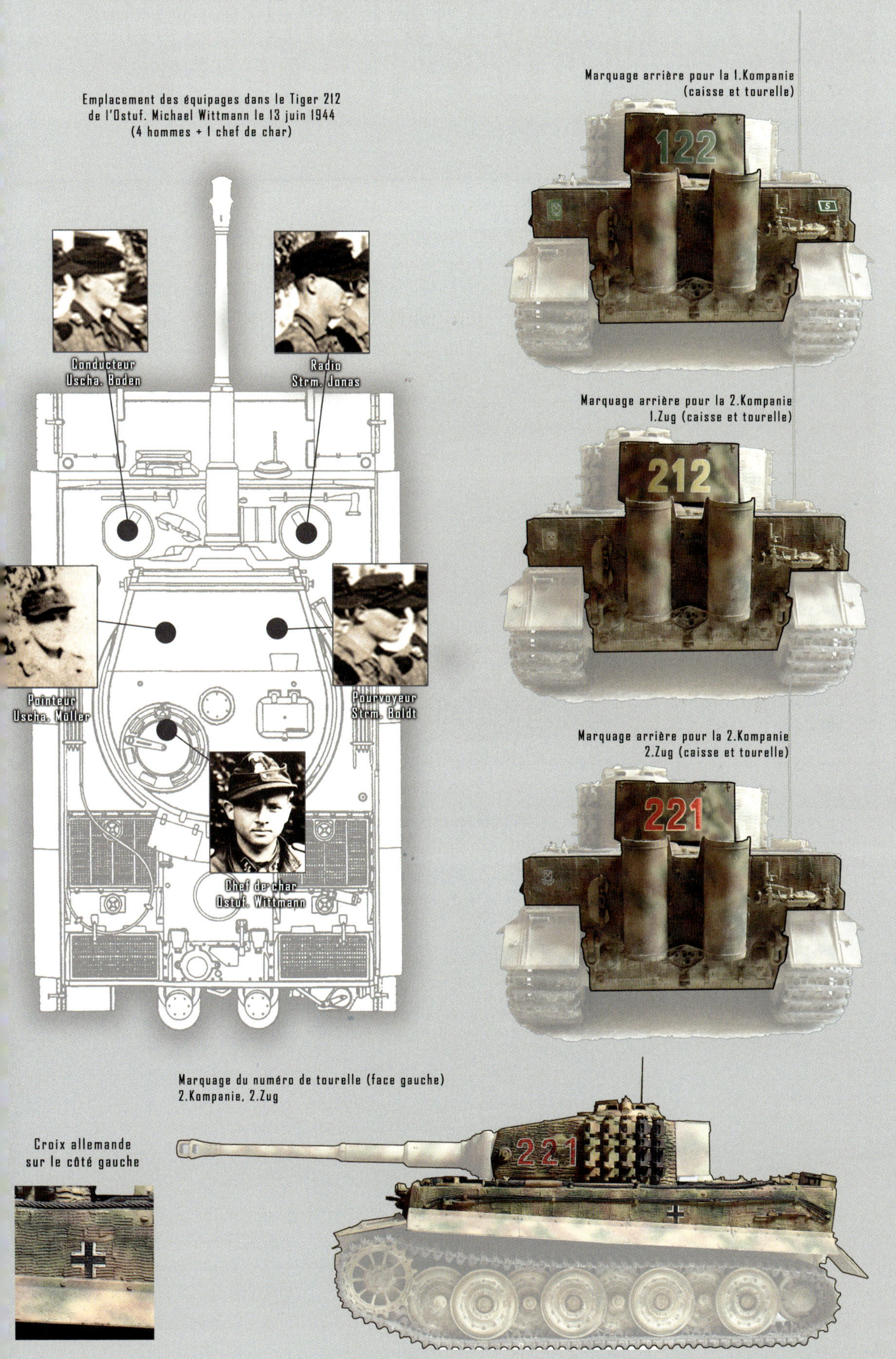

# Annexe C
# Le rôle des Tiger de Wittmann le matin du 13 juin 1944

**Ci-dessous :** lors de son long reportage à Villers-Bocage le 14 juin, et alors qu'il s'approche de l'entrée est de la localité, le *Kriegsberichter* Grimm a surpris le Tiger 222 - qui vient d'arriver sur le front - en train de remorquer le Tiger 231 (*Oscha.* Lötzsch) touché dans les combats du matin du 13 juin avec les tanks du *4th CLY*. La scène se déroule sur la RN 175, juste à la sortie du chemin menant aux Hauts-Vents (le tronc partiellement peint en blanc d'un des arbres visibles derrière le Tiger 231 en matérialise la proximité aux véhicules circulant sur la route nationale) ; l'attelage de Panzer vient de bifurquer en direction de Caen avec beaucoup de précautions, le moteur du Tiger I n'ayant été conçu que pour tracter son propre poids sur de la distance. Il parait probable que le Tiger 231 a ensuite été conduit au poste de commandement de la *2.Kompanie* en choisissant une route asphaltée. Le PC de Wittmann pour le 12 juin au soir va permettre de parquer les Tiger sous les arbres du parc en attendant une équipe de réparation *I-Staffel.* Les traces laissées par les chenilles de chars sortant du chemin et filant vers le bourg, dont celles du Tiger de Wittmann la veille, sont bien visibles sur la route un peu en arrière du 231. (BA.)

**Ci-dessus :** belle photographie de face du Tiger 222 prise quelques secondes après la précédente. Le Tiger progresse sur la route nationale en longeant le VW Type 82E du photographe Arthur Grimm. La chenille gauche du 231 est visible entre les deux véhicules. Le chef de char debout et appuyé sur la tourelle est l'*Uscha.* Kurt Sowa qui, avec son pourvoyeur et son radio-mitrailleur, supervise avec attention la manœuvre. Un obstacle va dans quelques instants se présenter et exiger une nouvelle manœuvre délicate : il va s'agir pour ces tankistes SS de contourner l'épave du Sherman Firefly « *Pistolpackinmama* » du *A Sqn, 4th CLY*, qui à ce moment-là est toujours située en travers de la nationale. (voir photo page 42). (Grimm, BA.)

Dans cet ouvrage, nous avons essayé de dérouler une chronologie pour la journée du 13 juin 1944 qui reste aujourd'hui forcément incomplète, avec des zones floues et des hypothèses formulées. Nous devons retourner à la Ferme des Hauts-Vents au matin du 13 juin 1944, vers 9 heures, pour introduire l'une d'entre elles. Il nous a semblé important de nous intéresser aux 5 Tiger de la *2. Kompanie* de la *s.SS-Panzer-Abteilung 101* que l'*Ostuf*. Wittmann avait laissé en surveillance sur l'ancienne route de Caen et à proximité du Calvaire, après son assaut sur la RN 175. Mais c'est surtout le temps de combat du Tiger 211 qui restait à découvrir et à expliquer pour le rôle crucial que ce Tiger a joué le matin du 13 juin.

## Etat des lieux à la ferme des Hauts-Vents

Avant de lancer son attaque et de disparaître en direction du Calvaire sur la RN 175 avec le Tiger 212 peu après 9 heures, l'*Ostuf.* Wittmann a donné l'ordre aux équipages des 4 Tiger restés derrière lui de *«tenir leurs positions»* sur l'ancienne route de Caen et de *«ne reculer à aucun prix»*. Non seulement c'est ce qu'ils vont faire, mais la plupart d'entre eux vont également engager le combat avec les quelques chars anglais qui roulent toujours sur la droite en direction de la hauteur, et ainsi couvrir les arrières de leur chef. Sans cet appui, il est douteux que Wittmann ait pu aller bien loin car la menace dans son dos – notamment celle représentée par 3 Sherman Firefly et plusieurs Cromwells au bas de la côte - était bien réelle. Ainsi, après avoir appelé l'*Uscha.* Sowa à le rejoindre dans le Tiger 234 de l'*Uscha*. Stief (voir page 46), le pointeur Walter Lau va s'avancer jusqu'à la nationale et, selon ses dires, neutraliser 2 tanks anglais qui tentaient de faire demi-tour. Mais le moteur de leur Tiger «chauffe» et, très vite, Sowa et Lau choisissent prudemment de retourner en position de garde devant la ferme des Hauts-Vents.

Non loin de là, le Tiger 231 de l'*Oscha*. Lötzch a lui aussi tiré en direction des chars ennemis et, en retour, quelques tirs anglais l'ont atteint durant l'échange (voir page 51), sans néanmoins endommager sérieusement sa machine. Mais selon les souvenirs de Lötzsch, l'une de ses chenilles menace de sauter à tout instant en raison d'un barbotin défectueux, c'est pourquoi il restera ensuite en position dans le chemin sans beaucoup bouger, canon pointé vers la route ; il devra être remorqué pour réparation le lendemain (voir photos en page 208).

Un rapport du bataillon fait état du soutien apporté par l'*Oscha.* Brandt à Wittmann lors de l'assaut de ce dernier. Brandt est ainsi crédité de la destruction sur la nationale de « 3 Shermans », d'un certain nombre de « chenillettes », et de sa participation à

**Ci-dessous :** carte de situation au niveau du PC de la ferme des Hauts-Vents le 14 juin 1944. (F. Deprun.)

**En bas :** localisation de l'installation de la *2./s.SS-Panzer-Abteilung 101* au château d'Epars à partir du 12 juin 1944. (Montage F. Deprun sur NCAP-24 juin 1944.)

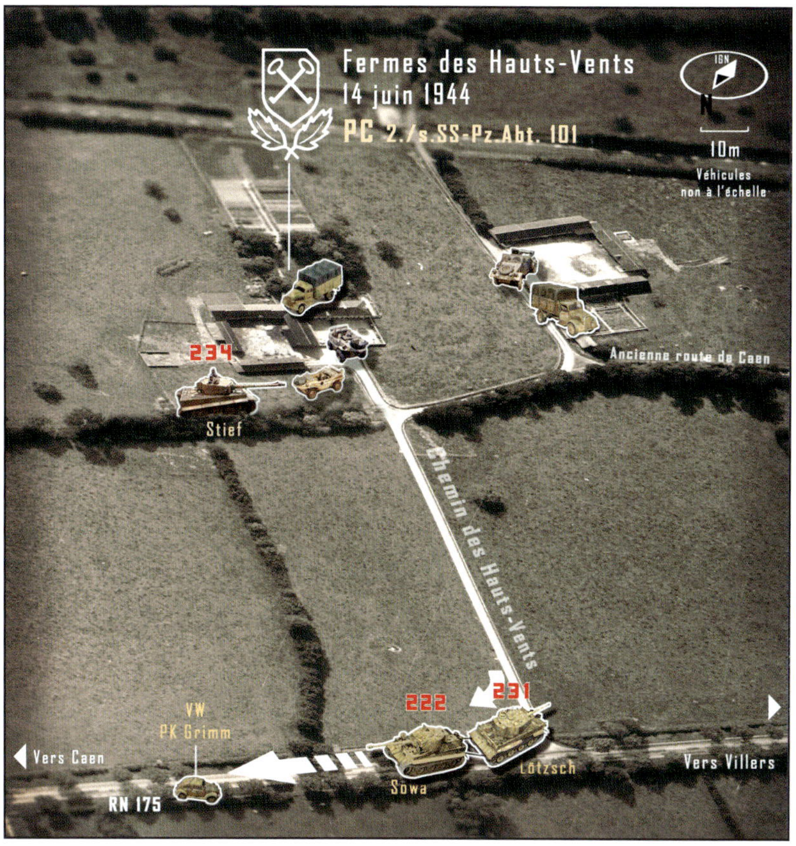

**Ci-dessus :** détail d'une photographie prise le 7 juin 1944 par le *Kriegsberichter* Scheck montrant le Tiger 211 sur la route d'accès au front de Normandie vers Morgny en Haute-Normandie, avec en arrière-plan le Tiger 214 de l'*Uscha.* Warmbrunn. C'est ce Tiger 211 qui fut selon toute vraisemblance envoyé en surveillance au carrefour du Calvaire le 12 juin dans la nuit, et qui est parti vers 9h30 le 13 sur les traces du Tiger de Wittmann. Après son incursion dans le centre de Villers-Bocage et avoir dû rebrousser chemin, il a finalement été immobilisé par un tir de canon antichar britannique 6 Pounder sur la RN175, au niveau du carrefour de la route de Tilly-sur-Seulles. (PK Scheck.)

**Ci-dessous :** détail d'une vue aérienne prise au-dessus du Calvaire de Villers-Bocage le 24 juin 1944 montrant les traces du Tiger 211 dans un verger au nord-est du calvaire, les restes de probables manœuvres effectuées par son équipage pour se dissimuler des soldats anglais arrivant de Villers aux alentours de 8h00 -8h30 le 13 juin. (NCAP-24 juin 1944.)

la capture d'environ 70 prisonniers anglais en appui de l'infanterie d'accompagnement de la *4.Kompanie*, ce qui nous amène à en conclure qu'il s'est vraisemblablement avancé sur la RN175 jusqu'à la hauteur du Calvaire et du croisement de la route de Tilly. Son action se situe vraisemblablement entre 9h15 et 10h30, et c'est dans ce laps de temps qu'en toute logique, il s'est aussi porté au secours du Tiger 211 qu'il a trouvé immobilisé au niveau du Calvaire.

On sait peu de chose au sujet du Tiger 221 de *l'Ustuf.* Hantusch, mais on peut raisonnablement supposer qu'il a certainement dû rester à proximité de la ferme des Hauts-Vents pour soutenir les deux autres chars de Stief et de Lötzsch, immobilisés dans leur mission de surveillance, et assurer un commandement par intérim en sa qualité de plus haut gradé du groupe en l'absence de Wittmann.

Quelques heures vont maintenant s'écouler avant que tous ces hommes ne reçoivent de nouvelles concernant leur chef, l'*Ostuf.* Wittmann. Nous pouvons imaginer que celles-ci, accompagnées de consignes précises, leur parviendront lors de l'arrivée des Tiger de la *1.Kompanie*, peu après 13 heures, possiblement de la bouche de l'*Ostuf.* Wessel et de l'équipage de Wittmann qui avaient entre-temps dû rejoindre le groupe de Möbius, tandis que Wittmann lui-même filait au PC du *I.SS-Panzer-Korps* à Baron-sur-Odon sur ordre de Dietrich pour y faire son rapport.

## Le combat du Tiger 211 dans les traces du Tiger de Wittmann

Nous avons indiqué au début de l'ouvrage que, dans la nuit du 12 au 13 juin 1944, Wittmann a donné pour instruction au chef de char du Tiger 211 de venir se placer en surveillance au niveau

Deux montages sur cartes postales présentant la configuration de la place Richard Lenoir à Villers-Bocage, le lieu qui verra la confrontation entre le Tiger 211 et deux tanks britanniques du *B Squadron, 4th CLY* s'étant introduits dans Villers à la recherche du premier Tiger (Wittmann), le 13 juin 1944 vers 9h35-9h40. (Montage auteurs.)

Portrait du *Lieutenant* Roy Hedges, commandant du *3 Troop, B Sqn, 4th CLY*, qui était embusqué avec son Cromwell place Richard Lenoir au matin du 13 juin 1944 vers 9h35 à Villers-Bocage. (The Sharpshooters Yeomanry Association.)

Le *Sergeant* Bob Moore, commandant du Sherman Firefly du *3 Troop, B Squadron, 4th CLY*, qui se trouvait en position derrière le monument de la place Richard-Lenoir, à quelques dizaines de mètres du char de Roy Hedges, au matin du 13 juin 1944 vers 9h35 à Villers-Bocage. (The Sharpshooters Yeomanry Association.)

du Calvaire de Villers-Bocage car cet endroit est stratégique. Ainsi, lors de l'arrivée de la colonne anglaise, l'équipage du Tiger 211 a vraisemblablement entamé une manœuvre de repli et de camouflage dans un verger, en arrière du carrefour sur la route de Tilly-sur-Seulles. Nous allons voir à travers les lignes de cette annexe que le char allemand est sans doute sorti de son couvert pour suivre les traces du Tiger 212. L'action s'est déroulée à distance et très peu de temps après le passage du char de l'*Ostuf.* Wittmann en direction de Villers-Bocage. Et c'est donc très certainement le Tiger 211 qui a fini par être immobilisé moins de 15 minutes plus tard, lors de son retour au Calvaire par un tir d'antichar anglais.

Les premières indications de la présence d'un Tiger au Calvaire et dans Villers-Bocage, quelques minutes après le passage du Tiger de Wittmann, se trouvent dans les minutes du rapport du *Combat War Diary* du *4th County of London Yeomanry* :

*"13/6/44. Colonne engagée au point 823578 par deux Tiger, RHQ complètement détruit, A Squadron poursuit et prend ses positions de combat."*

Le point de coordonnée reporté sur la note du *4th CLY* tombe à l'aplomb du Calvaire de Villers-Bocage, à l'endroit où les deux Tiger 212 et 211 sont passés à quelques minutes d'intervalle vers 9h20 pour le premier, et vers 9h30 pour le second, tout en sachant que le Tiger 211 retourne à ce point peu avant 9h45.

Une deuxième information est donnée par le *War Diary* de la *22nd Armoured Brigade*, entre 9 heures et 11 heures :

*« Des Tiger rodent dans Villers et l'un d'entre eux a été mis hors de combat ».*

Enfin, il y a cette information émanant du rapport (1) transmis par radio qui a été captée et consignée en temps réel par les personnels spécialisés au QG du *XXX Corps* ; d'après la transcription de cette communication radio horodatée :

*« Un char Tiger a été détruit à 9h45 le 13 juin 1944 à l'est de Villers-Bocage. »*

Les informations indiquées sur les rapports britanniques sont le plus souvent d'une précision remarquable. Elles sont d'ailleurs habituellement corroborées par d'autres sources ou recherches sur le terrain. Nous allons également découvrir que les témoignages de trois tankistes du *4th CLY* confirment la présence d'un second Tiger dans Villers-Bocage, juste derrière celui de Wittmann, de 9h30 à 9h40, entre le Calvaire et la place Richard Lenoir.

En effet, comme nous l'avons vu précédemment (voir page 131), un groupe de deux chars anglais alors stationnés à la sortie ouest de Villers, s'est porté vers le haut du bourg lors du déploiement des tanks du *B Squadron* dans Villers ordonné par le *Major* Ibby Aird, immédiatement après l'échange de tirs entre le Tiger de Wittmann et le Firefly de Lockwood. Il s'agit du Cromwell du *Lieutenant* Roy Hedges, ainsi que du Firefly du *Sergeant* Bob Moore, tous deux du *3. Troop* du *B Sqn*. Selon leurs souvenirs, ils se sont rendus sur une place située sur la gauche de la rue principale, et il ne peut donc s'agir que de la place Richard Lenoir. On imagine ainsi, qu'après avoir emprunté la rue Saint-Martin (parallèle à la Grand'rue), ces deux tanks se sont prudemment positionnés en retrait de la rue Clémenceau.

Dans la chronologie de la matinée, nous pouvons localiser cette scène vers 9h35. Lors du déploiement, les canons des chars anglais ont été pointés sur la rue principale. Après à peine quelques minutes d'attente, un Tiger apparaît à l'angle de la place Richard Lenoir et de la rue principale, au niveau de la pharmacie. Il s'agit du Tiger 211 dont

Schéma des échanges de tirs entre le Tiger 211 et le canon antichar 6 Pounder de la *B (support) Company, 1st Rifle Brigade* au carrefour du calvaire de Villers-Bocage le 13 juin 1944 vers 9h40. (F. Deprun.)

le chef de char a décidé d'aller soutenir un Tiger de son groupe qu'il savait dans Villers. Le Firefly du *Sgt.* Bob Moore, placé derrière le monument de la Place R. Lenoir, près des Halles, possédait un angle de vue un peu plus ouvert vers le haut de la rue que le *Lieutenant* Hedges qui lui s'était positionné le long d'un café, perpendiculairement au débouché de la rue principale. Le lieutenant témoigne de la scène avec ces mots :

« *De cet angle, Bob Moore a vu en premier ce salaud* (le Tiger) *qui s'approchait juste à quelques mètres de moi. Il était là, juste sous mon nez, et il s'est arrêté, ce con !... Je devenais dingue!* »

Dans un témoignage audio, enregistré au début des années 70 et totalement indépendant de celui de son chef, le *Lt.* Hedges (ce dernier a relaté ses souvenirs au début des années 2000 seulement), dont son fils Alan nous a très aimablement communiqué une fidèle transcription, le *Trooper* Robert Wright, conducteur / mécanicien dans le Cromwell du *Lt.* Roy Hedges donne sa version des faits de cette même action :

« *Nous, le 3. Troop, nous étions en tête du B Squadron quand le carnage a commencé à environ une cinquantaine de mètres devant nous. Il n'était pas question d'avancer tout droit, alors nous avons quitté la rue principale et mon commandant m'a dit de m'engager dans une rue adjacente. Nous nous sommes retrouvés sur une petite place et j'ai fait reculer le char le long des bâtiments, sur la gauche de cette place.* »

La description de Wright concernant «la petite place» est assez vague. Cependant, nous savons par recoupement qu'il ne peut s'agir que de la place Richard Lenoir, et grâce au témoignage du *Lt.* Hedges et du *Sgt.* Moore, nous savons que les deux chars anglais étaient bien positionnés de chaque côté de la place, en retrait de la rue principale, et que les chars (et leurs canons) faisaient face à la rue. Le *Trooper* Robert Wright poursuit :

« *Alors que nous étions là à attendre, à travers la fumée est apparu le frein de bouche d'un canon. C'était le canon le plus long que j'avais jamais vu et je me suis demandé quand le char allait apparaître ! C'était un Tiger avec un canon de 88 mm qui descendait la rue principale. Le char s'est arrêté et a tiré en direction du bas de la rue, puis a reculé hors de notre champ de vision. Il a réapparu, a stoppé et a fait feu à nouveau ; il a tiré avec ses*

Le *Trooper* Robert Wright, conducteur du char du *Lieutenant* Hedges. (Alan Wright.)

Photomontage montrant l'emplacement du Tiger 211 après les combats du 13 juin 1944, au niveau du calvaire de Villers-Bocage. Ce char a vraisemblablement été remorqué à l'écart de la route nationale par un autre Tiger – que nous supposons être celui de l'*Oscha.* Brandt – peu de temps après avoir été touché par l'antichar britannique. D'après M. Stanislas de Clermont-Tonnerre, lors d'un entretien qu'il nous avait accordé il y a quelques années, ce char est resté à cet endroit au moins jusqu'au soir du 13 juin ; il aura probablement été évacué le lendemain matin, à l'instar du Tiger 231 qui lui a été photographié (avec le 222) par le *Kriegsberichter* Grimm. Les pertes de la *2.Kompanie* pour le 13 juin ne font état que d'un seul mort, un conducteur, le *Rottenführer* Eugen Schmidt. En conséquence, nous sommes logiquement amenés à en conclure que ce dernier devait être aux commandes du Tiger 211 lorsque celui-ci a été immobilisé. (F. Deprun.)

*mitrailleuses aussi, puis a reculé de nouveau. Mon commandant a dit dans l'intercom qu'un Firefly qui se trouvait sur la Place allait l'engager quand il allait réapparaître. C'est ce qui s'est produit mais l'obus du Firefly a ricoché sur la tourelle du Tiger en direction des boutiques adjacentes. »*

Roy Akers, un des cinq membres d'équipage du Firefly du *Sgt*. Bob Moore, était en train d'allumer quatre cigarettes pour le groupe quand John Hat (le pointeur) a décidé de réagir à ce qu'il voyait dans sa visée. Bob Moore rajoute :

*« John a fait feu avec le canon de 17 Pounder sur un Tiger allemand qui venait d'arriver de l'autre côté de la place, sans attendre que je lui en donne l'ordre. Il avait vu le canon du Tiger et comme il a l'a dit plus tard : "c'est comme si on allait jamais voir le bout de ce canon...". Mais bien sûr le canon est apparu lentement, mais sûrement ! Aussitôt qu'il a vu l'avant du char allemand, il a tiré. On a pu voir qu'il avait touché la fente de vision du conducteur. Cela avait dû lui donner un sacré mal de tête, et c'est un euphémisme ! »*

Visiblement les versions divergent un peu entre les protagonistes anglais en position sur la Place Richard Lenoir, car Moore prétend que son pointeur a tiré en premier (donc avant que le Tiger ne fasse feu), et que son tir a percuté la fente de vision du conducteur (donc l'avant de la caisse et non pas la tourelle du Tiger), mais dans la confusion des combats et le fait que tous ces témoignages datent de plusieurs décennies après la bataille, cela n'a rien d'étonnant ! Il est intéressant de noter que, selon Wright, le Tiger (211) a avancé et reculé deux fois, ce qui est un signe que le char allemand a tenté de poursuivre sa route en voulant se rapprocher au maximum du Tiger 212 (2) qu'il pouvait voir immobilisé plus bas dans la rue.

Finalement, le Tiger 211 impuissant n'a eu d'autre choix que de décrocher et d'abandonner le combat après seulement quelques minutes, et a dû rebrousser chemin en considérant le Tiger 212 comme irrémédiablement détruit.

Détail d'une photographie de propagande prise le matin du 7 juin 1944 par le *Kriegsberichter* Scheck du Tiger 223 de l'*Oscha*. Brandt sur la route N316 (actuelle D916), entre Gournay-en-Bray et Morgny, alors que les *Kompanien* de *la s.SS-Panzer-Abteilung* ont pris la route vers la Normandie depuis seulement quelques heures. (KB Scheck.)

**Ci-dessous :** nous voyons ici l'*Oscha*. Jürgen Brandt, chef de char du Tiger 223 en juin 1944, qui est crédité de 3 Shermans et de quelques chenillettes lors de son action de soutien à Wittmann le 13 juin à Villers-Bocage. Les chenillettes du rapport allemand font référence aux « carriers », ce qui indique que Brandt a lui aussi remonté la colonne de la *A Coy, 1st Rifle Brigade,* quelque temps après le passage dévastateur de Wittmann. Selon le même rapport, il a également participé à la capture de prisonniers anglais et, en toute logique, est le chef de char qui avec son Tiger s'est porté au secours au Tiger 211, après que ce dernier a été touché par un obus antichar au croisement de la route de Tilly, en milieu de matinée, quelques heures avant que les chars de la *1.Kompanie* du *Hauptsturmführer* Möbius n'investissent la localité. Il faut ici noter que l'action de l'*Ostuf*. Wittmann, très largement exploitée et célébrée par la propagande allemande, a en très grande partie occulté le rôle d'appui pourtant déterminant de plusieurs autres équipages de Tiger de la *2.Kompanie* à Villers-Bocage, ce qui malheureusement ne permet pas d'éclairer certaines zones autant qu'il serait souhaitable. (Kameradschaft LSSAH.)

## Le Tiger 211 retourne en direction du Calvaire – 9h40-9h45

Nous ne possédons aucun témoignage qui viendrait corroborer l'hypothèse développée ci-dessous. Toutefois, celle-ci nous semble fort probable à la lumière des indices basés sur l'observation des différentes photographies prises sur le trajet du Tiger 211, le rapport britannique de destruction d'un Tiger à l'est de la ville à 9h45 et conduite par une déduction logique.

Vers 9h40, la rue principale est considérée par le chef de char du Tiger 211 comme un piège mortel après la pharmacie, à l'angle de la Place Richard Lenoir. Un mouvement supplémentaire vers l'avant et le Tiger offrirait son flanc à une position antichar anglaise ou à un tank. Le commandant n'a peut-être pas vu le Firefly du *Sgt.* Moore, et certainement pas le Cromwell du *Lt.* Roy Hedges, mais a encaissé plusieurs tirs ricochant sur son blindage qui l'invitent à se replier. En reculant et pivotant la caisse et en laissant sa tourelle dans l'axe de la rue en direction du Tiger 212, le chef de char a pu disparaître au niveau du virage pour emprunter l'axe enfumé et jonché d'épaves jusqu'au Calvaire. Sa volonté est certainement de retourner auprès de ses camarades à la ferme des Hauts-vents qu'il a laissés dans la nuit, et rapporter la triste information de la destruction d'un Tiger du groupe. Les deux Stuarts « Honeys » *(Recce Troop)* de la colonne détruite gisent sur l'axe de repli et empêchent l'équipage de voir qu'un canon antichar «6 pounder» anglais est en train de pivoter dans leur direction. Peut-être la position à « 6 heures » de la tourelle du Tiger après le virage et la fumée ont-ils empêché l'équipage de distinguer du mouvement à la hauteur du Calvaire ? Toujours est-il que, tourelle revenue à « 12 heures », le Tiger 211 se présente maintenant face aux épaves et percute au passage le Stuart *« Calamity Jane II »* resté en travers de la route (3). Le choc fait ralentir le Tiger qui offre à l'antichar 6 Pounder pointant son canon vers lui la face blindée du compartiment conducteur. Les servants britanniques envoient un obus qui frappe le Tiger à cet emplacement et tue ou blesse mortellement le pilote. Le Tiger étant désormais immobilisé devant le canon «6 Pounder», l'équipage a certainement réagi en mitraillant tout autour du char, faisant ainsi fuir les soldats anglais responsables de l'arrêt de l'engin. Un des hommes de bord aurait-il ensuite réussi à le garer un peu plus loin sur la route de Villy-Bocage ? Ou bien le Tiger 211 a-t-il été remorqué

Le 20 juin 1944, au poste de commandement de la *s.SS-Panzer-Abteilung 101,* des décorations sont remises à plusieurs membres des *1.* et *2. Kompanien* qui se sont distingués pendant les combats à et autour de Villers-Bocage, du 13 au 16 juin. La cérémonie est conduite par le *Kommandeur* de l'unité lui-même, le *Stubaf.* von Westernhagen. Nous voyons ici les hommes de la *2.Kp*. L'équipage du Tiger 212 de Michael Wittmann se trouve sur la gauche de l'image (sur la droite de l'officier) ; la composition est la suivante (de gauche à droite : l'*Uscha.* Walter Müller (pointeur, et non pas conducteur comme cela a été indiqué jusqu'à maintenant), le *Strm.* Günther Jonas (radio), le *Strm.* Günter Boldt (pourvoyeur) et selon nos informations, l'*Uscha.* Herbert Boden (conducteur, et non pas pointeur comme indiqué jusqu'ici par erreur...) A noter que cet homme porte des lunettes, ce qui est de toute évidence incompatible avec la fonction de pointeur !). Sur la gauche de Wittmann et de von Westernhagen se trouvent cinq *Strm.* dont Luscher, Schmidtbauer, Ditl et Schulze ; nous n'avons malheureusement aucune précision quant à l'affectation de ces *Sturmmänner* à tel ou tel équipage ou tel ou tel Tiger, mais il est possible que certains d'entre eux aient fait partie de l'équipage des Tiger 211 et 223 à Villers-Bocage. Müller, Jonas et Boldt sont ici les seuls à être décorés de l'*Eisernes Kreuz I. Klasse* (Croix de Fer de 1re Classe) ; les deux derniers ont également reçu ce même jour l'*Eisernes Kreuz II. Klasse* (Croix de Fer de 2e Classe) qui leur avait été attribuée le 15 mars 1944, mais non remise à l'époque en raison de leurs blessures. Tous les autres hommes de la *2.Kp.* ici présents ont seulement reçu l'*EK.II.* (Kameradschaft LSSAH.)

par un autre Tiger (4) quelques minutes plus tard ? Nous ne le savons pas précisément, mais c'est bien sur le bord droit de la route de Villy que le Tiger semble avoir terminé la journée. Les témoignages des équipages de Pz. Kpfw. IV de la *Panzer-Lehr-Division (5)* le longeant vers 13 heures semblent le confirmer. Les rapports allemands des pertes de la *s.SS-Panzer-Abteilung* pour cette journée indiquent la mort d'un conducteur de la *2.Kompanie* pour le 13 juin 1944 ; il s'agit certainement du pilote du Tiger 211. La présence de ce Tiger lors des combats du matin du 13 juin sur le même trajet que le Tiger 212 est loin d'être anecdotique. Le Tiger 211 et son équipage ont joué un rôle important en maintenant une pression sur les troupes anglaises disloquées au niveau du Calvaire, les empêchant de se regrouper autour de l'antichar anglais, au moins pendant un temps. Le

Pour son action en tant que *Lieutenant* à Villers-Bocage le 13 juin 1944 et chef du *4 Troop, B Sqn, 4th CLY*, le désormais *Captain* Bill Cotton se voit remettre la *Military Cross* (MC, Croix Militaire) par le *General* Montgomery en personne le 15 septembre 1944. A cet instant, le *4th County of London Yeomanry* n'existe plus sous cette seule appellation puisque ce régiment a été amalgamé avec le *3rd CLY* au sein de la *4th Armoured Brigade* officiellement depuis le 1er août 1944, à Carpiquet. (Major W H J Sale, NAM.)

char a également interdit l'accès de la rue Clémenceau aux tanks du *B Squadron* qui aurait pu rallier les troupes isolées sur la RN 175. Il nous paraît évident aujourd'hui que la cérémonie de remise de médaille du 20 juin 1944, en particulier celle qui concerne la *2.Kompanie* de la *s.SS-Panzer-Abteilung 101,* vient récompenser l'action de certains membres survivants du Tiger 211 pour le rôle crucial qu'ils ont pu jouer le 13 juin, entre 9h30 et 9h45. Un fait oblitéré par l'action efficace de l'*Ostuf.* Wittmann, magnifiée par la propagande allemande le même jour.

Le *Sgt.* Bob Moore ajoutera plus tard sur son action :

« *Après les nouvelles désastreuses en provenance du A Sqn. et du RHQ qui nous arrivaient progressivement par radio, Ibby a fait envoyer les chars du B Squadron dans le bourg par les petites rues latérales et transversales en nous avertissant du danger qui venait de la rue principale. Ceci peut être corroboré par des chefs de char tels que Bobby Bramall et Len Grant.* (6)

*Il est clair que cela* (l'attaque du Tiger de Wittmann) *a donné lieu à des représailles – plusieurs chars allemands ont été détruits par le B Squadron. Bill Cotton et Bobby Bramall ont tous les deux enregistré des succès. Mon char a été celui qui a endommagé la fente de vision du Tiger de Wittmann et qui l'a contraint à faire demi-tour et à faire face à Pat Dyas – c'est de là que vient l'expression de Pat : «Ce fichu Bob Moore» !* »

Il n'a jamais su qu'il avait en fait touché un second Tiger : le 211, au coin de la Place Richard Lenoir. (7)

(1) Voir page 68 dans la légende de la photo en double page, les conditions de la découverte de ce rapport.

(2) Le chef de char du Tiger 211 ne sait pas que son chef l'*Ostuf.* Wittmann se trouvait dans le Tiger 212 vers 9h40 le 13 juin dans la rue principale de Villers-Bocage. Les communications radio avec les autres équipages étant impossibles car hors de portée, nous pensons que le chef de char du 211 a dû insister pour contacter celui du 212, une fois que la portée radio rendait cela possible. Des tentatives sans réponse puisque Wittmann et son équipage avaient déjà évacué leur Tiger.

(3) La photographie du Stuart "Calamity Jane II" des pages 72 et 73 montre un étrange impact sur le coin avant de la caisse en dessous du marquage du sobriquet. La découpe droite de la plaque de blindage et son écrasement pourrait laisser penser à une collision avec le Tiger 211 plutôt qu'à un impact de tir. La plaque avant du Stuart semble intacte ce qui n'aurait pas été le cas avec un tir d'obus. Le trou dans l'engin ne laisse d'ailleurs pas indifférent le soldat allemand curieux sur une des images.

(4) Voir le témoignage de Hans Burkhardt (*5.Kp./II. Pz.Lehr.Rgt. 130*) et de Leo Enderle (*6.Kp./II. Pz.Lehr.Rgt. 130*) pages 137, 140 et 141 de l'ouvrage – La présence de deux Tiger sur le bord de la route de Villy-Bocage vers 13 heures pourrait indiquer que le Tiger 211 a été remorqué par le Tiger 223 de l'*Oscha.* Brandt que le *Rttf.* Walter Lau déclare avoir vu se diriger vers le Calvaire, lors de l'exploitation du terrain par l'infanterie de la *4.Kompanie.*

(5) Voir pages 137, 140 et 141 le témoignage de Hans Burkhardt (*5.Kp./II. Pz.Lehr.Rgt. 130*) et de Leo Enderle (*6.Kp./II. Pz.Lehr.Rgt. 130*).

(6) Ces propos confirment deux points très importants : d'une part, que les chars du *B Sqn.* tels que ceux de Moore et Hedges, n'ont pu accéder à la place Richard Lenoir que par la rue Saint Martin, et que d'autre part, puisque nous savons que la *Troop* de Cotton – dont faisait partie le *Sgt* Len Grant - n'a été envoyée en reconnaissance vers le sud qu'après l'attaque du Tiger de Wittmann, l'arrivée du char de Moore (et donc aussi celui de Hedges) ne peut s'inscrire que dans un mouvement lui aussi postérieur à l'attaque de Wittmann dans le centre du bourg.

(7) En effet, juste avant de se déployer, les chars du *B Sqn.* ne furent avertis que de l'arrivée d'un seul Tiger dans la localité. Moore ne pouvait donc en conclure que c'était bien sur ce même et unique Tiger qu'il avait fait feu.

Photographie de la *Military Cross (MC)*, récompense britannique qui reconnaît les services courageux et distingués en présence de l'ennemi (« *distinguished and meritorious services* »). A l'époque, elle n'est encore attribuée qu'aux seuls officiers.

Photographie de la décoration allemande « *Eisernes Kreuz II. Klasse 1939* ». A la différence de l'*EK.I*, la plupart du temps seul le ruban de l'*EK.II* était porté sur l'uniforme, le plus souvent attaché au niveau du second bouton de la vareuse de son récipiendaire.

# Annexe D
# Le rôle de la Panzer-Lehr-Division dans la bataille de Villers-Bocage

**A droite :** le *Major* Prinz Wilhem von Schönburg-Waldenburg, commandant de la *II. Abteilung* du *Panzer-Regiment 130* de la *Panzer-Lehr-Division* au printemps 1944. Il est tombé au combat le 11 juin 1944 vers 16 heures sur la cote 103, entre Tilly-sur-Seulles et Audrieu, touché par un tir antichar britannique qui a transpercé la tourelle de son Pz.Kpfw. IV. L'officier sera remplacé peu avant la bataille de Villers-Bocage par le *Hauptmann* Ritgen. (Perrigault-Heimdal.)

## Un repositionnement de point de vue

Depuis les trente dernières années s'est développé un intérêt croissant pour approfondir des études historiques sur les différentes phases de combat en Normandie. A partir de l'histoire globale et du point de vue stratégique, le travail de recherche a progressivement glissé au niveau tactique pour s'intéresser à des secteurs moins vastes. Au-delà de l'analyse des opérations militaires d'envergure, un travail croissant de la part d'historiens ou de passionnés a essayé de donner une vision claire sur des espaces beaucoup plus réduits comme des secteurs précis, des villages, voire des petites portions de ligne de front. La proposition peut être décomposée comme une étude équilibrée sur les deux armées ennemies, avec une approche en séquence et échelonnée : groupe d'armée, armée, division pour descendre jusqu'au régiment, voire au bataillon. Chaque niveau de l'organisation d'une force de combat est susceptible d'apporter une vision pertinente de l'événement global. Certains opposeront la «macro-histoire» à la «micro-histoire» qui devient l'échelle proposant un enrichissement par l'élargissement de la focale, en s'approchant au plus près du terrain. Son objectif est de restituer la cohérence d'un univers restreint en faisant varier les angles de vue et les échelles d'observation. Nous avons tenté de nous situer sous ce paradigme dans cette étude sur Villers-Bocage.

FÜRSTEN von SCHÖNBURG-WALDENBURG.

**Ci-dessus et ci-contre :** Blason *(Wappen)* représentant les armes de la famille von Schönburg-Waldenburg où trône en son centre l'écu (François en deux bandes en gueules et argent). L'écu, repris sur la face droite et arrière de la tourelle de certains Pz.Kpfw IV de la *II. Abteilung* du *Panzer-Regiment 130* de la *Panzer-Lehr-Division*, témoigne de la tradition de la noblesse germanique à présenter ses couleurs lors des campagnes militaires. (Coll. Schönburg-Waldenburg.)

**A gauche :** photographie prise en Normandie en juin 1944 lors d'une opération de maintenance sur un Pz.Kpfw. IV (Panzer IV) de la *Panzer-Lehr-Division*. (Ritgen.)

La bataille de Villers-Bocage a toujours été abordée à travers l'opposition quasi exclusive d'une partie d'une Brigade britannique (la *22nd Armoured Brigade*) face un bataillon allemand de chars lourds (la *schwere SS-Panzer-Abteilung 101*). Sous un certain angle de vue, cette vision est juste mais s'avère pourtant réductrice si l'on considère plus largement le champ de bataille. Nous allons essayer d'apporter une compréhension pour guider le lecteur vers cet autre point de vue. Sans vouloir enfoncer des portes déjà ouvertes par les historiens de la bataille tels que Henri Marie et Daniel Taylor, il nous semble pertinent de repositionner la bataille de Villers-Bocage comme étant celle de la percée d'un groupe blindé de la *7th Armoured Division* au cœur du secteur de la *Panzer-Lehr-Division*.

## La bataille de Villers-Bocage regarde avant toute chose la *Panzer-Lehr-Division*

Lorsque «l'Opération Perch» est activée le 12 juin 1944 dans l'après-midi, l'objectif annoncé par l'état-major du *XXX Corps* britannique est de réaliser deux percées articulées, l'une s'infiltrant sur les arrières de la ligne de front allemande, en direction de Villers-Bocage et de Caen, qui devra venir rejoindre une seconde arrivant de Tilly-sur-Seulles pour rejoindre le secteur de Noyers-Bocage. L'encerclement espéré des unités allemandes englobe totalement le territoire de déploiement de l'unité blindée du *Generalleutnant* Fritz Bayerlein. Le trajet de la colonne britannique va longer les flancs étirés de la *Panzer-Lehr* jusqu'à venir se rabattre au niveau des premières lignes arrière des unités sanitaires (château de Villers-Bocage), du train de Division et des ateliers de maintenance des blindés (Epinay-sur-Odon et Parfouru-sur-Odon). Une percée qui, si tout se passait bien, avait le projet de venir se porter ensuite à Noyers-Bocage au cœur du dispositif du *Panzer-Artillerie-Regiment 130* autour de Monts-en-Bessin.

Les premières mesures prises par Bayerlein et son état-major dès le 13 juin 1944 peu après 9 h 30 du matin sont totalement indépendantes de l'assaut de Tiger de l'*Obersturmführer* Wittmann et sont concertées à la lumière des informations parvenues à l'état-major la nuit précédente. Les premiers signes d'activité de blindés sur les flancs de la *Panzer-Division* sont perçus dans l'après-midi du 12 juin.

C'est alors que les unités allemandes, qui stationnent dans le secteur d'Anctoville/Saint-Germain-d'Ectot, reçoivent des premiers messages d'accrochages le long d'une ligne nord/sud-est avec la *7th Armoured Division*. Des prisonniers anglais sont capturés par la *Divisions-Begleit-Kompanie* (*Oberleutnant* Thiess) dont le rôle est de protéger le poste de commandement de la *Panzer-Division* en cas d'incursion rapprochée de l'ennemi. Sur ordre de Bayerlein, une partie de l'unité regroupée autour de Sermentot a été envoyée d'urgence sur le flanc gauche de la division le 12 juin, vers 18 heures.

Dans le *Kriegstagebuch* (journal de marche) de la *Panzer-Aufklärungs-Abteilung 130*, nous pouvons lire :

« *12 juin 1944 : à l'ouest de notre ligne, des patrouilles constatent que quelques localités sont occupées par l'ennemi (infanterie et quelques chars). Vers Caumont et vers la grande route au nord-ouest de cette localité, des chars ennemis et des camions qui circulent sont observés à plusieurs reprises. Des patrouilles poussent des reconnaissances plus à l'ouest et harcèlent les mouvements ennemis. En permanence, légères poussées de reconnaissance ennemie contre notre flanc de couverture. 18 heures : [...] Flanc gauche allongé par la Divisions-Begleit-Kompanie jusqu'à Anctoville.* »

Le choix du château d'Orbois pour accueillir l'état-major du *Kommandeur* pour le 12 juin à minuit a

Photographie de la tombe du *Major* (*Oberstleutnant* à titre posthume) Prinz Wilhem von Schönburg-Waldenburg située dans le jardin situé derrière l'église de Parfouru-sur-Odon, entre celle de deux hommes d'équipage de son Pz.kpfw. IV de commandement. L'officier et ses hommes ont été inhumés le 12 juin 1944 vers 10 heures du soir en présence de l'ensemble de l'état-major de la *Panzer-Lehr-Division*. (Photo auteurs.)

Le château de Parfouru-sur-Odon dont les bâtiments, le parc et les bois de la propriété vont servir de *Werkstatt* (atelier de maintenance et de réparation) pour la *II. Abteilung* du *Panzer-Regiment 130* à partir du 9 juin 1944. Le poste de commandement de la *Versorgungskompanie* du *Panzer-Regiment 130,* commandé depuis seulement quelques heures par le *Hauptmann* Lex, va pouvoir constituer un petit groupe de 5 chars parmi les Pzkpw. IV en réparation pour se porter en direction de Villers-Bocage vers le 13 juin 1944 vers midi. (Coll. auteurs.)

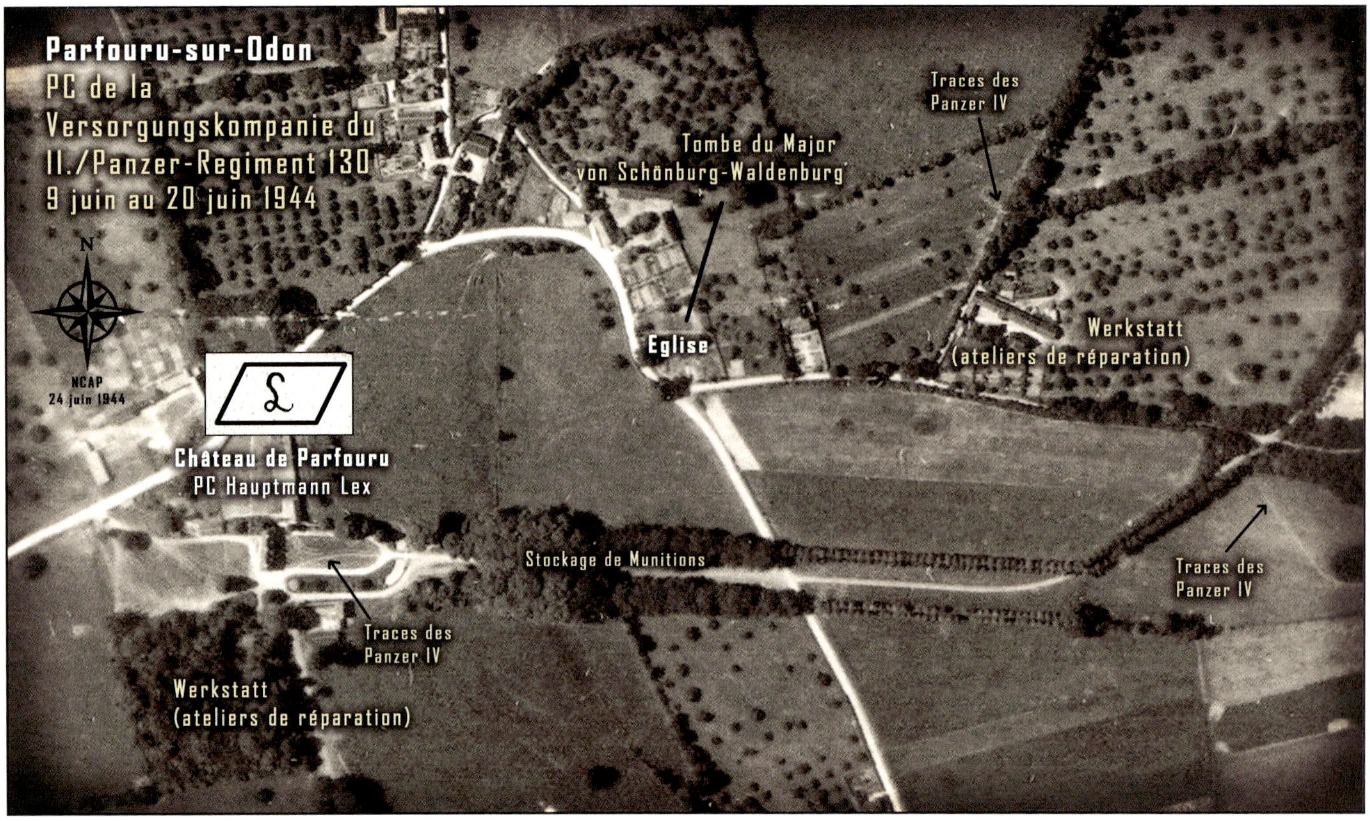


**Ci-dessus :** plan de situation du poste de commandement de la *Versorgungskompanie* du *Panzer-Regiment 130* et de la *Werkstattkompanie* de la *II.Abteilung* à Parfouru-sur-Odon, entre le 9 et le 20 juin 1944. (F. Deprun sur IGN.)

**Ci-contre :** une vue de l'embarquement des Pz. Kpfw. IV de la *II. Abteilung* du *Panzer-Regiment 130* pour la Hongrie au printemps 1944. Les engins de la *5.Kompanie* du *Hauptmann* Lex sont reconnaissables à leurs patins de chenilles disposés en protection supplémentaire sur la plaque avant de la caisse. (Coll. privée.)

sans-doute été inscrit dans les premières mesures préventives pour réagir à cette menace. L'endroit se trouve isolé au milieu des Landes, entre Seulles et Ectot, avec la forêt d'Orbois pour écran entouré de l'ensemble du dispositif de défense en deuxième échelon de la *Panzer-Lehr-Division*. Bayerlein a été informé dès 20 heures à son poste de commandement - situé à Sermentot pour la journée du 12 juin - de l'imminence d'une attaque de la *7th Armoured Division* (1). Un prisonnier anglais a affirmé, lors d'un interrogatoire au cours de cette soirée, que l'offensive était déjà en cours et enfoncée profondément dans le flanc gauche de la *Panzer-Lehr-Division*. Mais à la nuit tombante, quel ordre pouvait bien donner Bayerlein pour s'opposer à une percée non localisée, si importante soit-elle ? La cérémonie d'inhumation du *Major* Prinz von *Schönburg*-Waldenburg, prévue à Parfouru-sur-Odon vers 22 heures, a certainement permis à Bayerlein de prévenir de vive voix tous les officiers de la *Panzer-Lehr-Division* présents de l'offensive anglaise qui s'annonçait. Le *Generalleutnant*, aguerri aux situations périlleuses des fronts africains et russes, n'a pu qu'attendre les premières lueurs du 13 juin 1944 pour envisager une riposte.

Ci-dessus : sur ce cliché sont visibles trois Pz. Kpfw. IV de la *II. Abteilung* du *Panzer-Regiment 130* en stationnement dans un village sur le front de Normandie vers Villers-Bocage, en juin 1944. (Ritgen.)

## Les Tiger de Wittmann n'interviennent qu'au stade initial de la bataille

Il est bien évident que ni le *Generalleutnant* Bayerlein, ni le *Major i.G* Kauffmann n'ont anticipé le véritable objectif de la percée anglaise avant 8 heures du matin en direction de Villers-Bocage. Les reconnaissances de la *Panzer-Aufklärungs-Abteilung 130* les ont renseignés clairement une heure plus tard, mais c'est à 11 heures que la *Panzer-Lehr-Division* a reçu le rapport de l'*Ostuf.* Wittmann que l'objectif ennemi se situait certainement plus loin en direction de Noyers-Bocage. Bayerlein compte alors beaucoup plus sur l'arrivée par le sud de la *2.Panzer-Division* pour couper la colonne et reconquérir Villers-Bocage, que sur l'intervention des Tiger de la *s.SS-Panzer-Abteilung 101*. Le *Generalleutnant* a décidé de ne pas maintenir sa première attaque au nord de la localité par les Hauts de Saint-Louet pour mieux attendre en lisière est de Villers une articulation de sa *Kampfgruppe Ritgen* avec les troupes du *Generalleutnant* von Lüttwitz.

A travers ces lignes, il ne s'agit pas d'amoindrir le rôle déterminant que les 6 Tiger de la *2.Kompanie* de l'*Obersturmführer* Wittmann ont pu jouer pour stopper l'avancée de la *22nd Armoured Brigade* vers Noyers-Bocage. Nous avons décomposé les différentes phases de cette action efficace qui nous a amené à conclure que c'est seulement la pointe de l'Opération *Perch* qui a été stoppée nette par le déploiement audacieux des Tiger de l'*Ostuf.* Wittmann. Mais cette action se situe alors que la bataille de Villers-Bocage n'est encore qu'à son stade primaire. Aussi, les messages de l'état-major du *XXX Corps* britannique ne parlent absolument pas de mise en péril de l'opération en fin de matinée du 13 juin. Ils notent l'isolement des éléments de tête (*A Sqn* du *4th CLY*, *A Company* de la *1st Rifle Brigade*) à quelque distance de Villers-Bocage qui va être investie par d'autres éléments en arrière. Les termes employés ne sont pas des euphémismes, mais tentent de décrire la situation tactique réelle au niveau de « l'Opération Perch » comme l'état-major la percevait. C'est bien l'étirement de la colonne britannique, le peu de mobilité des différents échelons de renforts et surtout l'absence de véritable reconnaissance (l'absence de la section de reconnaissance de la *A Company, 1st Rifle Brigade* du *Lt.* Mather en particulier) qui ont hypothéqué les chances de réussite de la percée durant cette journée. On peut observer également le peu de réactivité de l'encadrement, en particulier au niveau du *RHQ Troop* du *4th CLY* : ainsi, il aurait suffi que les 4 Cromwells aient été un peu plus avancés et mieux préparés au niveau du Calvaire de Villers-Bocage pour que l'attaque du Tiger 212 de Wittmann avorte le long de la colonne de la *1st Rifle Brigade*. En effet, même fort de son blindage sur sa face avant, le Tiger 212 lors de sa progression dans la longue ligne droite aurait sûrement été touché par les tirs des Cromwell, et peut-être même par un des antichars mieux déployés et alertés un peu plus tôt.

Pour l'engagement allemand en lisière de Villers-Bocage à midi le 13 juin, c'est bien la *Kampfgruppe Ritgen* et la *Panzergruppe Lex* de la *Panzer-Lehr-Division* qui constituent la masse active de l'attaque pour reprendre la localité aux Anglais. Les 8 Tiger de la *1.Kompanie* de la *s.SS-Panzer-Abteilung 101,* commandée par le *Hstuf.* Möbius, ne venant que soutenir une affaire déjà mal engagée en subissant l'échec que l'on connaît. La progression de la *1.Kompanie* de Tiger de la *s.SS-*

Ci-contre : photographie de la base de l'ancien pont ferroviaire passant au-dessus de la route qui mène de Parfouru-sur-Odon à la nationale 175 Caen-Villers-Bocage. Le passage très étroit porte encore en 2015 les traces de frottement des nombreux chars allemands ayant emprunté cette sorte de goulet. Il s'agissait de l'un des accès au front pour les Pz.Kpfw. IV de la *Panzer-Lehr-Division* en réparation au château du village. (Photo B. Flotté.)

Ci-contre : pattes d'épaules d'uniformes d'un *Oberfeldwebel* du *Panzer-Regiment 130* de la *Panzer-Lehr-Division*. (Coll. privée.)

Photographie de l'*Ib* et de l'*Ia* de l'état-major de la *Panzer-Lehr-Division* en Normandie, le *Major i.G* Werncke et le *Major* i.*G* Kauffmann, deux officiers proche du *Generalleutnant* Bayerlein qui ont joué chacun un rôle dans la bataille de Villers-Bocage. Associés sur l'image, ils étaient vraiment différents ; Werncke, nazi convaincu était peu apprécié de ses hommes alors que Kauffmann plus réticent aux thèses du parti était mieux considéré dans les échellons hiérarchiques inférieurs. (Ritgen.)

*Panzer-Abteilung 101* s'est avérée décisive en amont pour capturer la tête de colonne britannique sur la cote 213, mais celle-ci s'inscrit plus dans une opération de nettoyage, venant cueillir un groupe blindé livré à lui-même et encerclé. Si l'on considère que la bataille de Villers-Bocage est un succès défensif pour les Allemands, le crédit doit être donné à l'action décisive des 6 Tiger de la *2.Kompanie* de la *s. SS-Panzer-Abteilung 101* de l'*Ostuf.* Wittmann dans un premier temps. Mais il faut souligner le déploiement efficace et progressif des forces de la *Panzer-Lehr-Division* pour créer un arc de rupture qui s'est prolongé par le sud, jusqu'à s'articuler avec celles de la *2.Panzer-Division*. La barrière englobante ainsi créée a contraint les Britanniques à évacuer Villers-Bocage en raison d'une situation devenue intenable.

**Le coup de force du *Major* Werncke :**

Nous devons retourner au niveau du terrain pour retranscrire l'exploit du *Major* Werncke, le *Ib* de la *Panzer-Lehr-Division*. L'action se situe au nord de la ferme des Hauts-Vents, au cœur de la colonne britannique disloquée (2). Nous avons choisi de compléter le témoignage original du soldat Werner Laska avec les informations que nous possédons désormais. Le *Major* Werncke, rappelé d'urgence du secteur de Saint-Germain-le-Vasson où il inspectait des dépôts de munitions cachés dans la forêt le long de la Laize, a reçu l'ordre de rejoindre au plus vite l'état-major de la *Panzer-Lehr-Division* installé dans la nuit du 12 juin au château d'Orbois. Arrivé à Epinay-sur-Odon autour de 10 heures le 13 juin 1944, le *Major* est renseigné de la présence ennemie à Villers-Bocage qui se situe sur son trajet. En effet, des blessés allemands qui refluent vers l'arrière lui décrivent la situation dans la localité et sur la route de Caen. Les *Sanitätkompanien 1.* et *2./130,* qui servaient de poste de secours de la *Panzer-Lehr-Division*, et d'hôpital local étaient situés au château de Villers-Bocage. Les deux sections d'ambulances de ces postes sanitaires se sont repliées sur Epinay-sur-Odon et Aunay-sur-Odon, et se sont mises à disposition des blessés arrivant de la direction des combats. Ce sont certainement les soldats SS de la *4.Kompanie* de la *s.SS-Panzer-Abteilung 101* et le groupe de Wittmann qui ont indiqué au *Major* le chemin menant à Montbrocq et à la ferme des Hauts-Vents. Une fois arrivé à la Cidrerie (Voir le plan page 29), Werncke prend la décision de laisser son chauffeur de son véhicule à couvert pour tenter une reconnaissance à pied en direction de la RN 175, en lui donnant l'ordre de rentrer si celle-ci se prolongeait plus de 30 minutes.

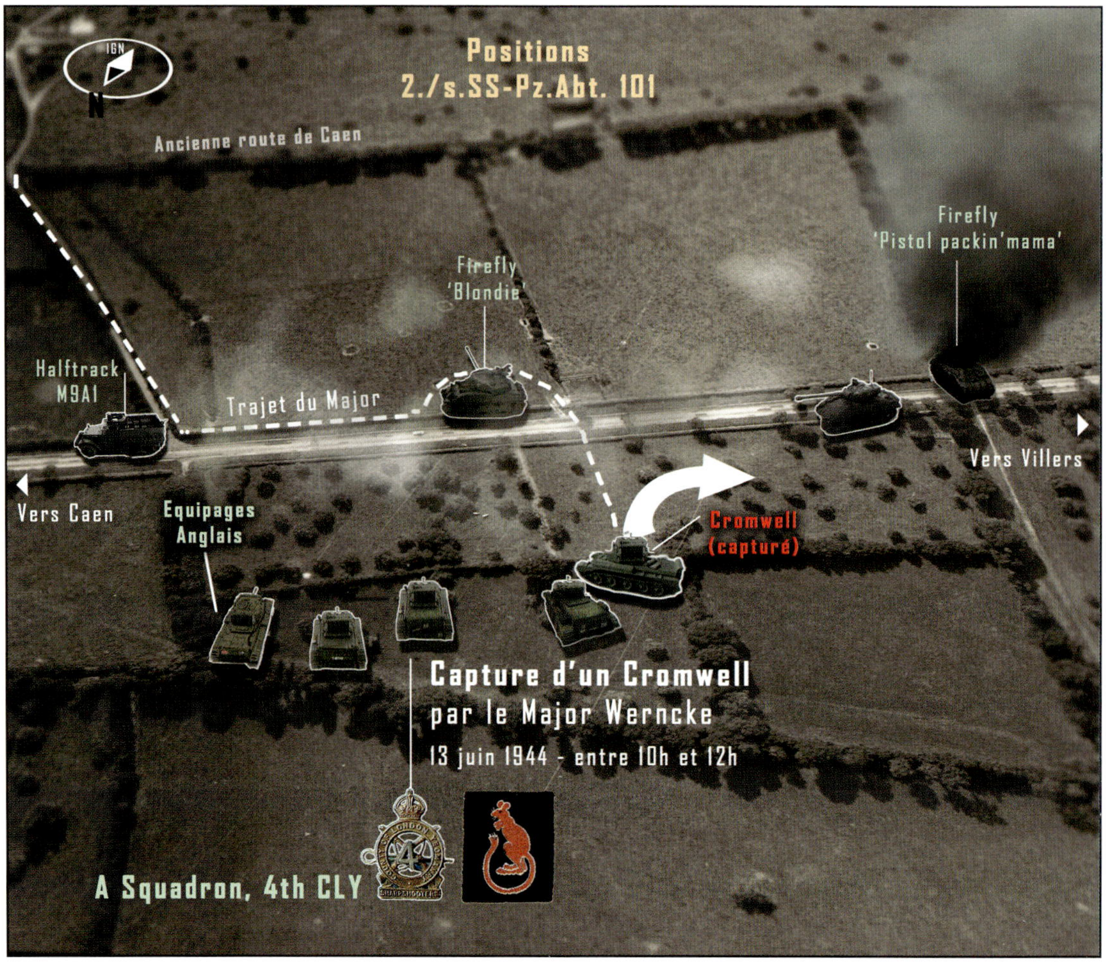


Plan du trajet probable du *Major i.G* Werncke de part et d'autre de la nationale 175, à hauteur de la cidrerie et de la route d'Epinay-sur-Odon, lors de son audacieuse capture d'un char anglais le 13 juin 1944, entre environ 10 heures et midi. (F. Deprun.)

**L'officier d'état-major de la *Panzer-Lehr-Division* capture un Cromwell du *4th CLY***

L'action de reconnaissance commence pour lui en traversant les haies et la route de Caen pour venir se porter en lisière d'un verger ou 5 Cromwells du *A Squadron, 4th CLY* (il en dénombre 4) stationne en repli depuis l'attaque des Tiger de Wittmann. Il découvre les chars anglais en position de défense, moteur au ralenti alors que le chef de section et les équipages anglais sont près de la haie qui leur fait face et sont en pleine discussion. Le *Major* Werncke, qui avait été autrefois commandant d'une *Panzerkompanie,* parvient à s'approcher du Cromwell le plus à l'écart des soldats anglais, et sans avoir été repéré, réussit à sauter à l'intérieur. Il passe la première vitesse, se saisit des leviers de commande et accélère, puis franchit le fossé et gagne la RN 175, laissant les Anglais stupéfaits devant une telle audace ! Le *Major* s'enfuit en direction du Calvaire évitant les chars anglais abandonnés sur la route pour longer la colonne anglaise détruite et encore fumante. A cette heure, les fossés et les haies de la route sont encore parsemés de soldats de la *1st Rifle Brigade* isolés, lesquels voient passer le Cromwell en trombe devant eux. Après avoir parcouru un bon bout de chemin, le *Major* tombe sur un soldat allemand dans une tranchée (probablement sur la hauteur de la route de Villy-Bocage, après le Calvaire de Villers-Bocage) : il s'agit d'un *Panzergrenadier* qui semble bien étonné de voir arriver devant lui un char inconnu. Craignant d'être pris pour un ennemi, Werncke s'arrête à distance et fait signe au fantassin de s'approcher et le fait monter sur la tourelle. Ainsi, le soldat est prié d'agiter tout au long du trajet un chiffon blanc trouvé dans le char pour éviter que le Cromwell de prise ne reçoive un obus antichar ami. L'officier allemand et son passager arrivent ainsi jusqu'au château d'Orbois où le char britannique défonce une clôture pour pénétrer dans la propriété, au grand effroi du personnel d'état-major affolé. Une fois la situation rétablie, Werncke descend du Cromwell. Il s'aperçoit alors que les casques d'écoute sont restés branchés et laissent entendre un intense trafic radio. Un interprète (le *Leutnant* Henke) tente d'en traduire les messages, mais le moteur qui tourne fait trop de bruit. Impossible de le stopper car le *Major* ne trouve ni clé de contact et n'identifie pas le dispositif prévu pour l'arrêt ! Alors il remonte dans le char, avance lentement vers un gros arbre jusqu'à le toucher, passe la dernière vitesse… et fait ainsi caler le moteur. Un photographe était présent juste à ce moment pour fixer la scène. Le Cromwell sera abandonné quelques jours plus tard.

Le 13 juin vers midi au château d'Orbois, le *Major i.G* Werncke est en train de s'extraire du char Cromwell du *A Squadron*, *4th CLY* qu'il vient de capturer en bas de la cote 213. Le Cromwell subtilisé intact est encore à cette période des combats enduit de la patte isolante «Bostik» qui a permis un débarquement amphibie de l'engin quelques jours auparavant. Un interprète est juché sur le tank pour écouter et traduire les communications radio diffusées par le poste. (Ritgen.)

Photographie du *KB* Grimm prise le 14 juin 1944 devant l'épave du Stuart « *Calamity Jane II* » du *Lieutenant* Ingram, à la sortie de Villers-Bocage au niveau du Calvaire. L'officier de la *Panzer-Lehr-Division* qui se tient debout derrière le tank avec ses jumelles illustre parfaitement le fait que la bataille de Villers-Bocage se déroule sur le secteur de cette division, et que l'unité est le principal protagoniste des évènements par son déploiement et le nombre de forces engagées dans les combats. (PK Grimm.)

(1) Voir *La Panzer-Lehr-Division*, Jean-Claude Perrigault, Heimdal, 1995 (pages 182).

(2) Voir *La Panzer-Lehr-Division*, Jean-Claude Perrigault, Heimdal, 1995 (pages 183).

# Annexe E
# Les Tiger sur le front de la Brigade Box - 14 au 16 juin 1944

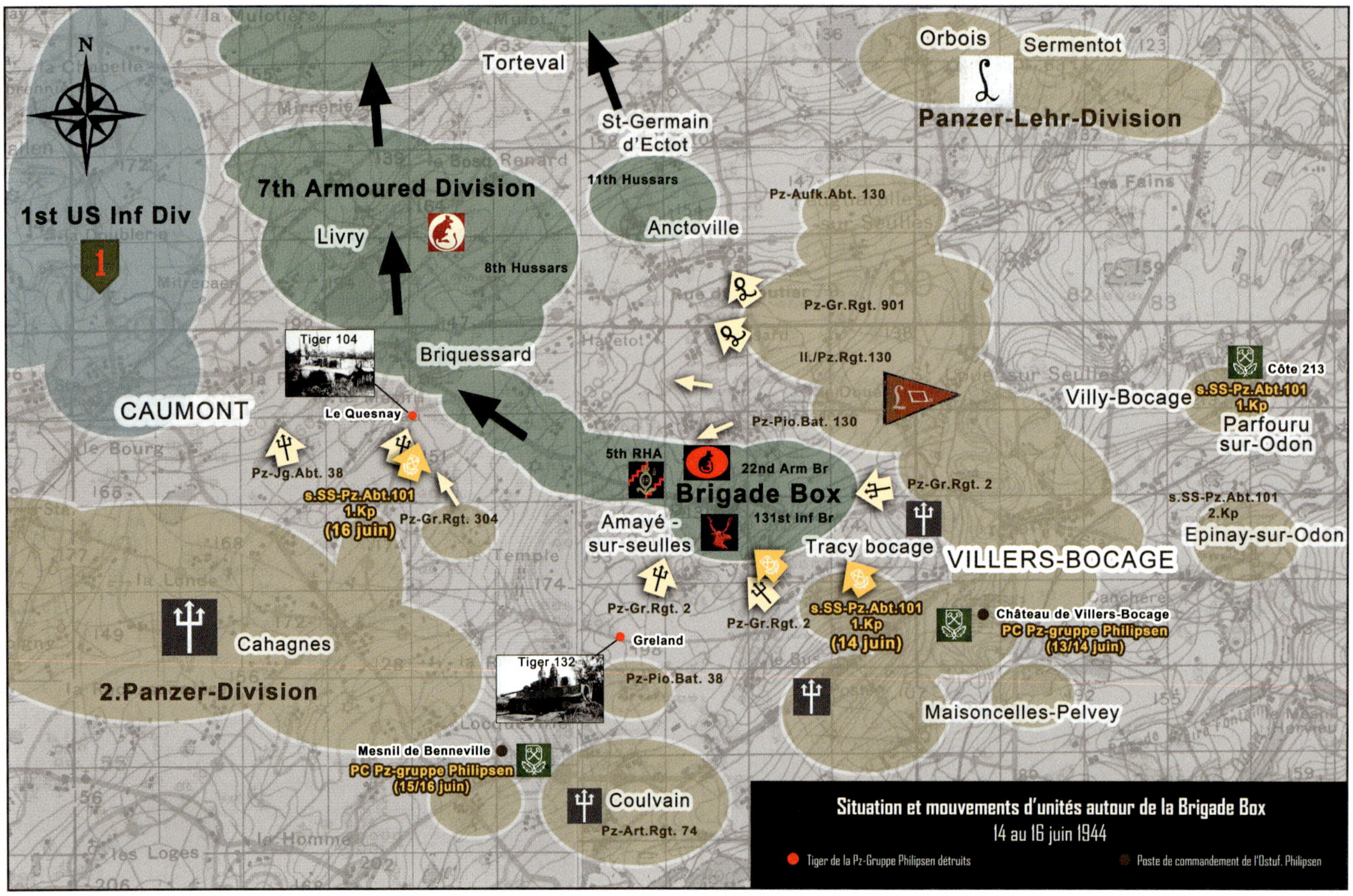


Carte récapitulative qui illustre l'engagement allemand entre Villers-Bocage et Cahagnes, du 13 juin au soir jusqu'au 16 juin 1944, et la situation très précaire de la « *Brigade Box* » (défense en hérisson) anglaise presque totalement encerclée. Bien que sous le feu de l'artillerie allemande, la route d'Amayé-sur-Seulles à Livry ne sera pas coupée entre le 13 et le 15 juin, ce qui permettra l'évacuation et le repli en bon ordre et avec des pertes minimes des unités de la « *Box* ». (Montage auteurs)

## La fin du Tiger 132 de l'*Unterscharführer* Wendt à Greland

Nous avions laissé l'*Uscha*. Werner Wendt de la *1.Kompanie* de la *s.SS-Panzer-Abteilung 101* avec son Tiger 134, en surveillance sur la cote 213 au nord-est de Villers-Bocage, le 13 juin 1944 vers 14 heures (1). Le chef de char et son équipage ont passé cette journée et celle du lendemain à bien préparer leur Tiger qui venait de faire une longue route jusqu'au front. La position n'était plus exposée aux attaques terrestres ennemies. La journée du 14 juin a été ponctuée par les alertes aériennes, les mitraillages et le défilé des renforts se portant sur le front de la «*Brigade Box*». Le remorquage des Tiger défectueux de la *2.Kompanie* de Wittmann croisaient le carrefour alors que les visites de *Kriegsberichter* succédaient à celles des officiers allemands curieux de découvrir du matériel britannique abandonné. Les hommes se sont faits une belle frayeur lorsqu'un des 3 Sherman Firefly du *A Sqn, 4th CLY*, immobilisé au bas de la Côte des Landes, est remonté de la direction de Villers-Bocage face à eux, mais le tank était conduit par des soldats de la *Hitlerjungend* le convoyant vers leurs postes ce commandement (2). Très tôt le matin du 15 juin, l'*Uscha.* Wendt est appelé par l'*Ostuf.* Philipsen à le rejoindre au château du Mesnil de Benneville (3), dans les lignes de la *2.Panzer-Division*, pour organiser la prochaine attaque.

Son témoignage nous éclaire :

*« A l'aube, un Kradmelder* (estafette) *m'amène aux autres Panzer de la 1.Kompanie depuis la cote 213. Sous le commandement de l'Ostuf. Philipsen, nous attaquons en direction du nord. Nous devons traverser le terrain coupé par de nombreuses haies avec quatre Tiger. Arrêté près de ces haies, je reçois alors un impact, probablement une charge creuse, qui traverse le blindage et projette une masse brûlante à l'intérieur du char. La tourelle est aussitôt remplie de flammes. Evacuation ! Mais je reste accroché à mes écouteurs et au laryngophone. Baisser la tête et arracher les fils ! Ces quelques secondes sont suffisantes pour que brûlent mes cheveux. Tous arrivent à sortir du*

*char en feu, mon pointeur a aussi de graves brûlures aux mains. Nous pouvons toutefois lui administrer les premiers soins à un poste de secours. »*

Pour éviter de se faire repérer par l'aviation ennemie sur la route de Vire, le groupe de trois chars (le Tiger 104 de *l'Ostuf.* Philipsen, le Tiger 131 de l'*Ustuf.* Hahn, le Tiger 132 de l'*Uscha.* Wendt) part au combat du parc du château du Mesnil de Benneville à travers champs. Au moulin de la «Blanche Maison», ils se portent sur le hameau de Beaumont pour prendre la route de Tracy-Bocage où les attend sans-doute un officier de *la 2. Panzer-Division*. C'est en longeant les positions britanniques de la *Brigade Box* que les Tiger ont été repérés, apparaissant sur la ligne de crête en face d'eux. Un antichar ou un Sherman Firefly avancé au sud des Bruyères de Saint-Germain avait tout le loisir d'observer la progression du Tiger de tête de la *Panzergruppe* montant la côte de Greland. Caché en contrebas dans des haies, le canon a vraisemblablement tiré d'une distance de 500/600 mètres, réussissant à stopper la colonne et détruisant le Tiger 132. La *Panzergruppe* de la *1. Kompanie* de Möbius est réduite en deux jours de 8 à 2 Tiger en état de marche depuis le début de son engagement le 13 juin 1944 à midi !

## La Croix de fer de l'*Obersturmführer* Philipsen

Pour accompagner le récit de la mort de l'*Ostuf.* Philipsen le 16 juin 1944, nous devons retourner à Villers-Bocage le 13 juin 1944, aux alentours de 15 heures, au bas de la rue Pasteur. Le chef de char évacue précipitamment son Tiger 111 immobilisé par un tir ennemi décoché depuis la place de la Mairie qui a contraint l'engin à venir s'immobiliser dans la façade d'un bâtiment. Les rapports de pertes de la *Tiger-Abteilung* nous indiquent au moins un conducteur tué pour la *1.Kompanie* ce jour-là. Alors que la trappe du pilote du Tiger 111 est restée fermée sur les photographies (4) de Bill Cotton prises peu après, celle du radio a été ouverte. Nous pensons avoir retrouvé la trace du radio de ce *Panzer* puisqu'un rapport d'interrogatoire britannique au sujet de la capture d'un *Schütze,* nommé Kallenbach, est daté du 13 juin 1944. Le *Panzerschüzte,* fait prisonnier avec les *Panzergrenadiere* de la *2.Panzer-Division* à la sortie de la localité, n'est pas identifié tout de suite comme un Waffen-SS de la *s.SS-Panzer-Abteilung 101,* malgré les descriptions techniques précises qu'il indique aux Britanniques, Il est associé à un équipage de char d'un *« 2nd Pz Rgt »*. Un autre membre du Tiger 111 a trouvé la mort, selon Kallenbach, qui confirme bien celle du conducteur. Le Tiger est resté avec (au moins) un tué à l'intérieur, une heure au moins avant que les troupes de Bill Cotton ne l'incendie comme nous l'avons vu. La Croix de Fer de l'*Ostuf.* Philipsen a été récupérée lors de l'inspection du Tiger par l'un des soldats anglais durant ce laps de temps (la photo qui l'accompagnait était bien celle de Philipsen, ce qui ôte tout doute possible quant à son récipiendaire). La décoration a été ensuite offerte en trophée au *Corporal* George Horne, peut-être en raison du fait qu'il s'était blessé pendant la bataille autour de la Mairie et qu'il avait tiré (touché ?) l'un des chars allemands lors d'une manœuvre particulièrement audacieuse. Le *Cpl.* George Horne et le *Trooper* Robert Wright se sont retrouvés dans le même hôpital après leur rapatriement en Angleterre en juin 1944 (ils se sont revus après la guerre aussi). On peut supposer que c'est à cette époque que George Horne à son tour a offert la Croix de Fer à Robert Wright. Nous présentons un extrait des mémoires du *Trooper* Robert Wright qui était conducteur-mécanicien dans le char du Lt. Hedges du *3 Troop,* au sein du *B Squadron, 4th CLY*. La période concerne le 14 juin 1944 dans la *Brigade Box* – manifestement, certains de ses souvenirs concernant cette décoration sont empreints d'une certaine confusion, fort compréhensible après tant d'années :

*« J'étais allongé à côté de notre char immobilisé et en train de parler à un homme qui creusait une tranchée quand un coup de feu a retenti et, brus-*

Profil du Tiger 104 de la *1.Kompanie* de la *s.SS-Panzer-Abteilung 101* qui sera détruit au Quesnay/La Tringale le 16 juin 1944. (Illustration F. Deprun.)

Photographie d'origine américaine **(en haut de page)** prise après le mois de juillet 1944 sur le lieu d'abandon du Tiger 132 du *III.Zug* de la *1.Kompanie* de la *s.SS-Panzer-Abteilung 101,* au sommet de la côte qui borde le lieu-dit « Greland », sur la route qui mène de Cahagnes à Tracy-Bocage. Le Tiger, qui a été détruit assez tôt le matin du 15 juin 1944, était alors commandé par l'*Uscha.* Wendt qui venait d'être appelé dans ce secteur du front. Depuis le 13 en fin de journée et jusqu'au soir du 14, le 132 avait cependant participé aux combats face à la *Brigade Box* avec un autre chef de char - probablement le *Junker* Asbach. Les circonstances de l'évacuation du Tiger par Wendt et son équipage semblent indiquer qu'un antichar ou un char anglais positionné au nord de la route, sans doute en couverture lors du retrait de la *Brigade Box*, aurait repéré puis touché le char lorsqu'il et est apparu sur la ligne de crête et à découvert aux observateurs britanniques. Les vues **(au centre)** et **(en bas)** montrent le même engin tel qu'on pouvait le voir sur cet axe jusqu'en 1948. Après abandon le 15 juin, l'engin a manifestement été la cible d'autres tirs – y compris venant du ciel – dans les jours suivants, comme en témoigne les nombreuses traces d'impacts sur la carcasse du char. (Collection M. Kenny **(en haut)** et H. Marie **(au centre)** et **(en bas)**.

**Ci-contre :** portrait de l'*Uscha.* Werner Wendt de la *1.Kompanie* de la *s.SS-Panzer-Abteilung 101* dont l'uniforme arbore la bande de bras « Adolf Hitler », l'insigne des blessés en bronze et celle des chars d'assaut en argent. (Coll. privée.)

**Ci-dessous :** vestiges récupérés par des collectionneurs à l'endroit de destruction du Tiger 132. Il y a là quelques patins de chenilles fort usés dont les crampons en forme de chevrons ont disparu, et ce qui pourrait être les restes d'un filtre à huile. (Coll. privée.)

**En bas :** photographie prise par le *Kriegsberichter* Scheck le 7 juin à Morgny sur laquelle nous pouvons voir le Tiger 132 de l'*Uscha.* Werner Wendt huit jours avant sa destruction. Le chef de char apparaît au tourelleau les mains dans les poches de son manteau. Les membres de l'équipage survivront à la destruction de leur engin, malgré certaines blessures et brûlures. (KB Scheck.)

**Ci-dessus :** photographie bien connue prise à la mi-juin 1944 par le *Kriegsberichter* Zwirner du Tiger 111 de l'*Ostuf.* Hannes Philipsen qui fut stoppé puis incendié dans la rue Pasteur de Villers-Bocage. Il faut noter que l'écoutille du radio a été ouverte pour permettre l'évacuation avant que le tube du canon ne soit définitivement immobilisé au-dessus. Nous pouvons penser à une ultime manœuvre de Philipsen ou du pointeur pour permettre au pilote du Tiger, touché par le tir anglais dans la partie inférieure à l'avant gauche de la caisse, d'ouvrir sa trappe, mais également de balayer le bas de la rue à coups d'obus de 8,8cm et de tirs de MG34. Le canon dirigé vers l'ennemi devait bloquer son ouverture mais celle-ci ne s'est finalement pas ouverte car le pilote est mort à l'intérieur (voir photo prise par le *Lt.* Cotton juste après les combats, en page 149). La photographie de Zwirner montre la trappe « conducteur » qui a été basculée ensuite, probablement par les hommes de Cotton pour permettre l'incendie du char. (KB Zwirner)

Portrait de l'*Ostuf.* Hannes Philipsen, *Zugführer* de la *1.Kompanie* de la *s.SS-Panzer-Abteilung 101* et chef du Tiger 111 lors de l'attaque du 13 juin 1944 dans Villers-Bocage. Philipsen trouvera la mort le 16 juin 1944, sur la route de Cahagnes à Briquessard, mortellement touché par des éclats d'obus après avoir évacué son Tiger (le 104, à cette date) en compagnie de son pointeur et de son pourvoyeur. Son radio et son conducteur, l'*Uscha.* Walter Sturhahn, partageront également le sort tragique de leur chef, succombant aux rafales des mitrailleuses anglaises alors qu'ils tentaient de s'extraire du Tiger. (Allan Wright.)

*quement, j'ai été touché ! Le sniper a été rapidement détecté et neutralisé, mais sa balle m'a touché en haut du bras gauche et a brisé l'os, puis a traversé ma cuisse et après être ressortie, elle a emporté un des doigts du type qui creusait la tranchée. Une balle – cinq blessures ! J'aurais dû y passer car le sniper, qui avait un fusil équipé d'une lunette télescopique, se trouvait à une distance de cent cinquante mètres seulement. Après que je fus soigné pour mes blessures et que mon bras fut mis dans une attelle, on m'a donné la Croix de Fer de l'Allemand mort (le sniper) que j'ai toujours en ma possession aujourd'hui. Je fus rapidement évacué par bateau avec d'autres blessés dans le LST 425 et j'ai été transporté dans un hôpital à Southampton. C'est comme cela que la guerre s'est terminée pour moi. »*

La décoration *Eisernes Kreuz I. Klasse* de l'*Ostuf.* Philipsen, ainsi que son coffret et la photo de l'officier qui se trouvait à l'intérieur, ont été remis à sa famille à la demande d'Alan Wright, le fils de Robert Wright, et grâce à l'aide de Friedrich Hanje en Allemagne.

## La destruction du Tiger 104 et la mort de l'*Obersturmführer* Philipsen

### Deux Tiger accompagnent l'attaque de la Tringale/Le Quesnay

La zone de repli des troupes engagées à Villers-Bocage, en pointe de « l'Opération *Perch* », nommée « *Brigade Box* », a été formée officiellement le 13 juin 1944 à 20 heures. Après avoir complètement évacué le secteur de Villers-Bocage/Amayé-sur-Seulles le 15 juin 1944, les forces britanniques ont continué de se replier vers le nord-ouest sur la route de Caumont, jusqu'au Moulin de Briquessard, point pivot pour tenter de prendre Cahagnes. Des attaques répétées avaient eu lieu sur l'axe nord/sud Livry-Cahagnes lancées par la *131st Infantry Brigade* depuis le 14 juin 1944 pour garder ouvert cet axe après l'évacuation de Villers-Bocage. Au cours des journées des 14, 15 et 16 juin 1944, une pression continuelle est opérée par les deux camps sur le village du Quesnay/La Tringale situé sur cet axe. Les attaques de Typhoon se placent alors en support direct de la *7th Armoured Division,* sur les lignes de la *2. Panzer-Division*. L'unité allemande essaye de progresser pour capturer l'embranchement de Briquessard, et ainsi contrôler une nouvelle fois la route qui mène de Villers-Bocage jusqu'aux premières lignes américaines. Les détails de ces combats sont développés en détail dans le livre *2. Panzer-Division* en Normandie, vol.1, Frédéric Deprun, Editions Heimdal, 2016.

Alors que la *Panzergruppe* de l'*Ostuf.* Philipsen est transférée sur le front de la *Kampfgruppe Schake* (*Pz-Gr.Rgt. 304*), il ne lui reste plus que 2 Tiger de la *1./s.SS-Panzer-Abteilung 101* disponibles : le Tiger 104 du *Kompaniechef*, qu'il utilise lui-même depuis le soir du 13 juin, et le Tiger 131 de l'*Ustuf.* Hahn. pour appuyer la *2. Panzer-Division*. L'unité du *Generalleutant* von Lüttwitz ne possède le 16 juin au matin que deux PzKpfw. IV de la Kampfgruppe Lex *(II./Panzer-Regiment 130)* pour appuyer une nouvelle tentative pour prendre le Moulin de Briquessard. Les deux Tiger vont venir se porter sur l'axe principal de progression pour ouvrir le chemin aux *Panzergrenadiere*.

**Ci-contre :** ce document exceptionnel nous montre l'*Eisernes Kreuz I. Klasse* de l'*Ostuf.* Hannes Philipsen dans sa boite, décoration récupérée par le *Lieutenant* Bill Cotton, le 13 juin 1944 dans le Tiger 111 abandonné rue Pasteur à Villers-Bocage. La Croix de fer sera restituée à la famille Philipsen en 2014 (voir récit). (Alan Wright.)

**Ci-dessus :** photographie tragique de trois amis au sein de la *s.SS-Panzer-Abteilung 101*, tous disparus en Normandie, prise au début de l'année 1944 à Mons en Belgique. De gauche à droite, nous pouvons voir : l'*Ostuf.* Hannes Philipsen mort le 16 juin 1944 à Briquessard/Le Quesnay, le *Hstuf.* Wittmann mort le 8 août 1944 près de Cintheaux et l'*Ustuf.* Günther mort le 15 juin à Evrecy. (Kameradschaft LSSAH.)

L'intelligence britannique ne possède pas d'indice de la présence de la *s.SS-Panzer-Abteilung 101* dans le secteur de Caumont-Villers-Bocage avant le 16 juin 1944. Jusqu'à cette date, elle n'avait pour information que la présence de chars lourds d'une unité SS dans le secteur de Villers-Bocage.

Le *Second Army Intelligence Summary N°13* de l'Armée canadienne précise pour cette journée :

« *Une autre unité Panzer SS a presque certainement été identifiée au combat dans le secteur de Caumont. Un char Tiger a été détruit à Briquessard, 7459, lequel possède un emblème avec des clés croisées. Ce signe est associé au I.SS-Panzer-Korps et un indice confirme la présence de ce Korps dans le secteur avec un document capturé comportant un FPN (*Field Post Marking *ou* Feldpost *en Allemand). Le FPN est le numéro 59540, lequel a déjà été identifié dans le secteur de Mons, et nous pensons qu'il appartient au I.SS-Panzer-Korps, possiblement à la s.SS-Pz.Abt. 101.* »

Le même rapport indique la capture d'un véhicule de la *s.SS-Pz-Abt. 101* au nord du château de Villers-Bocage (8157) par les troupes britanniques le 13 juin 1944, (noté le 15 juin dans le Rapport SAIS N°13). Mais nous savons que les troupes anglaises ont quitté la localité le 13 juin en fin d'après-midi. Il pourrait s'agir d'un Schwimmwagen de reconnaissance de la *4. Kompanie* de la *s.SS-Pz-Abt. 101*.

Le *Second Army Intelligence Summary N°13* de l'Armée canadienne localise précisément la destruction du Tiger 104 et fournit une description fort détaillée de cette action : (voir encadré page suivante).

## La mort tragique de l'*Ostuf.* Hannes Philipsen

A l'écart du rapport froid et circonstancié de l'*Intelligence* (service de renseignement) britannique concernant la destruction du Tiger 104, il existe celui issu du terrain, c'est-à-dire le témoignage que rapporte le camarade de l'*Ostuf.* Philipsen, l'*Ustuf.* Hahn situé dans son Tiger 131, en arrière du Tiger détruit ce jour-là :

« *Nous partons pour une attaque le 16 juin, près de Cahagnes. Hannes y trouvera la mort du héros. Notre groupement tactique constitué de quatre* chars (NDA : il en reste deux à cette date) *et placé sous son commandement, attaque conjointement avec les Panzergrenadiere et avance tout d'abord bien. Nous repoussons l'ennemi d'un village* (NDA : Le Quesnay) *et, en sortant, nous tombons sous un feu d'artillerie et d'antichars comme je n'en avais jamais vécu auparavant. Le char de Hannes reçoit aussitôt deux tirs d'obus antichars et prend feu. Je me trouve avec mon Panzer à une vingtaine de mètres de là et je vois comment Hannes et un membre de son équipage, apparemment encore indemnes, évacuent l'engin et tentent de se replier. Un obus tombe alors à proximité et je vois Hannes s'effondrer et rester immobile à terre. Je quitte aussitôt mon Panzer pour me porter près de lui mais en arrivant, je vois qu'il est déjà trop tard. Plusieurs éclats d'obus ont dû lui infliger une mort sans souffrance. Nous allongeons son corps sur mon Panzer et nous le ramenons à la Kompanie après les combats.* »

Le conducteur, l'*Uscha.* Walter Sturhahn et le radio n'ont pas réussi à s'échapper du Panzer en feu (voir rapport G-WO171/439 en page suivante), l'*Ostuf.* Philipsen s'est replié devant le Tiger 131 avec son pointeur et son pourvoyeur. La triste nouvelle de la mort de Philipsen a durement touché l'*Ostuf.* Wittmann, l'*Hstuf.* Möbius et l'ensemble de la *Tiger-Abteilung* au sein duquel il était vraiment apprécié. Pour récompenser l'action de combat de l'*Ostuf.* Philipsen entre le 13 et le 16 juin 1944, le *Stubaf.* von Westernagen, commandant de la *s.SS-Panzer-Abteilung 101,* l'a proposé pour l'attribution de l'*Ehrenblattspange* (5) pour bravoure extraordinaire face à l'ennemi.

Le Tiger 131 de l'*Ustuf.* Hahn a pu dans la journée reprendre la route vers le poste de commandement de la *1.Kompanie* de la *s.SS-Panzer-Abteilung 101*. Il constitue le dernier char en état de marche de la *Panzergruppe* de 8 Tiger lancée le 13 juin 1944 vers midi, à l'assaut de la cote 213 et de Villers-Bocage.

Cette photographie d'une épave de Tiger est restée fort mystérieuse pendant plus de 30 ans car, à l'exception des marquages encore visibles qui identifiaient cet engin comme un char de de la *1.Kompanie* de la *s.SS-Panzer-Abteilung,* aucune autre information n'était disponible et sa localisation impossible à établir précisément. Grâce à deux rapports militaires alliés, nous avons pu formellement identifier ce Tiger : il s'agit du 104 de la section de commandement de la *1.Kompanie* de la *s.SS-Panzer-Abteilung 101* qui a été détruit par plusieurs tirs d'un antichar anglais de 17 livres (« Ordnance QF 17 Pounder ») du *65th Anti-Tank Regiment (Norfolk Yeomanry)* sur la route à proximité, le 16 juin 1944, provoquant la mort du chef de char qui le commandait ce jour-là, à savoir l'*Ostuf*. Hannes Philipsen. Le Tiger a perdu sa tourelle soit à la suite du déminage du terrain par accumulation de munitions et pétardage après les combats, soit plus sûrement par l'intervention de ferrailleurs qui n'avaient pas encore attaqué la caisse au moment où ce cliché a été pris (voir également photos en page 230). (NARA.)

**Direction *British 7th Armoured Division* G - WO171/439 de juin à juillet 1944, Appx F 11** publié le 20 juin 1944.

**Rapport sur la destruction du Mk VI char (Tiger) ennemi. Par *OC A/Tank Regiment* de cette division**

« À environ 10 heures le 16 Juin 1944, l'ennemi a lancé une attaque de la taille d'une compagnie soutenue par un Mk IV et un char Mk IV (Tiger I) plein nord sur la route Cahagnes – Le Quesnay - Briquessard. L'infanterie (ennemie) a été engagée par les armes légères. L'infanterie était disposée en éventail de chaque côté d'un char Tigre (Mk VI) qui avançait très lentement sur la route dans le secteur 741 587, la tourelle pivotant de droite à gauche. Un canon (antichar) de 17 livres avait été installé dans une position embusquée afin de couvrir ce tronçon de route. Le n° 1 a vu le tank arriver à environ 300 mètres et l'a laissé venir lentement avec l'intention de l'engager à environ 150 mètres. À environ 200 mètres cependant, un char qui assurait la protection des flancs, a ouvert le feu. Le n° 1, craignant que sa proie allait virer (lui échapper), a tiré. Il a décoché deux obus et le char a commencé à fumer. Le tireur MG étant blessé, a évacué et a été tué par des coups de feu Bren. Le conducteur a tenté de sortir et a été tué au même moment où il sortait de la trappe. Nos tanks ont alors ouvert le feu depuis les deux flancs et le char a commencé à « se consumer » rapidement. Le deuxième char s'est détaché et a été immédiatement engagé, et a été signalé mis hors de combat. Il s'agissait d'un Mk IV. L'infanterie ennemie, à ce moment, a débordé notre infanterie qui s'est retirée en prenant notre équipe antitank avec eux. Ce dernier s'est redéployé au HQ, à environ 70 mètres en arrière, et avec leur fusil-mitrailleur Bren, tous ont pris part à la contre-attaque. Ils ont pulvérisé une haie et un gémissement s'est fait entendre - la position a été reprise et les servants du canon ont réoccupé sa tranchée. Six corps ont été retrouvés morts du côté de la haie où se trouvait l'ennemi. Je suis allé examiner le char dans l'après-midi et j'ai trouvé les résultats suivants: La plaque verticale inférieure, à savoir : - la plaque au-dessous de celle où la visière du conducteur est située, a été complètement pénétrée par deux obus de 17 livres (antichar), les deux trous se rejoignant. Les obus ont frappé à un angle d'environ 90°. L'épaisseur du blindage était de 3 pouces environ. Dans chaque cas, les obus ont dû passer à travers les patins de chenille de rechange qui étaient fixés sur la plaque inférieure inclinée, avant que la plaque verticale ne puisse être percée. Sur la plaque horizontale supérieure qui fait la jonction avec le bas de la plaque supérieure, il y avait un sillon d'environ 4 pouces de long et des éclats sur la plaque verticale supérieure. Cela pourrait avoir été causé par le premier obus de char. Sur la face visible du barbotin avant, six dents avaient été arrachées. Le quatrième galet sur le côté droit avait été percé et l'obus avait pénétré le blindage latéral du char à un angle d'environ 70°. Sur le côté gauche, il y avait une pénétration complète au centre de la plaque verticale inférieure à un angle de 80°. Il y avait une pénétration partielle de la partie juste au-dessus de la chenille et au-dessous de la plaque verticale inférieure, de nouveau dans le centre. Je n'ai malheureusement pas pu mesurer l'épaisseur du blindage au niveau des pénétrations de chaque côté au-dessus de la chenille, mais le projectile sur le côté droit a traversé jusqu'au moteur. Tous les tirs de flanc ont été tirés par des Cromwells à des distances de l'ordre de 200 à 300 mètres. Ces chars avaient avancé sur chaque flanc pour s'assurer que le char (Tiger) avait eu son compte. Le numéro du char était 104. Le char avait un "S" blanc sur un carré vert sur le côté gauche de la plaque verticale supérieure et des clés croisées dans un bouclier avec deux feuilles de chêne en dessous sur le côté droit de la même plaque ».

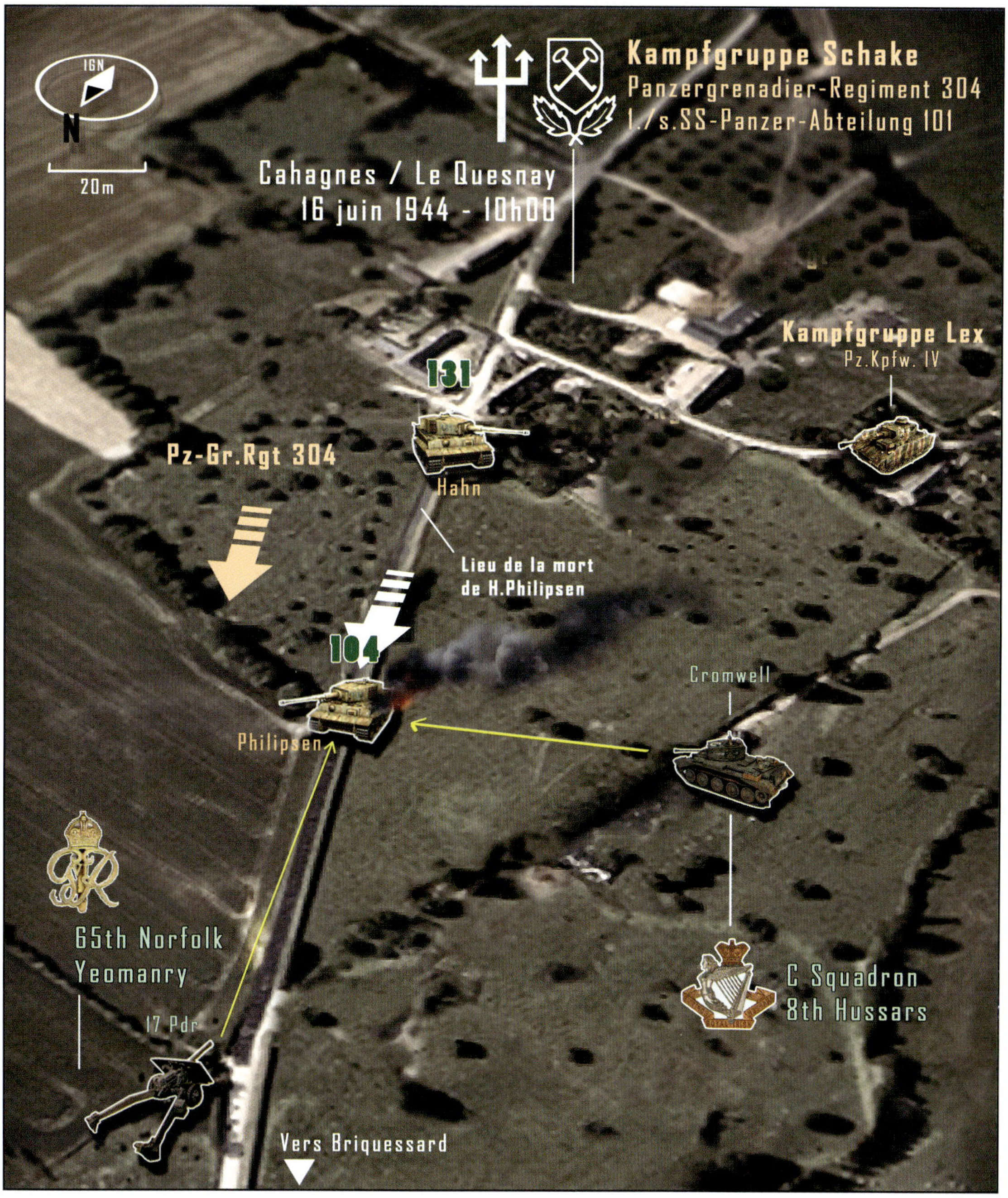


Plan de situation de la destruction du Tiger 104 au Quesnay le 16 juin 1944. Il a été touché par l'antichar anglais à une distance d'environ 150 mètres. Des tirs provenant de chars du *C Sqn.* du *8th Hussars* l'ont également atteint sur ses flancs. La destruction sera d'ailleurs revendiquée à parts égales par le *65th AT Regiment* et le *C Sqn, 8th Hussars*, unités appartenant toutes les deux à la *7th Armoured Division*. (F. Deprun.)

Portrait de l'*Ostuf.* Hannes Philipsen, *Zugführer* de la *1.Kompanie* de la *s.SS-Panzer-Abteilung 101,* mort au combat le 16 juin 1944 au Quesnay. (Kameradschaft LS SAH.)

**Ci-contre :** nous voyons ici le lieu exact de la destruction du Tiger 104 de l'*Obersturmführer* Hannes Philipsen, à la sortie du hameau du Quesnay sur la route du Moulin de Briquessard. L'antichar anglais qui a détruit le char devait se trouver embusqué dans la haie ou au niveau d'un chemin agricole au fond de l'image. Des morceaux du Tiger se trouvent encore sous la route ! (Photo auteurs.)

**Ci-dessous :** panneau indicateur d'époque situé au moulin de Briquessard, le point que devait atteindre le Tiger 104 de l'*Ostuf.* Hannes Philipsen lors de l'assaut mené le 16 juin 1944 avec les *Panzergrenadiere* de la *2.Panzer-Division*. (Voir « *2.Panzer-Division en Normandie* », tome 1, par Frédéric Deprun, à paraître en 2016 aux Éditions Heimdal, pour plus de détail sur l'attaque). (Photo auteurs.)

Groupe de quatre photographies prises dans le cadre de « l'*AFV Technical Report* numéro 15, Appendix A » pour le *21th Army Group,* en septembre 1944. Il s'agit du rapport photographique des impacts ayant provoqué la destruction du Tiger 104 par les Britanniques le 16 juin 1944 au Quesnay, près de Cahagnes. Les cinq impacts d'obus visibles sur les différentes parties de l'engin correspondent à la description dans le document ci-contre. A noter les deux trous provoqués par le tir de l'antichar de *17 Pounder* anglais sont presque juxtaposés ce qui montre une précision chirurgicale pour une visée à 150-200 mètres. Il est regrettable qu'aucune des vues disponibles ne montre l'ensemble du char, mais sur l'un des clichés en gros plan il est possible de voir une partie du canon, preuve qu'à cette période la tourelle reposait encore sur la caisse. (NARA, via Sam Wren)

Canon antichar britannique « *Ordnance Quick-Firing 17-pounder* » (17 livres, 76,2 mm) qui commença à équiper les unités d'artillerie antichar à partir de 1943. Ses obus perforants pouvaient pénétrer la majorité des chars allemands.

(1) Voir page 124 de l'ouvrage.

(2) Agte, Tiger, *Album historique du bataillon de chars lourds de la Leibstandarte*, Heimdal, (page 272) et manuscrit original de W. Wendt.

(3) Le choix du château du Mesnil de Benneville pour poste de commandement de la Panzergruppe Philipsen à partir du 14 juin 1944 au soir a été certainement guidé par la position stratégique du secteur au sud de Cahagnes, à proximité du cœur du dispositif d'attaque de la *2.Panzer-Division.*

(4) Voir page 149 de l'ouvrage.

(5) Agrafe de la liste d'honneur (en allemand : Ehrenblattspange) qui est une distinction militaire allemande du Troisième Reich, et attribuée à tous les soldats des troupes de la Wehrmacht pour actes répétés de bravoure. La récompense ne pouvait être accordée seulement après qu'un bénéficiaire ait reçu la Croix de Fer dans les première et deuxième classes.

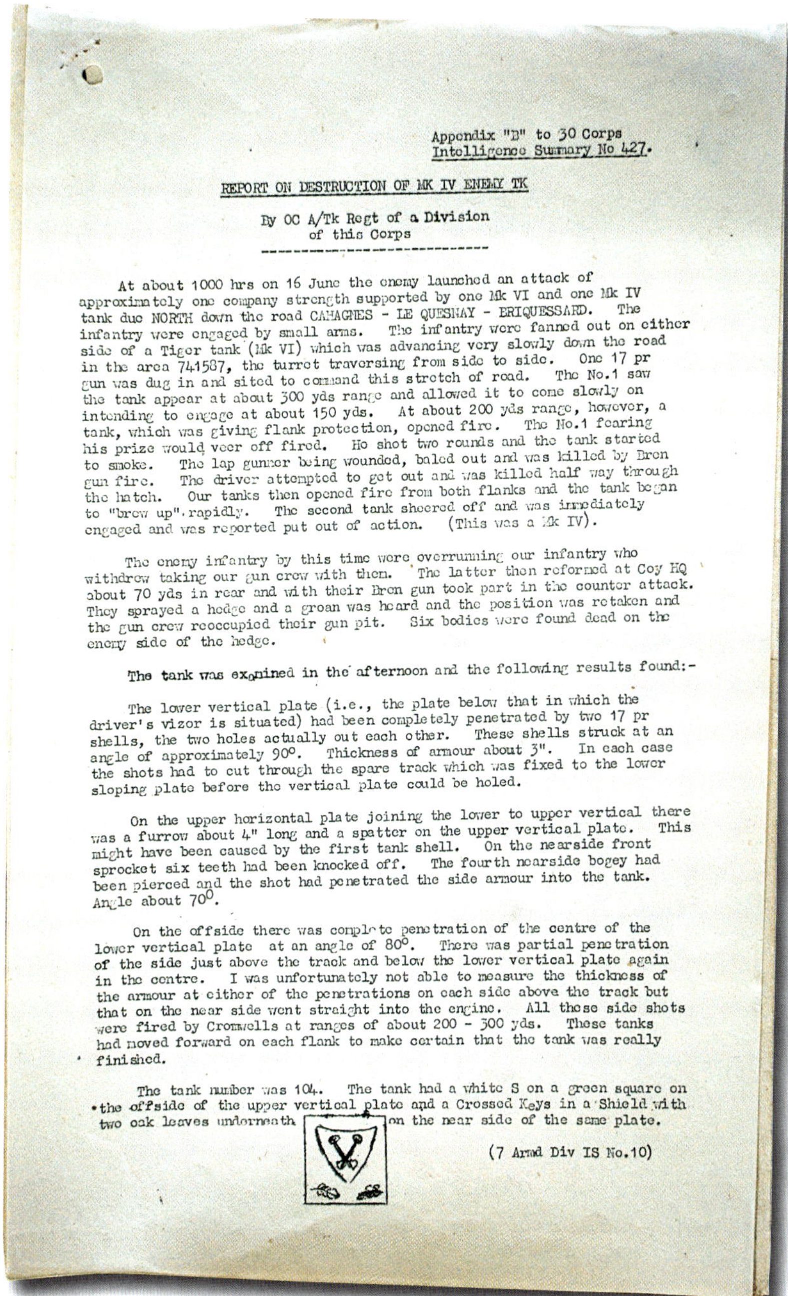

Appendix "B" to 30 Corps
Intelligence Summary No 427.

REPORT ON DESTRUCTION OF MK IV ENEMY TK

By OC A/Tk Regt of a Division
of this Corps

At about 1000 hrs on 16 June the enemy launched an attack of approximately one company strength supported by one Mk VI and one Mk IV tank due NORTH down the road CAHAGNES - LE QUESNAY - BRIQUESSARD. The infantry were engaged by small arms. The infantry were fanned out on either side of a Tiger tank (Mk VI) which was advancing very slowly down the road in the area 741587, the turret traversing from side to side. One 17 pr gun was dug in and sited to command this stretch of road. The No.1 saw the tank appear at about 300 yds range and allowed it to come slowly on intending to engage at about 150 yds. At about 200 yds range, however, a tank, which was giving flank protection, opened fire. The No.1 fearing his prize would veer off fired. He shot two rounds and the tank started to smoke. The lap gunner being wounded, baled out and was killed by Bren gun fire. The driver attempted to get out and was killed half way through the hatch. Our tanks then opened fire from both flanks and the tank began to "brew up". rapidly. The second tank sheered off and was immediately engaged and was reported put out of action. (This was a Mk IV).

The enemy infantry by this time were overrunning our infantry who withdrew taking our gun crew with them. The latter then reformed at Coy HQ about 70 yds in rear and with their Bren gun took part in the counter attack. They sprayed a hedge and a groan was heard and the position was retaken and the gun crew reoccupied their gun pit. Six bodies were found dead on the enemy side of the hedge.

The tank was examined in the afternoon and the following results found:-

The lower vertical plate (i.e., the plate below that in which the driver's vizor is situated) had been completely penetrated by two 17 pr shells, the two holes actually out each other. These shells struck at an angle of approximately 90°. Thickness of armour about 3". In each case the shots had to cut through the spare track which was fixed to the lower sloping plate before the vertical plate could be holed.

On the upper horizontal plate joining the lower to upper vertical there was a furrow about 4" long and a spatter on the upper vertical plate. This might have been caused by the first tank shell. On the nearside front sprocket six teeth had been knocked off. The fourth nearside bogey had been pierced and the shot had penetrated the side armour into the tank. Angle about 70°.

On the offside there was complete penetration of the centre of the lower vertical plate at an angle of 80°. There was partial penetration of the side just above the track and below the lower vertical plate again in the centre. I was unfortunately not able to measure the thickness of the armour at either of the penetrations on each side above the track but that on the near side went straight into the engine. All these side shots were fired by Cromwells at ranges of about 200 - 300 yds. These tanks had moved forward on each flank to make certain that the tank was really finished.

The tank number was 104. The tank had a white S on a green square on the offside of the upper vertical plate and a Crossed Keys in a Shield with two oak leaves underneath on the near side of the same plate.

(7 Armd Div IS No.10)

**Ci-contre :** document provenant du *XXX Corps*, *Intelligence Summary N°427 (Appendix)* en date du 20 juin 1944 qui fournit un récit très précis de la destruction du Tiger 104 de la *1./s.SS-Panzer-Abteilung 101* ainsi qu'une analyse des différents impacts et des marquages observés (à noter en particulier la description de l'insigne de l'unité – « clés croisées dans un écusson » – et l'utilisation de la couleur verte : insignes peints sur fond vert, la couleur que la *1.Kp.* utilisait également pour ses numéros de tourelle). (NARA, via Sam Wren.)

**Ci-dessous :** trappe d'accès blindée du moteur du Tiger 104, stockée depuis 1945 dans une ferme des alentours. (Coll. privée, photo Yann Jouault.)

**Ci-dessous, à droite :** reliquat inerte du lot de munitions de bord *(8,8 cm Pzgr. / Sprgr. Patr. 39 Kw. K. 36)* laissé lors du déminage du Tiger 104, avec deux exemplaires têtes d'obus de 8,8 cm utilisés par le canon des Tiger de la *s.SS-Panzer-Abteilung 101*. (Photo Yann Jouault.)

# Annexe F
# Le destin des épaves de chars de Villers-Bocage

## Un état de lieux pour les neuf chars allemands immobilisés dans Villers-Bocage le 13 juin 1944

Au fil des années, avec l'intérêt croissant qu'a suscité la bataille de Villers-Bocage auprès des passionnés d'histoire de la Seconde Guerre mondiale, une question revenait sans cesse : qu'étaient devenues les épaves des nombreux chars et véhicules détruits dans la ville et autour de celle-ci ? Nous commencerons par celles qui continuent de cristalliser l'attention, à savoir celles des Tiger de la *s.SS-Panzer-Abteilung,* et en particulier celle du *Panzer* de Michael Wittmann.

Dans les chapitres précédents, nous avons tenté de faire la lumière sur l'identité de chaque engin engagé. Naturellement, il subsistera toujours plusieurs zones d'ombre, à commencer par les chars touchés qui ont pu être évacués avant qu'un reporter de guerre n'ait l'opportunité de les photographier. Concernant le char de Wittmann, il a été envisagé que celui-ci pouvait être le Tiger 231 que l'on peut voir être remorqué par le Tiger 222 au lendemain de la bataille (photos du KB Grimm, voir

**Ci-contre :** Photomontage sur l'emplacement où a été détruit le Tiger 123 lors de l'attaque du 13 juin 1944, au carrefour de la rue Jeanne Bacon et de la rue Emile Samson. Les lieux en 2014 sont quasiment identiques à ceux de 1944 ce qui, compte tenu de l'ampleur des destructions dans Villers à la fin de la guerre, est proprement remarquable. L'épave ne restera à ce croisement que du 13 au 17 juin, date à laquelle elle sera remorquée par les Allemands au sud de Villers-Bocage pour servir de leurre aux avions alliés. (Montage F. Deprun sur photo du KB Zwirner, BA.)

**Ci-contre :** photographie prise par un *Kriegsberichter* de la *Luftwaffe* dans la rue Pasteur à Villers-Bocage entre le 15 et le 17 juin 1944, la ville ayant subi un premier bombardement destructeur. Le Tiger 212 de Michael Wittmann, abandonné le long d'un trottoir sur la gauche de l'image, a été cannibalisé après la constatation de son état irréparable par les Allemands (NB : il a été incendié par le *Lt.* Cotton et le *Sgt.* Bramall juste après les combats dans l'après-midi du 13 juin). Les chenilles et la couronne du barbotin avant gauche ont été démontées, et toutes les pièces importantes réutilisables ont été récupérées avant son remorquage pour servir de leurre-épave en compagnie du Tiger 123 sur la route d'Aunay-sur-Odon. (Coll. M. Kenny.)

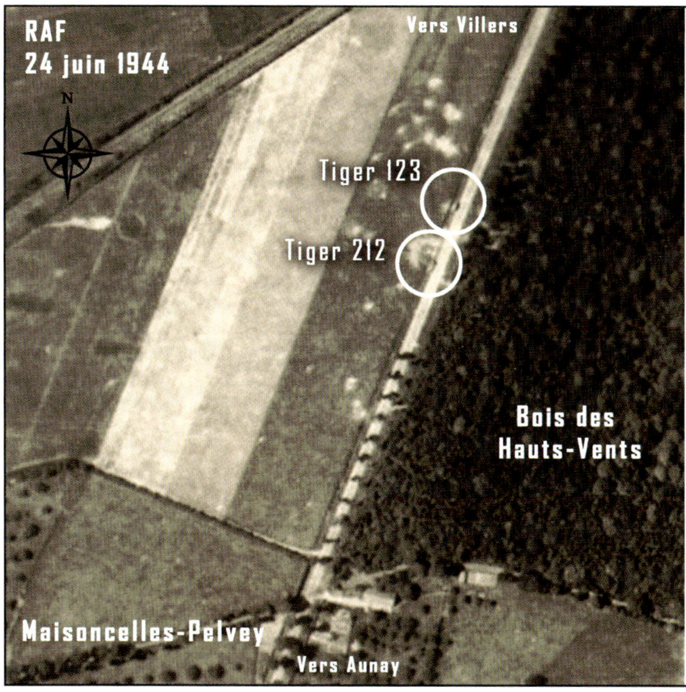

**Ci-dessus :** plans de situation des deux épaves « leurres » près du bois des Hauts-Vents, au sud de Villers-Bocage, le 24 juin 1944 et en 1947. (NCAP 1944 et IGN 1947.)

**Ci-contre :** photographie des deux épaves des Tiger 212 et 123, remorquées une deuxième fois au bord d'un champ sur la commune de Maisoncelles-Pelvey, le lieu ultime de leur abandon avant leur ferraillage définitif. Nous ne connaissons pas la raison de ce déplacement, ni l'identité de ceux qui l'ont effectué, ni à quelle date. (Coll. de Clermont-Tonnerre.)

Annexe C), mais nous pensons que notre présente étude permet désormais d'écarter définitivement cette hypothèse. Nos récentes découvertes montrent en effet qu'un tout autre scénario s'est joué dès le 13 juin au soir en ce qui concerne les épaves des quatre Tiger définitivement perdus dans Villers, dont le char de Wittmann qui, sur la base de nos recherches, ne peut à notre sens qu'être le Tiger 212 abandonné et incendié en face du magasin Huet-Godefroy, dans la rue Clémenceau.

Ainsi, après avoir évacué le bourg vers 18 heures, les Anglais ont laissé derrière eux 6 Tiger et 3 ou 4 Pz.Kpw. IV immobilisés. Parmi ces chars, 4 Tiger et au moins 2 Pz.Kpfw. IV s'avéreront irrécupérables, dont certains après destruction due aux incendies volontaires opérés par le *Lieutenant* Cotton et ses hommes. Parmi eux, le Tiger 111 de l'*Ostuf.* Philipsen immobilisé en bas de la rue Pasteur, probablement à cause d'un tir anglais destructeur, aurait pu être récupéré par les Allemands. C'était sans compter sur la lucidité du *Lieutenant* Cotton qui, au cœur des combats, ne voulait aucunement laisser derrière lui de si dangereux *Panzer* sans être certain qu'ils soient totalement détruits. Des couvertures et draps imbibés d'essence furent donc jetés dans les ouvertures, et la mise hors service des chars allemands devenait ainsi certaine. Le même dispositif de destruction semble avoir été utilisé pour le Pz.Kpw. IV de la *Panzer-Lehr,* ainsi que pour le Tiger 212 de Wittmann arrêté un peu plus haut dans la rue Clémenceau. Les deux chars allemands auraient pu être récupérés à leur tour, le Pz.Kpw. IV ne montrant pas de trace d'incendie sur la photographie prise par Cotton dans l'après-midi du 13 juin ; quant au char de l'*Ostuf.* Wittmann, ce dernier a

1

**1, 2 et 3.** Remarquable série de quatre photographies totalement inédites prises par le *Sergeant* Watson des *Sharpshooters (4th CLY)*, très certainement au cours du mois d'août 1944, après « l'Opération Bluecoat ». Les quatre soldats britanniques ont arrêté leur jeep en passant sur la route de Villers-Bocage à Aunay-sur-Odon en apercevant deux épaves de Tiger abandonnés le long d'une haie, dans un champ sur la hauteur de Maisoncelles-Pelvey. Il s'agit du Tiger 212 de Michael Wittmann qui a détruit une partie des chars de leur régiment et la colonne de véhicules de la *1st Rifle Brigade*, et du Tiger 123 détruits par les tirs des *7th Queen's* dans Villers-Bocage le 13 juin 1944. Nous pensons que les visiteurs du champ connaissent l'histoire de cette bataille vieille de deux mois et décident d'inspecter les fameux engins. La photo **(1)** montre le profil du Tiger 212 dont le barbotin avant gauche est manquant. La *Rommelkiste* de tourelle a disparu alors que la caisse semble encore solidaire, en dépit de l'incendie qui l'a ravagée et dont la tourelle garde les traces noirâtres. La photographie **(2)** montre le second *Panzer* du champ, le Tiger 123 qui, en raison de sa tourelle certainement bloquée, a gardé la configuration qui était la sienne au moment de sa destruction. Les emblèmes et signes tactiques sur la plaque de blindage avant sont encore bien visibles ainsi que le numéro de tourelle qui n'est ici plus recouvert de suie. Des roues ont commencé à être démontées ainsi que le barbotin avant gauche. La photo prise en double exposition **(3)** est vraiment intéressante et symbolique de la bataille de Villers-Bocage, puisqu'elle montre le canon de 8,8 cm du Tiger 212 de Michael Wittmann en surimpression du Tiger 123. Nous pouvons aussi distinguer sur le toit de

témoigné de la possibilité de récupérer son Tiger une fois la reconquête de Villers-Bocage accomplie. En ce qui concerne les deux autres Tiger que nous savons définitivement détruits lors des combats, le Tiger 113 dans la rue principale et le Tiger 123 au croisement de la rue Jeanne Bacon, les tirs anglais ont conduit à l'incendie total des engins. Les deux chars ont subi de telles destructions qu'aucun n'a pu être récupéré pour être remis en état. Il en va de même pour le *Pz.Kpfw. IV* de la *Panzergruppe Lex* détruit vers la gare, puisque celui-ci est encore visible sur une vue aérienne du 24 juin 1944 sur son lieu d'abandon. Ce qui n'est pas le cas des deux autres chars de la *Panzer-Lehr-Division* (dont le 634) sûrement remorqués pour être réparés à *la Werkstatt* (1) de Parfouru-sur-Odon. Il est à préciser que les Tiger 122 et 124 touchés lors de l'assaut de l'après-midi du 13 juin ont certainement été récupérés très vite par les Allemands. Leurs niveaux de dégâts n'est pas connu, même si la blessure de l'*Uscha.* Salomon pour le Tiger 122 enregistrée au niveau de l'*Abteilung* pourrait signifier l'explosion d'un projectile anglais à l'intérieur de son char. Egalement, une tâche révélant des traces de début d'incendie est visible à l'endroit de son immobilisation, sur la vue aérienne du 24 juin 1944 prise au-dessus de Villers-Bocage (voir schéma page 166).

## Les Tiger 123 et 212 servent de leurres pour l'aviation ennemie

L'une de nos nombreuses visites ces dernières années sur la commune de Villers-Bocage nous a permis de rencontrer en 2008 Monsieur de Clermont-Tonnerre, propriétaire du château de Villers-Bocage. Le vieil homme avait gardé le souvenir d'épaves de Tiger dans sa mémoire des jours suivant la fin des combats du 13 juin 1944. Le châtelain nous avait indiqué la présence de deux ou trois gros chars abandonnés le long de la route d'Aunay, au niveau de la hauteur des bois des Grands-Hauts-Vents à Maisoncelles-Pelvey, au sud de Villers-Bocage. Une photographie accompagnait le récit sur laquelle nous pouvions identifier le Tiger 123 et le Tiger 212 entreposés face à face le long d'une haie que nous supposions être au bord de cette route. Nous savions que le 17 juin 1944, les Allemands avaient décidé de remorquer ces deux épaves à cet endroit où de fréquentes attaques aériennes se multipliaient depuis le 6 juin (2). La date de remorquage est précise car le témoignage du journal de l'*Uscha.* Werner Wendt nous indique que ce soldat est retourné dans Villers-Bocage le 18 juin 1944, après la perte de son Tiger 132, en mission pour récupérer les restes de ses camarades morts au combat et qui se trouvaient encore à l'intérieur des Tiger de la *s.SS-Panzer-Abteilung 101* perdus dans la ville. En effet, alors que les combats se sont éloignés vers Cahagnes et Saint-Germain d'Ectot à cette date, Wendt a tout le temps d'inspecter l'ensemble des engins de son unité laissés sur le terrain. Il remarque que le Tiger de Wittmann n'est plus à l'endroit de son abandon et en conclut qu'il a été ramené à la *Werkstattkompanie* de la *Tiger-Abteilung*. Le Tiger 212 est en fait absent car il vient d'être remorqué la veille par d'autres troupes allemandes contrôlant le secteur, alors qu'il était encore en place sur des photographies prises le 16 juin par le *KB* Zwirner. Sur le secteur de Maisoncelles-Pelvey, une batterie de 8,8 cm Flakgeschütz avait été installée à proximité du bord ouest des bois des Hauts-Vents par la *2. Panzer-Division* vers le 16 juin 1944 pour protéger le déploiement de son artillerie au sud-est du village. Il est fort probable que ce sont les équipes de

2

la tourelle le tube du canon d'une des deux mitrailleuses Maschinengewehr 34 de bord de l'engin, comme si le photographe avait voulu nous montrer ce qui a détruit la colonne anglaise ce fameux 13 juin 1944 à Villers-Bocage. Il faut noter également au même endroit la plaque de renforcement de serrage par paire des écrous des roues acier du Tiger 212. (Kent & Sharpshooter Yeomanry Museum, via Daniel Taylor.)

3

remorquage et de réparation du parc d'automoteurs du *Panzer-Artillerie-Regiment 74* qui ont effectué le transport des deux Tiger 123 et 212 le long de la route d'Aunay-sur-Odon. Une information vient conforter cette hypothèse, celle de la réutilisation d'un Sherman de la *7th Armoured Division* capturé dans le secteur de Villers-Bocage par le même *Artillerie-Regiment 74*, avec dépose de tourelle pour que les Allemands puissent s'en servir justement comme tracteur de remorquage (3). Il

Vestige d'un des barbotins du Tiger 123 retrouvé dans le bois des Hauts-vents, à la suite d'un démontage lors de l'entreposage des Tiger après la mi-juin 1944 comme épave-leurre sur la route d'Aunay-sur-Odon, au sud de Villers-Bocage. (Photo H. Marie-Heimdal, Coll. privée.)

**Ci-dessus :** le *Sergeant* Watson a pris cette vue de face du Tiger 212 de Michael Wittmann, alors que le char est entreposé dans un champ au nord de Maisoncelles-Pelvey. L'engin ne porte pas d'impact ou de traces visibles de son engagement avec le Sherman Firefly du *Sergeant* Lockwood à Villers-Bocage le 13 juin 1944, autour de 9h30. L'incendie qui a ravagé l'intérieur a rendu le Tiger inutilisable pour les hommes de la *2.Kompanie* de la *s.SS-Panzer-Abteilung 101*. Cette vue frontale du Panzer est similaire à ce qu'ont pu voir les soldats de la colonne de la *7th Armoured Division* à l'arrêt le long de la RN 175, le jour de la destruction de l'unité. Comment ne pas imaginer l'effroi des *Riflemen* et des *Sharpshooters* devant une telle masse blindée mitraillant et détruisant tout sur son passage, au milieu des explosions et des cris. (Kent & Sharpshooter Yeomanry Museum, via Daniel Taylor.)

**Ci-dessous :** ultimes vestiges retrouvés dans le champ de Maisoncelles-Pelvey en 2015, dont certaines pièces ont appartenu aux deux Tiger de la *s.SS-Panzer-Abteilung 101* abandonnés là. La série de tiges de boulons visible ici est le reliquat du ferraillage des chars qui a probablement eu lieu en 1947/48. Les douilles sont autant celles des munitions de bord des MG 34 que le produit des tirs anglais dans le champ. (Coll. B. Flotté.)

**Ci-contre :** emplacement des pièces de Tiger retrouvées dans le champ de Maisoncelles-Pelvey sur une photographie du train de roulement du Tiger de Vimoutiers incluse ici pour seule référence technique. (Photographie B. Flotté.)

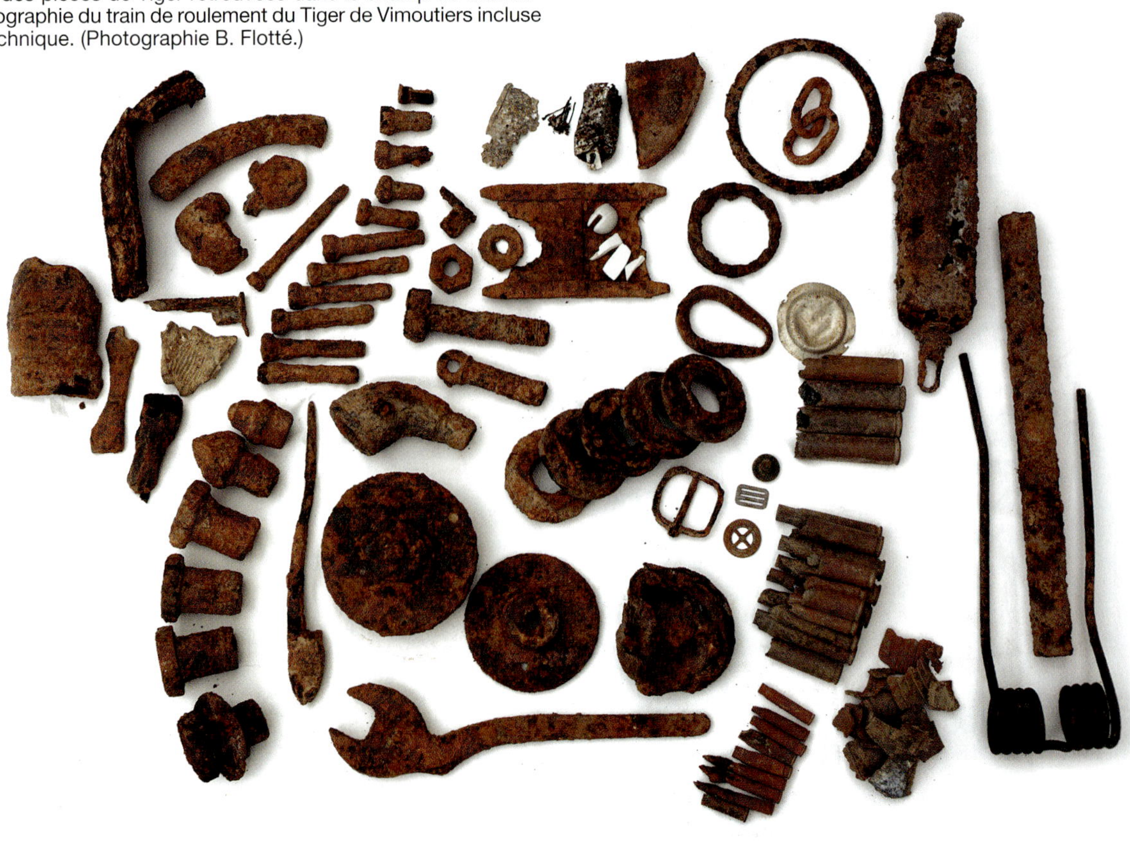

se pourrait que ce « tracteur-Sherman » ait donc participé à tracter les deux Tiger jusqu'au bois des Grands Hauts-Vents sur la hauteur de Maisoncelles-Pelvey, route d'Aunay. A la lumière de ces informations, le destin des deux épaves des *Panzer* de l'*Ostuf.* Wittmann et de l'*Ustuf.* Stamm de la *s.SS-Panzer-Abteilung 101* nous apparaît plus lisible. Les Tiger avaient donc été abandonnés définitivement sur leurs lieux de destruction dans Villers-Bocage une fois que les hommes de l'*Abteilung* ont pu récupérer tout élément ou pièce réutilisable, et avant qu'ils ne se tournent vers d'autres combats ! Seulement, une inconnue demeurait dans l'avancement de ces recherches : pourquoi la photographie du 24 juin 1944 montrait-elle alors les deux épaves de Tiger le long de la route d'Aunay-sur-Odon, alors que celle de l'IGN 1947 révélait un emplacement différent dans le même champ ? La photographie de Monsieur de Clermont-Tonnerre avait été forcément prise après la libération du bourg, le 4 août 1944, mais nous ne comprenions pas pour quelle raison les Allemands auraient déplacé encore une fois les deux Tiger avant cette date. L'historien de la bataille de Villers-Bocage, Daniel Taylor (4), nous a aidés à comprendre un peu mieux le destin de ces deux épaves en mettant à notre disposition un jeu de photographies provenant des archives du Kent & Sharpshooter Yeomanry Museum, dont il est depuis cette année le conservateur. Les deux Tiger de Stamm et de Wittmann étaient bien visibles sur ces images à l'endroit de la vue aérienne de 1947. Les photographies montraient des soldats des *Sharpshooters* s'intéressant aux épaves stockées dans le champ lors d'une visite peu après la libération. L'axe Villers-Bocage/ Aunay-sur-Odon s'est avéré être une artère importante pour le flux de véhicules alliés progressant vers le sud, lors de « l'Opération *Bluecoat* » début août 1944. Nous savons qu'une *Field Company* des *Royal Engineers* avait reçu pour tâche de déblayer cette route à cette date, dans le cadre de la mission générale de remise en état des voies routières et des axes d'écoulement sur le secteur. Aussi, il est décrit de nombreux accidents de véhicules lors de trajets de nuit dans les rapports alliés de cette période en raison des obstacles constitués par les épaves laissées sur le bord des voies de circulation après les combats. Les deux Tiger bien visibles au bord de la route d'Aunay-sur-Odon auraient pu être barbouillés avec de la peinture blanche pour mieux les signaler dans l'obscurité dès le 5 août 1944, comme cela se pratiquait déjà en Normandie. Mais il nous semble aujourd'hui que l'équipe des *Royal Engineers* assignée au bon fonctionnement des routes du secteur a certainement préféré parquer les épaves un peu plus au sud du champ. Ainsi, les deux Tiger 123 et 212 ont pu trouver leur dernier lieu de stockage à cet endroit, avant l'ultime ferraillage en 1948.

## Les Tiger 111 et 113 au milieu des gravats d'une ville en ruine

Alors que nous avons pu retracer l'histoire des épaves de Tiger 123 et 212 jusqu'à leur dernier trajet, il en demeurait deux autres immobilisées depuis le 13 juin 1944 au milieu des ruines de Villers-Bocage, visibles sur bien des photographies britanniques prises à la libération de la localité. Les Tiger 111 et 113, en compagnie du Pz. Kpfw. IV n°6, avait été laissés par les Allemands dans la rue Pasteur à l'endroit même de leur destruction. Un remorquage similaire à celui des épaves de Tiger de Maisoncelles-Pelvey n'aurait pas pu avoir lieu le 17 juin 1944 en raison des décombres accumulés dans la rue après les bombardements des 13 et 15 juin 1944. Lors de la tentative d'enlèvement, les Allemands auraient eu les pires difficultés pour réussir à tracter les épaves partiellement déchenillées sur un terrain jonché de gravats (Voir en double page 160 et 161 la photographie du 16 juin 1944). Les deux épaves des Tiger 111 et 113, après avoir été cannibalisées, ont donc commencé à rouiller sous les couches de gravats successifs dues aux bombardements du mois de juillet 1944. Le *Pz. Kpfw. IV* est devenu une carcasse vide après avoir reçu une bombe qui l'a totalement disloqué. Si le char de la *Panzer-Lehr-Division* n'existait plus en tant que masse ferraillable, le Tiger 113 affaissé sur un côté et le Tiger 111 ont représenté des obstacles au déblaiement de la rue par les *Royal Engineers,* peu après la libération de la ville. Une série de photographies prise par un soldat britannique montre les opérations lourdes de remorquage des deux épaves de Tiger par des tracteurs chenillés D7. Il est clair que le travail de déblaiement autour de l'épave s'est avéré proche de celui de l'archéologue dégageant un squelette, afin de ne laisser aucun gravat susceptible d'entraver le remorquage des chars. Il était obligatoire de laisser une chaussée lisse pour que l'épave puisse glisser sans être bloquée par les trous ou des morceaux de murs oubliés sur le

Gamelle allemande retrouvée à proximité du Tiger 212 en 2015 ; elle est gravée deux fois du nom de Kern. L'étude des listes de soldat de la *s.SS-Panzer-Abteilung 101* révèle l'existence d'un certain *Rottenführer* Johann Kern, dont la fonction était pointeur, dans la composition des équipages de la *2.Kompanie* en 1944. A considérer la forme du seul « A » lisible comme produit de rayure du temps, nous pensons que cet objet a appartenu à l'un des membres de l'équipage original du Tiger 212 non présent avec Wittmann à Villers-Bocage le 13 juin. (Coll. B. Flotté.)

chemin du remorquage. C'est ainsi que l'épave du Tiger 113 a servi de réceptacle pour le pétardage de *Tellerminen* (4) et autres munitions permettant aux *Engineers* d'alléger la masse blindée encore prise dans les décombres. Une fois l'opération explosive réussie, le Tiger 113, éventré sur son côté gauche, et surtout débarrassé de sa lourde tourelle, projetée à plusieurs mètres, a pu être tracté en dehors de son enveloppe de gravats. Une question s'est posée alors dans cette enquête : à quel endroit les Britanniques ont-ils choisi d'entreposer les deux épaves de Tiger du centre-ville après leur remorquage ?

## Le Champ aux épaves du Maudray

Nous avions imaginé que les épaves de la colonne de la *22nd Armoured Brigade* situées entre la sortie

**En haut :** photographie prise début août 1944 dans le bas de la rue Pasteur à Villers-Bocage totalement détruite. Des soldats anglais d'une *Field Company* des *Royal Engineers* remontent la rue et passent devant le Tiger 111 détruit près de deux mois auparavant. L'engin est recouvert de gravats, produits des ruines à proximité, alors qu'un matelas envolé le surplombe après avoir été soufflé par une explosion de bombe. (IWM.)

**Ci-dessus :** la rue Pasteur au niveau de la place de la Mairie telle qu'elle se présentait au mois d'août 1944. Les *Royal Engineers* ont regroupé un lot de *Tellerminen* retrouvées dans les alentours pour les pétarder dans le Tiger 113 pour alléger le remorquage de l'engin en faisant sauter la tourelle. Au contraire du rhomboïde avec le « s » en son centre, l'emblème de l'unité de ce Tiger est à peine visible. (IWM.)

**Ci-contre :** photographie prise en septembre 1944 du Tiger 113 devant ce qui reste de la mairie de Villers-Bocage. Nous pouvons distinguer la caisse détourellée du Tiger 113, éventrée à la suite du pétardage d'un lot de *Tellerminen* quelques jours auparavant. (Coll J.P. Benamou.)

**Ci-dessus :** autre photographie prise le même jour montrant le Tiger 111 tiré par un tracteur D7 en bas de la rue Pasteur, place Jeanne d'Arc, au niveau de la rue Saint-Martin, à l'endroit même de l'abandon du Cromwell du *B Sqn.* (voir page 180 de l'ouvrage). La tourelle du Tiger a pu être pivotée sur la gauche du char pour permettre certainement un meilleur remorquage. Quelques jours plus tard, des éléments de la *197th Inf. Brigade (Battlefield Clearance)* procéderont à des opérations de remorquage des deux épaves de Tiger vers le champ du Maudray, à la sortie du bourg sur le long de la RN 175. (D. Harvey.)

**Ci-contre :** suite du reportage photographique du personnel dédié au « *Battlefield Clearance* » en action à Villers-Bocage. Le Tiger 111 est maintenant remorqué par l'arrière en direction de la sortie nord-est de Villers, vers le dépôt d'épave du champ du Maudray (voir pages suivantes). Les travaux de déblayage et ré-empierrage de la rue principale de Villers-Bocage se sont avérés être une tâche colossale lors des opérations de déblaiement, car l'asphalte de la rue doit pouvoir être assez aplani pour que l'attelage ne décroche pas en passant dans un trou. (D. Harvey.)

**Ci-dessous :** la rue Pasteur au niveau de la place de la Mairie, en octobre 1944 : un militaire – peut être là en faction pour régler la circulation – semble fasciné par le spectacle désolant qu'offrent les ruines de la ville, alors qu'au premier plan git au sol la tourelle du Tiger 113 soufflée par le pétardage de mines allemandes (voir photos précédentes). Il s'agit de la dernière trace de blindé allemand présent dans le bourg amené à disparaître avant le début de sa reconstruction. (Collection VB.)

de Villers-Bocage, le Calvaire et la cote 213, étaient restées plusieurs mois le long de la RN 175, après la libération d'août 1944. Il est vrai que certaines photos britanniques prises à cette période montrent la rue Clemenceau, entre le Calvaire et le virage, sans les épaves de Cromwell, mais aucune ne s'intéressait à la colonne détruite en direction de Caen. Tous ces chars britanniques détruits avaient bien été entreposés quelque part ! Une photographie de la collection Lee Archer (6) a attiré notre attention car elle montrait un alignement de deux Tiger, un Sherman Firefly et un Panther devant un groupe plus important de blindés alliés en arrière-plan, dans un champ de Normandie. Nous avions reconnu des Tiger de la *s.SS-Panzer-Abteilung 101* et cherché pendant plusieurs mois la localisation exacte du dépôt et tenté d'identifier les chars. Toutefois, nous étions maintenant convaincus qu'il s'agissait bien du lieu de stockage des épaves de la bataille de Villers-Bocage. L'étude attentive des photographies aériennes IGN 1947 finit par révéler l'endroit précis du dépôt, qui se situait dans un champ le long de la N175, au lieu-dit « le Maudray », au nord de la ferme des Hauts-Vents. A cet endroit avait été entreposé par les *Royal Engineers* l'ensemble des épaves bri-

**Ci-dessus :** image tirée d'un film anglais tourné dans les jours qui ont suivi la libération de Villers-Bocage le 4 août 1944. Un groupe de soldat anglais, dont des motocyclistes, miment pour le cameraman une mise à couvert lors d'une attaque aérienne imaginaire. Le char Stuart « *Calamity Jane II* » qui abrite les soldats et l'une des épaves de la colonne britannique détruite le 13 juin 1944 au matin. Il faut noter encore une fois le trou circulaire en pleine tourelle provoqué par le tir du Tiger 212 de Michael Wittmann ce jour-là. (British Pathé.)

**Ci-dessous :** photographie prise par l'*Oscha.* Harry Wontorra en juin 1944 de deux éclaireurs (les *Strm.* Krohn et Kleist) de la *Stabskompanie* du *SS-Panzer-Regiment 12* posant devant le Cromwell du *RHQ Troop* du *4th CLY (* sous les ordres du *Major* Carr) détruit par un tir du Tiger 212 de Wittmann, dans un champ en face du calvaire de Villers-Bocage, le 13 juin 1944 vers 9h15. A noter la couche de terre qui recouvre le tank due aux projections résultant des obus d'artillerie tombés à proximité, bien visibles sur les photos aériennes. (Wontorra.)

tanniques de la *22nd Armoured Brigade* et des épaves résultant des combats de juillet 1944 dans le secteur, mais aussi celles des Tiger 111 et 113 remorqués du bas de la ville jusqu'au dépôt. Le transfert des épaves de la nationale a dû s'effectuer très vite après la libération, surtout pour des raisons de sécurité routière évidentes, mais également pour ne pas saper le moral des renforts britanniques éventuels passant au niveau du calvaire. La totalité des épaves a été ferraillée entre 1948 et 1949 par des entreprises venues de Vire, de Cahagnes et de Caen.

Un témoignage intéressant d'un habitant de Villers-Bocage, Robert Pacary (7), nous éclaire sur le spectacle du dépôt d'épaves du Mauray, à la mi-septembre 1944 :

« *Arrivée à l'angle du calvaire, croisement de la route de Bayeux, stupéfaction ! Le champ qui fait l'angle des deux routes s'avère être un vrai cimetière de blindés.* (8) *Attiré malgré moi vers ce lieu, je pénètre dans ce pré et inspecte le matériel sous toutes ces coutures. Il y a là de tout. Des amas de ferrailles tordues, des chars lourds, des chars légers, des half-tracks mais aussi des véhicules presque intacts, d'autres perforés de part en part, une véritable hécatombe. La majorité est composée d'engins britanniques, mais il y a aussi de gros blindés allemands. J'apprendrai, quelque temps plus tard, que tout ce matériel réuni là était pour la plupart le résultat de la bataille du 13 juin. Il avait été regroupé là après la libération du 5 août par les Britanniques afin de dégager les routes et le centre de Villers. Cela faisait à peu près un mois et demi qu'il était là et il commençait déjà à rouiller sur place. Ayant vécu ce triste jour non loin de là, au Haras, j'imagine alors dans ma tête de gosse ce qu'a dû être l'atrocité des combats ce jour-là ! Ce cimetière de blindés restera sur place plusieurs années après la guerre. Il ne sera dégagé, me semble-t-il, qu'à la fin des années 1940 et livré à la ferraille.* »

Aujourd'hui ne subsiste rien de plus que des reliques de la bataille de Villers-Bocage, résultat de fouilles ou trouvailles de grenier. Il nous semble important que ces derniers restes de combats enrichissent les musées au lieu de demeurer cachés dans des collections personnelles. C'est déjà le cas pour certains objets photographiés pour ce livre qui participent humblement au témoignage de la réalité de la bataille.

## Des chars britanniques capturés par les Allemands

Si les photographies de soldats alliés posant devant un char allemand sont nombreuses dans l'iconographie regardant la bataille de Normandie, il existe également des vues un peu plus rares prises dans l'autre camp. Les séries des photographies bien connues de la propagande allemande des *KB* Zwirner ou Grimm montrant des chars et véhicules de la *22nd Armoured Brigade* abandonnés le long de la RN 175, autour de la cote 213, ou encore au niveau du calvaire de Villers-Bocage, en sont une illustration. L'intérêt pour le véhicule abandonné ou capturé ne se dément pas de part et d'autre de la ligne de front. Il représente à lui seul la défaite potentielle ou réelle de ceux d'en face. Une fois l'inspection du véhicule ennemi effectuée, vient le temps de la récupération ; il devient possible de retourner l'arme contre son ancien propriétaire si l'état de celui-ci le permet. Comme nous l'avons vu, il manque des preuves photographiques de la présence de certains véhicules ou blindés du groupe de pointe de la *7th Armoured Division* pourtant présents lors des combats du 13 juin 1944 à Villers-Bocage.

Ainsi, en ce qui concerne le *A Squadron* du *4th CLY* anéanti à et autour de la cote 213, sa dotation de plein effectif était de 19 chars, soit 15 Cromwell et 4 Sherman «Firefly» ; nous savons cependant que 2 de ces 15 Cromwell furent détruits par des tirs fratricides le 10 juin, et que par ailleurs, selon le témoignage du révérend John Fisher du *4thCLY* (voir bibliographie en fin d'ouvrage), un Cromwell du *A Sqn.* a pu revenir au QG du Régiment en fin de journée le 13 juin, après s'être égaré lors de la progression. En conséquence, c'est au mieux 12 chars Cromwell qui pouvaient se trouver à l'est de Villers, le 13 juin au matin. Or, après un examen minutieux de toutes les images en notre possession, nous n'avons pu en dénombrer que 10 (9), ce qui laisse supposer que 2 Cromwell (voire 1 seul, cf. note 9) ont été déjà capturés et évacués par les Allemands avant l'arrivée du premier correspondant de guerre sur les lieux, ou bien encore que ces deux chars manquants ont été détruits juste avant la percée du 13 juin sans avoir encore été comptabilisés parmi les pertes du Régiment. Ces dernières hypothèses sont également valables en ce qui concerne le nombre de half-tracks de la *A Company, 1st Rifle Brigade* car sur une dotation initiale de 12, seuls 8 semi-chenillés peuvent être répertoriés au sein de la colonne détruite ; de plus, aucun des 3 half-tracks censés avoir atteint la Côte 213 n'est visible sur les photographies d'après combats, ce qui laisse planer encore des doutes quant au nombre total d'engins réellement parvenus sur la hauteur et par conséquent, sur le nombre total – nous notons cependant que des clichés pris en juillet, en forêt de Cinglais, montre qu'un de ces half-tracks a bien été capturé par la *2.Kp* de la *s.SS-Pz-Abt. 101* (voir en page 185 et ci-dessous), et l'on peut présumer qu'il l'a été sur la cote 213. Par ailleurs, nous pouvons constater que le journal de marche du *4th CLY* indique notamment la perte de 20 Cromwell pour le 13 juin, alors que le nombre maximal de ce type de char perdu à Villers ne pouvait être supérieur à 17 (au mieux 13 du *A Sqn*, 1 du *B Sqn.* ainsi que les 4 Cromwell du *RHQ Troop*). Cette erreur dans l'enregistrement des pertes peut être due à la confusion dans laquelle se trouvait le régiment entre le 13 et le 16 juin, ou peut également résulter du système de comptage journalier des pertes qui englobait les chars envoyés à l'atelier pour une période d'immobilisation supérieure à 24 heures. Enfin, il est également intéressant d'observer que sur les 4 Fireflies du *A Sqn, 4th CLY*, détruits ou immobilisés sur la RN175, au moins 1 engin a été capturé en état de marche (*2 Troop*) et a ensuite fait l'objet d'un examen minutieux (voir photo ci-dessus), sans que nous sachions si ce Sherman a fini par être réutilisé par ces nouveaux propriétaires.

(1) Atelier de réparation de véhicules ou de blindés au sein des unités allemandes.

(2) Une dame, habitant une maison proche du lieu de stockage des Tiger à Maisoncelles-Pelvey, nous avait confirmé qu'une colonne de véhicules hippomobiles avait été mitraillée à cet endroit vers le 11 juin 1944 et que des chasseurs-bombardiers alliés se focalisaient fréquemment sur la portion de route droite qui passait le long du bois des Hauts-Vents.

(3) Voir *Die Geschichte der 2. Panzer-Division*, Franz Josef Strauss, Dörfler, 2011 (page 164).

(4) Voir *Villers-Bocage through the Lens*, Daniel Taylor, After the Battle 1999-2009.

(5) Mines allemandes circulaires.

(6) Lee Archer est l'éditeur britannique de la célèbre série de livres « Panzerwrecks ».

(7) *La Percée du Bocage*, Vol.1, Stéphane Jacquet, Editions Heimdal, 2015 ( Page 410).

(8) La mémoire de Robert Pacary a gardé une localisation différente que celle du champ aux épaves du Maudray qui est en fait situé plus loin en direction de Caen, au nord de la ferme de Hauts-Vents.

(9) De son côté, notre ami Daniel Taylor suggère un total possible de 11 Cromwells, considérant que celui qui apparaît derrière le Firefly sur l'une des deux photos prises par Otto Henning sur la cote 213 (voir photo en haut de la page 53) pourrait être un char non encore identifié sur tous les autres clichés. Bien que nos avis divergent ici, nous ne pouvons cependant pas définitivement rejeter cette hypothèse eu égard à la très faible qualité du cliché de Henning.

**Ci-dessus :** photographié après sa capture, voici le Sherman Firefly T-148532 du *2 Troop, A Squadron, 4th CLY* capturé par les Allemands de la *4.Kompanie* de la *s.SS-Panzer-Abteilung 101* au bas de la cote 213 au niveau du chemin de la Cidrerie, le 13 juin 1944. L'engin possède une croix blanche pour l'identifier comme tank capturé et a été recouvert de lettres G et W par les ingénieurs allemands indiquant la qualité d'acier employé pour sa fabrication. A n'en pas douter, il s'agit du «Sherman» que l'*Uscha.* Wendt a rapporté avoir vu arriver sur la route nationale par l'ouest, alors qu'il montait la garde sur la cote 213, en fin de journée le 13 juin. De fait, ce char anglais devait faire partie du groupe de blindés surpris au bas de la côte lors de l'assaut de Wittmann. Malheureusement, aucune photo de l'engin « in situ » ne semble avoir été prise, et sa localisation précise près de la N175 reste un peu vague. (BA.)

**Ci-dessous :** photographie de la série de la page 185 montrant le halftrack M9A1 « *Newcastle* » appartenant très certainement à la *A Company* du *1st Battalion, The Rifle Brigade,* capturé sur la RN 175 (sans doute l'un des 3 semi-chenillés qui devaient se trouver sur la cote 213 au moment de la reddition anglaise) le 13 juin et fièrement présenté au photographe par l'*Oscha.* Brandt et l'*Uscha.* Ewald Mölly de la *2./s.SS-Panzer-Abteilung 101*. Le semi-chenillé britannique a été marqué à la peinture blanche des noms des lieux de combat de l'équipage pour 1942 *et* 1943. Ainsi, après El Alamein, Tunis et l'Italie, un point d'interrogation a été posé avant le 6 juin 1944, interrogeant l'inconnu de la prochaine bataille prévue en France. (Kameradschaft LSSAH.)

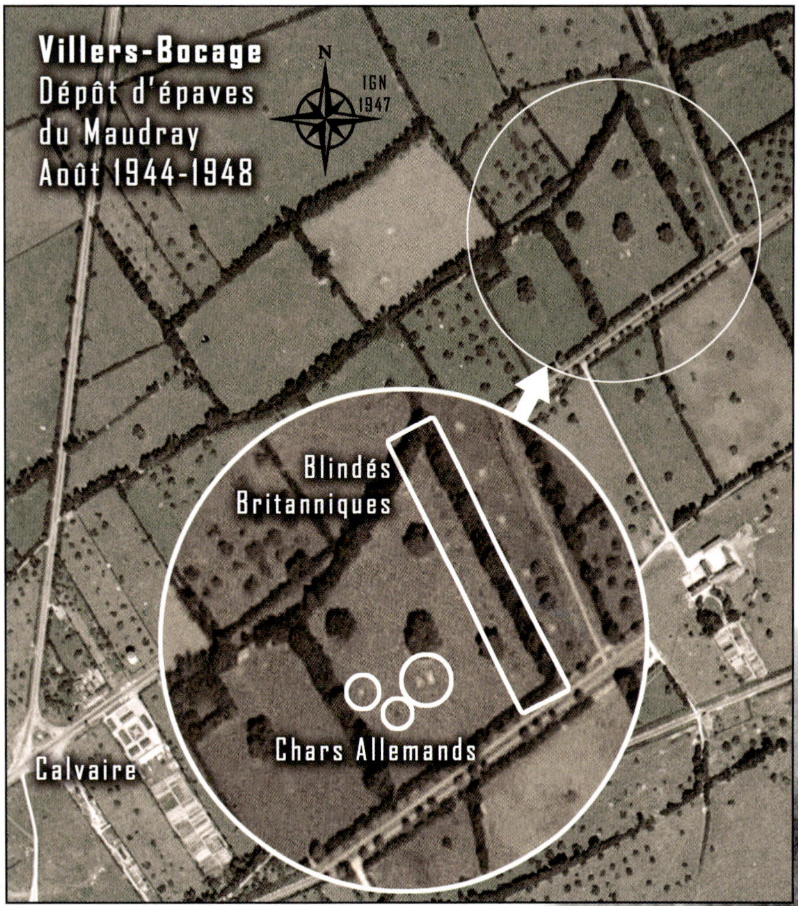


Plan de situation du dépôt d'épaves militaires du Maudray, au nord-est de Villers-Bocage, situé à peu près à mi-chemin entre le croisement de la route de Tilly et la cote 213. (F. Deprun sur IGN 1947.)

**En fond :** probablement prise en septembre ou octobre 1944, cette vue panoramique nous fournit un bon aperçu du champ du Maudray, lieu qui avait été choisi par les *Royal Engineers* pour accueillir les épaves de blindés sur la nationale 175 et d'autres véhicules de la bataille de Villers-Bocage et des combats jusqu'à la libération. Nous distinguons sur l'image que les blindés britanniques ont été rangés le long de la haie au fond de l'image et que quatre *Panzer* sont visibles au premier plan : de gauche à droite, un Panther Ausf. A non identifié, le Tiger 111 de l'*Ostuf*. Philipsen, puis ce qui semble être le Sherman Firefly « *Pistolpackinmama* », et enfin la caisse du Tiger 113 de l'*Oscha*. Ernst. Sur la droite et s'étendant vers le fond du champ, gisent divers tanks et véhicules britanniques. La photographie est prise à l'entrée du champ sur la RN 175. (Lee Archer.)

**1.** Autre vue du dépôt d'épave du Maudray à Villers-Bocage ; le photographe s'est rapproché de la lisière nord du champ et a capté dans son objectif toute une collection de blindés britanniques. Le Cromwell T-190017 au premier plan est l'un des quatre chars abandonnés par le *A Sqn* du *4th CLY* dans le petit champ en bas de la côte des landes (voir également en bas de page 44). Le deuxième porte le numéro T-121755 W (W indiquant un blindage soudé, à ne pas confondre avec l'autre Cromwell laissé dans le champ proche et immatriculé T-121766W !) et est probablement celui du *Trooper* Joe Mitchell du *A Squadron, 4th CLY* dont nous avons publié le témoignage (en page 54) ; il n'en existe malheureusement aucune photo antérieure. Le troisième, au fond et à gauche de l'image, est le Sherman Firefly « *Blondie* » détruit sur la nationale 175 par Michael Wittmann et dont le canon a été ramené «à 6 heures» afin de faciliter son remorquage jusque-là. (Lee Archer.)

**2.** Photographie montrant les derniers restes du dépôt d'épaves de Villers-Bocage. Il s'agit de ferraille d'origine britannique pour l'essentiel. (Association Triangle Normand.)

**3.** Bouchon de plaque moteur de Tiger retrouvé à l'entrée du champ aux épaves du Maudray ; il s'agit d'une pièce ayant appartenu au Tiger 111 ou 113. (Association Le Triangle Normand.)

1

3

2

# Annexe G
# Michael Wittmann

**A droite :** détail d'une authentique photographie en couleurs de Michael Wittmann – désormais élevé au grade de *Hauptsturmführer* (capitaine) - en visite au quartier général d'Adolf Hitler, le 25 juin 1944 à Berlin. Souriant et semblant détendu, l'officier allemand porte l'ensemble de ses décorations et son nouveau grade sur l'uniforme noir des *Panzertruppen*. (Kameradschaft LSSAH.)

## Le tableau de chasse de Michael Wittmann

*par Yann Jouault*

Officiellement, à la date de sa mort, le 8 août 1944, le palmarès de celui qui est sempiternellement pré-

**Ci-contre et ci-dessous :** série de photographies prise par un *SS-Kriegsberichter* sur un terrain d'exercice de la *2.Kompanie* de la *s.SS-Panzer-Abteilung 101* alors stationnée à Elbeuf près de Gournay-en-Bray, en mai 1944. L'*Ostuf.* Wittmann apparait sur les images au côté de l'*Ustuf.* Hantusch, son deuxième *Zugführer* pour sa *Kompanie* de Tiger. Un poste téléphonique est installé sur une petite table derrière laquelle Wittmann caresse un lapereau de garenne devant le photographe. Ces images attendrissantes ont-elles été prises à dessein pour alimenter la propagande, en montrant le visage humain et touchant d'un guerrier allemand ? C'est possible (la séquence montre d'ailleurs la présence d'un second photographe), mais il ne faut pas oublier que les instants de vie affleurent souvent sans raison dans le présent de chacun. Malgré tout, Wittmann est bien le sujet favori de la presse militaire allemande dont tous les gestes sont épiés par les *Kriegsberichter* lorsqu'ils sont présents à ses côtés. (Kameradschaft LSSAH.)

senté comme « l'as des blindés » est de 138 chars et de 132 canons antichars.

Le problème, c'est que l'essentiel de ces « victoires » a été validé sur le front de l'Est et que les informations précises sur l'état réel des pertes correspondantes restent introuvables du côté russe. Par ailleurs, le fait de toucher et d'immobiliser un char ou véhicule adverse ne signifie pas nécessairement sa mise hors de combat définitive, et la vérification et le comptage sur le terrain sont loin d'être toujours faisables. D'un point de vue statistique, les revendications affichées par ce chef de char « légendaire » sont en conséquence parfaitement invérifiables, et tout chercheur sérieux se doit de les appréhender avec circonspection.

A l'inverse, les données précises concernant les pertes des forces alliées sur le front de l'Ouest abondent, ce qui dans la plupart des cas rend possible la nécessaire vérification de ce type de revendications.

**En l'occurrence, le cas de Villers-Bocage est édifiant :**

Selon ses dires, Wittmann aurait détruit 21 chars et un certain nombre de half-tracks (« *je ne sais plus combien, cela devra être déterminé* »). Wittmann ajoute qu'au total l'ennemi a perdu « *le gros de son régiment de chars, et son bataillon de half-tracks a été détruit* ».

Le rapport de l'*Obergruppenführer* Sepp Dietrich, rédigé seulement quelques heures après l'événement dans le cadre de sa recommandation pour l'attribution des «Epées» à Wittmann, va encore plus loin : il est désormais question de la destruction d'un total de 25 chars de combat (4 + 15 + 6) ainsi que de la quasi-totalité d'un bataillon d'accompagnement.

**Qu'en est-il réellement ?**

Comme nous l'avons vu dans la présente étude, il est aujourd'hui possible de répertorier la quasi-totalité des épaves de chars et de véhicules anglais détruits sur la route nationale, ou à proximité, depuis la cote 213 jusqu'au centre de Villers-Bocage. Les effectifs maximums de chaque unité présente entre ces deux points, le 13 juin 1944, peuvent être approchés au plus près, avec une très faible marge d'erreur.

La position initiale du Tiger de Wittmann et le trajet qui a été le sien lors de son assaut ont été fermement établis.

Ainsi, en prenant en compte d'une part la réalité matérielle du terrain, à savoir toutes les épaves photographiées, identifiées et localisées, et d'autre part les effectifs de chaque unité (en déduisant les pertes et les engins récupérés ultérieurement), nous pouvons comptabiliser les «victoires» certaines en matière de «chars de combat» de l'*Ostuf.* Wittmann pour la journée du 13 juin comme suit :

- 2 chars Stuarts du *Recce Troop* du *4th CLY*
- 4 chars Cromwell du *RHQ Troop* du *4th CLY*
- 1 OP Sherman (char d'observation) du *5th RHA*
- 1 OP Cromwell (char d'observation) du *5th RHA*

ce qui représente un total de **8 chars**, dont 2 chars légers (Stuart) et un char non armé (OP Sherman).

En admettant que Wittmann a aussi pu détruire le Sherman Firefly «*Pistolpackin'mama*», voire également 1 à 2 Cromwells (non matérialisés sur son trajet, mais pouvant dans l'absolu s'être trouvés dans sa ligne de mire) du *A Squadron* du *4th CLY*, on arrive à un total indépassable de **11 chars détruits**, ce qui pour ce type d'engin blindé, représente **au mieux** la moitié de ses prétendues victoires !

Le reste de ses destructions est aussi à relativiser : il s'agit d'une colonne à l'arrêt comprenant uniquement des véhicules faiblement blindés et sans armement lourd dont 8 half-tracks et 11 chenillettes (8 Universal carriers et 3 Loyd carriers), auxquels s'ajoute un scout-car Humber, mais aucun canon antichar puisque celui qui a été mis en batterie a de toute évidence échappé à ses tirs, et le second a manifestement pu se mettre à l'abri avant son passage. Par ailleurs, le half-track médical réputé touché dans la rue principale a, selon toute probabilité, pu être récupéré par les troupes anglaises et ne peut être mis à son crédit.

Enfin, l'idée que Wittmann ait à lui seul anéanti le gros d'un régiment de chars laisse pantois : comme nous l'avons constaté, Wittmann n'a pu détruire lui-même, **dans le meilleur des cas**, que seulement 7 chars du *4th CLY* (3 du *A Squadron*, et 4 du *RHQ Troop*). Or ce régiment disposait au total de près de 80 chars !

Même en additionnant les chars du *A Sqn*. restants, à savoir ceux qui seront soit détruits directement par d'autres Tiger des *1.* et *2. Kompanien* de la *s.SS-Panzer-Abteilung 101*, ou soit ceux abandonnés et/ou incendiés par les équipages anglais lors de la reddition et l'évacuation de la localité, on obtient un total général de seulement 24 chars perdus pour le *4th County of London Yeomanry*.

A la lumière de cet examen, les revendications de Michael Wittmann s'avèrent très abusives - pour ne pas dire délirantes – et invitent même l'observateur le plus dépassionné à s'interroger sur les raisons de ses prétentions. En dépit de la tension et du stress vécus par l'officier lors de sa chevauchée insensée, peut-on réellement croire qu'il ait pu être victime d'hallucinations à en perdre toute lucidité ? S'agit-il de simple vantardise de la part d'un homme toujours dépeint comme humble et plutôt effacé ?

**Ci-contre :** Bande de bras de la *SS-Kriegsberichter-Kompanie* (*SS-Standarte*) « *Kurt Eggers* » à laquelle appartenait le *Hscha*. Dieter Menninger qui a interviewé Wittmann à Baron-sur-Odon, seulement quelques heures après sa charge de hussard insensée à Villers-Bocage. (Coll. privée.)

**Ci-dessous :** photographie prise en Pologne en 1939 montrant l'équipe de la *Propaganda-Kompanie 689* dont a fait partie un temps le photographe Grimm. Ayant travaillé avec la réalisatrice Leni Riefenstahl avant la guerre, Arthur Grimm fut l'un des « *Bildreporter* » les plus importants du régime nazi et occupa la fonction de *PK Sonderführer* de 1940 à 1945 pour le compte du magazine de propagande bien connu «*Signal*» diffusé non seulement dans toute l'Allemagne nazie, mais également dans de nombreux pays européens. Le fait qu'une telle sommité ait arpenté aussi longuement les rues et chemins de Villers-Bocage dès le 14 juin 1944 pour nous montrer autant d'images de la bataille ne doit rien au hasard, et on peut imaginer que l'*Obergruppenführer* Dietrich, toujours très attentif à promouvoir la Waffen-SS, n'y est pas étranger non plus. Après la guerre, Grimm travaillera pour le cinéma et la télévision allemands. Son frère était le célèbre réalisateur Hans Grimm. (BA.)

**A droite :** nous voyons ici l'*Ostuf.* Michael Wittmann en visite aux usines Henschel de Kassel en Allemagne, en avril 1944. L'officier de la *2./s.SS-Panzer-Abteilung 101,* visiblement peu à l'aise, fait un discours de remerciement devant les ouvriers et des officiels, alors qu'il se tient sur la caisse d'un Tiger Ausf. E de production tardive tout juste sorti des chaînes de montage. A cette occasion, une maquette en bois de char Tiger lui sera offerte. (Kameradschaft LSSAH.)

**Ci-dessous :** célèbre photographie de propagande montrant l'*Ostuf.* Wittmann posant fièrement sur l'un des Tiger de sa *2. Kompanie* au printemps 1944, plus à son avantage parmi ses hommes sur le terrain. (KB Scheck, BA.)

S'il est impossible de répondre catégoriquement à l'une ou l'autre de ces questions, on peut cependant invoquer aussi l'influence de son supérieur, l'*Obergruppenführer* Sepp Dietrich, qui à n'en pas douter, a su ici saisir l'occasion rêvée de pouvoir à nouveau magnifier l'intervention de sa très chère Waffen-SS. Toujours très zélé dans ce domaine, on peut en effet supposer l'influence dominatrice de Dietrich qui aura pu aisément amener Wittmann à s'accorder sur un bilan nettement revu à la hausse, avec tout le bénéfice qui pouvait en être tiré.

D'où sans doute son empressement à le convoquer au PC du *I.SS-Panzer-Korps* pour y entendre son rapport dans les meilleurs délais !

Car en définitive, c'est bien 21 chars détruits qui lui seront crédités sur le champ (son score passant ainsi de 117 à son arrivée en Normandie, à 138 victoires, son total final officiel), sans qu'aucune vérification ne soit menée sur le terrain, pourtant aux mains allemandes pour encore plusieurs semaines.

Il est au passage intéressant de noter que, lors de l'enregistrement de son interview avec le *Hscha.* Dieter Menninger un peu plus tard dans la journée, on peut entendre Wittmann donner ce nombre de 21 chars sans aucune hésitation, au contraire des half-tracks détruits dont il dit que le total « devra être déterminé ».

Il est permis de penser que la priorité était donc claire…

En conclusion, il ne s'agit pas pour nous de minimiser par esprit de polémique l'action de Wittmann qui, à l'évidence, a été l'élément déclencheur du coup d'arrêt porté à la percée anglaise, ce 13 juin 1944. Si la chance s'était aussi invitée au côté de l'officier SS, l'ampleur des destructions et le chaos qu'il a générés – même réévalués avec tout le détachement possible – demeurent impressionnants.

Mais ce coup d'éclat ne doit pas masquer la témérité quasi suicidaire de Michael Wittmann, l'exploitation outrancière de son fait d'armes par sa hiérarchie et par la machine étatique du *III. Reich*, et surtout l'enchaînement des pertes désastreuses que son unité va enregistrer pendant le reste de cette fatidique journée et pour quelques jours et semaines encore, jusqu'à la fin amère.

## Michael Wittmann, chef de char à Villers-Bocage

*par Frédéric Deprun*

**Une fois encore, retourner dans l'enfer …**

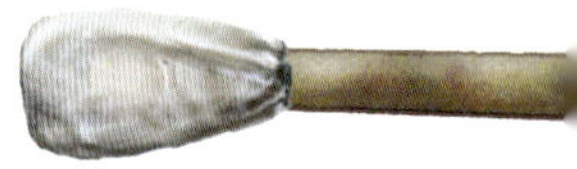

Alors que les blindés britanniques qu'il a détruits se consument toujours sur la route de Villers-Bocage, Michael Wittmann se confie au journaliste allemand, Herbert Reinecker au soir du 13 juin 1944 avec ces mots :

« *Dans ces instants de combat, la mort a perdu son côté effrayant, on ne pensait plus à elle et, si elle survenait, ce serait bien comme cela…* »

Nous pouvons bien comprendre que l'épuisement moral inhérent à celui qui a déjà tué et détruit cent fois le conduise, de « guerre lasse », à s'accommoder d'une nouvelle situation périlleuse. Wittmann est un homme de guerre depuis quatre années pleines. Il a laissé beaucoup en Russie, dont sans

**Ci-contre :** l'*Uscha*. Boby Woll, l'ami et le pointeur attitré de Wittmann durant la campagne de Russie, également photographié par Scheck lors de la même occasion que sur la vue précédente. Woll sera nommé chef de char officiel du Tiger 212 à partir du mois de mai et jusqu'en juin 1944, sans pouvoir exercer sa mission en raison de blessures handicapantes. Etant donné la gravité de celles-ci, on peut s'étonner qu'il se soit vu confier le commandement d'un char en premier lieu ! D'ailleurs, il ne figure pas parmi les chefs de char sélectionnés par Wittmann pour aller prendre position à l'est de Villers en fin de journée le 12 juin. Il devra quitter la Normandie après avoir passé seulement quelques jours sur le front, ne jouant strictement aucun rôle lors des premiers engagements de la *2.Kompanie*. (KB Scheck.)

**Ci-dessous :** schéma explicatif de la manœuvre du Tiger 212 de Wittmann dans la rue Pasteur, juste après sa confrontation avec le Sherman Firefly du *Sgt.* Lockwood le 13 juin 1944, vers 9 heures 30. (a) localisation du Firefly en bas de la rue, (b) ligne à partir de laquelle le Tiger devenait visible du Firefly, (c) manœuvres opérées par le Tiger, (d) impact au niveau des garde-boue sur le côté gauche du Tiger, probablement causé par un tir – peut être celui d'un PIAT du *1/7th Queen's* - survenu lors des combats de l'après-midi. La photo de ce char prise après son remorquage sur la hauteur de Maisoncelles-Pelvey et débarrassé de ses garde-boues (voir en pages précédentes) ne montre aucune pénétration à cet endroit. Par ailleurs, les traces laissées sur la voie par le demi-tour brutal effectué par le 212 indiquent que le char n'a pas présenté son flanc gauche au Firefly anglais. Bien qu'aucune vue du flanc droit de l'épave ne semble exister et qu'il n'est donc pas possible d'affirmer catégoriquement que ce Tiger n'a pas été touché sur ce côté par le Firefly avant d'achever son demi-tour, nous pensons que c'est un problème de transmission et/ou de train de roulement – très fortement sollicités lors de l'assaut - qui a forcé Wittmann à devoir l'abandonner. En tout état de cause, c'est bien le Firefly de Lockwood qui l'aura contraint à l'arrêt. (schéma F. Deprun sur photographie de Grimm, BA.)

**En bas :** profil du Tiger 205 – le char officiel de Michel Wittmann, alors qu'il commande la *2.Kp*. Sans son commandant d'origine, l'engin va réussir, grâce à un autre équipage, à gagner la Seine. Nous ne savons pas encore où ce char a fini par être abandonné ensuite. (Illustration F. Deprun sur une notice de Y. Jouault.)

doute une grande partie de la frayeur naturelle que ressentirait tout être humain face à de tels dangers sans cesse renouvelés. 138 victoires et combien de face à face, de situations où il faut ne plus hésiter, se muter en automate, faire corps avec l'engin de guerre et tirer pour tuer ?

L'humain Wittmann semble se dissoudre irrémédiablement dans l'éther du hasard des combats, s'accrochant comme il peut à sa mission et aux ordres pour continuer à exister dans son Tiger. Mais il n'est maître de rien, il subit en se rapprochant chaque jour un peu plus d'une mort ne semblant pas vouloir venir.

*« Lorsque je suis parti avec mon Tiger au-devant de cette colonne anglaise en France, je ne pensais vraiment pas que je m'en sortirai vivant* (1) *»*, avait-il confié à sa femme lors d'une permission fin juin 1944 (2).

Il n'est pas le seul soldat à provoquer sans cesse sa bonne étoile. En Normandie, son ami Hannes Philipsen n'a pas eu la chance provisoire de Wittmann en trouvant la mort au milieu d'un chemin normand. L'obus qui a atteint sa cible ce jour-là ne visait pas particulièrement l'existence de Hannes Philipsen, et pourtant le soldat allemand

**A droite :** photographie de Michael Wittmann nouvellement élevé au grade de *Haupsturmführer,* en compagnie de son père Johann Wittmann vers la fin juin 1944, lors de son séjour en Allemagne pour la remise des Épées à sa Croix de Chevalier. (Kameradschaft LSSAH.)

**Ci-dessus :** insignes de col de vareuse d'un *SS-Haupsturmführer* prélevés sur l'uniforme d'un combattant de la bataille de Normandie. (Coll. Benamou.)

**Ci-dessous :** document provenant de la Chancellerie à Berlin attestant la prochaine remise de *« l'Eichenlaub mit Schwerten zum Ritterkreuz des Eisernen Kreuzes »* à l'*Ostuf.* Michael Wittmann adressé à l'*Hstuf.* Otto Günsche le 19 juin 1944, afin qu'il soit transmis au commandant de la *2./s.SS-Panzer-Abteilung 101.* (Coll. privée.)

a tout entrepris dans sa vie pour se placer dans cette probabilité. Il en a été de même pour Wittmann qui va un peu plus tard mourir à son tour ; toutes les bravades inconscientes ont une fin.

La névrose des penchants suicidaires était bien là chez l'officier allemand, tapie dans l'ombre du combattant «héroïque». Le problème est que Wittmann dans la tourelle de son char n'était pas le seul guerrier à braver le destin et la mort. Il a sous sa responsabilité quatre jeunes soldats d'une vingtaine d'années. Il est possible de pardonner à celui qui engage sa vie en misant sa seule existence sur la table des paris, mais plus difficilement à celui qui choisit aveuglément de combattre à tout prix en oubliant sa responsabilité d'officier, celle de préserver d'abord son équipage.

Les quatre jeunes autour de lui dans cette coquille blindée ont eu la chance de survivre aux combats de Villers-Bocage. Lors de la remise de décorations du 22 juin 1944, les dix gamins en ligne dans leurs uniformes camouflés de la Waffen-SS étaient fiers, tout a bien fonctionné ce jour-là pour eux !

Ils ne savent pas à ce moment-là que Wittmann aurait pu éviter de les placer dans l'antichambre de la mort, que le succès n'est pas une excuse… L'officier allemand offrait pourtant le visage de la compétence et les jeunes soldats comptaient sur lui avant tout pour **survivre,** et **réussir** leur mission dans un second temps.

Partir en Tiger solitaire le long de cette colonne britannique le 13 juin 1944, jusqu'à ne plus s'arrêter avant l'obus ennemi ou la panne, révèle un comportement de guerrier téméraire de la part de Wittmann, et non pas de celui d'un chef responsable. A chaque instant du trajet dans le Tiger 212, entre la ferme du départ et le centre de Villers-Bocage, le destin aurait pu rebattre les cartes et transformer ce succès exemplaire en une sèche, brutale et anonyme défaite comme celle de Hannes Philipsen. Wittmann a accéléré le processus pour se rapprocher de sa mort en prenant le risque de convoquer celle de ses jeunes camarades au-delà de toute raison.

Le désastre de Cintheaux le 8 août 1944 vient conclure tragiquement une seconde chevauchée inconsciente et définitive sur le sol de Normandie. Alors devenu *Kommandeur* de la *s.SS-Panzer-Abteilung 101* et en concertation avec Kurt Meyer, le commandant de la Division *Hitlerjugend,* Wittmann déploie en terrain découvert son groupe blindé comme à l'exercice. Aucune reconnaissance n'a été effectuée, ce qui aurait pu permettre de repérer les chars ennemis embusqués sur ses deux flancs. L'action semble incompréhensible et ne traduit pas une attitude rationnelle et sensée à ce niveau de responsabilité. Au total, cinq Tiger sont détruits en quelques minutes par les tirs croisés de chars britanniques et canadiens. Cette fois, les quatre jeunes membres du Tiger de Wittmann ont péri autour de lui.

Beaucoup d'historiens entretiennent encore aujourd'hui jalousement l'image de héros, le parcours victorieux et la liste des macabres victoires de l'officier de *Panzer* allemand pour les faire perdurer dans le mythe du guerrier humble, compétent et presque invincible. Il nous a fallu, à travers cet ouvrage, ajuster un point focal pour accentuer une netteté sur la réalité des combats du 13 juin 1944 et rétablir celle du soldat allemand Michael Wittmann.

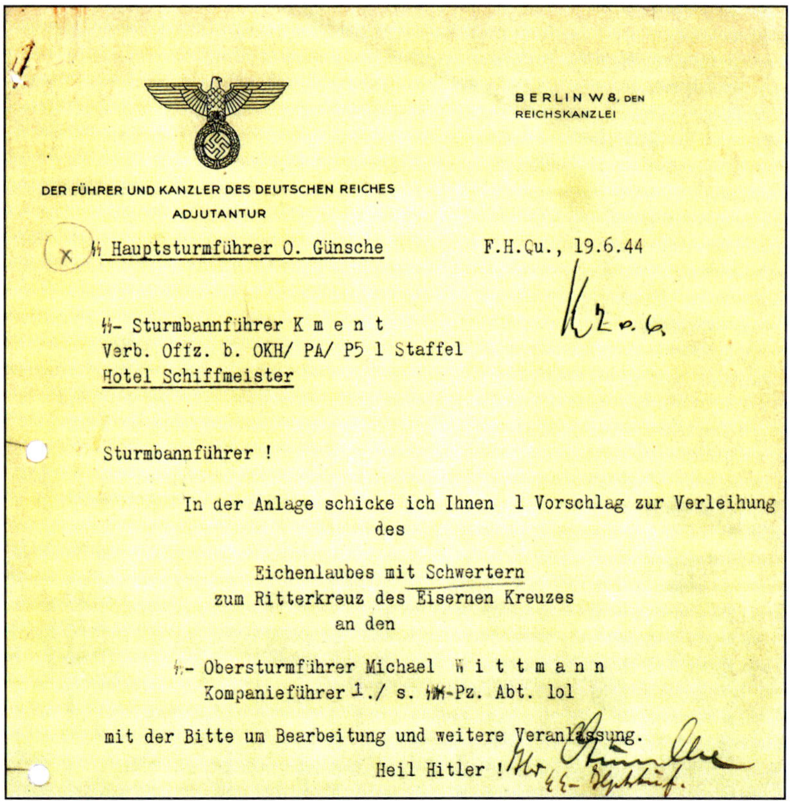

DER FÜHRER UND KANZLER DES DEUTSCHEN REICHES
ADJUTANTUR

BERLIN W 8, DEN
REICHSKANZLEI

SS Hauptsturmführer O. Günsche

F.H.Qu., 19.6.44

SS- Sturmbannführer K m e n t
Verb. Offz. b. OKH/ PA/ P5 1 Staffel
Hotel Schiffmeister

Sturmbannführer !

In der Anlage schicke ich Ihnen 1 Vorschlag zur Verleihung des

Eichenlaubes mit Schwertern
zum Ritterkreuz des Eisernen Kreuzes
an den

SS-Obersturmführer Michael W i t t m a n n
Kompanieführer 1./ s. SS-Pz. Abt. 101

mit der Bitte um Bearbeitung und weitere Veranlassung.

Heil Hitler !

**Ci-contre :** l'épave du Tiger 007 détourellée dans le champ à l'est de Gaumesnil, près de la route entre Caen et Falaise, dans laquelle le *Haupsturmführer* Wittmann et son équipage trouveront la mort le 8 août 1944. Le *Hauptsturmführer* Wittmann avait succédé à l'*Obersturmbannführer* Heinz von Westernhagen à la tête du bataillon depuis le 10 juillet 1944, et c'est donc bien dans son char attitré qu'il a été tué (le Tiger 007 était la monture officielle du *Kommandeur* de la *s.SS-Panzer-Abteilung 101*), et non dans un char d'emprunt comme il est encore trop souvent rapporté. (Photo Serge Varin/Heimdal.)

### Carrière militaire de Michael Wittmann

**22.04.14.** Né à Vogelthal, Landkreis Beilngries, Oberpfalz, Bayern.

**01.02.34.** Rejoint le Freiwillige Arbeitsdienst (FAD, et plus tard le Reichsarbeitsdienst ou RAD).

**30.10.34.** Assigné à la *10. Kompanie* de l'*Infantrie-Regiment 19,* Freising.

**01.11.35.** Promu *Gefreiter* (caporal).

**30.09.36.** Fin de service militaire.

**01.04.37.** Rejoint la *17. Kompanie, Leibstandarte SS Adolf Hitler* au rang de *SS-Mann*.

**01.11.37.** Promu *SS-Sturmmann*.

**13.03.38.** Récompensé par la médaille de la réunification autrichienne.

**01.10.38.** Récompensé par la médaille *Sudetenland.*

**20.04.39.** Promu *SS-Unterscharführer.*

**03.09.39.** Déclaration de guerre. Wittmann est commandant d'un véhicule blindé.

**16.07.40.** Achève l'entraînement des canons d'assaut. Rejoint une unité de StuG à Paris-Clamart.

**06.04.41.** Début de la campagne dans les Balkans et en Grèce.

**22.06.41.** Opération « Barbarossa », l'invasion de l'URSS commence.

**12.07.41.** Récompensé de la Croix de Fer de IIe Classe pour son succès en Grèce.

**20.08.41.** Récompensé de la médaille noire des blessés (blessures dues à des fragments d'obus).

**08.09.41.** Récompensé Croix de Fer de Ire Classe.

**09.11.41.** Promu *SS-Oberscharführer*.

**21.11.41.** Récompensé du Badge d'Assaut des blindés (argent) - 25 engagements.

**04.06.42.** Commence une formation d'officier à la *Junkerschule*, Bad Tölz.

**00.08.42.** Récompensé de la Croix Royale des soldats bulgares de IIe Classe.

**00.08.42.** Récompensé sur le front Est par la Medaille *Winterschlacht im Osten 1941/1942*, dite médaille de la «viande gelée».

**05.09.42.** Formation achevée comme élève officier des *Panzertruppen*.

**21.12.42.** Promu *SS-Untersturmführer.*

**25.12.42.** Nommé Commandant d'un *Leichte Zug, 4. Kompanie, LSSAH.*

**31.03.43.** transféré à la *Tiger-Kompanie* comme commandant du *3. Zug, 4. Kompanie.*

**05.07.43.** Début de l'Opération « Zitadelle », Bataille de Koursk.

**00.08.43** Nommé commandant du *2.Zug* de la *13./SS-Panzer-Regiment 1.*

**30.12.43.** Nommé commandant de la *13./SS-Panzer-Regiment 1.*

**14.01.44.** Récompensé de la Croix de Chevalier après avoir stoppé une attaque russe (Sherepki).

**30.01.44.** Récompensé des « Feuilles de Chênes » (60 tanks ennemis détruits en moins d'un mois).

**30.01.44.** Promu *SS-Obersturmführer.*

**02.02.44.** Décoré des « Feuilles de Chênes » par Hitler à la Wolfsschanze à Rastenburg.

**01.03.44.** Marié à Hildegard Burmester à Erbstdorf.

**20.03.44.** Nommé commandant de la *2. Kompanie* de la *s.SS-Panzer-Abteilung 101.*

**21.06.44.** Promu *SS-Hauptsturmführer.*

**22.06.44.** Récompensé des «Epées» pour le succès de Villers-Bocage.

**25.06.44.** Reçoit les «Epées» des mains de Hitler au Berghof.

**10.07.44.** Nommé Kommandeur de la *s.SS-Panzer-Abteilung 101.*

**08.08.44.** Tué au combat près de Cintheaux en Normandie.

(1) Un entretien réalisé le 13 juin 1944 au soir avec le *Kriegsberichter* Herbert Reinecker pour « *Das Schwarze Korps* » montre que Wittmann sait que son action était suicidaire.

(2) Propos rapportés par Friedrich Hanje lors d'un entretien avec la veuve de Michael Wittmann.

**Ci-dessous :** stèle de la tombe du soldat allemand Michael Wittmann qui accueille ses restes retrouvés en bordure de la route de Caen/Falaise à Cintheaux au printemps 1983. L'endroit est particulièrement visité par les touristes et les passionnés d'histoire, mais aussi malheureusement par quelques nostalgiques du *III. Reich*. (Coll. auteurs.)

Photographie de la tombe Michael Wittmann prise en 2015 alors qu'elle est privée de sa plaque/stèle funéraire descellée par un voleur déséquilibré. Une étiquette artisanale discrète et provisoire signale l'endroit ajoutant une note d'humilité supplémentaire à la tombe de ce soldat. (Coll. auteurs.)

# INTERVIEW DE MICHAEL WITTMANN

## Quartier Général du I. SS-Panzerkorps - Baron-sur-Odon – 13 juin 1944

SS-Hauptscharführer DIETER MENNINGER
*(Groupe de reportage radiophonique du SS-PK-Standarte "Kurt EGGERS")* :

"Nous sommes en compagnie de l'Obersturmführer Wittmann, titulaire des Feuilles de Chêne, qui a détruit aujourd'hui son cent trente-huitième char et abattu vingt-et-un véhicules blindés ennemis en l'espace de vingt minutes.
Un char Tiger contre un régiment de chars britanniques !
Wittmann, titulaire des Feuilles de Chêne, le commandant de char le plus titré, a de nouveau accompli l'un de ses chefs d'oeuvre aujourd'hui.
L'Obersturmführer Wittmann a aujourd'hui attaqué en vingt minutes vingt-et-un chars britanniques et semé le chaos dans un bataillon de véhicules de transport de troupes.
Avec un char Tiger, il s'est jeté sur l'ennemi et a réalisé cet exploit.
L'Obersturmführer Wittmann est assis avec nous aujourd'hui, ici au poste de commandement de la division, et il est encore très fatigué par l'âpreté de ce combat."

DM :
"Obersturmführer, c'était probablement le combat le plus dur que vous ayez jamais eu à mener... ?

SS-Obersturmführer MICHAEL WITTMANN :
*"Oui, je dois dire qu'il m'a vraiment été très difficile de prendre la décision. Et jamais encore auparavant je n'avais été autant impressionné par des blindés en marche. Mais je savais qu'il ne pouvait en être autrement et je me suis décidé à foncer dans l'adversaire.*

DM :
C'était donc tout un régiment de chars qui est soudainement passé devant vous...

MW :
*C'était un régiment blindé complet. Ce régiment blindé m'a surpris.
J'avais reçu la mission de me tenir prêt dans la région pour attaquer un ennemi venant éventuellement du nord-est et du nord-ouest.
J'étais alors à mon PC et je n'avais pas du tout songé au fait que l'adversaire pouvait surgir tout d'un coup. J'avais envoyé un gradé pour prendre contact avec une autre unité engagée plus avant, et j'attendais qu'il revienne avec de nouvelles informations.
Soudain, un homme est arrivé à mon poste de commandement et m'a dit :* « Obersturmführer, là, dehors, des blindés sont en train de passer. Ils sont drôlement arrondis et je ne crois pas qu'ils soient allemands ». *je suis alors sorti aussitôt et j'ai vu des blindés à 150 ou 200 mètres qui étaient en train de défiler. C'était des modèles anglais et américains. Ces blindés étaient en même temps accompagnés de véhicules blindés transports de troupes.*

*Je n'ai pas pu rassembler ma compagnie, j'ai dû agir très vite car j'ai dû supposer que l'adversaire m'avait déjà repéré et qu'il allait me détruire sur ma base de départ.*

*Je suis parti immédiatement avec mon char de combat, après avoir donné l'ordre aux autres chars de tenir nos positions et de ne reculer à aucun prix. J'ai avancé vers la colonne et j'ai surpris les Anglais autant qu'ils m'ont eux-mêmes surpris.*

*Sur la droite, j'ai d'abord détruit deux chars dans la file, puis un à gauche. J'ai ensuite fait un virage à gauche pour intervenir contre le bataillon de half-tracks au centre du régiment de char. Sur la même route, je me suis alors dirigé vers l'arrière de la colonne et, tout en roulant, j'ai détruit plusieurs blindés qui venaient à moi. Il y a alors une incroyable pagaille chez l'adversaire. Je suis entré dans la localité de Villers, je suis arrivé environ jusqu'au centre ville et là j'ai reçu durement un obus antichar. Mon panzer a été immobilisé. J'ai tiré et détruit ensuite sans ménagement tout ce qui se trouvait autour de moi. Je n'ai pas pu faire venir à moi ma compagnie car je n'avais plus de liaison radio. Mes chars n'ont pu me rejoindre parce qu'ils n'étaient pas encore prêts à le faire.*

DM:
Donc avec votre Tiger vous vous êtes retrouvé face à tout un régiment ...

MW :
*Avec mon seul Tiger, j'ai d'abord fait face à tout un groupe de chars et des transports de troupes blindés.*

DM :
Et vous étiez totalement à découvert... ?

MW :
*Oui, tout à fait...j'étais totalement à découvert.*
*J'ai simplement roulé le long de la colonne.*

DM :
Et puis, Obersturmführer, vous avez dit avoir détruit et mis en déroute un bataillon de transports de troupes blindés...

MW :
*Absolument, ils n'arrivaient pas à sortir de la route. Ils ont été tellement surpris qu'ils ont pris la fuite, mais pas avec leurs véhicules, ils les ont évacués et moi, tout en passant devant les véhicules du bataillon, je les ai tous détruits.*

DM :
Ainsi l'on peut dire que chacun de vos tirs a fait mouche...

MW :
*Oui tout à fait, chaque tir, et cela tout en roulant.*

DM:
Et cela fait un total de combien de chars, Obersturmführer ?

MW :
*J'ai pu détruire vingt-et-un chars de combat et les half-tracks en plus. Je ne sais plus combien il y en avait, cela devra être déterminé.*

*Quoi qu'il en soit, quand j'ai été touché par un obus antichar, mon Panzer s'est trouvé immobilisé ; je n'avais plus de liaison radio et je me suis trouvé séparé de ma compagnie, au beau milieu des Anglais. J'ai tout d'abord détruit tout ce qui se trouvait autour de moi et me suis alors décidé à évacuer. Nous avons pris nos armes avec nous, enfin, celles que nous avons pu emporter... Je n'ai pas détruit le panzer car j'ai pensé alors qu'il serait possible de le récupérer.*

*Et ensuite j'ai rejoint une division à environ quinze kilomètres de là. J'ai dû plusieurs fois contourner des blindés ennemis et j'aurais eu la possibilité de les détruire en combat rapproché, mais comme je n'avais pas le matériel adéquat, le cœur gros, j'ai dû y renoncer. Je suis arrivé alors à la division et j'ai communiqué aussitôt mon rapport à celle-ci et au corps d'armée. Il s'est ensuivi que l'adversaire a été détruit par une attaque...une contre-attaque...oui, par une contre-attaque. Ainsi le gros de son régiment de chars et de son bataillon de half-tracks a été détruit..."*

DM :
...détruit par un seul Tiger et par le tout meilleur chef de char allemand.
Obersturmführer, vous avez aujourd'hui remporté votre cent trente-huitième victoire !"

# Villers-Bocage détruite

Nous avons parcouru tant et tant les rues de Villers-Bocage pour comprendre le déroulement de la bataille que nous lui sommes aujourd'hui très attachés. C'est bien évidemment accompagnés de la mémoire de l'historien Henri Marie, et de la bienveillance de nos amis Daniel Taylor et Michael Kenny, que nous avons réussi à achever cette étude. Un parcours initiatique en cherchant au fil des rues et des chemins à faire effleurer une mémoire des lieux aujourd'hui disparue.

L'historien de Villers-Bocage, Henri Marie, donne le nombre de 9 civils qui sont tombés le 13 juin 1944 ; six habitants ont été tués par des éclats de schrapnel au cours de la bataille et trois personnes l'ont été par des tirs d'artillerie juste avant minuit. Pour couvrir le retrait de la *22nd Armoured*

**Ci-contre :** sur ce cliché pris dans l'artère principale de Villers-Bocage par un *Kriegsberichter* de la *Luftwaffe*, nous pouvons voir les premières destructions des bombardements, avant les ravages de celui du 30 juin 1944 qui va raser le bourg. Il s'agit de la vue complète de l'image en page 96 de cet ouvrage. La date de prise de vue est antérieure au 18 juin car l'épave du Tiger 212 utilisé par Wittmann le 13 est toujours présente. A l'arrière-plan, des jeunes Normandes descendant la rue Pasteur semblent engager la conversation avec des soldats allemands inspectant l'arrière du Tiger. Sur l'extrême droite de la photo, on peut encore apercevoir le trou dans le mur d'angle provoqué par les échanges de tirs entre les chars allemands et le Firefly du *Sergeant* Bramall lors des combats de l'après-midi du 13 juin 1944 ! (Collection Houttemane.)

**Ci-dessous :** panoramique du haut de la rue Clémenceau à Villers-Bocage, en août 1944, illustrant la hauteur des gravats jonchant la rue principale autour de l'OP Sherman détruit le 13 juin. (Coll. auteurs.)

**Ci-contre :** vue prise à l'entrée sud-ouest de Villers-Bocage (route de Vire), en août 1944. Perché sur le haut d'un véhicule, le photographe prend l'enfilade poussiéreuse de la route qui débouche un peu plus loin sur la place Jeanne d'Arc. Les destructions des bâtiments de part et d'autre de la rue témoignent des différents bombardements alliés de l'été 1944. (IWM.)

**En bas :** image tirée d'un film d'origine anglaise prise le 4 août 1944, lors de la prise du village par les forces britanniques pendant « l'Opération *Bluecoat* ». L'image de faible qualité nous montre les soldats anglais traversant le croisement à l'entrée est de Villers-Bocage, près du calvaire, et font face à la colonne détruite de la *1st Riffle Brigade* et au château d'eau. Le 13 juin, à défaut de reconnaissance disponible, les Anglais auraient peut-être pu envoyer une sentinelle sur l'édifice pour observer les alentours peu avant l'arrivée du gros de la colonne sur la RN 175. (IWM.)

**Ci-dessous :** emblème de *l'Army Film & Photographic Unit* de l'armée britannique, le pendant des unités de *Kriegsberichter (KB)* au service de l'armée allemande. (AP-FU.)

*Brigade*, différents bombardements ont endommagé les fermes et les maisons de Villers-Bocage le 13 juin au soir, et les 14 et 15 juin 1944. Mais c'est un peu plus de deux semaines après cette journée particulière du 13 juin 1944 qu'un bombardement aérien allié allait défigurer Villers-Bocage à jamais, entraînant la destruction totale de la partie basse de la ville. Le 30 juin 1944, aux alentours de 20 h 30, 266 bombardiers (151 Lancasters, 105 Halifax et 10 Mosquitos) des *N° 3, 4* et *8 Group* RAF en support de l'« Opération *Epsom* » ont survolé la ville à 5 000 pieds. Plus de 1 000 tonnes de bombes ont été larguées pour la perte de deux seuls avions descendus par la Flak de la *2. Panzer-Division*. La ville avait été déclarée par les forces alliées pivot central du trafic allemand entre Caumont et Evrecy, et devait subir le même sort que sa ville sœur d'Aunay-sur-Odon totalement rasée le 15 juin 1944. Un bombardement qui ne fit quasiment aucune perte chez les forces allemandes, qui n'installaient jamais leurs troupes en milieu urbain depuis le 6 juin 1944.

La libération de la localité s'est déroulée durant l'« Opération *Bluecoat* », le 4 août 1944, lorsqu'une patrouille avancée du *1st Battalion Dorset Regiment, 50th (Northumbrian) Infantry Division* a pénétré dans la localité sans combattre. Ils découvrent alors un champ de ruines vidés de ses habitants et tentent de progresser dans les rues dévastées. La ville a été totalement truffée de pièges, de mines antipersonnel et autres *Tellerminen*. Les 150 villersois survivants étaient réfugiés au château de Villers-Bocage et éparpillés dans la campagne. Villers-Bocage a été totalement reconstruite sur le plan originel d'avant juin 1944 avec un élargissement de certaines rues et une reconfiguration de l'emplacement de ses bâtiments publics et de ses monuments. Mais les vieux villersois ont souvent témoigné de leur chagrin d'avoir perdu le charme de la ville d'autrefois avec ses halles, son église et sa rue commerçante bordée de bâtiments possédant l'âme normande. Lorsqu'on évoque avec eux la funeste journée du 13 juin 1944, ce sont pour eux des bruits de canon effrayants, le désespoir devant les incendies et les maisons détruites et la peine ressentie devant les gamins en uniforme de deux camps tombés le long de routes.

En 1956 et 1957, *The British and Commonwealth System of battle Honours* a récompensé la ville dans une déclaration de reconnaissance éternelle pour son rôle dans l'expansion de la tête de pont alliée du 8 au 15 juin 1944. Nous nous associons à l'historien anglais de la bataille de Villers-Bocage, Daniel Taylor, qui a voué une partie de son existence à faire vivre la mémoire des « *Sharpshooters* » du *4th CLY,* et celle des soldats de la *7th Armoured Division*.

# Bibliographie sélective

**Livres :**

- « *Villers-Bocage through the Lens (of the German War Photographer)* », par Daniel Taylor, After the Battle (1999).
- « *Villers-Bocage – Tigres au combat – Le Champ de Bataille* », par Henri Marie, Editions Heimdal (1993).
- « *Villers-Bocage, Normandy 1944* », par Henri Marie, Editions Heimdal (2004).
- « *7th Armoured Division at Villers-Bocage – 13 June 1944* », par David Porter, Amber Books (2012).
- « *Carpiquet Bound* », par W.D. Allen & R.F.H. Cawston, Chiavari Publishing (1997).
- « *Desert Rats at War – Europe* », par George Forty, Purnell Book Services Limited (1977).
- « *Villers-Bocage* », par George Forty, Battle Zone Normandy, Sutton Publishing Limited (2004).
- « *Churchill's Desert Rats, from Normandy to Berlin with the 7th Armoured Division* », par Patrick Delaforce, Sutton Publishing (1994).
- « *The Desert Rats: 7th Armoured Division, 1940-45* », par Robin Neillands, Weidenfeld & Nicolson (1991).
- « *The Rifle Brigade in the Second World War 1939-1945* », par Major R.H.W.S. Hastings, Aldershot, Gale & Polden Ltd (1950).
- « *Steel Inferno – 1.SS Panzer Corps in Normandy* », par Michael Reynolds, Spellmount Publishers Ltd (1997).
- « *Die Geschichte der Panzer Lehr Division im Westen 1944-1945* », par Helmut Ritgen, Motorbuch Verlag (1995).
- « *La Panzer-Lehr-Division – Le Choc des Alliés brise l'Arme d'Elite de Hitler - Normandie – Lorraine – Ardennes* », par Jean-Claude Perrigault, Editions Heimdal (1995).
- « *Als Panzer- und Spähtruppführer in der Panzerlehrdivision 1943-1945* », par Otto Henning, Flechsig – Verlagshaus Würzburg GmbH & Co. KG (2013).
- « *12. Panzer-Division – Hitlerjugend* », par Hubert Meyer & Georges Bernage, Editions Heimdal (1991).
- « *Decision in Normandy' - the unwritten Story of Montgomerey and the Allied Campaign* », par Carlo d'Este, Collins (1983).
- « *Michael Wittmann, erfolgreichster Panzerkommandant im Zweiten Weltkrieg, und die Tiger der Leibstandarte SS Adolf Hitler* », par Patrick Agte, DVG (1994) – et sa traduction française « *Tiger, le Bataillon de Chars Lourds de la Leibstandarte* », P. Agte, Editions Heimdal (1995).
- « *Tigers in Combat II* », par Wolfgang Schneider, J.J. Fedorowics Publishing Inc. (1998).
- « *Tigre I sur le Front de l'Ouest* », par Jean Restayn, Histoire & Collections (2001).
- « *Germany's Tiger Tanks – D.W. to Tiger I : Design, Production & Modifications* », par Thomas L. Jentz & Hilary L. Doyle, Schiffer Publishing Ltd. (2000).
- « *Germany's Tiger Tanks – Tiger I & II : Combat Tactics* », par Thomas L. Jentz & Hilary L. Doyle, Schiffer Publishing Ltd. (1997).
- « *British Armour in the Normandy Campaign 1944* », par John Buckley (2004).
- « *Les Chars Britanniques en Normandie* », par Ludovic Fortin, Histoire & Collections (2005).
- « *Sharpshooter – Memories of Armoured Warfare 1939-1945* », par John Cloudsley-Thompson, Acturus Press (2006).
- « *Sharpshooters Snapshots* », par (Rev.) John Fisher, Prtway Publishing (1996).
- « *Les Panzers dans la bataille de Normandie* », par Georges Bernage, Editions Heimdal (1999).
- « *Gold Beach : inland from King – June 1944* », par Christopher Dunphie & Garry Johnson, Pen & Sword (1999).
- « *Men and Sand* », par William Arthur Bampfylde Onslow, 6th Earl of Onslow (Viscount Cranley), Saint Catherine Press (1961) - extraits.
- « *Die Geschichte der 2.(Wiener) Panzer-Division* », Franz Joseph Strauss, Dörfler, 2010.

**Documentaires (DVD) :**

- « *Villers-Bocage, the Truth behind the Myth* », par Daniel Taylor, *The Sharpshooters Yeomanry Association* (2006).
- « *Wittmann v Ekins, the Death of a Panzer Ace* », *presenté* par Tom Dormer, Richard Horne & Tim Saunders, Pen & Sword Digital (2010).

**Autres :**

- « *The Sharpshooter* »– *Newsletter of the Sharpshooters Yeomanry Association (extraits).*
- *Historique du Bataillon « s.SS-Panzer-Abteilung 101 & 501 »*, manuscrit original de Werner Wendt.(via G. Jones).
- *Panzer-Lehr-Division – Mitteilungsblatt et manuscrits de vétérans.*
- *2. Panzer-Division - Mitteilungsblatt et manuscrits de vétérans.*
- « *Villers-Bocage Revisited* », article par Daniel Taylor, *After the Battle* Magazine N°132, ATB (2006).
- « *In the Wars* », *manuscrit original de Robert Wright (4th CLY)*, document PDF via Alan Wright.
- *Témoignage audio original de Robert Wright (4th CLY)*, transcription par Alan Wright.
- « *I had it* », *article par Sgt. Jack Douglas (Pumphrey).*
- « *7th Armoured Division* », *War Diary* (extraits).
- « *4th County of london Yeomanry* », *War Diary* (extraits).
- « *1/7th Bn Queens Royal Regiment* », *War Diary* (extraits).
- « *1/6th Bn Queens Royal Regiment* », *War Diary* (extraits).
- « *1/5th Bn Queens Royal Regiment* », *War Diary* (extraits).
- « *1st Bn Rifle Brigade* », *War Diary* (extraits).
- « *The 11th Hussars (Prince Albert's Own)* », *War Diary* (extraits).
- « *8th King's Royal Irish Hussars* », *War Diary* (extraits).
- « *Eclipse* » *(extraits) (1945)*, par Alan Moorehead, Harper & Row Edition (1968).
- « *Normandy 1944, 4th County of London Yeomanry & 3rd/4th County of london Yeomanry (Sharpshooters) - 5th June 1944 to 15th August 1944* », par Charles W. Pearce (1996) (extraits).
- *Divers Intelligence Summaries / reports / Appendices, PRO (Public Record Archives), the National Archives, Kew.*
- « *RHQ, 4th CLY* », *notes*, par John Thompson, via Daniel Taylor.
- *Michael Kenny, correspondance et collection privées.*
- *Daniel Taylor, correspondance et collection privées.*
- *Evgeniy Muzalkov, correspondance privée.*
- *Barry Crook, correspondance privée.*
- *James Blackwell, correspondance privée.*
- *Dr. Gregory Jones, correspondance privée.*
- *Alan Wright, correspondance privée.*

**Internet :**

- *www.desertrats.org.uk/orgarmour.htm*
- *www.tiif.de/*
- *www.network54.com/Forum/47207* (discussions sur Axis Forum)
- *www.bbc.co.uk/history/ww2peopleswar/categories/*
- *ww2talk.com*
- *www.ksymuseum.org.uk/*

# Remerciements

***Michael Kenny***
***Daniel Taylor***
*The Sharpshooters Yeomanry Association*
*The Kent & Sharpshooter Yeomanry Museum*

**Notre équipe sur le terrain :**
*Baptiste Flotté*
*Christophe Barenghi*
*Bruno Leverrier*

*(feu) Henri Marie*
*(feu) Jean-Claude Perrigault*
*(feu) Stanislas de Clermont-Tonnerre*
*Bertrand Paris*
*Jean-Pierre Benamou*
*Georges Bernage*
*Ghislain Cheguillaume*
*Nicolas Bucourt*
*Christel Lebret*

*Sam Wren*
*Lee Archer*
*(feu) Bill Auerbach*
*Evgeniy Muzalkov*
*Dr. Gregory Jones*
*Paul Alderton*
*Friedrich Hanje*
*Alan Wright*
*Nacho Roces*
*David Parker*
*Barry Crook*
*James Blackwell*
*Andrew Dextras*
*David Parker*
*Franck Bazin*
*Akhil Kadidal*

La photographie en haut de la page 52 nous a été transmise par Stephan Cazenave.

5 août 1944 : après avoir réalisé plusieurs clichés un peu plus bas dans le centre de la localité maintenant définitivement libérée, le *Sergeant* Jimmy Mapham du *No 5 Army Film and Photographic Unit (AFPU)* remonte maintenant la rue principale de Villers-Bocage, appareil photo autour du cou, comme les historiens et passionnés l'ont fait si souvent bien des années plus tard à la recherche d'informations historiques supplémentaires ou pour ressentir l'atmosphère des combats de cette journée du 13 juin 1944, si particulière pour le bourg normand. Mapham fut un temps le photographe personnel du *Field-marshall* Montgomery qu'il accompagnera notamment lors des combats d'El Alamein. Il a photographié les plus grands personnages de l'époque, de Winston Churchill à Eisenhower en passant par De Gaulle, et est aussi l'auteur d'une photo très emblématique du Débarquement des Alliés qui lui a valu une renommée mondiale.

# Sommaire




Achevé d'imprimer en décembre 2015
sur les presses de l'imprimerie de Champagne, Langres,
pour le compte des éditions Heimdal.